U0057538

全球化下的國際關係新論

IR Theory in the Age of Globalization

洪鎌德／著

序

本書係作者花了一年多時間的近作。寫作的緣起為2009年秋，台大行政副校長包宗和教授親自來電邀請參加次（2010）年5月下旬他主辦的「國際關係理論學術研討會」，並希望我就馬克思主義與國際關係理論寫出一篇文章來提供大家討論。對於包副校長誠摯的邀請與適當的建議，我欣然同意與接受，並著手蒐集資料。有關研討會的文章在次年春便寫好，同時利用寒假赴新加坡看顧女兒與外孫的機會，前往新加坡國立大學圖書館，藉其豐富的收藏，把國際關係、世界政治、環球經濟有關的新書和資料認真蒐集、閱讀與析判。於是花費一年餘的時間把各章草稿分別撰妥，也在2010年5月20日研討會上發表〈馬克思主義與國際關係的理論——歷史的回顧與當前的析述〉一文，作為本書的第二章。雖然大會上論文的評論者批評我對國際關係的理解略嫌「陌生」，我也坦然接受他的批評。但批評者可能不知道我四十年前的專業，便是教授世界政治、外交政策與國際關係。

原來1967年末，我完成奧地利維也納大學國家學系的學業，取得政治學博士後，馬上為當年還稱為「西德」的最重要大學之慕尼黑大學國際政治研究所所長金德曼教授聘為研究員（後升助理與副教授），到南德教學逾六年。在這六年間，我最先只投入台灣與中國的外交政策之研究，自1968年後便在該研究所中開授國際關係、外交政策與世界政治之課程。由於我的專業是政治思想、政治哲學，故我的國關理論中融入不少哲學、文化、思想的資料，這可說與當前英美學界國關理論的幾次論戰接軌，在所謂「慕尼黑國關學派」中獨樹一幟，而引起學潮洶湧中左翼學生的興趣與支持。在離開慕尼黑大學之前，大學所做的教師評鑑中，我榮獲全所十一名教員（包括所長、教授、副教授、助理教授、講師）中的首名。可見應用馬派政經、文哲、社會的觀點來解析當代國關現勢之重要。

由於南德的冬天太冷，不宜久居，我們遂於1973年全家遷至新加坡。在南洋大學我教授政治思想、政治經濟學之外，也承擔國際關係的課程，並前往哈佛大學進修，與莫根陶（早在慕尼黑大學便相識）、竇意志、杭亭頓、史蔻珀等教授見面請教。1980年代初，南洋與新加坡大學合併為現在的新加坡國立大學，我仍舊在其政治系任教，也以西洋政治思想史、馬克思主義、政治科學方法論為主軸，間或介紹比較政府與政治，仍舊未完全脫離國關理論之講學。1992年返台大任教迄今，則暫時告別國關理論的教授，遂有前文所提坦白自承對國際關係的「陌生」之說法。但經最近一年以來的努力，我對這個專業（包括我在維也納大學修習的法律哲學、國際公法、歐洲現代史都涉及世界政治的理論）的偏愛與認知，很快便恢復過來，從「陌生」到恢復舊識，到激發以往學習的熱情，也是導致我這個年逾七十歲的老人活到老學到老，也寫到老，不服輸的精神。

其實我在台灣早於1977年便出版過《世界政治新論》一書，除了部分採用慕尼黑學派的觀點，也是在台灣於國際關係中大談世界經濟、馬派經濟對政治影響的第一位學者。此書曾受到不少教授同仁（如曹俊漢、張京育、林碧炤、洪丁福等教授）之讚賞。

現在呈現在各位讀者眼前的這本書，係承蒙揚智文化公司負責人葉忠賢先生、編輯同仁的熱心協助，才能順利付梓，尤其是早期編排我的《法律社會學》、《當代主義》與《西方馬克思主義》的胡琡珮小姐，今次要重新編排這本書，令我感恩萬分，謹致最高謝意。長期（至少有九年）與我合作良好的廖育信博士和幾位助理（許訓誠、江柏翰）之打字，張書榜同學之代為蒐集與影印部分資料，曾志隆博士的參與校對等，都令我感激不盡。而相片、圖表之尋找安排，尤其要歸功於廖博士之努力，茲向他們的辛勤致最深謝忱。

在邁入老境的我，還能四處兼課講學，又能寫作不輟，不能不歸功於內子蘇淑玉女士的辛勞持家、細心照顧，尤其她擅長食療和烹飪，使我心身康泰，不因年老而不為，決心把餘生獻給學術專業，繼續寫作，符合「吾寫故吾存」的新訓誡。此書仍舊要敬獻給無私而大愛的賢妻蘇淑玉女士，願她樂觀、沉穩、堅毅而好助的精神，能夠支撐我再出版幾本有益人間的啟蒙性專書，是為序。

洪鎌德

於台大國發所研究室

2011. 2. 28

P.S.:有關本書的書名「全球化下的國際關係新論」所涉及的「全球化」（globalization）一詞似有略加說明的必要。此一英文詞globalization係由義大利文*mondlizzazione*轉化而成。原來在1970年代歐洲學潮洶湧澎湃之際，義大利左派大學生強力抨擊代表資本主義與帝國主義的美國公司IBM，認為IBM在當時全球14個國家設廠，但其產品卻推銷到109個國家，這是「資本主義式的帝國主義掠奪利益『全球化』（*mondlizzazione*）活動的典例」。因之，1990年代「全球化」一詞成為左翼和貧窮工人反對WTO、國際基金會、世界經濟論壇和麥當勞的譴責與批派語詞。至2000年則成為人類的資金、勞力、科技、資訊跨越國界之讚詞。但至2006年使用此詞之次數驟減。今天這個概念既非左派要動員群眾抨擊與打倒的標籤，也不是右派歌頌世界走向一體的讚語，而是人類發展史上分歧的地域與龐雜的議題得以串聯的表述（參考Harold James and Matteo Albanese, “Goodbye to ‘globalization’ ”, *The Straits Times*, Feb. 6. 2011, p.29）。

西方學問的起源，Aristotle（左）、Plato（右）。

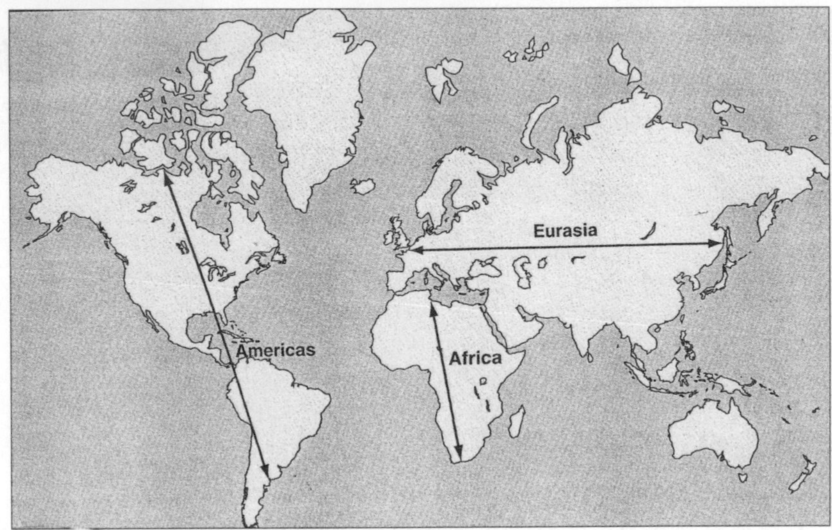

國際關係與世界政治的驅力之主軸

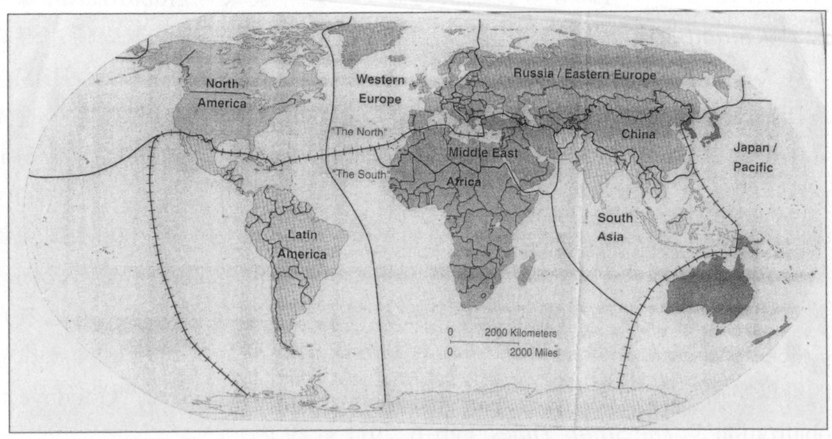

世界九個地區

目 錄

國際關係與國際理論：導論

- 第一節　前　言
- 第二節　世界觀與國關理論
- 第三節　國際關係理論的分類
- 第四節　實證主義的生成、演變與流派
- 第五節　超越實證主義——後實證主義的國關理論
- 第六節　結　論

第一節　前　言

國際關係、外交事務、世界政治、環球經濟等等都是涉及世界範圍內國與國之間、國家與區域、國家與國際組織之間千頭萬緒、複雜無比的人間事務。國際關係呈現長期相對穩定的狀態，也會面臨短程爆裂的遽變，前者是人類歷史長河中所呈現國際事務之緩慢演進，後者則為五千年文明史中某些國家間、區域間乃至世界範圍所爆發之緊張、衝突、動亂、革命、戰爭、征服、宰制、壓迫、反抗等歷史片斷的故事，這顯然不是和平的緩慢演變，而是激烈的、暴力的革命性驟變。

對如此萬般複雜，牽涉面既廣且深的國際關係，世界政治和環球商貿、文化交流、人際活動要加以掌握與瞭解。不但是主其事的國家執政者、行政、經貿與外交官員，就是一般百姓、新聞與文化從業者，尤其是學者、理論家、思想家、哲學家都要投入心力，去解答的謎團。換言之，當作發生在你我身邊的跨國政經、商貿、文化、新聞、歷史與社會現象，表面上是客觀事件（events），是超越你我，但卻影響你我利益的客觀現象。這些現象或是我們當代人過去幾日、幾週、幾年所製造，所醞釀的外交事實，更是過去幾個世紀，幾個千年先行者所播下種子之開花結果。由是可知國關也罷，世界政經大事也罷，都離不開人（古人、今人、眾人）所創造、修改、塑造之後果。對這般人間世事（佛家所言：作孽、結緣、造業）應加以理解和掌握，或靠哲學家慎思明辨（採用思辨的宏觀態度）、政治人物的高瞻遠矚（在保持或擴大其權勢之餘，企圖照顧國家的利益和百姓的福祉），或一般群眾的猜測想像（天下分久必合，合久必分）和理論家以及社會科學者系統觀察、分析綜合、提出假設、印證經驗事實，俾掌握國關的性質（科學的觀察、實驗、驗證、建立因果關係、提出首尾融貫的理論、意像〔images〕、觀點〔perspectives〕來解釋現象）。

是故，理論對世界，對實在（reality）的歧異性（diversity）與複雜性（complexity），在做化繁為簡、化雜亂無章為一種可加解釋、明瞭的抽象論述。亦即以精簡（parsimonious）的語言、公式、模型來從紛亂無序的世界中整理出一個頭緒來，俾把亂中有序的規則性（regularities）轉化成各種型類（patterns）、規律（rules）、甚至律則（laws）來。從而把事象的原因（causes）或變項（variables、variants，又分作獨立與依賴變項）、變化的過程（processes）與後果（consequences, outcomes, results, products）分析與辨認（identifying）出來。

由是可知，人類在經歷盲目迷信（認為世界完全由上天或造物者主宰安排）和思辨猜測（哲人的主觀猜度、隨意解釋）之後，終於進入了有系統、可資實用，也就是應用於實務，或發展為技術的科學研究中。不過這種說詞，並沒有認為科學性的分析和結合是近現代西方思想與學界對客觀事件與實在加以掌握的突破性貢獻，而抹殺古中國、古印度、古埃及、古希臘大思想家（如孔、孟、考提利亞、普托勒密派、前後蘇格拉底哲人的啟示）之創思與成就。只是由於近現代以來自然科學的發達，加上工業革命前後，歐洲霸權崛起，資本主義成型（大約在十五與十六世紀），加上在殖民主義與帝國主義的擴張下，侵占世界大片未開發的地區，凌虐尚未走向文明與現代化的民族。因此，造成一種誤解，以為自然科學和社會科學是歐美近世的發明，而對西方的征服、剝削與文明化的過程（包括西化、現代化、科技化、全球化）都看作是歐美人的特權。這點是我們首先澄清之所在。

不過就事論事，國際關係淵源於殖民主義和帝國主義，也與資本主義的擴散（包括今天所謂的「全球化」）密切而不可分。作為一門社會科學，或政治科學的分支，國關理論在很大程度中被視為二十世紀美國的政治科學，儘管英國學派可能會強調國關研究肇始於英國，而後發達於北美。在這種情形下，研究與發展國關的理論與英美（以及後來的德、法、日、俄、義、加拿大、澳洲等）的霸權、稱霸脫離不了關係。我們以下的

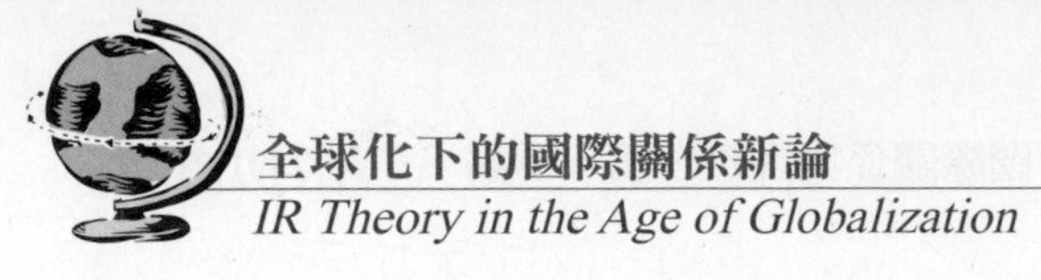

理論論述也因形勢的範圍（形格勢禁），而被迫以當代西方盛行的看法為主，加以延伸與闡述。只在本書結論上我們嘗試引進非西方的國關理念。

第二節　世界觀與國關理論

世界觀（worldview, *Westanschauung*, *vision du monde*）是人群（包括政治人物、學者與普勞[1]大眾）對世界、對我們周遭的境遇和實在所持的看法，這種看法不但每個人、每個地方與每個時代各個不同，而且也非固定不變的事物之看法。藉著世界觀，人群不但設法理解其所處世界之情況，也利用它來評價、估量這個世界，這個實在好壞。因此世界觀是對周遭事物的認識（cognition）、覺識（perception），同時也是評價（evaluation），也是用來對實務的應用（application）。因為有所評價與應用，這個世界、這項實在便受到人群的型塑（shaping, formulation）、製造與改變。要之，我們的世界觀是對世界的看法，也是對世界之存在，之演變而所持的看法。

不過要對世界觀做深入的分析，會發現它含有兩個向度（dimensions，天地、縱深與範圍）。其一為本體論（實有論，ontological）方面的內涵。它嘗試對什麼東西（事物）構成這個世界，世界的本質為什麼，提出基本的、籠統的說詞與想法、或信念。應用到國關理論方面，則會質問國際關係是國家間的實際活動所構成之關係，國家是什麼？要不要把古往今來所有之國家本質作一個檢討，才能勉強抽繹出國家的特徵（人民、領土、主權、政府、承認、認同等等）來？作為一個結構的單元，國家固然是國際關係和世界政治的主要活動者（actors,

[1] 普勞（*Proletariat*）過去譯為普羅，容易與專業（professional）相混淆。今改譯為普勞，取其普遍勞動（尤其勞力大於勞心）之意思。

agents），國家內的互動，國家與區域、或國際組織的互動，甚至非政府組織，民間團體與諸個人之間的關係，也可成為國關的行動者。必須指出世界觀並不只是對世界的反映（反思、反應）。它是對世界的再度呈現、再度表述（re-presentation）。它不是對外頭世界硬闖入我們眼簾的忠實反射，而是協助我們去認識世界、解釋世界、甚至改變世界（馬克思〈費爾巴哈論綱〉第十一條）。利用這些世界觀學者們發展概念、名詞，俾對世界（特別是國際關係）做出認識方面的說明。「世界觀並不是對既存客體物的瞭解工具。（反之），去描述、解釋、（預測），和估計某些事物（世界、實在）是吸引人去注意這些事物是什麼東西，甚至仔細去分辨其性質、演變等等」（Gunnell 1987: 34）。

世界觀第二個向度便是帶有評估、估量、價值定位的作用，提供有關世界或實在所形成之制度的安排，加以判斷、預測和規約的功能。這方面顯示世界觀的持有者對外頭觀察的立場。可以說是有別於本體論（實有論）、認識論、方法論，而是涉及行動和應用的實踐論（praxeology），或是批判否定、或是持辯護、主張（advocacy）之作法（不只是看法與想像而已）。這二個向度彼此並非完全獨立無關，而常常牽絆在一起，那就是說，對實在、外頭現象有什麼看法，常常也會影響觀察者的觀察立場與判斷立場。有時這兩者也會分開，觀察者對事物的本體論立場不一定引發其採取的行動、做出實踐、甚至為該立場做出辯護（Taylor 1971: 16）。

總結一句，世界觀並不等於理論，不等於國關中的理論。但很多理論卻從世界觀中湧現。

由世界觀我們可以進一步提到意識形態（ideology）。意識形態是把世界觀加以組織化、體系化的思想、信念，亦即通稱的主義。孫文曾指出主義乃為一種思想、一種信仰、一種力量。是經過理論家與政治人物加工製造對群眾的宣傳、熏陶、培養，把人民的想法加以洗腦、型塑的工具。國關理論中各種主義（埋念〔想〕主義、現實主義、自由主義、女性主義、後現代主義、後結構主義、後殖民主義）正是意識形態的轉型，成為合理化、辯護化、證成化各種各樣的世界觀與意識形態。

舉個例子來說明，譬如要解釋小布希何以在2003年出兵進攻伊拉克，要解釋此一國關現象，經驗性的理論，集中在布希政權外交政策有關的制定者作成出兵的決定之動機、心態，以及當時美國國會在2001年911事件，在普遍的反恐激憤中主戰態度。包括對海珊政權之殘暴與它藏有「大量毀滅性武器」之疑懼，以及受基督洗禮的英美人士「善惡對決」的世界觀和意識形態，都成為研究的對象和相關資料。是故，派兵入侵伊拉克便關聯到「暴政」、「恐怖活動」、「大量人群毀滅武器之威脅」、「以牙還牙的報復行為」、「伸張正義」、「為正義而戰」等等一連串的名詞、概念。這些都是世界觀與意識形態，提供給常人與分析家的理論工具。換言之，國關中和戰、國家利益、正義、社會、公平、財富、權力、自由、解放等等核心價值，仍舊是左右國關中所屢見不鮮的假設和信念。不管這些世界觀中的價值有多少種，有多麼歧異不同，對這些歧異性的承認，卻是在過去十年內學界留意之事（Dunne *et. al*. 2007; Steans and Pettiford 2005; Griffiths 2007）。

世界觀與意識形態有很多類型（types），把這些類型作一分類與評比是涉及分門別類的類型學（typology）之職責。可惜這種類型學在國關學說中屢遭扭曲，即使是在1930年代有關現實主義與理想主義的大辯論中，以及1960年代傳統主義與科學（行為）主義的激辯中，乃至1980年代實證主義和後實證主義的爭辯中，都把世界觀的類型學打亂、扭曲。特別是1980年代以來，學者企圖超越實證主義時，發現自二戰結束後的半個世紀中，實證主義主宰了國關理論長達四十年之久（Smith 1995: 7）。

必須指出的是實證主義及其在國關理論中化身為實在主義、現實主義，是社會科學及其分枝的政治科學中，最常涉及和論述的世界觀之一。它牽連一大堆的名詞、概念和理論和不少的原則。不過現實主義的世界觀本身是一種理念類型。理念類型是一種抽象的建構體，是從不同的個體之諸元素中抽取出來、概括化，而強調其特性、性質、特徵的產物。在很大

Ole Waever

的程度中，它是對國際關係諸種研究途徑之一。它源頭的文本不是靜止不變，不是定於一尊、不容挑戰。這就是何以在一戰與二戰之間引發的現實派與理想派之間的一次大辯論。

把現實主義當作國關理論的「典範」（paradigm），卻有誤導的作用，所謂的典範是孔恩對自然科學的發展史所提出的概念，是某一時代一般學界視為正常的科學準則，亦即學界普遍認為圓融的、可被接受的、同意的學術標準。但在另外的時空中，卻因為這個標準無法解釋異例，而產生學術的危機，或學術上的「非常態」（anomalies）。在此情況下，於是科學革命產生，新的典範比起舊的典範能做出更為周延，更為圓融的解釋，這便是典範的轉移。例如牛頓的天體學說受到愛因斯坦相對論的修正，而量子學說與不對稱學說又進一步衝擊相對論，進而產生新的科學革命。

孔恩的學說本來只用來解釋自然科學的典範之轉移，不料社會科學界，特別是國關理論中有人（Lijphart 1974）率先倡用。認為傳統的國關理論之典範為以國家主權為核心而展開的，如今則因國家主權的中心說受到質疑（例如歐盟的聯邦主義抬頭），而指出國關理論有改弦更張的必要。

這種說法引起國關學界的批評。首先現實主義是否只以維護國家主權為中心的同質性（homogeneous）的學說，大有商榷的餘地（Griffiths 2007: 3）。其次，國關研究的知識成長並不走孔恩對自然科學史的演進路數（Waever 1996）。再其次，國關理論中的世界觀不只在理解既定的存在，設法排除非常態的理論，而是在人群的信念與行動之內型塑其看法，進一步促成其採取行動、付諸實踐的工具。是故對現實主義的批判、對實證主義的攻擊、對理性主義的非難，還達不到典範轉移的地步，這就說明把國關理論當作典範來看待會引發爭議，得不到實際運用之效果。

第三節　國際關係理論的分類

一、經驗性理論與規範性理論：事實與價值的檢討

一般社會科學中所使用的理論，可以分成平鋪直敘的經驗性理論和含有價值取向、帶有規約性質的規範性理論。前者涉及人世間、社會界、人文界種種的事實，而企圖予以描述、分析、歸納和說明，是對發生的事實（facts），無論既往的、現在的、還是未來的「是」（*Sein*; to be）的描寫、預測和解釋。後者則涉及事象的評價、價值判斷，亦即「應為」、「當為」（*Sollen*; ought to be）的期待、理想和規範。這兩者是不容混淆，是韋伯對社會科學界追求「價值祛除」、「價值中立」、「客觀化」之指示，目的在使社會科學研究的成果與自然科學精確、客觀（放諸四海而皆準、俟諸百世而不惑）可以媲美。這是建立在事實與價值可以截然分為兩個對立的範疇之上。

事實上，社會科學追求的不只是真理、真相、事實、客觀，而更多的情形下在落實人類自古以來的夢想、公平、正義、平等、自由、解放。是故，如何把事實轉化為價值，把現實狀況變成人群最終的夢想，都是社會思想家（甚至社會科學家）要去努力奮鬥的所在。為此黑格爾要衝破什麼是「實然」（是然）、什麼是「應然」（應為）之界線，馬克思盼望哲學家不只是在解釋世界，而且還要改變世界，都是與後來韋伯價值祛除的主張完全相反。

一如前述，理論是一種知識的工具，幫忙人們對世界、對實在能更為清楚明白的理解。進一步說，國際關係和世界政治非常複雜而瞬息萬變的現象，理論辨識對現象發生的因由、發展的經過、造成的結果、遺留的影響，作深入簡出的解析，並對這種國際事物的現象之相似性、規律性、反

覆性加以認定，並找出其演變之類型與軌跡，俾便解釋現象（實在）之意義，甚至預測其再度發生的可能。這等於要捕捉國際現象的基本走向（趨勢分析）。在尋找構成現象的種種變項時，無異把一幅拼圖組成小塊一一找出，放到其適當的位置之上，最終才會把全幅拼圖展現出來，這與解答謎語、組成拼圖都是異曲同工之事，難怪有些學者會把理論建構看作謎語或拼圖的解答（puzzle resolving）。

再說，理論並非一成不變，而是與國際情勢的演變不斷進展，是故一個好的理論，不但要與時代變遷相推移，有時還會未卜先知，預測可能的變化，這也是理論在解釋與評估（價值）時局之外，追求預見、創新、發現新知之功能。換言之，由於理論之營構，導致研究者、計畫者邁向未知的新現象、新境界、新向度，這也是知識成長、創意湧現、新問題的辨識、新解決方式的提出之理想新境界的達成。再說，靠有限的概念，來解釋龐大、複雜、多變的現象，所依賴的是方法的精當、敘述的簡潔、捕捉事象的精深，達到以少數駕馭多數，以簡御繁的精簡（parsimony）之目的。

由於自然科學推理嚴謹、證明容易，且能以精簡之數字、公式、程式來表述複雜的自然現象。其難度不算太高，故其理論的建立相對於社會科學來比較容易，發展的時間又比較長，而被觀察與分析的自然現象比較固定，少有大起大落的遽變。因此使用數字和邏輯方法，發展出容易而為各方所接受的理論、原則、原理。這是自然科學理論優於社會科學理論之處。社會科學中的國關理論是二十世紀西方學界的新玩意、新學科，其發展較遲較後，所以要達到自然科學的境界與成就，還需幾個世紀的努力。因之，嚴格地說，社會科學界，尤其是政治學界，特別是國關界，其所發展的理論，不要說「一般（總體）理論」就是「部分理論」、「中程理論」、「微型理論」、「個案研究」還在艱辛開拓中。在此情形下，指出國關理論是理論的雛型，是研究的途徑（approaches），是對問題的看法和觀點（perspectives），是形象、意象（images）、是研究計畫（research

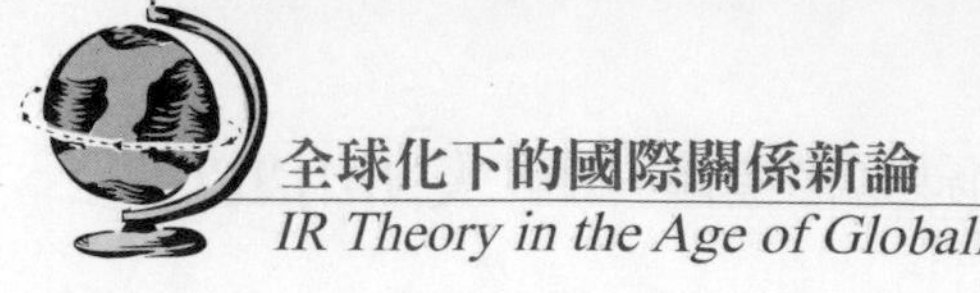

program），這種說法不是對國關學者的努力有所貶損，反而是平實的描述。

那麼國關學科的形象、意象中有兩項明顯對立而有所分別的事項，值得我們首先拿來討論。其一為國關的行動者是誰？行動的單位是什麼？國家、國家集團、國際組織、跨國公司、非營利、非政府組織，甚至個人可否看作造成國際關係的行動者？其二，國關理論者對上述行動者，有人主張在邁向全球化的今天，國家之外的國際組織、跨國公司、全球性的財團、甚至諸個人都是行動者。

二、現實主義、多元主義和環球主義的理論

隨著對上述兩個明顯分開而相互關聯的事項持不同的假設，我們可以把當代的國際關係理論勉強區分為三種相互區隔、但有時不免重疊的形象或意象、或世界觀、意識形態，包括現實主義、多元主義和全球主義。

現實主義聚焦在國家利益和權力，注意國際權力的平衡。多元主義則留意國際之間穿越國界、貫穿國際關係之學說（transnationalism），以及跨越國界之決策制定。至於全球主義則強調在資本主義擴散至整個地球之後，南半球甚至第三、第四世界對工商業發達、發展完成的北半球之倚賴關係。這些形象、意象、觀點必然牽連到發展、自主、倚賴、解放等問題之上，更會涉及背後哲學思想的自動自發的意願論（voluntarism），還是被迫的，被決定的決定論（determinism），更牽連到體系、特別是國際體系的形成。

(一) 現實主義

現實主義建立在四大假設之上：(1)主權領土國家是國際關係最重要的行動者，是國際劇場的主角；(2)不論國家內政上是聯邦，是單一行政的政治組織，不論國家內部有反對黨、反對勢力，甚至叛亂團體的存在，一律被視為唯一、單一（unitary）的行動者。無論是在外交活動，商貿或

處於中立、戰爭狀態之下。國家及其政府的行動代表其國民，表現為獨一無二的主權者之活動。(3)國家所作所為表示其為深思熟慮，富有理性之作為，儘管我們目擊歷史上不少國家及其領導者的胡作亂為。所謂國家是理性，其作為是合理，這個「合理」、「理性」完全表現在國家會選擇目標，並且以最有效、最省力（經濟的算計）的手段來達致這些目標。(4)在一大堆目標中國家只追求安全、爭取利益（國家利益），擴大其勢力（爭取國際上的霸權地位）為其最重要、最主要的奮鬥目標。為達此目的，國家的軍事力量之建構、政經外交之大肆擴張，有時採用暴力威脅與運用的手段，成為國家擴散的工具。大國玩弄外交、整軍經武、軍事脅迫、採取強權外交手段、或遠交近攻，與友邦結盟、打擊敵國，都是搞「高度政治」（high politics）。至於展開商貿活動、投資、貸款、賑濟、救援、文教與科技交流，就是所謂「低度政治」（low politics）的手段之運用。要之，現實主義建立在軍事、謀略的硬手段，以及商貿、文化、科技的交流等軟手段之上，來達成保衛其安全，或霸權地位，鞏固與加強其國家利益[2]。這種現實主義的前提乃為國際環境陷於無政府安那其狀態之下，也是領土國家中大力伸張其主權，推動所謂現實政治（*Realpolitik*）和權力政治（*Machtpolitik*）之類的思考方式，也形成其理論傾向、發揮其意象之學說。

(二) 多元主義

多元主義的出發點係建立在多種部門、多種學科、多種行動者之上。其一，非國家、非政府的行動者在國際事務，特別是商貿、能源、科技和文化交流方面，扮演著不容小覷的作用。特別是國際組織（聯合國及其所屬各種不同的國際組織、例如聯合國教科文組織〔UNESCO〕，以及不

[2]自此「權力」（或稱國家的軍力、經濟力、實力、勢力、影響力）扮演關鍵的角色。現實主義就是權力政治的表述、解析與詮釋。

屬於聯合國直接管轄而獨立運作的世界銀行、國際貨幣基金，或國際特赦組織等）所扮演的相對獨立之運作（比較不受列強、霸權的操縱），以及跨國公司、跨國民間組織、國際私人賑濟救急之人道援助機構（例如紅十字會、慈濟援外團體）[3]，所影響的國際事務當中可認為二十世紀下半葉和二十一世紀的開端史無前例之現象，且常為當前國際媒體報導的焦點所在。這一事實說明傳統上只重國家，或其代表的政府為中心之世界政治與經濟的理解與看法，應受到嚴峻的挑戰。原因是這些非國家、非政府組織，擁有其決策者、執行者（各級各類的官僚，可以設定目標、議程與付諸執行、行動），其決策常影響國家、地區、環球、國際之間的安危、興衰、得失、利害。上述組織之權力大小、規模鉅細、以及勢力的增減每個不同，端視其運作成效的高低而定。但顯然對世界局勢的型塑產生重大的作用，這便是行動者由國家擴大到其他組織、機構、團體、公司之多元的緣由。

其二，對多元主義者而言，國家不再是一體的、單一的、壟斷性的政治單元。顯然現實主義者所謂的視國家為單一行動者之看法，是一種抽象概括化的說詞，把政治的本質僅僅限縮在國家範圍之內。究其實國家的政策決斷，出於單一人物（獨裁者）或群體（執行團隊）、或朝野（政府與國會的妥協同意）之決意、磋商的結果。這個號稱國家的決策更非頭尾圓融、前後一致的產品。反之，國家或政府的決策是政治人物（執政者）、個別官僚、專家、顧問、利益（壓力）團體，民間組織、大商團、大財閥等等直接或間接介入、融化歧見，勉強出爐的大雜燴之表現。這些政府內外勢力之介入都在企圖塑造或影響國策，包括對外事物的外交決策與國防（包括軍備購買）、商貿政策、財政政策，因此每個決策的背後，不但有主政者的想法、利益、更不忘各級政府單元、非官方人事的想法、利益在

[3]以及流亡政府、恐怖組織、海盜、販毒、犯罪、販奴組織和叛亂團體之崛起於國際。

相互競爭、拉扯，最終才會形成特定的外交、國防、商貿政策。

是故，多元主義者會把國家在涉外事務的運作上，支解為各級決策機關的成員，也把反對派勢力、監督機制、輿論主張詳加審視，大力追蹤，而還原外交、國防、商貿決策的真象。這麼一來，現實主義者只把國際政治聚焦於國家，及其代表的政府，毋寧是見樹不見林的狹隘、偏頗之看法。這種現實主義的弊端不限於只見到一國內偏向主政者之毛病，更嚴重的是忽視穿越國界（transnational）的向度、範圍、天地、界面等等。由此可知國際關係不只是國與國的關係，它涉及的是穿越國界各種不同個人、群體、勢力的相互競爭、協調、化解之複雜流程。

其三，多元主義質疑現實主義視國家為一個理性的行動者這一假設。這點主要在於不贊同現實主義把國家作為鐵板一塊的政治組織。反之，認為國家應當支解為朝野，以及各種各類的勢力的抗爭和不時和解、妥協。一國的外交政策，並非代表國家的政府及其外交部門經過慎思明辨、理性決斷之產物；反之，卻是各派勢力之衝突、競爭、妥協、折衷下的結果，其是否合乎理性的目標與手段，謀略與算計之產物，大有商榷、檢討之餘地。在很多情況下，某些政策的形成與執行常是由於某人的偏好（例如馬英九的傾中、畏中、討好北京政權之心態），或某些官僚為其本身的好處，或奉命行事做出來的舉止（例如全世界有史以來獨一無二的「外交休兵」），在在顯示某一個人、某一政黨、某一群體不合乎傳統，不遵守法理常規所做犧牲國家長久利益之行動。即使是西方所謂自由民主的國家，其涉外政策的形成，常是在聯合政府（coalition）與反聯合的磨合過程中。透過一再磋商，討價還價，和各取所需的妥協下達成，這一過程不僅是不合理的，而毋寧是各方算計的自私的表現。是故最低限度下的結盟、聯合（minimal coalition）是西方民主國家通過涉外事務（外交、軍事、國防、商貿、賑災、救濟）的決策之起碼條件，其離原始的、本意的「合乎理性」太遠了。再加上決策者常在時機緊迫下、消息資訊不足下、因果關係未充分理解下、甚至偏見與激情的驅迫之下，下達了決策。這些是多元主義者質疑，甚至挑戰理性決策之因由。

其四，對多元主義者而言，國際事務、世界政治、環球經濟之議題（agenda）是既廣泛而又複雜。他們不是只涉及一國安危興衰的軍事與國安問題而已，更不只是國力厚薄、增減、權力膨脹或萎縮的問題。連現實主義者基辛格都在1975年指出：

> 對傳統議題的向前邁步（固然可喜）是不夠的。新的、史無前例的問題正在紛紛湧現。能源、資源、環境、污染，太空與海洋的使用等問題，伴隨軍事安全、意識形態、領土爭執以俱來，而後者（軍事安全、意識形態、領土爭執）卻是傳統的外交議題。（Kissinger 1975: 179）

美國前國務卿的這個聲明是在東西冷戰趨緩，也就是低盪（和解）開始的時期，不再針對美蘇的軍事對峙與制衡而提出的國際事務新課題之說法。換言之，是國際緊張減緩「戰爭」（warfare）威脅，緊張局勢開始退場，而社會民生的「福利」（welfare）的重要性為各國與世人認可與矚目之始。

Henry A. Kissenger

(三) 環球主義

環球主義或稱全球主義（globalism），是現實主義與多元主義之外的第三種國際政治的意象、形象、觀點。在1970年代的國關理論辯爭中主要為多元主義對抗現實主義。只有1980年代、1990年代之後學者才把注意力放在環球主義的看法之上。環球主義基本的假設為國際關係的分析，應當擺放在環球的脈絡上。在此脈絡或情境上，諸國家、國際組織、民間團體、公司行號、諸個人等單位，行動者才有可能展開彼此的交往、互動、溝通。因此，環球主義者強調國際系統的結構，也就是注重鉅大的景觀、圖像（big picture）。國際關係的行動者們將行為描述、分析、解釋。為了理解國際行為有必要首先認清行為表演的場域以及國際環境，這是環球主義的意象、印象、形象最主要的觀點。換言之，過去的偏頗為：把國際政治的主角只看成國家，一如現實主義者之所為。那麼國家在對外所表現的外部動作，像是外交、戰爭、貿易、科技交流的現象，但吾人不能只限於國家這種涉外的行為表現，還要進一步瞭解造成國家對外行為的內在因素、國內因素。更何況涉及國家之外，其他的行動者之結構、條件、性質、趨向都要首先觀察，此其一。

其次，環球主義者認為有必要從歷史的角度來觀察國際關係。只有透過對歷史的觀察、比較、分析，才能理解當今世界政治展開的現實環境。不管是馬派人士、或非馬派人士必須承認一個歷史的事實，亦即當今國際體系就是西洋十六世紀以降的資本主義所造成的世界體系。這個資本主義的世界體系對國關的諸行動者之行為，或是賦予發展之條件，或是剝奪或限制其發展的能力。是故「條件」（conditions）與「限制」（constraints），都是行動者在進行行動時所遭遇的境況，這種境況無異是一種「結構」（structure）。就過去歷史的觀察和當今觀察之結果，我們不難發現，有些國家與社會蒙受這種資本主義結構的好處，例如英、美、德、法、日、澳等國家。但也有不少的國家與社會反而受到資本主義制度的禍害（如所謂第三世界、第四世界的地區與人民）。世界資本主義體系的崛起與演展，一般被假設認為造成後來民族國家誕生的背後勢力，甚至這些國家的海外開拓，殖民形成殖民主義和帝國主義，幾乎與資本主義的膨脹有關，難怪列寧要指摘帝國主義就是資本主義發展到最高階段的產物。要之，在現實主義者與多元主義者之眼光裡，國家視為既存的政治實體，便可以看成獨立的變項（independent variables），但在環球主義者的心目中，國家卻是依賴變項，有待對其性質、結構、流變、進一步加以考察，此其二。

再其次，儘管環球主義者也重視國家作為國際政治主角的事實，但也不忽視國際組織、跨國公司、穿越國界的個人或團體所扮演的角色。但它分析的焦點卻擺在上述各科不同層次的行動單元（行動者）如何在世界資本主義體及所形成的「主宰的機制」（mechanism of domination）之下，犧牲別國人的利益，而爭取本國人最大的好處。更具體地指出，環球主義者所關懷的是發展的問題，以及維持依賴關係的問題。換言之，工業化、現代化先進的國家（英、美、歐、日、加、澳、紐）的獨立發展，便建立在拉美、非、亞、大洋洲開發遲慢之國家的倚賴之上。這些較少發展的國家（LDC's）與發展國家共組成世界性的資本主義體系。後者的發達與前者的落後是一體的兩面。發展中的國家之落後，並非它們不夠資本主義化，不夠融入世界資本主義體系。剛好相反，正因為這些國度老早便被鎖入世界資本主義的牢籠中，才會呈現社會落後、人民貧窮、國家衰弱。不管是刻意還是無心，國際政治經濟的結構已發展至如今地步，導致第三世界發展之遲緩，變成了發展完善的國家之附庸、之倚賴者。吾人卻不可忘記正因為第三世界提供便宜的原料——勞工、食糧、土地，才會使美國的經濟如此興旺、發達。可悲的是發展遲緩的國家本身無力決定自己的命運，要走向經濟與政治發展的路數，還要聽命第一世界富強國家的指揮、操縱，此其三。

最後，環球化、全球化以來，新派（環球主義的）學者更指出經濟因素比起軍事兼戰略的因素、政治兼外交的因素，或文教兼科技的因素對國際體系的型塑發揮了更大的作用。現實主義者把經濟因素附麗於政治兼軍事的因素之下。多元主義者卻不承認經濟因素之重要性、優先性。因為對他們而言，這是一個公開而未定論的問題，這是由於他們一向反對高度與低度政治對立的兩元說法的緣故。換言之，他們以為社會的經濟問題與安全和權力問題同等重要。但環球主義者的起頭假設為，經濟學是理解當代世界體系的崛起、演變和功能之不二法門。有些比較瑣屑的多元主義者，會偏重各類各型的行動者在討價還價、妥協、建構聯盟（爭取支持群落）等方面，比起環球主義者重視體系，更為認真。但環球主義者會如此這般地向多元主義者爭辯，認為南北的分歧、倚賴與發展的對立，比起國際間的折衝樽俎、磋商妥協還更能抓住當代國關的變化樣貌。原因是今天的國際關係表面上是多數國家平等的獨立與互動關係，實質上卻在剝削與倚賴的關係下形成不平等的交往。其最普遍的層次顯示每個國家企圖在維持世界資本主義體系下，牟取最大的好處，如果不是為本國，至少為本人、為本群體牟取最大的利益，此其四（以上參考Viotti and Kauppi 1999: 5-11）。

將上述三大國際關係理論的印象、意象、形象列成**表1.1**，便於對照與理解。

表1.1 國關理論三大學派背後的假設之比較表

三大意象／項目	現實主義	多元主義	環球主義
分析單位	國家為主要的行動者——國際關係的主角。	國家固然重要，其他非國家的行動者也應注重。	階級、國家和社會以及非國家的行動者都參與世界資本主義體系中，各顯神通。
行動者之觀點	國家是單一，同質一體行動者。	國家應支解為各種合成的要素、部分，並進行跨越國界之活動。	以總歷史的角度看待國關，特別是世界資本的持續發展。
行為的動力	國家為理性的行動者，在外交政爭中追求最大的利益或國家的目標。	外交政策利益與穿越國界的過程並重，注意衝突的和解、結盟、妥協。	注意到各社會、各國家間的主宰（宰制）與降服的機制。
問題之重點	國家安全、權力之維護，國家利益之最大化。	多層議題——除軍事安全之外，特重社會經濟之發展，包括福利政策實施。	經濟與民生因素最重大者，全球經濟的平衡發展、宰制的去除。

資料來源： Viotti and Kauppi 1999:10，經作者之參考修改與補充。

第四節　實證主義的生成、演變與流派

在第二次世界大戰結束後至少半個世紀裡，西洋國關學界主流便是實證主義，以及與實證主義關係密切的經驗主義。實證主義和經驗主義都是認為社會科學，包括政治學以及政治學中一個很重要的支流——國際政治，其學術地位的抬高一定要向自然科學看齊，採用客觀的、觀察的、不帶價值判斷的學術中立態度，來解釋社會（國內與國際）的現象。換言之，以我們五官的感觸、經驗到外頭現實或實在（*Wirklichkeit*, reality）的情況，予以忠實描繪、反射（映）、分析和解釋。這是採用自然科學的方法論來捕捉與解釋在社會的努力。

為達到國關理論的客觀性、科學性，遂引發了三、四次學界大辯論：現實主義對抗理想主義；行為科學對抗傳統研究方式；穿越國界（跨國）主張對抗以國家為中心的理論，以及實證主義與後實證主義之爭辯。在這四大爭辯的過程裡，國關學界似乎有意無意接受實證主義隱含的假設，這種假設對於人們所爭辯的世界之真相，以及我們如何來解釋世界，不但沒有幫助，反而拖住我們的腳步，延宕學術的進程，為此原因才有實證與反超）實證主義之爭。唯一的例外為所謂的「英國學派」[4]，以及把國關

[4]英國學派係1960至1980年代間，英國牛津大學與倫敦政經學院幾位教授（Hedley Bull, Martin Wight, Adam Watson, R. J. Vincent 等參與不列顛委員會，而形成對抗傳統的國關理論，並作出理論上的特殊貢獻，而被認為是一種學派。雖然有人質疑學派之存在，因而在 1981年宣稱學派的終結（closure）。但個別學者的理論，特別是標榜其方法論有異於現實主義而採用多元主義的研究方法。但他們所關懷都為世界之秩序、正義、人權，有「反西方」的味道。此外，它強調國際社會，以解釋途徑來進行國關研究，而把國關研究不看作經驗性的科學主義之學術活動，反而是一種規範性的理論。雖然學派信徒最後傾向於建構主義，但Wight認為英國學派對世界政治的看法分成為三種傳統（現實主義、

與政治理論之交疊做了析評的學者。

以此觀點來加以檢視，則連1980年代有關國際關係典範的爭論，亦即上節所言三種涉及國關學說的自我印象、意象、形象（現實主義、多元主義、環球〔結構〕主義）之爭論，未免嫌範圍太狹窄，因為這些爭論，都在實證主義的假設之下。這一爭論可以看作對一個世界的三種看法、三種景觀（visions），而不是國際關係三種不同（彼此對立卻可相互取代）的典範。同理，1980年代末與1990年代初有關科學實存主義對抗新自由主義的爭辯，看出雙方的取徑（approaches）基本上也脫離不了實證主義的背景與陰影。必須指出的是實證主義的重要性在於其經驗主義的方法學，靠著這個方法學，國關研究的對象與路徑早被決定。究其原因是實證主義早就規定了國關中哪些事物，哪些內容是存在的，可供人們去研讀的。因為實證主義有這種方法學上先入為主的研究對象之規定性，是故吾人有加以追蹤、解析與批判之必要。

一、孔德的社會學說

第一位給實證主義名稱，也是企圖建立這門學科學說的思想家，乃為十九世紀上半葉法國社會哲學家孔德（August Comte 1798-1857）。他的目的在於為社會的研究建立科學的方法，這便是他著名的「演進的原因之規律」（evolutionary causal law）底發現，認為社會理解的方法經歷了早期猜測、中期的思辨和近期的實證之發展階段；由是知識，特別是有關社會的知識，也從神學發展為哲（玄）學，而達到當今的科學的地步。這是遵循

August Comte

理性主義和革命主義）。Bull則以國際體系、國際社會和世界社會作為分析對象，其中尤其要強調係社會如何轉型為世界社會，只靠規範性理論不足，也要採取經驗性的科學方法（Bellamy 2007: 75-87; Linklater and Suganami 2006）。

著自然科學的觀察法而來的學術進步之軌跡。孔德不但是實證主義的倡導者，更為「社會學」（*sociologie*）命名。他曾任「空想」的社會主義者聖西門的秘書，兩人後來為一部著作的擁有權（作者身分）發生爭執，終而絕交。孔德使用「實證的科學」，固然企圖把自然科學的模型應用到社會的研究之上，但其哲學內容與一般人心目中的實證主義尚有一大距離，原因是他的研究方法與經驗主義不牟。蓋後者以蒐集資料、研判事實，而採用觀察法。反之，孔德的實證主義仍採概念反思和理論探討，比較接近理性主義甚至思辨哲學的方法。

孔德雖是啟蒙運動的產兒，但對啟蒙運動前輩們過分批評社會制度和社會條件，而不懂欣賞社會制度對人群發展有利的部分，更不懂瞭解這些社會條件中彼此關聯，這使得他們的努力在掌握社會的整體方面成就不大，這個社會整體的運作之學問，被他定名為「社會物理學」，後來才易以「社會學」。

由於他在1820至1826年內著手撰文闡釋他這門新的學科——社會學，最先論述其形而上學的部分，間亦指出方法論的問題，目的在排除前輩的懷疑論與過度批評，並申言對社會現象的捕捉所需的理論，這是其學說遠離經驗主義，而接近現代科學的實在論之因由。在幾篇文章中（後來被人彙集為《工業文明的危機》），他解釋當年歐洲之不穩定是由於社會結構轉型之不當，未能把「神學兼軍事」的類型轉變為「科學兼工業」的類型所滋生的弊病。依他的看法，社會自古以來經歷了神學的階段，之後便是「形而上學」（哲學）的階段，最終要進入社會科學的階段。後者把人類演進的複雜加以綜合成系統的學問。是故，社會學對孔德而言，是諸種科學之皇后。在其晚年完成的《實證主義的哲學講義》（六卷本，1830-1842）中，他指出社會學要研讀與關懷的不但是社會整體（整合），還包括人群的經濟生活、時代領先的理念、個體的諸種形式、家庭結構、勞動分工、語文與宗教。他還特別分辨「社會靜學」（討論社會秩序、特定）和「社會動學」（觀察社會進步與變遷）之不同。

他認為科學可以按其研究對象之簡單與複雜，依其程度而作不同的上下階梯式的分類。基礎為數學，其上分別為物理學、天文學、生物學，最上層則為社會學。但所有的科學應當在方法論上統一起來。把諸科學用方法論統一起來成為分層與系列的相關知識這一主張，遂成為十九世紀影響重大的理念，其影響及於馬克思、恩格斯、涂爾幹等後代的思想家與學者。

在國關學界特別是實證主義的學者與理論家，競相尋找世界的政治、環球經濟中的規則性、律例、規則、原理，有如在自然現象中發現其規律一般，這種研究方式與趨向之明顯可見孔德的實證主義影響之重大。

二、維也納學派

與國關理論比較有牽連的實證主義就是1920年代末、1930年代初出現在維也納的學派，通稱維也納學圈，也就是邏輯實證論，或邏輯經驗論。這派主張其後隨著幾位出色的學人遁走英倫與美國，而影響到英語系統的國家之思想界與理論界至深且大，直到1960年代後呈現式微的現象。這一學派最重要的主張是認為科學才是唯一真正的知識，用以瞭解世界。只要科學所能認識的事物，必然是真。科學以外之認識，所做之陳述，只要邏輯上講得通，即無爾後的扞格，加之又在經驗上符合事實（五官的知覺），則成為「認知上有意義」（cognitively meaningful）之事，亦即獲取了真理的地步。與此科學認知相反的道德和美學之說詞，在認知上沒有意義，只能說是人們偏好、感覺或情緒的表示，這談不上知識。在此情況下，連孔德對可資觀察的現象所做的因果律的應用，稱之為形而上學，在邏輯實證論者的心目中，也是非關知識，更不是科學。這種說法如果擴延到國關理論之上，則連觀察不到（但可體會到）的國際體系之結構，或人性客觀的律則的事物，也會被邏輯實證論主義者稱為非科學。

維也納學圈主要是在1920與1930年代活躍在維也納大學的學者，他們把科學哲學中經驗主義的傳統重加搞活、注入新血。主要人物有Moritz

Schlick、Rudolph Carnap、Otto Neurath、Kurt Gödel等邏輯學者、科學哲學家和數學家。這一學圈對柏波爾和維根斯坦影響重大。由於後面這二位學者移居英國，而影響了A. J. Ayer以及與此觀點非常接近而神似的羅素。這一學派無疑地是對世紀之交（十九與二十世紀）物理科學的革命（量子力學的出現）所做科學學說的反應。其要求就是把科學的定義嚴格的應用到邏輯演繹與經驗事實之上，使兩者掛鉤，而把形而上學、道德主張，心理喜憎等無從實證之物完全排除於科學論述之外。其極端者甚至把經驗上無從證實之物視為無意義之陳述，排除於知識門檻之外，為此又稱為證實論（verificationism）。

所謂證實論是指要證實某一聲明（論述、議題）為真，必須要提供證據，證明該聲明符合經驗事實，也通過邏輯的檢驗，指出它通常為普遍的經驗性事物、可以觀察到的事物。這樣人們（科學家）才會相信、才會接受。對這邏輯經驗論者而言，聲明的意義看作等同於證實的方法，只有方法能夠嚴謹，推論的正確、聲明的提出才能被證實，才有意義。

三、社會科學的方法論

第三種與國關理論有關的實證主義則為過去六、七十年以來流行於西方社會科學界的方法論（洪鎌德 2003：1-36；2009b：65-83）這是從邏輯實證主義發展出來，但是其對科學定義（認知上有意義的聲明）過度嚴格的要求下解放出來，也擺脫孔德所言所有認知的知識應化約為物理學的原則。駱以德（Christopher Lloyd）把這派實證主義簡化為四個要點（Llyod 1993: 72-73）：

1. **邏輯論**：科學理論的客觀證實需無背於演繹邏輯的規則，亦即與邏輯的推演一致。
2. **經驗性的證實論**：任何的聲明在經驗被證明為真實或證明為錯誤，這是綜合性證明為真或偽，才具有科學性。或者一個聲明靠定義

（分析方面）指出其為真，才符合科學的要求。

3. **理論和觀察之分別**：觀察是對事象的目擊、體認，理論則是把觀察所得做一個連結，並從中尋找其關聯與意義。必須指出的是觀察與理論固然互有關聯，但在進行觀察時，避免把理論引入，造成觀察的偏差，這就是說在觀察時，不宜有預設任何之立場，必須不時保持理論的中立，和主張的客觀性。
4. **休謨式因果觀**：休謨認為因果的關係，細加觀察是一個現象前後所呈現的不同時序之關係，亦即被觀察事件在時間上屬於後者，推想此一事件之原因乃是事件發生的另外事件。後者不可被視為前者之原因，正如前者不可視為後者之結果，是同道理。

Carl Hempel

在社會科學中這派的實證主義在1950年代和1960年代尤其呈現其勢力的強大。學者Carnap、Hempel、Nagel 和 Popper 都企圖把韓培爾這些主張應用到方興未艾的社會科學諸學門之上。其中尤其是韓培爾（Carl Hempel 1905-1957）的著作（1966與1974）對社會科學界有發人省思的作用。他發展一套解釋事件之方法。他說任何一樁事件，可用一條普遍的規律來加以「蓋住」（covering）。這一來就要採取演繹的論析才能把問題說清楚、講明白。其步驟：(1)設定一個普遍的規律；(2)指明事件之前有關但卻是較晚現身的條件；(3)被觀察的事件之解釋是從前面(1)與(2)引申而得。

韓培爾這個理論常被當成「演繹兼律則學模型」（deductive-nomological model），可以應用到社會科學和歷史學之上（Hempel 1974）。他又找到一個與此模型不同，甚至針鋒相對的「歸納兼統計模型」（inductive-statistical model）。後者是利用綜合、歸納方法，利用統計學上的機率，或概率（可能性的概括機率），而把現象之規律尋找出來，俾對某一事件在已發現的普遍規律之中如何出現，做出適當的說明。

實證主義成為1950年代以來國關理論文本中背後支撐的思維方式。它有逐漸擺脫哲學的約束，而在國關理論中有四項潛在的、內涵的假設，與上面所提駱以德的四點分析頗為相似。只是淡化掉哲學解析的意味而已，以上所述為繼孔德和維也納學派以來第三種實證主義。

其一，為對科學所抱持一體性，統一性的信念，亦即無論是自然科學、物理科學、生命科學還是社會科學都可以看作科學整體（全部的科學總稱）的構成部分。只是社會科學，包括其分支的政治學，政治學之下的分支之國關學科，其發展比起物理科學、生物科學等自然科學來較遲較慢。因之，其研究成果不若後者的輝煌，其應用的可能性也比較低下。凡是科學都要採取科學方法，應用方法學，也採取相似的認識（知）論。這種重視方法學與知識論的科學觀，常被稱呼為自然主義（naturalism）。這有強與弱的分別，強的自然主義主張社會現象也是自然界發生的現象，其理解方式同自然科學對自然的觀察方式無異。弱的自然主義是認為在社會現象有人的活動因素在內，與自然現象天生的，非人為的畢竟還有所差異。儘管社會與自然現象本來就有別異，但研究與認識的途徑應無多大不同，是故自然科學的研究方法仍可以應用到社會現象的探察之上。

在國關理論的範圍中，強的自然主義表現在有些學者視國際體系本質上與自然界的體系是相同的。弱的自然主義則把外交政策的制定，解析其動機、條件、過程與結果，指出這種解析是同自然科學研究方法無太大的差別。唯一的不同為不像自然科學要發現決策的律則、規律，揆其原因為外交決策涉及非常多，除理性的計算之外，資訊是否充足、透明、決策者的心神是否正常，會不會在壓力之下有所改變（例如2010年9月初旬日本與中國漁船事件演變，使吾人對中日主政者與外交決策人員之「合理性」不無質疑，這說明要從外交決策找出恆定的律則之困難）。要之，對科學的一體性之信念並沒有衍生對人類（特別是決策者）的行為，可以尋找到行動的規律、律則以來之地步。

Robert Keohane

其二，這種實證主義的假設是認為事實與價值是兩碼事，必須加以區隔、識別。不僅價值與事實要分開，就是事實對所有理論而言應保持其客觀、中立的地位，這就造成1960年代美國政治學界鼓吹的行為科學革命，主張把行為的情資、訊息加以量化。這種採取數量去研讀社會、或國關現象尤其表現在美國進兵越南、干預越戰之時。以哲學的觀點來說明，這種盡量採用數據，而非性質描述的方法是一種客觀主義的觀點，盡量還原事件的客觀本象，排除觀察者以及觀察過程的主觀化。

其三，採用這種第三類的實證主義之觀點，會相信世事、國關情勢，其發生、其流程有跡可循。這是由於國際現象中有其規則性、反覆出現性之存在，一如自然界的變化有序。這種信念加強了韓培爾兩種模型的應用：「演繹兼規則模型」和「歸納兼統計模型」，目的在為「覆蓋」的規律之說明、彰顯與應用。在國關理論中，這個現象有規則、有秩序的看法，表現在有關單極，或兩極，或多極的國際情境對世局穩定之影響的辯論中。這也反應長遠的歷史中，國關是否呈現循環演變的模樣，能否從中找出因緣變化的線索——規律、規則——來？這或為國關理論爭辯議題尖銳之理由。

其四，真實的、客觀的、科學的國際關係之探究，強調對現象採用經驗性的觀察方式，把觀察之所得透過有效化（validation）與排謬法（falsification）之檢驗來接受或拒絕研究之結果。這就是柯歐亨（Robert O. Keohane）採用經驗主義的認識（知）論之主張。1988年柯氏擔任國際研究學會（ISA）會長時所發表的演講，指出有必要把理性主義（傳統的新現實主義與新自由主義）同反思的（批判性的）學說之對立加以重估，使用的是「可以檢驗的理論」（testable theories）。「如果不這樣做……它們〔不同的對立的理論〕會停留在學門的邊緣之上……〔因為〕……它無法評估它們的研究計畫」（Keohane 1989: 173-174）。對於1980年代表諸種國際關係的競爭、辯駁、反應，在在顯示實證主義不但是討論的脈絡，還是主宰學術、評估理論的是非曲直的標準。原因是在理性主義（為實證主義的核心）與反思學說辯論之間，評判的標準似乎有利於理性主義。要之，理論要說明的事實，以及知識之真假標準乃為實證主義，以致實證主義成為近年間國關辯論的「黃金準則」（golden standard）。

因為在各科競爭的理論中它是明確突顯的學說。再說理論與實踐的掛鉤顯示國關知識來自何處，要應用到什麼地方，這些認知論（epistemology）與實踐學（praxeology）的連結，正是實證主義活動的場域。不過二十世紀的末端與二十一世紀的開端，標誌著學者如何從實證主義陰影的籠罩下走出來而予以超越。實證主義及其超越（positivism and beyond），會走向後實證主義（post-positivism）的路數之上，在超越之後向前繼續邁進。

必須指出在國關理論中把實證主義與經驗主義混合雜揉，容易導向混亂。不過必須承認的是在國關理論界由於對認識論的重視，尤其是力圖模仿二十世紀初物理學觀念的突破，其捲入自然科學方法論的趨勢明顯。這個趨勢在於把實證主義結合經驗主義的認知論，從而研究對象存在、或實有的重視，亦即認知論之外，還受到本體論（實有論，ontology）的束縛，認為國際關係的某些項目（諸如國家主權：國際無政府狀態、軍事安全、權力平衡等等）才是研究的對象。如此一來，經驗性的研究遂與這個流派的國關學說脫離不了干係。實證主義同經驗主義遂被視為一而二、二而一之同一概念。但自從韓培爾和柏波爾以來，主張實證主義超過對經驗性認知論的承諾，是故有必要在社會科學中（特別是國關學界），把實證主義混同經驗主義的渾沌狀態釐清，亦即把兩者加以分辨。

那麼吾人不禁要問「國關中實證主義是何意謂？」回答是實證主義是方法論中的一種看法，企圖把強與弱的自然主義加以結合，它是對規則事物之存在予以首肯的信念。如以嚴格的經驗性認知論的觀點來看待社會現象的話，則對理論以及現象呈現的證據予以承諾，亦即承諾客觀主義——

人群身外客觀事實之存在與認知之可能。

第五節　超越實證主義──後實證主義的國關理論

James Der Derian

結合實證主義的立場來觀察，國關的理論固然在反映世界的現實，包括國家的軍事力量的大小、自然資源的厚薄、人口的質量與程度、科技與文化的水平，但一國菁英與群眾對和戰的決定、成敗，都繫於其論述與說服力的高低。在此情況下，國關理論自1990年代展開的實證主義和後實證主義的論辯，無異為其背後哲學思想的「修辭學的轉折」（rhetoric turn）。這是相當於「語文的轉折」（linguistic turn），是國關理論的大轉型、大變化。必須指出的是國關學界向來對國際關係與政治實踐中的論述、敘述、辯論、言說、對話少做修辭學的考察。特別是現實主義，現實政治成為實證主義的核心，是分析與辯論國家的性質、存在的理由，卻為向來有關學者所忽視，以致其語言、遣詞用字，說服力等研究近期才展開。在這種情況下，超越實證主義和現實主義之國關理論有必要在討論國關理論背後的本體論、認識論、實踐論之外，多一項對語言轉折的關懷（Ashley and Walker 1990: 259-268; Rosenau 1993; Campbell 1992, Der Derian 1992; Der Derian and Shapiro 1989; Beer and Hariman 1996; 1-2）。

在林林總總之「後實證主義」的理論中，又以批判理論、後現代主義、後結構主義、後殖民主義、建構主義和女性主義對實證主義的批判引起我們的注意。至於馬克思主義對實證主義的批判，主要建立在以辯證的方法之運用上，而非藉傳統亞理士多德的傳統邏輯來看待世界，特別是涉及國際關係、世界政治的問題上。更因為馬克思要改變世界而非僅僅解釋世界，這與實證主義維護現實、畏懼革命剛好站在對立面。實證主義既分別事實與價值，而馬克思主義卻要把事實改變，另創新局，使現實屈服人類革命與解放的理想之下，亦即把現實轉化為價值，把價值落實在新的現實之下，則兩者的針鋒相對就很顯明。是故本書在解說馬克思主義的國關理論之後，緊接著說明馬克思批判的資本主義的政治經濟學，怎樣從辯護的保守學說改變為批判的、革命的學說。接著把支配國關學說長達百年以上的現實主義與自由主義拿來說明、闡釋，以及由此衍生的新現實主義和新自由主義的演展做一個說明。這些主義或是實證主義、或是新實證主義、或是理性主義、或是科學主義的化身。為了批判實證主義、經驗主義和理性主義，遂有以下各派反實證主義、反自然主義、反理性主義的種種新理論之出現。無疑地它們構成當代國關理論的百花齊放、百家爭鳴。

一、批判理論

繼承與發揚自康德、黑格爾、馬克思與法蘭克福學派的批判精神（特別是哈伯瑪斯），國關學界中的批判理論崛起於1980年代的英國，是對傳統國關理論形而上學的假設之挑戰。它成為批評實證主義的後實證主義諸理論中最為突出的流派，也是同後結構主義和建構主義關係密切的理論趨勢。儘管如此，批判理論卻也是在社會理論與社會學傳統範圍內，注重國際的氛圍（the sphere of the international），而告別傳統理論以國家為中心、或以歐洲為中心的思維方式（Jones 2001: vii-viii, 2-4）。

至於傳統的，以歐洲為中心的思想，毫無疑問地表現在現實主義之上。原因是現實主義（也是實證主義最具影響力的理論派系）主張在世界無政府狀態下，各國的行為在競爭（爭權、爭霸）、不信任和面對國際無窮盡的衝突。亞希理遂批評新現實主義立基於「技術的旨趣」（technical interest）之上，企圖控制社會界，而遠離「解放的旨趣」（一種解除人類所受典章制度的束縛，追求自由發展之機會的關心）。基於人乃為行動者，有其主體性，是故在國關理論中發揚個人或人群的主體性也有其必要

（Ashley 1981, 1983）。把哈伯瑪斯所倡說的「知識建構旨趣」引用到國關的研讀上便是批判理論的發端。

an IR book by famous authors

其後寇克斯（Robert Cox）在分辨「問題解決」與「批判理論」的不同時，引用葛蘭西和韋寇的學說，強調國關研究宜重視方法論。換言之，問題解決的方法是把世界當作理解當前的既存事物和現象，只求取國關的處理功能順暢、國際秩序的運轉平順，這便是現實主義者所強調地緣政治的競爭和權力平衡的必要。反之，批判理論在質疑目前國際現勢如何成形、如何運作、是否靠政治鬥爭來改變世局？批判理論在尋找「反霸權運動」（counter-hegemonic movements）、挑戰宰制的、主流的世界結構（資本主義經濟、勞動被剝削的情況、社會不公平不平等的現象，尤其是呈現在南北貧富差距擴大之上）。世界政治這種不合理不公平的組織，可否被改變？改變的原則在哪理尋找（既存條件，或是揭露新的原則）？很明顯的，國關的研討重點應由注重政治體系移向世界經濟的不公安排之討論上，亦即討論宰制、依賴、稱霸等問題之上。

馬克思曾經說歷史是在既存（或至少前人傳承下來）的條件（基礎）上來加以創造（或改變），而非憑空杜撰、無中生有。如今經過一、二百年勞工的、普勞的集體努力，要改變世界、創造歷史可以在其奮鬥的基礎上做出選擇、做出決定。這些批判使人想到馬克思對布爾喬亞政經學說的批判。資產階級社會不平等承續存在是由於傳統（經典）政經學說強調分工、私產、市場競爭，把這些社會現象視為自然生成、視為理所當然。誠如寇克斯所言：「所有的理論永遠為某人，為某些目的而設的」。這表示社會學界（特別是國關界）的理論絕非客觀中立，都在為一些人的利益（或反對另一批人的利益）而服務。是故批判理論的目的在揭發理論聲明背後的意涵和企圖，而在分析世界時彰顯中立、客觀的精神。這表示社會學界的理論並不存在於政治之外，但卻對政治權力的分配、對資源的分配、和國內外有意義的機會之分配產生決定性的影響。

林克雷特（Andrew Linklater）認為在國關中每一個人有雙重身分，一方面是某國的國民，他方面是全人類的一分子。因之，有機會成為康德所期待的「世界公民」。由於人要求自立自主，是故把人歸類為某國的國民對追求自立的個人而言，其感受是不佳的、束縛的。反之，透過意識的轉換，擴大人的同情心與同理心，把人轉化為道德的主體，把人變成世界公民，或把國際體系從經常的反覆出現、僵化的集體轉化成歷史發展的進步性社群。要之，康德倫理要求（把人當成目的，而非手段看待），並擴大人的理性概念（引用哈伯瑪斯擴大的理性觀），才是倫理大同主義推動的起點。人要克服其國界的特殊性，而進入承認平等與正義為基礎組成的社群之可能性（Linklater 1990b）。

在《超越現實主義與馬克思主義：批判理論與國際關係》（1990）一書中，林克雷特指摘現實主義重視「必然」、「必須」（necessity），而忽略人的自由與解放之探討。反之，馬克思主義對國際戰爭的緣起所言不多，卻是國關理論要克服和超越的對象。引用歷史社會學家的說法，林氏對資本主義、經社發展和工業化的穿越社會而形成國家有所析論，而期待在民族國家之外能夠擴建更為大型的（盼望有朝一日世界範圍的）社群。在這一方面他也發展後現代主義（Linklater 1990a）。

林克雷特對後現代主義的崛起也表示了他的關心。他讚美福科把知識與權力緊密連結的關係之道破，也欣賞德希達有關「延異」的觀念，以及對「他者」之尊重。但卻強調不宜在對世界複雜、糾葛與歧異的看法同時，犧牲了人類普世道德判斷的能力。依林氏的說詞，國關理論中社會學分析的面向，在於指出道德的納入與排出原則在歷史上會不斷變化的。有異於康德，林氏強調人類的道德能力並非先天設定，而是後天學習而得。社會學習包括在敵對競爭中應付衝突的情勢，在合理化（推理過程）中學習適應科技和經濟的改變，以及學習如何去落實道德的實踐。這部分的思想影響其後的後現代主義與建構主義。

二、後現代主義

Robert B. J. Walker

後現代主義的國關理論以亞希理與歐爾克（Robert B. J. Walker）之注重國關的理論與實踐當中，知識與權力千絲萬縷的關係開啟其端倪。兩人坦承他們是國關理論學界邊陲人物，甚至是「被流放者」之建言。原因是世界政治的研讀都在尋求一個不斷逸脫的理想，另一個原因是後現代主義的國關理論建築在哲人無權無勢的，但滿腔熱情理想的基礎上。在後現代的今日，理論與實踐已被論述（discourse）所取代，這是把國際現實、實在，同其表述的話語、文本融為一體。吾人用來描繪世界的語文並不在仲介觀察家的本身與其所處的外頭境遇（環境）。在此情況下把人們對實在的認知推向其背景、脈絡，來正當化、合理化在國際關係研究學科中人群對實在本體論上的信念。為此歐爾克批評把「主權」一概念視為理所當然、既存事實之不當，蓋「主權」的觀念對人群時間、歷史進展的感受有規定的作用。這些後現代思想家拒絕以當代理論性或真理的名目從事經驗性的、實證主義的、科學主義、方法論的研究方式，目的在把現代性的黑暗面照亮，在這裡我們看出歐爾克主張中帶有韋伯對現代人身陷「鐵籠」的同感。在國關研究中學者無法想像跳脫激烈改變的窠臼，正是其弊病。這方面又顯示他受批判理論的影響。

是故國關理論並非描繪與分析國際現勢經驗性理論，而毋寧為喪失聲音的邊緣人的規範性理論。如何把國關學說與倫理理念結合在一起成為後現代主義國關理論者努力的所在。在這方面大體上可以納入兩大範疇之中，即大同思想和社群主義。在克服實證主義的論辯之後，後現代主義的國關學者把國關議題帶回政治理論（政治哲學、政治社會學）的論述裡，不過是在挑戰理性（rationality）、自主，以及哲學基礎來自歷史的建構種種現代主義者的說詞。是故後現代的轉折表現在強調無論是大同思想，還是社群的主張的爭議及其後果——吾人對倫理的看法完全是受到現代主義者的假設所範囿，這是現代雙元看法所造成的後果。非此即彼的思考與選擇方式，忘記「彼」與「此」的不同之交相演出（interplay），是有其內生、內在的關係，值得吾人去思考。更何況現代主義的爭辯背後還有一個日漸趨向抽象化的主體在操弄。如何讓以其自身為真理衡量的標準，來和個人作為社群一分子的成員身分求取妥協、和解，便是有待吾人商榷之所在。

後現代國關理論要推崇一項倫理，俾把無法客觀的事實指認出來，俾揭露與顛覆暴力的制度，用意頗善。但把倫理基礎擺在地方的、在地的實踐，而不尋求普世的，或有可能成為普世的價值及其實踐，則為後現代主義理論家在方法上尚有待改進之處（Cochran 1996: 248-250）。

三、建構主義

比起後現代主義觀點的眾多、分歧和零碎，建構主義的國關理論顯示學說的一體性與圓融性。在國關理論界中，建構主義要「攫取中間地帶」（Adler 1997），也就是在科學的客觀主義（實證主義）與反經驗主義的相對主義（後現代主義）之間，找到一個平衡的槓桿支撐點。建構主義最在意的研究總括有二：其一為行動者；其二造成行動者進行活動的國際社會，亦即在國際的脈絡上互為主體的活動產生了行動者。換言之，過去主流派的國關學說在研究安全問題方面重視的是權力與政治，但自1990年代以來取代權力、安全、政治，卻是主體、行動者，特別是國際規範對國際安全的衝擊。規範是互為主觀的信念，俾定義（界定）行動者、行動者的處境，以及行動者透過社會實踐所做出的行動。像外交活動（diplomacy）做出和再產生國家的能力，這些能力、動作是國際間被接納的信念的具體化。規範在社會角色上（國家外交單位、軍事機構）建構了行動者（國家的執政者、決策者、外交官與財團負責人），也對行動者之所作所為賦予意義。更何況規範還進一步規定行動，把行動是否符合社會規約當成合適與不合適，也根據科學的律則界定行動者是有效或無效。

總的來說，在排斥新實在論和新自由論等的理性主義之餘，建構主義採用社會學的觀點來探討世界政治，強調規範性和物質性的結構，以及行動者在建構利益和採取行動時角色的認定，更重要是行動和結構的相互構成。首先建構主義源於國關學界第三次的大辯論，是從批判理論引申而得，俾把批判理論中的概念、理論和方法學問題精緻化。其次，建構主義並沒有違背批判理論的原則，反而是在批判精神發揮下對主流派解釋與證實（Palan 2000: 598）。很明顯地，概括化作出深入的解析，是與批判理論相容而不矛盾的。最後，在對世界政治最終要落實道德共同體的理想上，建構主義的貢獻不亞於批判理論。特別是國關中的建構主義成為一種載具，把國際情勢的發展導入理想主義觀點裡，這對國關的研究卻未必是助力，反而可能產生疑義，甚至引發爭議。

四、女性主義

主流的國際關係大多圍繞在男人、國家（國家利益）、權力（以及權力平衡）、安全（國家的安全，而非個人，尤其婦女的安全）等議題上在大做文章，而對占有全球一半以上的婦女之存在視若無睹。這或是由於搞政治、拼武鬥、耍暴力、玩弄權術，成為人類有史以來幾乎都是男性的專業，也是由於國關理論就在撕破這種主流（甚至男流male-steam）的兩性不平等的面具。女性主義旨在讓撐起半邊天的婦女對國際情勢和世界政治多少能夠發聲、申訴其觀點。

事實上在全球化的呼聲下，當今的國家研究之重心已從國與國之間的關係探討，轉向穿越國界的行動者及其結構，甚至轉向世界新秩序的營建之上。女性主義者強調由於社會歷史、文化所塑造的「性別」（gender）之不平等，比起生理學上，解剖學上的兩性（sex）之歧異，更會導致政治上、社會上、職場上男女的重大不平等。加上父權（家長）制的傳統，使男女的不平等轉化為上下高低的統屬關係（hierarchy）。這種二元對立而又引申為高低優劣的看法與作法，被向來的學者與一般社會大眾視為理所當然，甚至是符合自然界弱肉強食的天演現象。把權力、公共事務、自主、戰爭看作陽性，把倚賴、情緒、隱私當作陰性，等於提升男人、貶抑女人、婦女，而且把這種不平等轉化為政治上、經濟上、社會上、文化上的結構。須知性別不同與不等的結構是規範性與物質性上下垂直之統屬關係。

由於傳統的、主流的國關理論的主要課題為探討戰爭的原因、衝突的解決、外交的斡旋、國際法的引用、商貿的擴大、文化與科技的交流等等，卻很少涉及世界政治行動者的男女人群，是故女性國關論者在努力打破世界這種「國家」、「市場」、「國際體系」為主軸的國關範疇，改而認為婦女的生活和經驗不當被排除於國關研究的對象之外。更何況以性別為區分標準之主流作法使西方兩元對立的思考方式（公共／私人之分，國家／社會之別，內政／國際事務之區隔）更形暴露，這無助於世事紛擾的解決，世界秩序的建立。

女性國關理論者之職責一方面是解構的（指摘向來社會重男輕女的不當）肇因於性別之分歧，另一方面是重新建構的（國際關係研究的核心不只是國際的，更應當是人際的——包括男女之間——現象）。是故國關研究這個學門無論在本體論、認識論、方法論或實踐學（praxeology）方面都要讓女性主義者能夠投入，俾把這門學說建立在男性中心、國家中心的形而上學徹底碾碎。一向喪失發聲、不見人影的女性知所團結，參與行動，世局必然會走向更合理、更公平的道路邁進。

五、後殖民主義

在二十世紀上半一戰和二戰結束後，很多早期屬於殖民主義和帝國主義統治下的人民與地區，紛紛走上獨立自主的國家之建構（nation-building）的大道，這便是新興國家（newly emerging states）的崛起，亦即絕大部分的第三世界陣營國家的當家作主。後殖民主義便是國關理論中探討這些新興，但貧困的南半球國家，如何在政治上掙脫殖民母國的宰制，但經濟上仍被迫倚賴北半球工業發達、資本主義昌盛的現代化國家（列強）之宰制與反抗的世局發展。後殖民理論最先開始於文學批評與文化研讀，而後及於社會、經濟、政治的學科，而近年間進入國關理論的場域，而引起學界的重視。之所以引發學者的關心，在批判傳統的國關理論（理性主義、實證主義、行為主義）對第三世界之忽視、漠視、無視。是故此一新國關理論在揭發西方國關主流派受到權力／知識的再製之影響、建立，和同意向來國際局勢的趨勢和盲目尊重、既存、現存之世界秩序。

在此情況下，後殖民主義的國關理論並非傳統的、習俗的國際局勢思想的學派，有人甚至認為這套思想、學說根本談不上「主義」兩字。再說這一學派本身定義、概念、想法頗為分散，把它們整合成一個學派都嫌不易，其起源在於研讀大英國協成員國的文學後擴展至文化批判，再在1980年代轉入對南北歧異和抗爭的研讀。其研究的成果不只對國關，就是對人類學、歷史學、地理學和政治學產生了重大的衝擊。

在國關學界，後殖民主義是新進的研究途徑，也屬於邊緣的學問。它主張在挑戰主流派過度附屬、降服於超強霸權，以及列強權力平衡之上，這是既狹窄而又為靜態的世局觀察，原因是把文化與認同體排除。更何況與女性主義相似，後殖民主義者覺得主流派的國關論述是強力者（powerful）的言說、表述，無法對窮困國家與人民的苦狀有所理解，更談不上援助。後殖民主義的理論關懷文化與認同體，以及強權和貧窮國家之關係，這種關係一度建立在殖民者與被殖民者之間。總之，殖民史和帝國史都是歐（美）洲中心主義宰制人類歷史的演變與控制世局的進程。

雖然後殖民主義與後實證主義、後現代主義、後結構主義的國關理論相似，都在批判傳統的、主流的國關學說中之實證主義的猖獗。採用的馬克思主義和激進的社會主義來猛批殖民主義與帝國主義。進而採用被壓迫者重視感受，這些分析和第三世界的思想家、學者（甘地、法農、Amilcar

Iaoral 1924-1973）之吶喊、怒吼，實與印度扈從者、從屬者（Gayatri Spivak, Ranajit Guha）的歷史研究關係密切，都在討論殖民地轉型為獨立國家時，人民的認同、混雜，以及學人的花果飄零，異議者、反對者的流亡異域（diaporas）等議題。

第六節　結　論

在西方學術界的爭霸中，現實主義一度凌駕其他的學派，主宰國關理論近二千五百年的西洋史之久。儘管大同理想和自由主義也可以追溯至孔老夫子，蘇格拉底或斯多噶學派的古典時代。但現實主義在二十世紀後半葉卻遭到行為主義、語言轉折的挑戰，而轉變成新現實主義。同一時期，尤其是1980年代之後，由於世界經濟陷入通膨，生產停滯、資金擴散、金融發生危機等等，於是重視世界經濟、南北對抗、節制福利開銷的新自由主義（有些人稱呼它是新保守主義）崛起，修正了傳統或經典的自由主義的偏頗。

在國關第二大（實證主義與行為主義）辯論之後，理性主義、科學主義、經濟主義似乎又重新奪取理論界的霸權。不過此時西方馬克思主義、葛蘭西學說、法蘭克福學派等等促成了批判理論的竄起，於是以英國學派為主的批判理論，和以法國主張語言學轉折的後現代主義、後結構主義、女性主義應運而生，幾乎顛覆了整個主流與男流的國關理論，最後出現的後殖民主義的國關學說，使歐美為中心的西方思考，遭遇到真正多元主義的批判與抨擊。於是1980年代和1990年代成為國關理論界進入修辭學轉折的年代，而呈現學術界百家爭鳴、百花齊放的榮景。

在眾多的國關理論中，倡說者會因為根源於其世界觀（假使還談不到其意識形態），而強調自己的立論、蒐證、檢驗、證成最為優異，別人的觀點、方法、立論難免有瑕疵。霍士悌（K. J. Holsti）坦言：「學者間不文明的戰爭，就像諸國內的戰爭，既長久、又骯髒、而又殘酷」（Holsti 2001: 86）。不過吾人宜注意的是，多數的，複數的世界觀才是研讀國際關係直接的出發點與簡單的事實，亦即吾人沒有必要指出某些學者的世界觀是正確的，另外一些人的世界觀是錯誤的。世界觀、意像（印象、形像）都成為轉化為國關理論的泉源。

持這種多元主義的世界觀自有其道理。當前國關的議題是廣包的、眾多的、複雜的，它包括戰爭、人口增長、國家建造、全球暖化、各族不平均的發展、自然環境的污染、資源的浪費、恐怖（反恐）戰爭、國際機構的增生、霸權轉移。加上這個學門要研究的核心常隨國際局勢的變遷。須知作為二十世紀美國科學的國關學門是在兩次世界大戰與冷戰期間產生的新學問，其集中在戰爭與和平的討論上是有其時代意義。但二十一世紀的今天還在大談世界範圍內的列強戰爭或對峙，就失掉其周延性、妥切性。不過吾人也知道對現實主義者而言，列強之間的戰爭仍舊是中心議題；但對自由主義者而言，當今世界的主要問題在資源與財富分配不均。對馬克思主義者而言，世局之詭譎產生在全球性資本主義的宰制，與各國社會內外之階級不平，以及階級的分裂對立擴大到全球的層次之上。建構主義者則質疑國家的認同體和利益的改變會把衝突的世界轉化為合作的世界。英國學派則關懷未來的「國際社會（社群）」如何在歷史的變遷中，動力中化事實為理想。女性主義者則要求性別的平等的真正落實，改變主流與男流的擁有主權之國家觀，轉化成兩性平等負擔與分享世界的建設與成果。後結構主義的興趣所在，為過程與實踐能夠讓國際關係的範圍變成政治實踐獨立的部門。最後但不是最不重要的是，後殖民主義所關懷者為南半球被邊緣化、屈服化、附屬化的人民，如何得透過其認同，混合而得到政治的解放。

第二，國關觀點之眾多與分歧固然產自不同的世界觀與意識形態，更是由學者無法建立方法論上的共識所造成的眾說紛紜。這不但表示女性主義者難以同時是一位現實主義者，以及後實證主義對現實主義之嚴厲

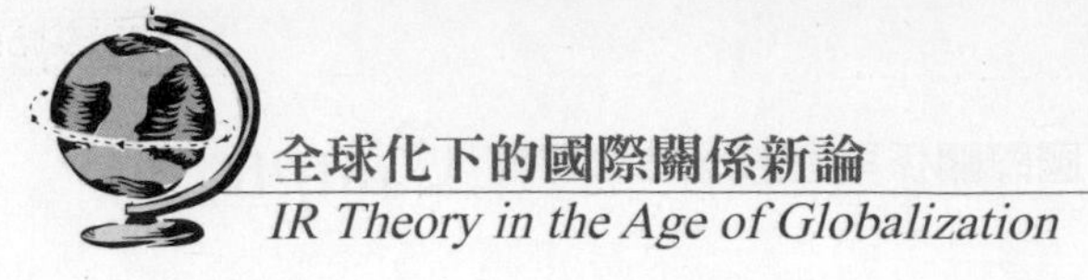

批判。為了要瞭解實證主義與後實證主義有必要把認識論、方法論與本體（實有）論作一區隔。

認識論在研究與觀察我們知識的來源與性質，方法論則考察用什麼方法可以達到對事物的認知，這兩者有其相同處，也有其不同處。前者以認知的哲學為基礎，後者則涉及認知的實踐（包括作法）。本體論則是對認知的人和對象之本體、認同體，作一個深入的探討。

實證主義是一套哲學的活動與運動，強調科學以及科學的方法是知識唯一的源泉與通道，是故，嚴分事實與價值、實在與理想似有必要，並且對宗教和傳統的思辯哲學（玄學）採取敵視的態度。實證主義傳統強調知識的淵源有二，或是邏輯的推理，或是五官的體驗。任何說詞之所以有意義在於「可以證實之原則」（the “verifiability principle”）。換言之，凡能透過經驗的檢證，亦即檢證其符合經驗事實，便達成求知的目的，除此之外的知識（譬如良心、靈魂、神明之存在）對實證主義者而言，既無可能，也無意義。宇宙萬事萬物的演變，自有其規律，且受因果律的決定，這便是科學的主張。而科學是機械性（mechanical）、機制性（mechanistic），人們藉抽繹的推理去設定理論，再透過邏輯的推理，和經驗的證成來測量理論的真偽、有效與否。觀察和測量是科學方法的核心，其實際操作則離不開實驗，俾發現觀察之行為所遵循之法則。在此情形下，被觀察對象的實體究為何物並非重要，重要的是怎樣去觀察其行為、其變化。易言之，本體論不比方法論更占優勢。發現的邏輯不比證成（實）的邏輯更為重要（Griffiths 2007: 4-6）。

後結構主義所以批評，甚至摒棄實證主義，主要在後者對事實與價值的嚴格區分，也等於對理論與實踐在實證主義者心目中變成毫無問題、不沾染理論的、可以被觀察到的行為，甚至可加以分門別類，加以計測量度，可以分解為「變項（素）」（variables原因、根源）之事物。在這種情況下遂誤把理論看作是諸變項（素）之間的關係之發現與解釋（把後面的情況〔結果〕解釋為前面變項〔原因〕之後果）。其結果實踐成為彼此競爭的各科理論的裁判者。經驗性的假設之證實或否證便是導致（歸納）或產自（演繹）理論的說詞。如此一來理論即變成了證實或證偽的工具。這是後實證主義者批評實證主義理論最大因由。

後實證主義者認為國關的範圍，並不能獨立於人們對國關的看法或觀念之外，即便是在觀察或描述的層次上。是故，史特玲—福爾柯（Jennifer Sterling-Folker）說：「國關理論是一組支架，或是先包裝好的分析結構，提供多種方式來為〔國際〕事件或活動加以歸類、解釋、理解。這些支架可能對事件的舖陳仔細，俾學者在透過事件中、或在事件中把細節組織起來，而顯示其較大的模式，可被認知的樣貌來」（Sterling-Folker 2006: 5）。

最重要的是後實證主義者強調國關的主題並非獨立存在於人際互為主觀的理解之外，亦非與我們的直觀，行動者的行為無涉。

第三，在國關的主題之複雜和研究方法以及認識論無法獲取知識之外，必須正視學界各方面制度性的勢力。這包括某些學者對其所認識的主題以及採用的方法之堅持，以及專門性學報、學誌，乃至出版社對世界觀所採取的立場。儘管著作氾濫、出版品淹腳目，一如世界觀到處呈現，無比活絡，學界仍未建構出公平審查的權威或合適的分析架構，導致學者眾說紛紜之際，呈現了理論的狂飆，與是非之不分。是故這些懷有偏見的學人，對別的理論之批判固然是容易，但要壓制不同的說詞，征服不同的學說而實現本身理論的目標，卻很困難。

過去數十年中。國關學界逐漸浮現的圖像是：國關理論的開端為「分裂的自我」以及人類的悲劇。包括研究者在內要首先質問「我們」是誰？尤其2003年小布希聯合英國進攻伊拉克，而使美國再度繼越戰之後捲入中東的泥淖漩渦，這是一種集體的錯誤與無知的悲劇。在探討陷身伊拉克的美國政府與人民，不只在檢討這個錯誤如何的形成？更要徹底追問：「我們是誰？我們最終要怎樣做？」須知道這個「我們」在此當然是指美國當局，也指涉美國的人民。這些是認同體，也是主體，卻是分裂的自我，悲劇性的自我（Ricks 2006: 127）。顯然國關的界域是受集體錯誤造成的悲劇，最嚴重最難平復的地帶。國關學界如何提供「諸世界觀的世界觀」來便利產生悲劇的情境之轉變，應是近年來理論家用心觀察與省悟之所在。

當前的國關理論可以說百家爭鳴、百花齊放，呈現其複雜性、多樣性、歧異性，它們彼此學說的競爭固然可喜，互相排斥，則大可不必，在異中求同，同中求異唯一的辦法便是取代征服（conquest）、合流（convergence 匯合）的企圖，改以共存（coexistence）的方式來進行對話才是上策（Griffiths 2007: 1-10）。

影響當代國觀理論的幾位前輩

Jean Jacques Rousseau　Immanuel Kant　G. W. F. Hegel　Adam Smith

世貿組織有百餘個會員，但相爭與搾取者則美國與歐盟。

Chapter 2

馬克思主義與國際關係的理論——歷史的回顧與展望

第一節　導言：馬克思主義不容於主流派國際關係理論的原因

Karl Marx

傳統的馬克思主義和西方主流的國際關係（包括國際政治、世界政治、環球政治、區域政治，甚至國內政治）的理論，不但少有掛鉤（除非在1940年代中至1990年代初的東西集團對抗之冷戰時代，把西方集團視為自由民主國家的組合，用來對抗舊蘇聯、中共、越、韓、古巴等信奉馬列主義，並接受共產黨一黨專政的馬列史毛、胡、金、卡斯特羅等主義），而且一向為美、英、法、德等歐美國際關係學界排斥為非實證性的、非經驗性的，而充滿意識形態、玄思、辯證的、非科學之學問（非理論、非方法學用來解釋社會〔social〕、國際之間〔international〕，乃至環球範圍〔global〕的實在〔reality〕之抽象體系）。

馬克思主義之受到國際關係學界之這種排斥、擯棄，不是沒有原因的。其一，馬克思主義的出發點係人乃為勞動與生產動物，人必須經營社會與集體生活，必須向自然挑戰，克服自然的險阻，然後在改變自然的情況下，開物成務、利用厚生，並建立社會秩序，才能創造一部人類的工業史、文明史。是故採用唯物史觀的歷史哲學來處理自古至今人類生存與演展的問題。這是哲學的、人類學的、心理學的、社會學和歷史學的學說，是接近宏大的、深遠的，從過去演變至今和指向未來發展的大論述（grand narrative）。在西方學者眼中它不適合於對現代局部的、現實的、迫切的國際問題，做細微的觀察和條理的分析，因為這種物化的（reified）的國際局勢之現象，不符合馬克思主義者（以下簡稱馬派）之辯證思維和反形式邏輯的推理之緣故。

其二，馬派雖然在最終的目標上重視個人、個人才華之落實，以及個人最終的生成變化──個人的解放（洪鎌德 2000：136-157）。但根據馬克思本人的說法，人改變環境，環境也改變人。為了未來完善的個人──有意識、富創造力，以完美的規則來把強迫性勞動轉化為自由與創意的「自我活動」（*Selbsttätigkeit*），人必須要推翻舊秩序、舊社會組織，而創造新的社會──無階級、無剝削、無異化，自由生產者與消費者的組合（協會）（洪鎌德 2010a：287-288，374-375）。由是看出馬克思最關心的新社會之建立，這個新社會在世界範圍內的各個國家之社會，但馬克思卻預言國家早晚的消亡（*absterben*）。從而不把國家當作是主權獨立的國際政治之主角（actors，行動者）。這也與西方主流派國際關係者，視國家為雙邊或多邊國際或區域關係之主要行動者（而國際機構、非政府組織、個人則為次要行動者）之觀念完全不合（洪鎌德 1977：77-98）。

其三，馬克思主義如果可以看成是三個同心圓組合的思想體系，則其最廣包的外環為所謂的辯證唯物主義（*Dialektischer Materialismus*，簡稱*Diamat*），視天下萬事萬物都是物質，都要因事物內部的矛盾（加上事物所受外頭的壓力）而發生辯證的運動（變化）。把這種宇宙觀、世界觀應用到人類社會的生成演變之歷史上，便得到歷史唯物主義（*historischer Materialismus*）。馬克思本人少用歷史唯物主義，而逕用唯物史觀（*materialistische Geschichtsauffasung*）。這種歷史唯物主義在強調社會是一個兩層樓的結構體。其底層為生產活動，亦即人的經濟生活，馬克思稱它為生產方式（*Produktionsweise*）與生產關係（*Produktionsverhältnisse*）合組而成，是人物質生活的用品之生產、交易和消費的場域與表現。生產力包括勞力（腦力與體力）、土地、資本和經營方式。生產關係則為擁有生產力者之資本家與不擁有生產力（至多只擁有勞力）者之勞工的關係，這種法律上稱為財產關係。在生產方式的基礎上，社會形成所謂意識形態的上層建築（*ideologischer Überbau*）。這包括（婚姻、親族制度的）家庭、法律、國家、教育、文化（宗教、哲學、藝術等）在內的人類社會較高的功能和制度。簡言之，亦即向來的中國人所稱呼的典章制度。社會這一結構體在人類時間的長河上，每受發展的時間和地點之不同而產生或大或小的變化，變化的原因來自於社會底層的物質生活之改變，牽動社會上層的精神生活跟著變遷。

Friedrich Engels

詳言之，生產力的改善，帶動生產關係的變動，使生產方式（下層建築、經濟基礎）發生相適應、相搭配的改變。社會的生產方式一旦轉型，則與其相當、相配合的上層建築之典章制度也跟著起了變化，於是整個社會跟著發展與變化。這是何以在人類四、五千年文明歷史發展中，先有所謂亞細亞社會，與其並排的原始社會（公社）、奴隸社會、封建主義社會與資本主義社會的次第遞嬗之因由。事實上，因為生產方式與上層建築辯證互動的緣故，社會也從早期階級不分的原始公社，發展為奴隸主對抗（控制與剝削）奴隸、地主對抗農奴、資本家階級對抗勞工階級的社會兩大分化（分裂為兩大敵對陣營之階級）的社會。

從而馬克思與其親密戰友恩格斯遂在《共產黨宣言》（1848）的開頭斬釘截鐵地說：「至今為止的人類社會乃為階級鬥爭的歷史」（*SC*1: 108）。是故馬克思主義原創者把人類有史以來的衝突，擺到與突顯在有產兼消費（奴隸主、地主、資本家）階級與直接從事生產，卻很少享受產品的勞動（奴隸、農奴、勞工）階級之間。這種注重階級以及階級鬥爭的說法，同十七世紀中葉以來歐洲民族國家（Nation-States）崛起以後，以國家為中心展開的國際殖民、商貿、原料之攫取、地盤擴張的殖民主義、帝國主義等等，亦即以國家為主角的國際商貿、競爭、摩擦、談判、戰爭為主的近現代國際關係的現象之解讀（外交、謀略、戰略等等理論與實踐的經營）大相逕庭。換言之，馬克思與恩格斯強調的是有史（其實是他們心目中的「前史」）以來的社會衝突是圍繞在階級之間，階級對立、階級鬥爭之上。反之，近現代的國際關係則視國家的權力爭取、保持和擴大所引發的國際（及其集團）之爭衡，才是世界政治的主要內容。這也是馬克思主義很少成為歐美國際關係理論的一部分之原因。**圖2.1**及**圖2.2**為馬克思主義的體系和歷史唯物主義之表述簡圖。

其四，馬克思主義三個同心圓的中環是把辯證唯物主義應用到西洋（特別是歐洲）的生產史、工業史之上，是屬於對歷史的看法的一種史觀，不認為歐洲史是人的精神、還是上帝，或者是居統治地位的擁有財產者及其御用學人所創造的，尤其反對精神（上帝、神明）、心靈創造歷史的唯心主義史觀。反之，整部人類工業史、文明史是勞動人民，尤其是廣

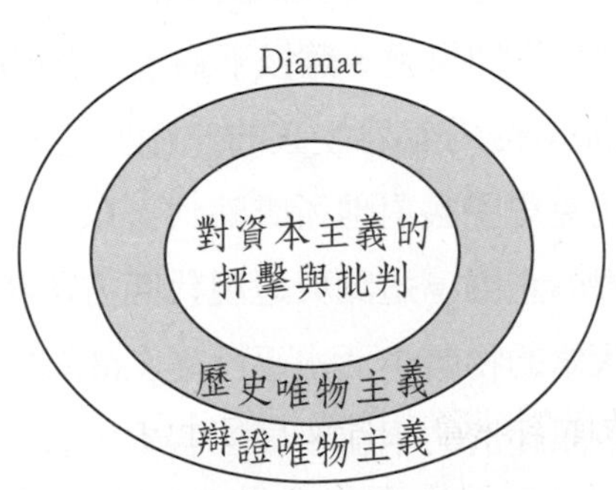

資料來源：作者自行設計。

圖2.1　馬克思主義的體系圖

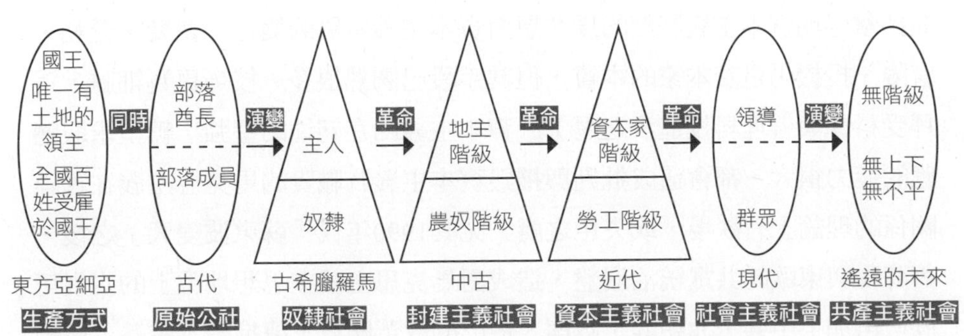

資料來源：作者自行設計。

圖2.2　唯物史觀示意圖

大的奴隸（無薪與有薪的奴隸）群落所創造的。勞力與勞心構成勞動的核心，這是人物質生活（首先是「餬口」的生產，其次「養家」的家族繁衍——家族再生產）之營造與物質生活的需要之滿足的活動（生產、交易、消費）。在此物質生活上，人才能經營精神的生活（家庭、法律、國家、文化等典章制度及其背後的意識形態）。由此可見物質在先、精神在後，物質為主、精神為副。馬氏遂說：「並非意識決定存有，而是存有決定意識」（*SC*1: 503）。這種講究歷史的過去與預測未來的歷史觀，對專門分析當前各國的複雜商貿、武力衝突、緊張關係，特別是涉及和戰及安全問題、文明衝突、恐怖與反恐、國際金融財政危機等等問題，似乎是問題不妥、時機不對、利害失焦的學說，難怪不為主流派國際關係理論所引用。

其五，正如上面所提馬克思主義的三個同心圓說所指出的，這個同心圓之核心部分為馬克思主義對他所處時代，以及當代資本主義體制的大力抨擊、批判和摧毀的企圖。這點與近現代西方藉助資本主義的興起，提升歐美各國菁英與大眾的物質生活水平，從工商業的大幅提升發展到市場經濟、知識經濟、資訊經濟的水漲船高。資本主義不再是馬克思所處的時代之競爭性的資本主義、或列寧時代壟斷性的資本主義，而轉型成今日超越國界、跨國的財團資本主義時代。國際關係的產生是資本主義的對外擴張，挾持國家的力量，大搞殖民和帝國主義的活動所引發的。但一向集中在抨擊早期資本主義制度的馬、恩對資本主義本質的變化（貪婪、營利、冒險、投機仍是資本家的本質，但其手段已圓熟很多，技巧更為細膩，這拜受科學與管理科技進步之賜），資本主義內在韌性的堅強，轉型求取適應的能力很大，都會造成批判與摧毀資本主義為職責的馬克思主義在國際關係的理論上有缺場、或失色之虞。尤其1990年代「蘇東波變天」之後，舊蘇聯與東歐的共黨統治崩盤，造成對馬克思主義在思想地位上的岌岌可危。再加上中共、北朝鮮、越南、古巴的改革開放，擁抱資本主義、或推動社會主義的市場經濟政策，也是馬派思想走向沒落之原因。

其六，為馬克思主義除了馬、恩和普列漢諾夫、考茨基的經典或稱

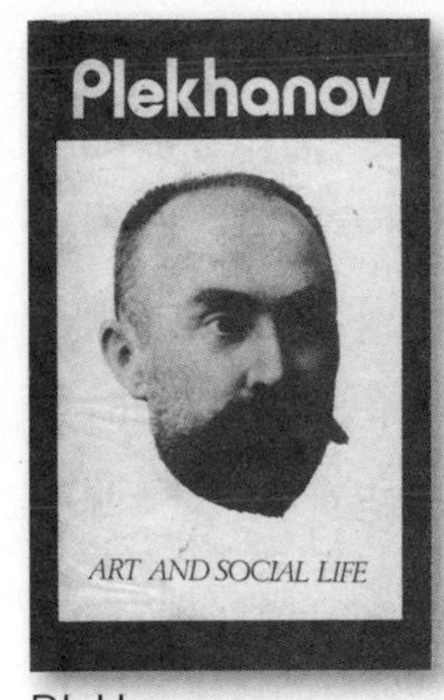

Plekhanov

正統馬克思主義（老馬）之外，還有後來列寧、史達林、托洛茨基發展的蘇維埃馬克思主義（俄馬），更有1920年代出現在歐洲中部的西方馬克思主義（西馬）、存在主義、現象學、結構主義的法、義馬克思主義，以及批判理論（法蘭克福學派），以及1960年代出現於歐美的新馬克思主義（新馬，包括世界體系論、依賴理論、低度發展理論、批判理論、女性主義理論、生態的馬克思主義）。最終還出現了後馬克思主義（後馬，包含後結構主義、解構主義、後現代主義、符號學的馬克思主義）。可以說自二戰以來馬克思主義所衍生的批判性理論（Critical Theory）反而可以參與到歐美國際關係的理論上，演出反對者、批判者、補充者的角色。之前的老馬、俄馬、西馬反而對國際關係、外交政策、環球政治之理論影響趨小，甚至式微。

第二節　馬克思和恩格斯對國際關係理論的貢獻

儘管馬克思主義在這一百年間經歷不同面貌與內涵的變化，但是吾人如果把國際關係不限縮在國家之間的政治、外交、磋商、和戰的關係之上，而擴大到國際間的商貿、市場、金融、財政、貨幣等等關係之上，則我們必然從國際關係邁向國際政治經濟學（political economy）的境界（洪鎌德 1999）。在這一方面經典的馬克思主義（馬、恩的學說）就顯示其能掌握到國際來往、或敵對、或衝突的本質原因。換言之，在國際實在的背後，他倆找到其發生關係的根源——物質利益、財富、權力、優勢、地盤等等。

馬克思與恩格斯在其成年之後，積極參與各國工人與知識分子代表的團結運動，形成工人國際組織，俾進行普勞階級[1]的訓練、教育和階級意識的啟發、凝聚。在投入這種革命活動之外，對歐美政治和經濟活動特別留意，對時局的發展也有尖銳的觀察與評析，尤其對英國與大陸強權（法、普、奧、俄、波、瑞典等）之間的強權鬥爭，以及形成殖民擴張和帝國主義，有深入的分析與批判。特別是在馬氏擔任十年（1851-1861）《紐約每日論壇報》駐歐通訊員所撰述的世局變化之通訊稿，令人驚佩他國際局勢知識之豐富觀察力與分析力之敏銳（洪鎌德 1997a：133-138）。可見馬克思對時局的關懷與認識之深刻，有利於他學說對國際關係的深入研析。

捨開馬克思對時局細膩而精微的分析，他理論的洞見來自於對資本主義的批判。他並不把資本主義等同為市場與交易。反之，是認為在資本主義體制下，人的勞動力像商品一樣供給買主（雇主、老闆、資本家）的使用，這無疑是勞力的商品化（commodification），也是人心血創造力的物化、疏離、異化。是故馬克思攻擊資本主義不只抨擊資本家的貪婪、自私、驕奢、狂暴，成為金錢的崇拜者、金錢的奴隸，更因為剝削勞工的血汗、成果，而成為嗜血的人狼（werewolf，狼人），這都是資本主義非人化、去人化（*Entmenschlichung*）的敗德罪行。為著恢復人的本質（人性復歸）、人的自由創造力的重新湧現，推翻資本主義制度變成他終身奮鬥不懈的目標和志業（洪鎌德 2010a：152-154，182-183，186-188，190-191）。

有異於他同代以及前代的政治經濟學者（亞丹・斯密、李嘉圖、馬爾薩斯、薩伊、約翰・穆勒等人）視資本主義為人類文明社會進步的動力與近現代不斷更新創發的社會組織原理，馬克思認為資本主義雖然是人類

---

[1]與布爾喬亞（*Bourgeoisie*）之資產階級相對照的是所謂普勞階級（*Proletariat*）。此為無產階級、工人階級、勞工階級之新譯名，係取Pro之音義，亦即普遍勞動（勞心與勞力之意）。過去華文譯為普羅階級並不適當，蓋普羅係Professional（專業的音譯）之緣故。

至今為止生產力發揮的最高點，但畢竟是歷史進化的一個環節，不是永恆的、不可逾越的社會樣態、或發展終境。反之，它既然是歷史發展的產物，也是可以變動、推翻的社會生活之方式。由於資本主義非人化的過程，使資本家（由於貪婪）和勞動者（由於被剝削、被壓迫）都變成非人。如何使人利用其理性、前瞻性，改善本身及其社會，尋求資本主義社會之外的另一種社會形態——社會主義、共產主義——都是使人群獲得自由與解放，社會變成平等與民主的可能性出路。

Adam Smith

有異於亞丹・斯密以個人利益為行為指針，馬克思持人理性的、自我創造的、重視過程的（a rational and processed view）人性觀和社會觀，不以為人類只是追求自利而已，而是在勞動與生產過程中，在營建平等和自由的社群下，發揮人內在的潛能，成就人是社會與政治的動物（亞理士多德的理想）。人不但要利用大自然當其倉庫和舞台，而開物成務、利用厚生，人更要與別人進行貨物與勞務的交易與消費，而交易與消費的社會秩序是建立在相互尊重、取與予公平的基礎之上，是故一個無壓迫、無剝削、無異化的社會只有在私產取消、階級消失、權威（公權力）變成公共服務，「人統治人，變成人管理物與計畫過程」（恩格斯語）才有可能。換言之，人的生產與分配活動應當在社會組織下、理性計畫下進行。當前人類的自私自利乃為資本主義體制下的必然結果，未來新的社會（社會主義或是共產主義的社會）將會產生了謀取公利公益，而又發展本身才華的新社會。由是看出馬克思強調人性是社會關係之總和指標，其本意是人與自然、人與社會、人與自己（轉化為新人）的三重關係得到合理的安排而言，亦即人的社會生活是在這種存活的過程上牽連到自然、社會和本身三者進行辯證發展的結果（Rupert 2007: 150-151）。馬克思一度指出：「人創造歷史，並非按其喜歡而為之。人並非在其選擇的情況下創造歷史。反之，是在其直接碰到的、給予的和從前所傳授而來的情況下，進行歷史之創造」（*CW*11：103；洪鎌德 2006：403）。這就顯示他務實而可行的遠見與偉景（vision，不僅僅是願景而已）。

馬克思上述人的理性與過程觀，也可以看作是行動者與其所處環境的結構之間的辯證關係。做為社會活動者的人離不開其時空特殊點上的脈絡。這個脈絡無他，乃為時間上較為稍久的社會關係，或稱為結構，它形成為社會制度之一環（譬如家庭、學校、職場、協會等）。結構產生了社會認同與活動形式（在家中為長男，在學校為班長，在職場為主管，在協會為會員等等），這便牽連到角色的問題。須知結構對行動者並非硬性決定，也非自動操作，卻是藉由行動者不斷強化其角色，而使結構得以維持。「個人的行動和範圍他的行動之制度，這兩者之間的互相過招（interplay）便是馬克思所言的辯證」（Schmitt 1997: 50）。

假使吾人理解歷史是尾端為開放的、無盡期的人類自我生產過程的話，那麼不難理解在歷史長河裡，任何社會結構與人的行動發生齟齬矛盾時，緊張和摩擦的情況必然出現，這種衝突與變化是歷史的辯證運動。這時人應當有理性與能力來解決行動與結構之間的矛盾與衝突，從而導致改良、變革、革命的契機之出現[2]。

馬克思這種過程中關係的辯證架構之說法，給予吾人對政治、自由、奴隸等等現象思考的啟示。傳統上把政治當作權威的統治過程，或是權威的價值分配都與馬氏的看法相左。以馬克思的歷史觀來看待政治，是把政治當作社會自我生產的過程之控制，以及對此控制權力的求取與鬥爭。左右這種過程之目的在於型塑新的秩序，包括創造新的環境，以及新的人類。是故政治所關懷者，為如何營建未來的新世界和新人類。所謂的自由云云、奴役云云，也正表現人的決心與能力來制約與決策未來社會的形式與人類的前程。這種對自由的擴大解釋比起傳統的自由主義者而言，更具

---

[2]關於結構與行動之關係，紀登士的說明更令人折服，參考洪鎌德1998：121-134；2006：330-340.

活力與新意，因為它突破個人選擇與狹窄自由而言。藉由歷史辯證發展觀，以及政治觀和自由觀，馬克思遂用來批判資本主義的制度（洪鎌德1997b：258-260；2000：44-111）。

資本主義之所以被馬克思視為當前人類災難的罪魁禍首，是由於儘管這一制度的生產力發展到有史以來的巔峰，但它卻造成人類的無能（disabling）與能力的喪失（disempowerment），這是資本主義制度內在的矛盾使然：一方面使人有能力，可以創造空前的美好生活，讓少數人享受物質與精神最快樂、最幸福的生活，但同時也使絕大多數的直接生產者——勞工——陷身於貧困、不自由當中。表面上工人擁有其勞動力，是其勞動力這一唯一財產的擁有者，他也可以自由選擇職業，掙錢活口養家，但這種勞動契約的自由畢竟是以雇主的利潤獲取為先決條件，常非個別工人可以隨心所欲選擇的職業、快樂的工作。要之，資本主義的社會關係常被其成員——諸個人——看成是外在的，具強制性、自然的、必然的、普遍的、寰宇的現象，以致個人生活於此一體制下，不得不降服這股「必然的、自然的勢力」，而喪失個人以及集體的自主性，讓人群無從決定其前途，更遑論建立新體制來代替舊體制。馬克思的卓見便是看出資本體制對人群的奴役（使資本家利益薰心、貪婪無厭，使勞動者遭受剝削、壓榨），而最重要的人的創造力受到挫折、壓制，社會分工造成階級的對立、敵視與鬥爭。一旦社會關係視為既定的、必然的、強制性的存在，人們不想也無法去改變它，忘記社會是人造的，人可以改變社會，而非只讓社會來控制你我的命運。

值得注意的是資本家在社會上建立它們私人的王國，把社會力量私有化，把經濟活動從政治活動中脫逸出來，使國家式政權的勢力盡量避免伸進資本家的私人範圍中，從而使生意人、資本家所做所為很少受到公權力的約束，這就美其名為資本家的企業自主。資本家可以賺盡社會的錢，卻不肯、也不必負社會責任。在今天很少資本家肯為公害與環保付出傷害的代價。它們躲在私產的法律保護傘之後，累積其財富、享受其奢華，偶然只做一些表演性的公益、賺取大善人之美名（富士康員工跳樓的悲劇正是資本家在所謂「有中國特色」的社會主義之社會公開表演，赤裸裸的剝削與異化之典例）。

再說，政府的結構就需要靠資本家、財團來發達經濟、減少本國勞工失業率。在很大程度上，國家被資本家所籠絡、所挾持、所控制，造成資本家的驕奢自大，也使公家政策無從以全國上下的利益來盱衡大局，做出合理的決策，俾利於廣大的民眾。這點看出資本主義制度是非民主的，剛好相反，它是反民主的、反自由的。

資本主義最大的弊端不只是把人的勞力當成商品，把活生生的人之活動變成可供買賣的商品，導致人轉化為物。更可非議的是提倡分工，把對立人的非人化。這種分化可以說是配合人類文明史以來社會階級的兩分化（洪鎌德 2010a：278-285）。由於資本主義強調商品化、財產合法保障、個人營利賺錢的本事自由的、不受限制的發揮，造成歷史上特定社會活動的組織（公司、股票市場，壓榨性的、競爭性的職場）和操作模式（利潤不停的、無量的擴增，投機取巧的商業手段，致富捷徑的層出不窮和不斷的推陳出新），造成這些新組織、新模式、新過程變成為「合理的」、「自然的」、「進步的」錯覺，這是馬克思何以指摘的「剝削」、「異化」、「拜物教」存在於資本主義當中的因由。

近世以來，特別是十七世紀中葉民族國家誕生以來，以歐洲為中心的國家經歷了統一、聯合、獨立、新創等等過程及運動，其背後固然為各國統治者、開國先鋒的野心壯志、雄圖謀略，以及舉國上下的團結意識與民族主義在鼓吹，但進一步分析則不難發現資本家營利的心態，以及政商掛鉤，導致公權力為工商利益服務的寄生關係。這是造成歐洲強權對外發動戰爭、前往海外開拓市場、侵併其他地區的領土、降服其人民的殖民政策之倡行。於是殖民主義和帝國主義完全拜受資本主義興起之賜，而國際關係的展開背後，無疑地是資本家的擴充野心。

馬克思對資本主義的批判、抨擊、咒詛，事實上比起十九世紀以來任何思想家來，他是第一位看出資本主義不僅對其本國人民，尤其是工農大眾造成重大傷害，也是導致殖民災難、帝國霸權、國際戰爭、地區動亂的主因。他雖然無法活過十九世紀末，但其學說無異為二十世紀人類兩次世界大戰的浩劫之預想埋下伏筆。

Sterling-Folker

可以斷言的是，近現代國際關係的型塑者與執行者，表面上為各國的政要、外交官、將領與士兵，但幕後的推手卻是各國財勢強大的財閥和資本家，這是馬克思第一位看出的，亦即把國際關係不只理解為權力爭霸的政治角力，更是為財富、利益、霸權、優勢的追求之國家行動，也就是說他是第一位思想家把國際政治經濟學融入國際關係的考察當中。今日西方主流派國際政治，無不把國際政治經濟學當成國際關係、國際政治、世界政治、環球政治的主要分科、或主要理論派別（Sterling-Folker 2006: 199-242; Dougherty and Plalzgraff Jr. 2001: 416-504; Griffths *et. al.* 2009: 161-210; Dunne 2007: 148-164）。

雖然馬克思本人沒有使用「帝國主義」一詞（Brewer 1990: 25），但他對歐美強權為爭取領土、屬民、勢力範圍而展開的鬥爭，卻有所析評，儘管殖民主義可以獲取腹地，而使本國獲利，但未必是資本主義的必要成分。不過馬克思卻持資本主擴充性動力（expansionary dynamics）的說法。這顯示了他對後世資本主義有可能轉型、可能跨越國界、進到環球的領域，擁有先見之明。甚至他說：

> 布爾喬亞在迅速改善各種各樣的生產工具之際，在廣泛地開放各種各樣的交通工具之際，把那些絕大多數尚是野蠻未開化的國家納入〈西方〉文明的範圍裡。便宜的商品變成強大的火砲，把中國長城打碎靠著這些〈商品〉強迫野蠻人把外國人的心態變成降服輸誠。它（布爾喬亞）強迫所有的國家（與民族）

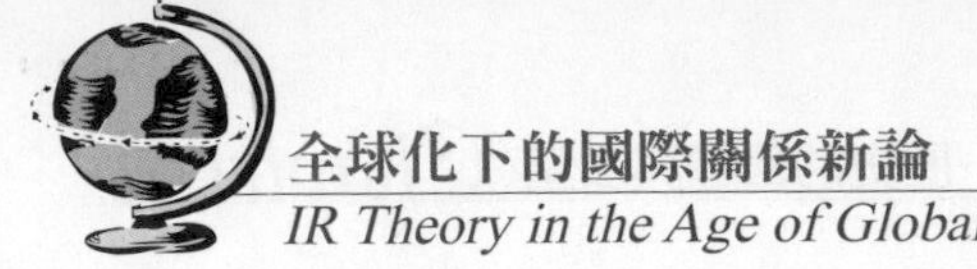

> 在滅種的痛苦下，採用布爾喬亞的生產方式；它強迫他們引進所謂的文明到他們當中，那就是說讓他們也變成布爾喬亞。一言以蔽之，它創造一個它本身映像的〔新〕世界。（Marx 2003[20]: 248-249；引自Rupert, *ibid*., 155）。

可以想像得到的是馬克思不會把資本主義限縮在國界範圍內，而視為內政問題，這是由於財富競爭的累積迫使布爾喬亞（資產階級）不斷向外擴張其營利活動之緣故。資本主義一方面有其去人化、去政治的經濟氛圍，他方面卻帶有公權力，維持社會法律與秩序的統治機器——國家。對馬克思而言，表面上不涉及政治，而集中在經濟、私人氛圍的資本主義，早已走向全球、邁向環球化。馬氏認為工業資本的國際活動（有異於貿易與商業的資本）在其潛勢力中，有改變世界規模下的社會性生產組織之能力。散播和增強生產的資本主義式之組織，從而在社會方面增強生產力。資本主義這種辯證的發展會產生既進步，但同時退步的過程，造成廣大群眾的受苦受難，也增強少數菁英的富裕發達。

第三節　馬派人士的帝國主義理論之產生與評析

在二十世紀初，歐洲局勢的發展已醞釀第一次世界大戰山雨欲來風滿樓的風暴。這時馬克思去世已十多年，而恩格斯的逝世也超過五、六年。就在這個世紀轉換之際，馬派思想家中有幾位，像盧森堡、希爾弗定、布哈林、列寧等人開始討論帝國主義這一重大的國際現象。他們都認為資本主義的財富累積之先進過程，會驅使主要資本主義的國家走向殖民的擴張主義。驅使資本主義走向帝國主義的機制，儘管各國有異（或追求原料、或尋找新市場、解除生產過剩或資本累積過多而必須把資本輸往海外），馬派理論家都一致指出先進的資本主義國家，被資本累積的無上命令所驅使，必然支持其工業、金融的壟斷集團走向國際膨脹、擴大之途。可是世界有限的領地早已被一個或數個大帝國強權瓜分之後，帝國主義本身的敵對、競爭、摩擦遂告發生，而最終帝國主義者之間爆發軍事衝突、發生國際戰爭成為無法避免之情況。第一次世界大戰的爆發，正證明馬派帝國主義的理論之正確。

John A. Hobson

其實馬派的帝國主義理論多少受到之前英國學者兼新聞工作人士霍布遜（John A. Hobson 1858-1940）的影響，他視帝國主義為資本主義體系內部適應不良的怪胎，他也認為資本家牟利是導致國際戰爭的主因。

在各種早期帝國主義的理論中，又以列寧的學說較為精緻，而且他還把帝國主義的崛起、過程與後果分成五期來加以說明，他的結論是：

> 帝國主義是資本主義發展的（最高）階段，在此階段中，壟斷和金融資本建立起優勢地位；在此階段中，資本的輸出達到可以宣示的重要性；在此階段中，國際托拉斯瓜分世界業已開始；在此階段中，全球的領土被壯大的資本主義強權瓜分完成。（Lenin 1939: 89）

換言之，造成帝國主義與世界大戰的流程之幾個時期為：

1. 生產集中於企業結合（combines）、卡特爾（cartels）、企業聯合（syndicates）和托拉斯（trusts）等商業組織中。
2. 生產組織追求原料的供應，需要海外殖民地的輸入原料與人工。
3. 生產組織求助於銀行的貸款，形成了金融資本。
4. 舊殖民政策轉化為爭取勢力範圍和經濟利益的鬥爭，從而造成強國剝削弱國的情況。
5. 鬥爭的結果，特別是殖民地的掠奪，導致國際競爭與戰爭，擴大

V. I. Lenin

戰爭範圍而成為世界大戰（以上引自Dougherty and Pfalzgraff 2001: 434，加上本文作者之第5點）。在此列寧幾乎把壟斷資本主義視同為帝國主義。

列寧的帝國主義有其優勢與缺陷。首先，其理論的長處為：第一，指出帝國主義為殖民主義的延伸，都是產生自經濟利益的奪取，為資本主義發展到壟斷資本主義的最高階段，這等於說明帝國主義的起源。第二，把國內資本主義發展的瓶頸打破。由於國內的資本家爭取原料與市場的困迫，必須把資本移往海外殖民地，把殖民地廉價的勞工與原料引進殖民母國，由於資本家（特別是壟斷的工業資本家）除了與本國的銀行掛鉤，把商家累積的資本，轉成銀行（團）貸出的金融資本之外，還逼迫本國政府大肆搞海外商貿與推動殖民政策，這等於說明帝國主義形成的前身為歐洲列強的殖民主義。第三，由於各國大肆推行強勢的殖民政策，則強權的摩擦、糾紛、爭執成為無法避免的國際關係與外交折衷，甚至以武力衝突來決定利害輸贏，最後釀成第一次世界大戰，等於利用帝國主義理論來說明世界大戰的原因。第四，列寧的國際理論還可以說明馬克思對於資本主義必將崩潰的預言，何以在十九世紀末與二十世紀初未能及時兌現之因由。換言之，資本主義的崩潰或是由於普勞階級的覺醒和團結發動、普勞革命、世界革命，或是由於資本主義本身的矛盾危機四伏（包括景氣循環）所引起的。不管是馬克思以外在（革命）或內在（危機）因素斷言資本主義的解體或滅亡，最後的事實顯示資本主義像燃燒過的火鳳凰，仍舊從餘燼中振翅高飛，從死亡中復生。這個馬克思主義預言的落空，便要靠列寧的帝國主義之興衰，來加以補救，而獲得一時的解答與解救。這也可以說是列寧理論的貢獻之一。

如眾所知，帝國主義解釋為資本主義最高的發展，毋寧為馬派經濟決定論的引申，而受到西方學者的質疑與挑戰。再說，歐美列強的主政者——國際關係行動者——之志業在於擴大領土的野心，創造國家富強的稱霸心態，或妄圖建立個人歷史功業的雄圖壯志。特別是民族國家的背後推手之種族優越感和擴張的民族主義，都是帝國主義形成的意識形態，它指引列強行動的文化力量。更不忘歐美的殖民主義多少與傳播上帝的福音之基督徒傳教活動有密切的關聯。另外也與白人「開導」野蠻人的「白人負擔」（Whitemen's burden）之歐洲人（北美人）中心主義有關。因之，這些學者不免要指摘列寧把帝國主義類同為壟斷資本主義的偏頗。

無論如何，列寧基本上以討論國內經濟的理論，轉變成資本主義國家間國際政治關係的理論，能夠輸出資本的國家就靠剝削窮困海外地區的人民，而獲取經濟利益。這樣可以看出從馬克思的時代之競爭資本主義發展到列寧時代的壟斷資本主義（金融資本控制了工業資本，以及兩者的合併導致壟斷資本主義的出現）。這一資本主義的最高發展便形成了帝國主義（Gilpin 1987: 40）。

在前蘇聯馬列主義影響下，史達林一度預言資本主義之間的衝突無法避免。毛澤東也提出三個世界的理論，主張第二世界的共黨國家，聯合第三世界的發展中國家，以鄉村來包圍城市之戰略，來對付第一世界的資本主義國家。這是毛澤東著名的「三個世界論」。但在1953年史達林死後，蘇聯對社會主義兄弟國的控制與鎮壓（1953年的東德、1956年的匈牙利、1968年的「布拉格之春」）加強證明社會主義陣營內在的傾軋，以及布列茲涅夫對社會主義兄弟國的出兵干涉之「主權有限理論」——布列茲涅夫主義。這種情勢導致中俄共1970年代意識形態之爭（也包括領土爭執，以及西方列強的裁軍談判）。其後戈巴契夫的「新思維」（*новый мысль*）加速舊蘇聯的解體與東歐各國的紛紛自由化與民主化，意即「蘇東波變天」，從而結束正統與官方馬克思主義（馬列主義）在國際關係上的應用。與此站在對立面的則為西方馬克思主義與新馬克思主義，以及其近年間衍生的「批判理論」（Critical Theory）。

第四節　西方馬克思主義與新馬克思主義的國際關係之理論

相對於歐洲之東（「東方」）的蘇維埃官方的教條馬克思主義，只注重把馬、恩的學說「科學化」、「教條化」，一批歐洲中部（匈牙利、德國、義大利、法國）的馬克思主義者，在1920年代初大力鼓吹馬克思的哲學與文化思想（亦即有異於壯年時代馬克思重視社會的經濟基礎及其運作）。這股新思潮便被目為「西方馬克思主義」（Western Marxism，簡稱西馬）。其代表人物有匈牙利的盧卡奇、德國的寇士和卞雅敏，和後來形成法蘭克福學派的霍克海默、阿朵諾、馬孤哲和哈伯瑪斯，義大利共黨創立人葛蘭西和法國存在主義的沙特、現象學的梅樓・蓬第、結構主義的阿圖舍等馬克思主義者（洪鎌德 2010b）。

Sartre

西方馬克思主義不但認為馬克思的終極理想是要建立「哲學的」共產主義，而非史達林教條下倡行的經濟決定論之「科學的」社會主義，而且反對俄式馬克思主義對個人自由的壓迫、對民主的壓制，特別是採取中央監控與命令（command）式的計畫經濟，窒息了民間經濟活動的自動自發生機，也違失了馬克思最終要實現人的自由與解放之本旨。

是故西馬的創始人盧卡奇強調政治是手段，文化才是目的，而鼓吹由知識分子形成的共產運動推動者，給廣大的工人群眾灌輸階級意識。德國的革命家與理論家，也是西馬奠基者之一的寇士則指出馬克思的哲學思想儘管是唯物主義的，卻是經典的日耳曼觀念論，尤其是黑格爾的唯心主義的轉型，是故恢復馬克思的哲學（而非實證主義、經驗主義、科學主義的政治經濟學）主導地位更屬當務之急。義大利共黨創立者之一的葛蘭西，更比較俄國布爾塞維克革命的成功與西歐工人造反的失敗，探討其中

Wallerstein

原因，在於歐洲傳統社會根深柢固的思想（特別是宗教）與意識形態（基督教會）對廣大普勞群眾的行為控制。他遂倡導革命首先要革心，要從意識、文化影響最大的民間社會（教會、學校、各級、各類的民間自由組織、俱樂部、協會等）之爭取，才能進一步奪取「政治國家」——國家操作機器的樞紐之政府。要之，西方馬克思主義者有異於經典與教條的馬克思主義在於強調社會的上層建築，亦即意識、意識形態、文化等方面對社會改造的推動力，這也是葛蘭西所鼓吹的文化霸權。

法蘭克福學派的前身是指1923年成立於法蘭克福大學的社會研究所（本擬稱為「馬克思研究所」，後被迫改名）。這個1950年代以後以批判理論和批判社會學著稱的研究機構本應列入西馬範疇，但因為1960年代歐洲學運爆發，批判理論取代西馬，而成為新馬克思主義（Neo-Marxism）之標竿，尤其繼承霍克海默、阿朵諾、馬孤哲、賴希等西馬，而帶有馬派的批判與心理分析健將乃為新啟蒙、新批判理論大師的哈伯瑪斯、史密特等人，而後面幾位對當代國際關係理論影響至深，從而我們從西馬而進入新馬的範疇。

基本上，西馬是1920年代流行在歐洲中部與南部，有別於蘇維埃教條的馬克思主義，除了強調社會上層建築對整個社會的改變，起了關鍵作用以外，對青年馬克思的思想刻意張揚，遂大談階級意識、文化批判。其批判之對象不限於歐美先進的資本主義與法西斯主義，也把矛頭指向經濟決定論的史達林主義之獨裁與壓迫。與此相對，新馬是1960年代舉世學潮氾濫（多少受到中國大陸文化大革命，以及反越戰、反種族、反性別不平等，以及破壞生態的影響）之際，西方左派或馬派分子形成的眾說紛紜之各股思潮，其在國際關係的應用方面，出現了世界體系（Terence K. Hopkins, Stephen K. Sanderson, Immanuel Wallerstein）、依賴理論（James A. Caporaso, André Gunder Frank, Harry Magdoff, Paul Sweezy）、國際政

J. Ann Tickner

治經濟學（Robert Gilpin, Ralph Pettman, Joan Edelman Spero）、女性主義的國際關係說（Spike Peterson, Sara Ruddick, J. Ann Tickner）和「批判理論」、後殖民主義的國際關係理論（Robert Cox, Jürgen Habermas, Andrew Linklater）等等。

世界體系：其實馬克思與恩格斯的歷史唯物主義和世界市場的理念已有世界體系的說詞之模樣，但在西方1970年代浮現的新馬的國際理論卻強調歷史唯物主義和世界體系論有相同，也有相異之處。這兩種理論派剛好與批判理論形成鼎足為三的新馬國際政治理論。

歷史唯物主義派與世界體系論都從馬克思的主張出發，認為經濟的改變是推動世界政治變化的動力。其中主要的概念仍舊是馬氏所說的「生產方式」。這是指人的勞動「如何」受到控制，為了生產貨物與勞務來滿足人存活的需求（Wallerstein 1979: 136, 155）。這一生產方式「決定了政治單元之間社會的和政治的關係之性質。一旦新的生產方式發展出來，新的階級便出現，新階級便成為（社會）主宰的力量」（Zacher and Matthews 1995: 108）。在西洋歷史上出現過各種各樣的生產方式，但在十五世紀初各種因素的作用造成資本主義的生產方式一枝獨秀。於是歷史唯物主義論與世界體系論便共同使用世界性資本主義體系一概念，來指涉與說明當代資本主義對環球的宰制。因之，這兩派主張者遂指出國際政治只有在這個資本主義體系下才能獲得瞭解。顯然，資本主義產生了今日世界政治與國際關係顯著的種種面向，這是由於諸民族國家之間經濟發展的不平衡、不對等，以及列強對達成經濟利益，使用和平或暴力的手段之意願的不同，有以致之。

資本主義在其生產方式下，捲入三種的基本因素：(1)市場的交易；(2)擁有資本者投資於市場的運作上，產生的政治與社會的關係之地位提升；(3)擁有勞力者在進行生產活動時，其政治與社會從屬關係

（subordination）之變化。資本主義的生產方式同時也製造了意識形態來正當化其本身，俾合理化參與者（資本家與勞動者）的各得其所與各獲好處。儘管在事實上只服務居於上位的資產階級（與統治階級）之利益而已。主宰的意識形態也好，順從的群眾之社會意識也好，通通受到一大堆政治的、法律的、宗教的、道德的、哲學的和文化的制度，以及社會實踐所型塑、所再製。這些制度與實踐構成了唯物主義的文獻、論述、名詞，可以稱呼為「歷史的集團」（historic bloc，為葛蘭西用語）。把「歷史的集團」揭露的目的，只在描繪處於特定歷史關頭或處境上的社會建構體（social construct），表示它並非舉世適用的普遍真理、全球的普遍現象。這個「歷史的集團」之概念表現了歷史唯物主義同批判理論，以及同後現代主義有些共通的語言與看法。這也說明新馬這幾派理論不以傳統國際關係的說詞，把民族國家當成中心概念——國際關係之主角，不再視民族國家為「行動上協助或阻礙資本主義式累積過程的（推手）角色」（Viotti and Kauppi 1999: 344）。

歐洲自十五、十六世紀以來資本主義脫離封建主義逐漸形成，但做為一個整體，它的發展卻不均衡，特別是在政治、經濟和社會諸面向上，導致個別國家或地區發展的面貌大為不同。華勒斯坦的分析基本上是新馬的方式，不過他卻把現實主義的因素融入馬克思主義當中。與Kenneth Waltz和Hedley Bull一樣，視國際體系的特徵為無政府、無中心、缺乏單一的世界權威的現象。正因為此一現象的流行，要規劃國界之間的資本主義生產方式是不可能的。其結果出現了國際性的經濟分工，亦即世界體系。這一體系中包括工業先進的資本主義國家構成體系的核心，其餘的弱國則化為邊陲，在科技與經濟發展上較為差勁，只好附庸於強國，成為原料與便宜勞工的供應來源。另外介於強國與弱國之間，亦即居於核心和邊陲之中間為所謂半邊陲的國家，其經濟活動正介於強弱兩類國家的中間，這便是新興工業國家（NICs）。這不是近年間才形成的世界體系，可以說是自1600年開始，西北歐便是核心，東歐、拉美便是邊陲，地中海、西、葡、義諸國便是半邊陲國家（Wallerstein 1974: 126-127）。

華勒斯坦避免像馬派人士強調階級鬥爭。他充分理解在民族國家的資本主義社會中種族、宗教、族群、語言所造成的對立和分歧，他也體會布爾喬亞和普勞階級的鬥爭強化了國家的地位。原因是無論採取改良方式的資產階級，還是傾向訴諸暴力革命的無產階級都企圖奪取政權，影響政府，特別是對市場管理的方式，俾符合其階級之利益。華勒斯坦承認國際權力的分配每隨時期的變化而更易，而在這方面他的態度傾向於馬克思主義，而較疏遠現實主義，主要的原因是他認為權力平衡取決於經濟過程。後者能夠跨越國界、無堅不摧，這也是何以美國在二十世紀前半便取代了英國，成為全球最大的霸權之原因。國家政治結構之分歧以及不均等、不平衡的經濟發展，完全倚賴不同的地理區域如何融入世界體系中，它們資源的性質、政經因素的互動情形（包括國內的與國際的）都是國力大小的表現，特別是當前世界體系不斷擴張之際（Wallerstein 1972: 403）。

Chase-Dunn

Christopher Chase-Dunn 指出華勒斯坦的世界體系論太重視經濟扮演的角色，而不強調政治自主、國家之間形成的體系與地緣政治的重要。他還進一步指出國家間的體系，資本主義生產方式和財富累積不但互相倚賴，而是結合成一體。把政治與經濟分開討論，彷彿視經濟現象更為受到機械性規律的決定（制約），而政治現象的秩序彷彿是受自由意志的影響，且比較不易掌握預斷。這種馬派的說詞與亞丹・斯密視政府為公共的、市場為私人的分別與分開同樣犯錯。任何國家要採取自由商貿，或保護主義端視該國在資本主義世界體系中的地位而定。不只核心國家擁有生產的優勢，就是邊陲國家擁有便宜的勞動力何嘗不是另一種優勢。比較弱勢的核心國家或半邊陲國家（NICs）靠著本國經濟的集中計畫和指揮，以及保護措施的應用，仍可以與強勢核心國家相抗衡。總之，反對世界只有一個壟斷的、單一的霸權，來全力控制其他國家的經濟活動，才是資本主義可以繼續存活的國際情勢，這是對華勒斯坦世界體系的批評（Chase-Dunn 1981）。

依賴理論：新馬國際關係理論中討論第一世界與第三世界關係最重大的學說無過於「依賴理論」。它與資本主義國家世界體系論關聯密切。

當代新馬接受列寧等帝國主義的理論，指摘西方殖民主義把那些從殖民地獨立出來的新興國家（第三世界的國家），無論在經濟上、政治上，還是社會上、文化上進行壓迫與宰制，而延宕了後者的發展。這種說詞可以說是呼應赫魯雪夫對西方先進資本主義國家的指摘，認為資本主義國家經濟的先進正是導致亞、非、拉美貧窮落後的主因。西方政府在殖民後進地區未能成功地引進中央監控之計畫經濟，未能使殖民地的產品輸入「內地」——殖民母國。符蘭克（André Gunder Frank 1929-2005）不認為殖民地或新興國家的落後是由於舊制度的殘存與資本的短缺。「相反地，落後乃產自同一歷史的過程，亦即促成經濟發展之過程，資本主義發達的過程」（Frank 1970：9；洪鎌德 1995：173-175）。

所謂依賴理論者指控先進資本主義國家全力製造一種情況，使第三世界的新興國家處於從屬（附庸）、依賴和綁帶（bondage，拘束）的地位，採用的是開採原料工業的投資加以限制，或是以西化、現代化，心思羈縻、利益籠絡來買收其政治、社會與文化菁英。總之，脫離殖民地位而成為新興獨立國家的第三世界，表面上享有國家主權與獨立，事實上仍要倚賴先進的早期殖民母國。而後者仍緊緊地被資本主義國家鎖住，始終無法跳脫貧窮、無知、落後的陷阱。在某種程度上，舊型帝國主義的政治殖民和軍事控制業已消失，而新型的帝國主義（neo-imperialism）與後殖民主義（post-colonialism）取而代之，不再像之前對海外地區的領土控制，而改以政治經濟的籠絡、政治文化的滲透，來讓「全球的資本主義與新興國家的買辦」菁英勾結，俾後者在商貿上、投資上與勞工輸出上與先進工業國家緊密合作，而謀取國家與個人之利益（Pettman 1996: 67, 192）。從而看出依賴理論與國際政治經濟學關聯密切，因之與新帝國主義理論和後殖民主義理論，都是新馬批判精神的發揮。

我們還可以進一步把造成發展中的國家之貧窮與已開發國家的富裕歸結為下列幾點：

1. 窮困國家地位高升的菁英模仿富國資產階級生活方式，輸入高貴消費品，其結果對本國經濟發展無助。
2. 窮國科學家、工程師、企業人才，以及技術專業者「腦力溢出」（brain drain，知識力外移、人才外流），不但使富國在科技經濟的發展上得到錦上添花的好處，還造成發展落後的國家更為倚賴富國的各方面支援。
3. 私人外資的湧入造成外國資本獨占本國投資市場的鰲頭，並使外資移入成為必不可少的持續情況，其結果抑制本國知識、科技、技術、激發物（獎勵）之發展，無法達到經貿之獨立。
4. 西方資本家在窮國創造了少數勞動貴族支領高薪（肥貓），而對其技術不佳之廣大勞工則支付極低的工資，造成生產各界貧富懸殊的現象（Weisskopf 1970: 218-223）。

女性主義：儘管女性主義常與自由主義或社會主義掛鉤，但比較激（基）進的則為西方馬克思主義當中的女性主義（洪鎌德 2004b：298-360；2010b：chap.8）。西馬的女性主義對國際關係也有相當的分析與論述。女性主義的國際關係理論其來源不只有自由主義和馬克思主義，還有批判理論與後現代主義。這一學派的主張建立在質疑國際關係的研讀現存本體（實有）論與認知論的假設，也是對目前國際秩序的批判，以及世界政治發展的可能性之關懷。女性主義的理論家批評從外交到軍事各領域中性別分工和以男性為中心的結構，對型塑國與國之間的關係之重大影響（Elshtain 1997; Enloe 1990）。有人則挑戰現實主義佯裝的方法論之中立，而忽視性別的基礎上之產物（Tickner 1991; Peterson 1992）。有人更駁斥理想主義者、大同主義者、社群主義者和現實主義者，對戰爭的倫理以及國際干預之回應（Ruddick 1990）。

在《母性的思維》（1990）一書中S. Ruddick談到「關懷的倫理」。這是對從傳統上正義之戰的批評，這些功利主義者和康德所談及戰爭的道德判斷和政治實踐有相當大的差距。現實主義所言悲劇無法避免和社群主義者認為戰爭是結構性的必要，都遭Ruddick一一駁斥。她以「母性的思維」一種關懷之愛、一種母子的連心所形成的形而上學之態度、認知的能力和美德，來對待國際間發生的種種衝突（Ruddick 1990:123）。此外，同情弱勢者、被壓迫者對現實有批判力的女性觀點，也要加進「母性的思維」中。她說：

> 當母性的思維加上女性主義批判性的觀點時，它會顯示出做母親的人與作戰之相互矛盾。母職開始於分娩和提供新生的生命。反之，軍事思維正當化組織性、蓄意的死亡（大規模的屠殺）。一位母親在保護身軀、培養心理成長、釀造孩子的良心。與此相反的是軍事訓練，雖然在教導士兵在艱困環境下如何存活（但這種困境是軍事當局刻意造成的），但它卻精心地策劃怎樣危害士兵們的身體、心靈和意識，假借的卻是勝利及其他抽象目標的美名。（Ruddick 1990: 135）

不管如何軍事活動、軍國主義，都是把人群活生生、具體的生活犧牲掉、忽視掉，而高唱一些與人間現實無關的抽象物（愛國、犧牲、為國捐軀、名留青史），這就完全違逆母性的思維。

Ruddick的理論係建立在更廣包、更寬泛的假設之上，這包括本體（實有）論的假設與認知論的假設。在本體論的層次上，個人、國家、道德、政治、歷史過去隸屬於傳統或批判的理論之範疇，都是帶有性別的（gendered），其結果造成把內政或家內的事務與公共的、國際的事務一分為二，前者是私人的，後者是公眾的。對她而言，國際政治的領域主要的是人際的關係，而非國家權利與權力的關係。

在認知論的假設上，主張國際政治就是站在人的立場對世局批判性的判斷。這個判斷並不涉及某一國度、某一群或國家道德律提供的標準，而是母性思維提供的標準。後者不只是事實描述的，更是規範制約的，要求人群致力和平、排斥暴力、擯棄戰爭。理論應當化為可以實踐的政策，理論與政治應當合一。

女性主義的國際關係理論受到兩方面的批評。其一為把女性的觀點本質化，是勞動婦女的本質思維；其二，過分重視具體的、特殊的（母子）經驗無法把更為廣泛的人際關係概括化，也失掉其適用性（Hutchings 1999: 85-87）。

第五節　馬克思主義與批論性的國際政治理論

在後工業主義、後結構主義、後現代主義的1980年代中，西方出現了後馬克思主義（Post-Marxism，簡稱後馬），修正馬克思把社會當成是經濟的社會形構（economic-social formation）之說法，因為這種看法仍不免視社會為一種流程、為一種結構體。後馬則認為今日的資產階級為主的西方社會不過是一大堆符號、象徵的網絡，其無中心、無主體的說詞，與馬克思打倒資產階級、獨尊普勞階級，追求人類最終的解放之想法多少有點出入。

批判理論：把符號性的後馬克思主義應用到國際關係方面便發展成後馬的批判理論。英國學者林克雷特（Andrew Linklater）認為國際關係的理論傳統可以粗分為現實主義、理性主義與革命主義三大派別。現實主義在追求國家的權力與安全；理性主義認為在國際無政府狀態下，各國仍可協商與解決歧見，而獲致某種程度的國際秩序（經濟、

Andrew Linklater

政治、軍事、金融等方面的適當安排），至於革命主義則是以抗爭、造反、奪權、戰爭等暴力手段來解決國際間滋生的利益衝突，其最終目標在國際脈絡上實現人類的潛能而達到人的解放。上述三大傳統早為魏愛特（Martin Wight）所倡說，而由林克雷特所發揮，說明這三學派相互競爭與並存。革命主義的代表為馬克思主義派的世界政治學說，在1985年以後發展為「批判的國際理論」（Critical International Theory），也就是後馬的批判理論，為上述三種學派的綜合和最高發展（Dougherty and Pfalzgraff Jr. 2001: 477）。

林克雷特指出，儘管馬氏本人及其信徒（馬派分子）刻意要發展一套解放的理論，卻忽視了馬克思主義本身具有極權的壓迫潛能，以及主宰一切的潛在勢力（這點柏波爾早便指出）。這是不利於其推動世界性普勞革命之處。在這種情形下，法蘭克福的批判理論與批判社會學雖是西馬學說的核心，但終於轉入新馬、或後馬的範疇，而讓哈伯瑪斯的學說變成批判理論的巔峰（洪鎌德 2004c：298-334；2006：254-280）。

Jürgen Habermas

哈伯瑪斯在《認知與旨趣》（1968）中，早已把實用的社會科學（包括國際關係、世界政治、外交分析）之知識當作是求取自然界真理、社會界和諧之外，具解放性的理論力量。其原因無他，這類知識的核心乃為理性，而理性提供人解放的基礎與契機。就因為持此看法，而同意馬克思把人類的歷史當成是繼授、傳承，但有代代增益和改善的流程。馬克思所處的十九世紀之情境下，視歷史發展與階級的衝突和鬥爭緊密連結。在階級鬥爭中一個階級征服另一個階級的制度遂告產生。對馬克思和批判理論者而言，問題是人要爭取到多大的自由，獲得怎樣的解放才能從舊歷史已死的桎梏下得以脫逸、得以超生。這些牢固桎梏人的已死力量包括政治的、經濟的、社會的制度，當然也包括意識形態和文化宰制的勢力。做為法蘭克福學派第二代的領導人物之哈伯瑪斯，相信人類的本身擁有理性，可以產生基本

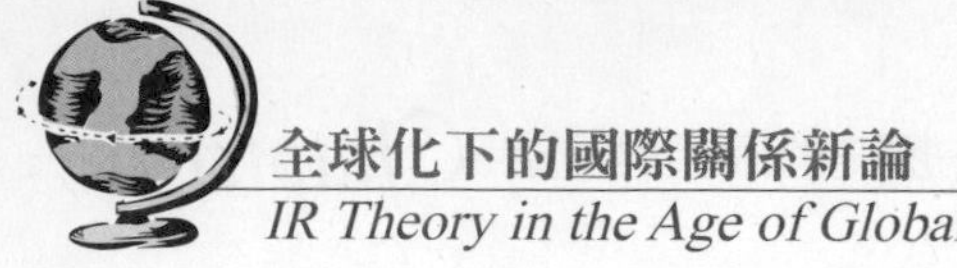

的、革命的力量進行歷史的重大改變。不過馬克思受到辯證唯物主義的堅信之影響，對階級鬥爭必然的結果，未免太過樂觀，而誤判國家的能力，以致有他預料不到的第三帝國與舊蘇聯兩大殘暴政權的出現，導致國家對社會的暴虐，與無數生靈的塗炭，甚至造成國際戰爭與不安（熱戰與冷戰）的世界浩劫與東西對峙的杌涅。

法蘭克福學派批判理論認為，不要把人對人的壓迫簡化為階級對階級的壓迫，而階級也非簡化為生產資料（工具）的擁有與否做為兩大陣營、或兩大集團形成敵對的原因。各種各樣的壓迫與宰制除了存在於階級之間，也存在於性別、種族、族群、宗教，甚至民族主義的不同之基礎上。是故國際關係批判理論與建構主義和女性主義的主張也有相當的關聯。有異於馬克思堅持辯證的唯物主義範圍下，或歷史唯物主義範疇裡，普勞階級奪回生產資料是邁向人類最終解放的第一步，林格雷特認為國際關係的批判理論之起步為揚棄階級鬥爭，包括把階級鬥爭擴大為強國與弱國所形成的國際性階級鬥爭。反之，應當師法哈伯瑪斯所言解放的鬥爭之著力點，應當擺在理性的溝通和審議的民主，以及論述（言談）的倫理，而非生產資料的奪回。是故歷史的決定力量不可化約為經濟與科技，儘管它們對國家、戰爭的性質，其他典章制度和文化有其重大的影響。

林克雷特嘗試把國家去物化（dereify），不要把國家當成國際體系的主要行動者（主角）。要把社會的推理過程強化、具體化，在各級政治社群的建構中明示地指出規範性的追求目標，俾「論述的倫理」能夠建立。

顯然，現實主義者視軍事權力的擴張、或經濟優勢的提升，以及領土占領的擴大、勢力範圍的膨脹，是國力增強的象徵、是國家利益的展示。這點同馬克思強調階級鬥爭、生產工具的奪取，對國際行為的型塑同具作用。是故林克雷特認為現實主義和馬克思主義有建構重大國際政治理論的空間與機會，這兩者必須正式和回應國際局勢的推移，俾創造解放性的政治社群（國際社會、地球共同體）做為人類改變、進步，甚至革命主義得以落實的實質基礎（Linklater 1990: 1-34, 165-172）。

與林氏主張相似的有亞希理（Richard Ashley），他最先引用哈伯瑪斯的學說，其後改用後結構主義的主張，批評新現實主義（Neo-realism，以Kenneth Waltz為代表），要國家治理（statecraft）更具藝術化、創造性的實踐，這無異陷世界政治於實證主義中，以為把世界政治去除政治，他便可以解決當前逼人的經濟危機，化政治操作為經濟邏輯。如此一來世界政治的政治目的被淨空，導致「政治創意的貧瘠化，而把國際政治化約為戰場……〔一項〕技術理性與〔另一項〕技術理性衝撞的戰場，其目的僅在〔各國政治的〕目標服務」（Ashley 1986: 297）。

寇克斯（Robert Cox）也利用批判理論質疑當前主流派與世界政治的說詞，當成一系列的實證主義的理論與「問題解決」的典例。他說：「新現實主義把生產過程以及內附的權力關係，當作國家利益的既存因素，因此一開始便決定了其理論的範圍」（Cox 1986: 216-217）。新現實主義把國家之間權力運作的方式當成一種類型（pattern）來看待，是國家利益的化身，而不肯進一步去理解這種權力背後的經濟因素，以及其產生的源由、流程和結果。換言之，不肯分析國家與國際的政治經濟之本質，而只肯分析這些權力鬥爭的表象。他遂採取了「歷史結構」（historical structure）一概念，從而使「國家的權力不再成為單獨的解釋來源，而成為首先要被解釋的對象」（Cox 1986: 223）。他說：

> 世界可被表述為互動中社會勢力的類型，其間國家表演成中介但自主的角色，亦即在社會勢力的全球結構與社會勢力的本土之形構（configuration）之間的中介角色……權力看作是社會流程之逐漸冒出，而非看作累積的物質能力既定形式，它是這些社會流程所呈現的結果（套用馬克思的說詞，我們可以把新現實

主義之看法描繪為「權力的拜物教」）。（*ibid.*, 225）

研究環球政治的批判理論之路徑勢必採取關係的，以流程為取向之觀點，而尋找社會勢力（階級的、社會運動的等等勢力）、國家和世界秩序會在歷史結構的特殊的形構（constellations，特定的局勢）中聯繫、綁住在一起。它要考察的是在諸歷史結構中，各種勢力運作的種種方法，也就是找出政治的、經濟的、文化的在歷史結構中的諸面向。這些社會勢力與結構是社會與歷史變遷中社會集體產生的。這些社會勢力賦予各種各樣的社會行動者以權力（enpower），但同時也是賦予行動者由權力關係而產生的限制與抗拒。當前歷史結構中各種可能性（發展之可能性）以及實現可能性所引發的緊張或衝突。對現勢的估量和審視有助於打開政治的地平線、擴大世局的視野，而使處於這種結構中的行動者發揮遠見與創思、增大其想像之空間，而使一個可能的、替代的新世界得以落實。

第六節 結 論

歐美社會科學界對國際關係和世界政治的研究至今已近一百五十年（洪鎌德 1977），最先是配合英、法、德、荷對外殖民擴張的需要，瞭解列強爭霸與和戰談判（外交政策〔foreign policy〕與外交談判〔diplomacy〕）之國際間事務的演變。但二十世紀的兩次世界大戰之相繼出現與後果，使學界探討國家利益、權力爭衡和戰爭始末，和平恢復、區域安全和建立新國際政經秩序等問題，遂有現實主義、自由派的爭奇鬥豔，這些理論所寄生和要支撐的無疑是資本主義。是故主張推翻資本主義的馬克思主義，遂被西方主流派國際關係的學者看作是一個意識形態、一套革命戰略、一種鬥爭手段——革命與戰爭的實踐，這是傳統的老馬、俄馬、西馬在國際關係理論中被視為異數的原因。其中唯一的例外為霍布遜、列寧、盧森堡的帝國主義理論。但此一理論在西方學術界地位不高。

這種情勢要到二戰結束後，世界霸權體系重組，從英國單極獨霸，而成為美蘇雙雄對峙，到1990年代以後舊蘇聯的瓦解，歐洲聯盟的統一，中國「和平崛起」，世局才進入多極爭雄的新態勢中。配合世局的變遷與推移，國際關係遂轉入世界政治的析述。

由於工業、商貿、資訊等等經濟的躍進，加上科技、交通、通訊、資本的流通，全球化的趨勢大幅膨脹、劇烈改變，傳統以維護國家利益的現實主義，以及折衷樽俎的外交活動（包括所謂決策形成流程之博奕論），以注意世界爭霸體系的權力平衡說、裁軍限武、倡導全球和平的理想主義，逐漸讓位給衝突與解決、制度與規範設立的建構主義[3]，關懷環境氣候變化的生態主義、讓性別平等落實在國際的女性主義，甚至後工業主義、後結構主義、後現代主義等等一一冒出，蔚為理論界的奇葩。後面這些學說都可以歸根究柢、溯源於也轉化為馬恩倡導的，也是大力批判的政治經濟學。這一經典的政治經濟學（洪鎌德 1999；2010a）變成為今日全球學界最為矚目的國際政治經濟學。這也成為馬克思主義在二十世紀後半與二十一世紀前半最受矚目的國際關係之主科或分支。換言之，馬克思主義雖經歷「蘇東波變天」，在東方共產集團瓦解與擁抱市場經濟之際，其影響力大衰。但在西方學界卻因為對世界政治採取批判理論的態度，而使馬派思想死灰復燃。其未來的影響力必然大增，這是可以預期的。

[3]建構主義（Constructivism）在討論國際規範的建構與影響。它把制度的結構同國家認同與國際利益掛鉤。由於做為主要行動者之國家及其行動的不斷再生、複製，制度和行動者彼此不斷相互制約，是故國際制度既有規定的功能，也有建構的功能，國際規範對行動者之行動有所規約，也使國際行為具有意義，為眾人所知悉。代表人物有Friedrich Kratochwil、Nicholas Onuf、John Alexander Wendt等人。參考Griffths, Martin, Steven C. Roach and M. Scott Solomon 2009, *Fifty Key Thinkers in International Relations*, New York: Routledge, 2nd ed., pp.123-160. 又參考袁易〈社會建構論：Onuf, Kratochwil.和 Wendt 的建構主義世界〉，包宗和主編，2011《國際關係理論》，台北：五南，第359 - 385頁。

充滿熱情的青年馬克思。

馬克思一個頭兩個身體？

馬克思與戰友恩格斯。

馬克思與妻子燕妮。

馬克思也在後現代？

馬克思與恩格斯研究學問。

全球化下的國際政治經濟學

第一節 國際政治經濟學的前身及其演展

政治與經濟的分開討論，導致政治學和經濟學分開成為兩門的學問，這是十九世紀末二十世紀初社會科學界實證主義者、經驗主義者、科學主義者的主張。在此之前，經濟的考察是離不開國家、政府與公權力機構的介入，是故有政治經濟學的誕生。特別是亞丹・斯密的《國富論》、李嘉圖的地租說、馬爾薩斯的人口論、薩伊的供應產生其需要的理論、約翰・穆勒的自由論，都牽連到經典的政治經濟學（洪鎌德、廖育信 2009）。

把政治經濟學改為經濟學是英國學者馬歇爾的說法，卻成為其後歐美經濟學界所採用，於是政治經濟學變成了馬克思主義者批判、攻擊的學科（洪鎌德 1999）。直至二十世紀中葉之後才逐漸恢復其學術地位，特別在1970年代初石油危機爆發，另一波資本主義的危機出現以後，專門討論國界之內的政治經濟學，轉變成跨國之間、區域之間，甚至全球性的國際政治經濟學。今日以政治經濟學的角度來討論世界政治，也成為西方國際關係理論中一個影響力日增的流派。

主張政治與經濟不分的政治經濟學者之假設，乃為國家行動的理解離不開經濟的因素。這不僅涉及國家的統治機構之政府，在國際領域上追求本國的利益，而與別國爭取權力——稱霸爭雄，還因為近代民族國家的興起，必須衛護國家領土的統一，主權的獨立和人民的福利。斯密的《國富論》在探討人民富裕與國家富強的因由。是故強調自由的交易、市場的運作，是民間社會活力的展現，更是國力強盛的表現。從斯密的學說演展到到今天二百三十餘年間，國際問題的思想家所留意的不再是視國家、政府、甚至國際組織為全球政治唯一的行動者。反之，跨國公司、銀行、財團、投資企業也扮演國際政治背後的推手。除了國家與區域組織的金融、商貿、外匯、投資政策之外，通商的類型、經濟發展的程度、成長率的大小，都成為國家內部與國際之間重要的議題。魏艾浧（Jacob Viner 1892-1970）遂指出：幾個世紀以來，權力與財富是一個銅幣的正反兩面。他反對一般流行的假想，把所有經濟活動歸屬於權力利益的統轄，附麗於國家目標的指標。須知重商主義（mercantilism）主要的設想為政治與經濟因素密切的連結，以致有下列幾個重大的設準：

1. 財富是取得權力絕對的、基本的手段。
2. 權力為基本的、或是有利的手段，俾保持或獲取財富。
3. 財富和權力都是國家政策追求的最終目標。
4. 在長期間這些政治目標之間是和諧的，但有時在特殊情況下為著軍事安全，或長期的繁榮的利益，都必須犧牲經濟的追求。（Viner1948; 1968: 436）

權力與財富被視為「大砲對抗麵包」，為魚與熊掌不可兼得的、互相排斥，但卻是可欲之物。但兩者在時間推移的過程上，或彼此相互扶持，或彼此相互排斥，各行其是，人們被迫改變把它們當作魚與熊掌難以兼得的以往看法。

Adam Smith

必須指出的是，經典的政治經濟思想家（斯密、李嘉圖、薩伊、穆勒等）屬於自由派的經濟學者，主張政府自制，不要干涉人民經濟活動，卻要採取放任無為（*laissez faire*）的政策，並鼓勵國際通商、自由貿易。這種學說與主張等於也為二十世紀初以來政治與經濟當成兩門科學分開發展埋下伏筆。本來在討論政治對經濟的影響，或經濟活動受到政治勢力的操縱之「政治經濟學」，逐漸為社會科學界講究仔細分工、學科分化、專門深化的學者所輕視、不用，而有式微之虞。但過去半個世紀中，世局的激烈變化，國內經濟發展對國際金融、財政、投資、通商、貿易、經援、貸款、旅遊資訊等的衝擊，不亞於內戰、革命、區域爭端、帝國崩解、東西和解；南北

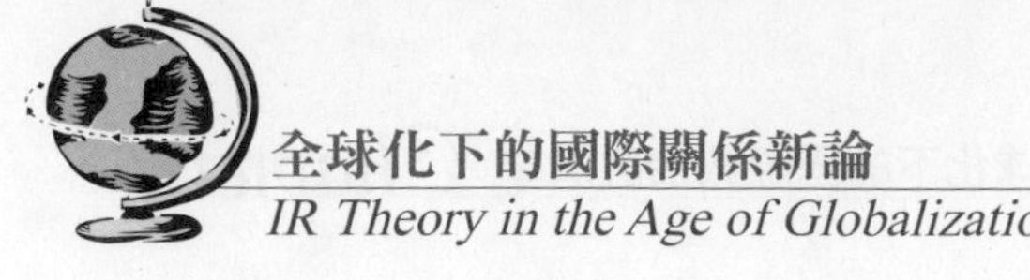

對抗、文明衝突；恐怖活動、反恐戰爭所改變的世界之面貌。這種情勢等於為國際政治經濟學的復活注入一針強心劑。

是故，國際政治經濟學（IPE）在研究環球經濟的生活，它聚焦在國際經濟交易中勝方與敗方的長期政治鬥爭。儘管所有的各國社會投入於謀取經濟利益的鬥爭中，但利益的分配一向是不均的，尤其是對弱小的社會成員（個人）而言，環球的經貿交易使某些個人收入激增，其餘的人則大為減少。環球經濟交易的結果，掀起了國內與國際的競爭。這種競爭或衝突使國際政治經濟學型塑全球經濟的演展（Oatley 2010:1-2）。

詳言之，國際政治經濟學注視國際政治的與經濟的行動者之活動。這些行動者是指國家、跨國公司、金融機構、軍事單位、社會與文化運動，以及大堆的非政府之民間組織。這門原是舊學問，而卻湧現為新學科的國際政治關係學，不但探討國際間的政經關係，也深入每一個國家內部的經濟結構、經濟發展水平、政治穩定程度、政治發展潛能、為政者心態等等因素進行分析，俾發現國家怎樣影響國際政經局勢，以及國際政經變化對國家的衝擊。換言之，國內與國際的政經變化因素是辯證的互動關係。要之，有學者指出：「國際政治經濟學是對國際關係現實典範的缺陷之一種反應（一套挑戰）了」（Crane and Amawi 1997: 4）。

在國際政治經濟等（以下稱政經）紛紛冒出的種種理論架構中，我們可以大約分成三個範疇或三種典範：現實主義、自由主義和馬克思主義，每種學派之下又區分各種支流、次級類型、或專門用語、或其連結與綜合。在傳統的政經學說中，現實主義拔得頭籌，它有時被視同為重商主義或國家主義（statism），強調國家的權力來自於財富，亦即涉及強國富民的說詞。歷史上自由主義首重個人利益的伸張，強調民間自動自發的力量，特別是市場的自由運作。西方工業國家這種不干涉、放任的經濟政策，會在個人追求自利之下社會均蒙其利，而造成國家的富強。值得注意的是，經典的自由主義在重視個人的自由、民間的富裕，而如今（最近半世紀以來）卻是在追求國家的強盛，多少已沾染國家主義的意涵。至於馬克思主義，則是對傳統政經學說採取嚴厲批判的態度，因為它視經典的政經學說在護衛資本主義的權益。因之，在抨擊和批判資本主義的同時，有意推翻資本主義制度，是故，這屬於革命主義、造反有理，甚至爭取人類最終解放的學說。與它密切關聯為資本主義的世界體系論、發展中國家的被迫依賴理論、中心與邊陲的理論等等，這是屬於偏激的、基（激、急）進的理論。當然有的學者會認為上述世界體系論、依賴理論、中心與邊陲理論、經濟相互依賴論，並不能歸於馬派一家所獨享，應當也包括在現實論與自由主義範疇中，或自立門戶，成為眾說紛紜的門派（Goddard *et. al.* 1996: 9-212）。

為了瞭解國際政經理論，有必要從最早出現的重商主義談起，儘管它並非一套學理，而是實用的常識，或國王及其財政大臣、金融顧問的想法與作法而已。

第二節　重商主義的簡述

David Ricardo

在十七與十九世紀一、兩百年間，歐洲大陸瀰漫著重商主義的思想。所謂的重商主義並不是在強調國家以發達工業與商貿，而抑制農、牧、礦、林、漁等業。反之，它卻認為社會的財富在於國家對貿易的平衡，甚至鼓動輸出大於輸入的外貿策略，俾一國財富呈現在王室的金銀珠寶的保有與累積之上。法國路易十四的首相寇爾貝（Jean-Baptiste Colbert 1619-1683）就主張國家的財富與權力在於中央政府有效的稅收，鼓勵民眾認真工作，並採取入口稅保護措施，俾在國際貿易中輸出大於輸入，而累積國家的財富。這點有異於其後亞丹・斯密和李嘉圖對國際貿易的看法，後面兩位政經學之奠基者是認為國際貿易對交易之國家均有利益。這種利益來自於既

Alexander Hamilton

競爭而又合作，而使成本降低，並且造成雙方都獲取比較多利益。換言之，重商主義的外貿政策視國際貿易是以鄰為壑，一國的財富之獲取是在犧牲對方、別國的利益之上。顯然，這不是深思熟慮的理論，而是政策實行者主觀的想法，信以為真的「常識」，以及實務獲得的錯覺。其所推行的政策只在為王室製造金錢與財富，只在為朝廷的奢侈亮麗製造假象，更是為貴族的豪華虛榮裝扮粉飾而已。它從來未曾為百姓的繁榮與富裕著想。在重商主義的體系中，國家擁有堅強的軍隊和戰艦，在海外開拓殖民地，俾為先後崛起的工業國家保留原料的供應和國力的強大。

重商主義的堅信，並非在一夜之間便讓位給經典自由主義的思想者和理論家。自由派經濟學者反對的是保護主義，贊成的是自由貿易。後者的崛起經歷了將近一個世紀的努力，才打倒重商主義的淺見。曾任華盛頓元帥府參謀，後來擔任聯邦政府財政部長，美國開國元勳之一的漢彌爾頓（Alexander Hamilton 1757-1804）可以視為接近重商主義者，儘管他不以國家聚集金銀財寶作為國力之象徵，卻主張保護本國手工業，俾為新興的合眾國能夠與歐陸強權爭霸的工具，至少要使北美合眾國的貿易趨向平衡。與此相似的為日耳曼「國民經濟學」（*Nationalökonomie*, *Volkswirtschaft*）學者的李斯特（Friedrich List 1789-1846），他是一位民（國）族主義者。他認為在工業革命初期中的國家，在沒有發展到從自由貿易中獲利之前，有必要採用保護主義的政策。誠然，重商主義習慣性的想法一下子要改掉談何容易，它存活至自由主義盛行的時代裡，甚至在今天全球化自由的市場經濟中，仍有所謂新自由主義者對某些保護主義的政策贊同，這無異於重商主義者的主張和其再現。

近期出現的是新重商主義，它是結合國際關係中的現實主義之傳統，在於極大化國家利益，它強調國家的角色在指導本國一定方向的經濟發展，其目的在增加本國的財富與權力。其作用與舊重商主義也有類似之處，鼓勵本國大量輸出，同時設置輸入的種種關卡來保護本國的公司行號（Duncan *et. al.* 2006: 433）。

第三節　自由主義的經濟學說

有異於我們把經濟自由主義的誕生地當作是英國，經濟的自由主義最先出現的所在是法國。這是由一批重農學派的主張者代表布爾喬亞的農業者與商人，反對國家對工商緊縮而僵硬的規定所產生的學說。其代表人物為桂內（François Quesnay 1694-1774，又譯揆內）和屠果（A. R. J. Turgot 1727-1781）。前者代表農業界，後者代表手工業界的新興企業，兩人共同譴責重商主義沉重的稅賦、價格的鎖定，輸出多於輸入的外貿等政策。認為重商主義阻礙自由的創意，抑制經濟的成長。就在此時英國的洛克還相信國力的富強取決於國家金銀珠寶的累積。比起洛克來，政治還不算屬於自由派的休謨，以主張國家擁有一定程度的勞動力，俾作為財富和權力的真正源泉。他比起亞丹・斯密來，可算更早提倡自由貿易。洛克曾經說：用你的手去摘取野生的水果，才能讓該水果可以當作你的私產，並供你做買賣，或贈送別人做禮物之用。這是他被讚賞為「價值勞動說」的倡說者底原因。

受到桂內與休謨影響頗深的亞丹・斯密，一般被推崇為現代經濟科學之父。經濟學其實是他倫理學的一個分支（洪鎌德、廖育信 2009），因為在他出版《國富論》（1776）之前早已刊行《道德情操的原理》一書（1759），在他最重要的著作《國富論》中抨擊了重商主義的錯失。後者在當時已被大部分實踐者所放棄，但卻為國內某些權勢分子所抱殘守缺。後者還靠國內立法來保護其特殊利益，而排斥來自國外的競爭。作為一位人文素養極佳，而有系統性觀察力的學者，斯密以其優美的說詞，指陳財富與權力並非存在於王室的珠寶金銀，而是繫於國家總體的經濟生產能力之上。一國經濟的成長是一種自然的過程，正如同知識、品德的增長是自然成長一樣。這種自然成長的過程不需國家的操心與刻意的安排。諸個人看出分工所帶來的功利、效益，亦即個別人盡其本事和能力，從事其合適的生產活動，便增加其財富收入。斯密相信國家增加其財富，當全國人民勞動有所增加之際，國富之增加仰賴經濟過程的自由流動，也就是不受無知、迷信與反生產的習俗等人工阻礙所干預，也不受政府不合理的限制。國際貿易並非一國之利益建立在他國之虧損之上的零和遊戲；相反地，它乃是雙贏的活動，是互利之舉措。假使家庭的戶政、家計因男女分工、長幼分工而獲利，則國與國之間通商的好處不容忽視。若因採取高匯率或保護性的關稅，則外國便宜貨無法與本國劣質貨競爭，反而妨礙手工業的改善與進步。

其後，李嘉圖利用精確的數字計算，指出國際分工下的貨物貿易對雙方成本的降低有助，這就是產生雙方有利的比較利益說。他進一步指出，世間存在一種「種類自然的分配」（a nature distribution of species），使進行貿易的諸國在沒有採取關稅之前，讓彼此的商貿朝向均衡，而且在通商國之間造成有利彼此的商品專門性製作，然後相互交換。這說明即使本國工資水平較高，也沒有理由阻止與他國通商（洪鎌德 2010a：7）。

薩伊擴大了「生產能力」（productivity）的範圍，涵蓋了實質的貨物（有形的財貨），也包括了無形的勞務。他指出人的需要可以依其解決、滿足的緊迫性來分類。需要的不同種類，產生了需要的客體呈現在效力、功用。產品的用途、功效決定了需求的大小，需求與供給的互動成為市場的運作，而供給又取決於生產成本。薩伊認為效用對價格的規定造成更具決定性的作用，比起生產成本扮演限制的角色來，效用是造成價值高低的原因。他在政經學說上最大的貢獻，為提出供需平衡的市場律，認為供給會創造其本身的需要，也使供需平衡，他說：「產品在為別的產品而貿易（交換）」，這在強調進行交易時買賣雙方均獲其益，也在駁斥生產過多，消費過少的「溢出（飽和）危機」之理論（glut theory）。他認為市場不平衡的狀態為短時期的異狀，生產者會調整期間，更改其供給，而接近消費者的偏好，否則會被迫退出市場的運作（洪鎌德 1999：10）。

約翰・穆勒出版了三卷的《政治經濟學原則》（1848, 1849, 1852），被譽為英國十九世紀中葉的鉅作。他綜合前賢分析國際商貿、利息和經濟規模。他分辨生產與分配兩大經濟範疇之不同，生產受到自然天候必然規則的支配，分配則受後天人工制度的型塑。有了這樣的分辨之後，穆勒認為政治經濟學可提供經濟生活的重新組織，並提供場域來發揮斯密以來政經學者道德改良的關懷[1]。他關懷勞工的訓練、權益和福利，是自由主義者沾染社會主義色彩的理論家，只是他主張改良主義與馬克思主張推翻資本主義的階級鬥爭與世界革命不同而已。

第四節　馬克思和恩格斯對政治經濟學的批判

馬克思和恩格斯的唯物史觀，指出歷史的生成與變化，完全繫於人類的生產和勞動。人類為了存活、為了繁衍，不得不進行生產與再生產（繁殖）的活動，俾其生存和傳承成為可能。蓋人類的生存與繁殖，首先在滿足衣食和性欲的需要，有異於其他動物的覓食與交配，人類除了利用自然作為其存活的倉庫和生產的舞台之外，又要經營群居和集體的社會生活，個人與社會在時間長河上代代相傳便構成歷史。歷史是人造的，非神明贈予的，整部歷史是人類開物成務、利用厚生的勞動史、生產史、交易史、工業史。人特別是群眾這種集體的營生活動，是心智勞動、是有意識、有計畫的社會活動。在時間的長河上，這種生產生存物質，以滿足擁有軀體的眾人之勞動史，究其實乃是廣大的直接生產者之勞工群眾所締造的紀錄。這點在於說明馬、恩的唯物史觀，有異於黑格爾的唯心史觀。後者強

[1] 亞丹・斯密的道德學說主張發揮人「最大可能之善」，也就是最高德性的境界，儘管人性喜歡進行交易、營商，這是出於自利的動機。

Antonio Gramsci

調歷史是人類心靈、精神歷經險阻的求知探險，是精神現象的諸種樣式（*Gestalten*）的辯證發展和不同時期之表現（從主觀而客觀，而絕對的精神面貌）（洪鎌德 2006a；2006b）。

是故，一部人類文明史無異於受薪（現代勞工），以及沒有受領薪資、強迫性的勞動（古代的奴隸、中古的農奴），血淚斑斑的歷史，也是擁有生產資料，居社會上層，發號施令，享受成果的少數有暇、有權、有勢、有錢的少數人（有產、資產階級的成員）在壓榨與剝削大多數無產和無法享受之直接生產者（無產、工人、普勞階級的成員）的階級對抗、階級、敵恃、階級鬥爭的歷史。是故馬、恩在《共產黨宣言》（1848）開章明義上指出：「至今為止的人類歷史乃是一部階級鬥爭史」（*SW*1: 108）（洪鎌德 1997a；1997b；2000；2006；2010a：267）。

整套馬、恩的唯物史觀後來被改稱為歷史唯物主義（*historischer Materialismus*），除了追溯原始公社、古希臘羅馬的奴隸社會，和中古封建主義的社會之外，最主要在針對歐美十七世紀以來首先出現在英、荷、比、法、德（德國萊因河流域）崛起的競爭性資本主義作出猛烈的抨擊，其次對衛護資本主義的經典政治經濟學予以無情的批判。這也是馬克思著名的《資本論》（卷一，1867）之次標題「政治經濟學的批判」的原因。其實馬克思早便有《政治經濟學批判》一書（1859）的出版，並在1857與1858年間撰述《資本論》前身的《政治經濟學批判綱要》一長稿（簡稱*Grundrisse*），這一長稿要遲到他逝世後近半個世紀才刊載問世。是故馬克思和恩格斯並非傳統的政治經濟學家，而應當視為經典的政經學說之斥責者、批判者（洪鎌德 1999：51-103）。

由於馬克思一度企圖討論世界市場，可見他注意到一國以內的競爭性資本主義的運作，而沒有機會看到列寧時代的壟斷性資本主義，及其發展為帝國主義，更沒有預想到二十世紀後半，二十一世紀初的財團、跨國的環球資本主義。不過他這種世界市場的觀念隱然涵蓋了資本主義世界體系的想法。由此之故，二十一世紀初的國際關係理論在涉及馬克思主義對世界政治的影響方面，刻意注意到歷史唯物主義、世界體系和批判理論這三者（Sterling-Folker 2006: 157-242）。

至於馬、恩本人的學說，以及其後列寧的帝國主義論、毛澤東的三個世界論、西馬葛蘭西的文化霸權說、法蘭克福學派的批判理論、哈伯瑪斯的溝通理論，都可以說是馬派國際關係理論的衍生與發揮。

馬克思所發展的辯證的社會哲學是其理論最堅強的泉源，從這些強大的活頭泉水中，可以引申出全球生產活動所滋生的政治以及環球政治的產生與變化。不管馬克思主義是馬、恩、普列漢諾夫的經典馬克思主義（簡稱老馬），還是德、俄的正統馬克思主義（德國社會民主黨崇奉的），還是列寧、托洛茨基、布哈林、史達林所推行的官方的、教條的蘇維埃馬克思主義（簡稱官方馬克思主義），還是西方馬克思主義（盧卡奇、寇士、葛蘭西、法蘭克福學派、法義實證的、結構的、存在的、現象的馬克思主義，簡稱西馬），還是1960年西方學潮洶湧、反越戰、反種族歧視、反生態污染、反女性歧視等等的新馬克思主義（簡稱新馬），乃至1985年配合後工業主義、後結構（解構）主義、後現代主義出現的後馬克思主義（簡稱後馬），都可以說是廣義的馬克思主義之傳統與流派（洪鎌德 1995, 1996, 1999, 2010b ）。

對馬、恩而言，資本主義只是歷史唯物主義的一環，是唯物史觀盱衡過去五千年文明史，而注目於當代社會制度之聚焦所在。資本主義乃是人類有史以來生產發展至最高峰的有組織、有效率、有活力的社會制度，但畢竟是歷史長河一個漩渦、一股潮流而已。它不能被目為不會消失，不會崩潰的永恆組織，更何況至今為止的人類歷史上之任何典章制度，都應視為人造的，非自然演化的事物，只是這些傳統的典章制度，並非社會成員自動自發，透過理性、經過計量、詳細擘劃的社會現象、制度。這就是說明至今為止的人類歷史並非人類有意識、有計畫的製造，這包括資本主義的出現與發展在內。要之，一部人類文明史就是勞動者（有薪與無薪的奴隸）的生產史、交易史、工業史，但仍就是人類的「前史」（*Vorgeschichte*）而非「正史」。只有當人類為依自己的理想、幸福、自由、平等編造新的社會（共產主義的社會），也形成新社會的成員（新人類）之時，一部屬於人自創的歷史才告展現。

馬克思這種唯物史觀，便含有對當前現實國際局勢的安排持否定、質疑和挑戰的態度，這就是為何受他影響的馬派（馬克思主義者）對競爭性資本主義、壟斷性資本主義和財團控制跨國資本主義痛加抨擊和批判的原因，這也是傳統的政治經濟學所肯定與辯護資本主義下的國內與國際秩序，而遭馬派猛攻的因由。在很大的範圍內，馬派的國際關係論除了被貼上激（基）進的標籤之外，還被視為造反派、革命主義派。

表3.1 傳統政治經濟學的三個理論派別

派別	重商主義	自由主義	馬克思主義
主要行動者	國家	個人	階級（特別是資產階級）
國家扮演的角色	干涉經濟俾分配資源	建立強制財產權，俾便利市場交換	成為資產階級的統治工具，俾公權力保護資本主義
對國際經濟體系的看法	衝突的：國家競求工商發達，因商貿競爭導向國際衝突	和諧的：國際商貿對參與各國均有好處。如何建立管理機制使各方均蒙其利	剝削的：在國內資本家剝削勞工，在國際經貿上富國剝削強國
經濟政策的目標	在國際的國家體系中追求民族國家的強權	增強社會富裕的累積	增強財富和收入分配之不均

資料來源：Oatley 2010: 11. 經本文作者略加修正調飾。

第五節　國際政治經濟學的崛起與定義

固然政治經濟學成為經濟科學的前身，是產生在重商主義、重農主義和自由主義興盛的十八與十九世紀中葉，以後受到馬克思主義的抨擊與批判，直至二十世紀二戰結束後，歐美有恢復政治經濟學之趨勢，最先仍以國界之內的政經活動為考察中心，跨越國界的政治經濟學，一般稱為國際政治經濟學，當成一個學科，或國際關係這門學科的分支，則是1960年代與1970年代初之事。當成學門、學科的國際政治經濟學至今大概只有四十年歷史，主要為1970年初石油危機所帶來的衝擊，特別是對發展的工商業國家之衝擊，是導致這個學門蓬勃發展的「推手」（impetus），它所帶來一連串棘手的問題，為過去國際關係理論未曾提起，或曾提起確無法解答。對一連串新問題、新爭議的關懷，使學者不能不放棄傳統的想法而另闢蹊徑，尋求解答之道（Milner 2002: 623）。

當時（1970年代初）有五個問題困惑國際政治的理論家：(1)國家活動、治國方式中經濟手段的使用問題，特別是在武力發展相對情況下，經濟力量可以發揮的程度；(2)霸權穩定的理論與美國和西方勢力的下降；(3)國內政治所扮演的角色；(4)依賴理論和發展學說；(5)國際機構的重要性之評估。於是導致國際政治經濟學門活躍的問題跟著浮現：(1)由於既存經濟資源的重要性湧現，是否發展軍力有所必要、且能奏效？(2)美國的獨霸是否已走到盡頭，美國或西方是否非靠石油輸出國的供油難以撐下去？(3)為何在內政結構上，與國際地位那麼相似的先進工業國家對石油危機的反應各個不同？(4)是否較少發展或落後國家都被迫陷入依賴國家的範疇中，其經濟成長無法提升？(5)是否金融危機經濟不景造成國際金融機構，如：石油輸出國組織（OPEC）、國際基金會、世界銀行的重要性遽升？這些問題的出現使得國際政治經濟學研究的焦點大為擴大，在美、歐的政治學

Susan Strange

系、經濟學系、國際關係學系、外交學系成為顯學。當上述五個問題有關的研究成為歐美大學與學術研究機關的熱門主題時，另外有些學說理論（係霸權穩定論）開始走下坡，甚至沒落。總之，涉及區域整合、環球商貿的全球化理論引起學界更大的興趣。

至於吾人如何來定義國際政治經濟學呢？大概可以採取兩種不同的方法。其一為定義這門學科為在國際關係中除了防務與安全的各項事務。其二為更狹窄的研究範圍，即國際關係中與經濟有關的獨立或依賴變項增多，亦即關於經濟的活動造成的國際事務之原因，或其結果。換言之，國際政治經濟學所牽涉的是政治與經濟之互動，或國家與市場之互動。一門學科所以要加以界定，主要的是從中標示該學科所要討論的主題之內容與界限。

上述第一種比較廣泛的定義，是把安全問題排除之外的各項議題，這是指任何問題只要不涉及軍事武力，及其引發之衝突，在這定義下，國際政治經濟所討論的是龐大的國際現象，甚至可以忽略經濟因素獨立成依賴的變項，譬如考察國際組織，環境生態的情況，人權、女性與少數族群的權益，國際和平與合作事宜。

有些學者甚至還擴大研究的範圍至國際關係的門檻之外，Roger Tooze指出：「國際政治經濟學當作研討的焦點，擴大了傳統國際關係的問題意識（叢結，problematic），國際政治經濟學的問題意識只開始在對（學科的）假設與價值加以詰問，透過揭露被接受的研究途徑對現存的（學科）之正統（orthodoxy）發展出批判來」（Tooze 1984: 7）。施春吉（Susan Strange）則指出：「研究國際政治經濟學，而非考察國際關係之重點，是把傳統政治的研究之局限打破，包括誰在參與或主導國際政治，誰在使用權力俾影響世局的結果，這類界限打破，國際政治經濟學應當大聲疾呼國際關係是國際政治經濟學的一個分支」（Strange 1994: 218）。

有的人甚至把這個學門擴大到更廣包的範圍裡，如Louise Gmoore及其同僚，不但要把國際政治經濟學「歷史化」，還進一步要吾人考慮「時間和歷史如何制約是社會科學的分析方式，人類的主觀性如何灌入理論與實踐的關係中，以致影響（型塑）了人們對世界之瞭解。換言之，我們必須越過方法論的問題，去堅持知識本身歷史性的主要關懷，在我們建構歷史化（受歷史制約的）國際政治經濟學之前，像這樣的關懷才會把『反思』的問題提出來，俾嘗試把國際政治經濟學加以歷史化的關鍵性問題意識，標明出來」（Gmoore *et. al.* 2000: 54）。

上述涉及國際政治經濟學的規範、價值、批判理論、反思社會學、方法論、認知論、本體論等等，不只對這門學科有其重要性，就是對國際關係，社會科學均有重大意義，但如全部套進國際政治經濟學的研究中，則不免嫌問題太大太多，反而讓這門學問要研究、要考察、要聚焦之處完全散開，而為大部分學人所不願，也不能無條件的接受。

同樣地，把國際政治經濟學視同國際制度或合作的研讀，也非善策。國際政治經濟學當然可以把涉及國際機構，以及國際合作，只要他們與經濟有關，而能夠產生政治的效應。其次，國際政治經濟學也涉及軍事或其他方面的國際衝突，不只是國際和平而已，而這種衝突或牽連資源的奪取，或涉及利益的分配，或與國際商貿、收支平衡、信貸、債務、進出口（經常帳）差距的縮小等等有關。

顯然狹義的國際政治經濟學，比較有助於實際問題的發掘、啟發和創新性的認識（heuristic），特別是把問題縮小到國家與市場之間的關係；政府的經濟、財政、商貿、稅賦、匯率政策直接影響到市場的操作，反過來商業經濟活動——市場的運作——也會影響到政府施政的目標和方式，因為他們改變了行動者（施政者、政策執行者、公司行號）的偏好（preference）和能力（capacities）之緣故。由是可知，國家與市場的辯證互動成為這個新學門明顯的中心內容。是故這一新學科如果不談經濟現象，經濟成分便失掉其獨立自存，與往前發展的契機。同理，與經濟面向無關的政治研讀，無法成為國際政治經濟學的本身或附屬部分。

第六節　國際政治經濟學的定位與科際關聯

那麼，國際政治經濟學與國際關係之間定位如何呢？是否前者為後者的次級學門（旁支、專屬的部門）？還是如前面所提，有人主張把國際關係視為國際政治經濟學的一支？我們或可以說國際政治經濟學與國際關係重要部分有相互疊合之處，不過前者更把其根抵與樹枝中展到其他學問的大樹枝中，形成盤根錯節、枝葉交叉的糾纏現象。目的在從別的學門、學科取得方法論的工具，或問題意識的深化、廣化。其典例為此門新學科與經濟學和比較政治關聯十分密切（Milne, *ibid*, 625）。

在早期的國際政治經濟學作品中，顯示研究者對經濟學家的主張持排斥、防衛的態度，因為責怪後者對政治的變項（因素）考量不足。例如：紀爾品（Robert Gilpin）對跨國公司的研究，柯亨（Benjamin Cohen）對帝國主義的考察，施春吉（Susan Strange）對國際金融體系性質的探討，都是排斥經濟學者有關這些現象只重經濟，缺少政治的考量。他們批評經濟學者在忽視政治運作之下，解釋了國際貿易、生產和金融。紀爾品的著作展示學者應當考慮權力對市場的型塑，而以跨國公司的操作為例說明（Gilpin 1975）；柯亨在討論帝國主義時，挑戰了經濟學者一味把列強權力的平衡，做為這一帝國主義現象的核心問題看待（Cohen1973）。施春吉在涉及國際金融體系的形成中，強調美國與英國權力的爭雄才造成二戰後的國際貨幣制度，這都與經濟學的分析有所出入（Strange 1971）。

今天國際政治經濟學與經濟科學的關係究竟如何呢？一般而言，經濟科學的部分內容已緊密地聯結（被吸收到）國際政治經濟學當中，特別是涉及經濟決策的那部分，這方面引發施春吉的批評，她認為大部分國際政治經濟學的思考方式和理論模型太依賴經濟科學。不過很多政經學者卻使用經濟模型作為理解決策者的偏好，以及行為，而把這兩者合併成為研究的場域。其他政經學者則要求經濟理論家多把政治變項引入現象的解釋中，另有一批人則把「經濟學途徑」一手推開，認為它是非歷史的（不以歷史的演進探討經濟現象，常視經濟現象為恆定的、普遍的，去脈絡的、保守的）。

Ronald Rogowski

在此情形下，有些政經學者甚至要揭發經濟學的思緒與理論型塑（theorizing）。施春吉說：「當成學科的經濟科學傾向於誇大人類行為的合理性……過去國際經濟史顯示經濟政策的政治選擇，很少受到可以計算出的好處與代價之理性考量所左右，剛好相反，多少經濟決策是在無關聯的考量或情緒激動下的產物」（Strange 1970: 310）。

這種全然否定或排斥經濟科學的說法，對一個企圖使用更周全的方法來探討同一國際現象的政經學者而言，未免稍嫌偏激。

另一方面，國際政治經濟學和比較政治的關係如何呢？早期政經學者大多與研究國內和國際的政治之比較有關，因之，今日要把兩者（國際政治經濟學與比較政治）硬行分開是沒有可能的。反之，把這兩者統合成一個學門，成為未來可能的發展，對國際政治經濟的現象之研究，可以從比較政治學中涉及國內政治的研讀所得之知識和理論獲益。國際政治經濟主要的議題，諸如：商貿、貨幣和發展，都可以從各國國內政治的模型來引用，俾瞭解這些關鍵性議題是如何制定和形成。政策制定者（決策者）之偏好與能力之所在，以及累積（aggregation）成實際的政策是比較政治學基本的要素，瞭解這些要素對國際政治經濟學的問題大有幫助，把傳統比較政治學的變項融入新學科之中，對政經學者提供瞭解事實的捷徑，特別是國內選舉制度、政黨體系、立法程序和堅持反對或否決者之心態和作為之研究，導致Ronald Rogowski與Beth Simmons對國際商貿的研究（Rogowski 1987; Simmons 1994），國際政治經濟學與比較政治密切的合作，對於政經學在世界政治、環球政治的研討上會產生更為豐碩的成果。

現把國際關係、比較政治、國際政治經濟學同經濟學的關係用幾個學

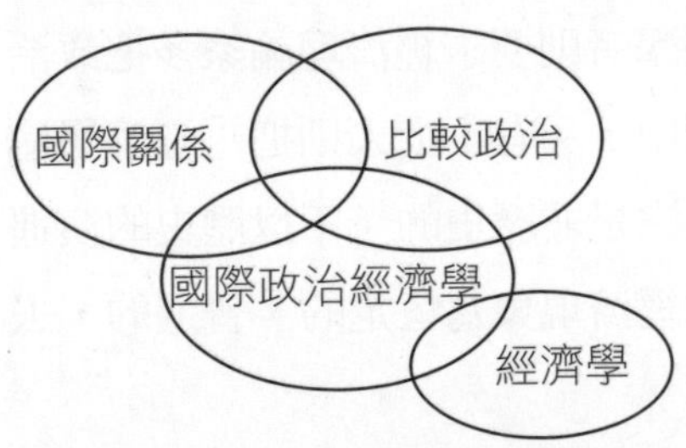

資料來源：Milner 2002: 627.

圖3.1 相關學科之關聯

科圓形（代表其研究之範圍）交疊的圖描繪出來，有助於澄清這兩個學門之關聯，**圖3.1**看出國際政治經濟學同國際關係（國際政治、世界政治、環球政治、外交關係、外交制定）、比較政治學和經濟學三門學科之關聯。其中國際政治經濟學同經濟學與比較政治學的聯繫是密切的，而前者同國際政治學的聯繫卻愈來愈緊密。要把國際政治經濟學和比較政治學加以分開和分辨愈來愈困難，其原因很明顯，在全球化進程中，有愈來愈多的著作涉及這兩門科學交界。其理由或是國內政治對國際經濟的影響之改變，還是國際經濟對國內政治的衝擊之檢討，在在使這門學科走向趨同，甚至合一之途。有些學者不採用國際政治經濟學，而是採用環球政治經濟學（global political economy），因為他們無意把涉及全球性的政經研討置於國際關係學之下，而視為跨越科際的產品，或至少比較接近政治經濟學，而非國際關係（Gill & Low 1988: xxii）。

第七節　國際政治經濟學主要的議題

界定國際政治經濟學科的範圍是重要的，其目的在彰顯這一學科研究的焦點所涉及的關鍵性問題和主要的議題。採用狹義的政經學之定義有其好處，可使學者集中在定義清晰的題目（topics）之上。例如：安全的研究之中心題目為軍事衝突和戰爭。研究衝突和戰爭的原因經過和結果，提出防範或清除爭執的方法與建議。可是在政經學中還找到這樣單純的研究焦點不多。然而兩三個議題卻成為這門新學科普遍矚目之所在，例如經濟發展及其不同的成長率之指標；國內政治對國際經濟的影響，或相反地國際經濟對國內政治的衝擊；在國際經濟領域上各國之間的合作與衝突、統合或摩擦等等。

首先必須指出，經濟發展的問題，特別是經濟成長率的差異，向來便是聚焦的議題，何以某些國家或區域經濟發展得這般神速（尤其是中國近年間經濟成長居然達兩位數之高，甚至在金融海嘯，舉世經濟蕭條之際，還在「保八」呢？有無中共高層灌水膨風之嫌？），向來國際政治中，政治學者會強調國家領導者、政策制定者對經濟成長與發展的決定作用，這種研究方式只限於對已發達國家內政的考察，而很難推擴到低度發展的落後國家，與此相關聯的便是研究何以西方國家變成工業革命的中心，而導致這些國家成為經濟優勢的列強？近年間對「四條小龍」的經濟奇蹟，和「金磚」四強的崛起，也引發學者研討的興趣。這不只是注意到發展中與新興國家的政治必要條件（菁英的擘畫、領導、群眾團結奮起、外國技術創意的引入等等），也討論世界局勢的推移（風水輪流轉）等等。

其次，則涉及國際經濟對國內政治的衝擊，或國內政治對國際經濟的影響，這涉及依賴理論、世界體系裡論、互賴（interdependency）理論，以及近年來熱烈爭論的環球化、在地化（本土化）的問題。最近哥本哈根全球氣候會議的召開，雖非直接牽連到國際財富的重新分配，但因強權（美、歐、中國、俄等）與新興國家的開發不均、不等所引發的大氣污染與氣候反常，何嘗不是國內政治影響國際合作的典例？

再其次，國際政治經濟學所討論的是諸國之間涉及國際經濟的衝突與合作的問題，國際金融經援機構對協調爭執、改善經濟衰退的努力，也成為學者研究的對象，國際支付的短絀、商貿競爭與摩擦、本國貨幣的匯率調整（像中國人民幣幣值的升揚，而不肯宣示增值）。使國際政治經濟學家的眼光在在投向這些急待解決的問題之上。因為商戰引發的國家報復、制裁、或貸款經援所滋生的列強摩擦也不容小覷。要之，在國際體系裡，諸國之間政治和經濟活動產生的合作與衝突，成為這門新學科關懷之所在。各國不同的經濟成長率皆含的政治性、經濟性、社會性乃至文化性（包括知識與科技水平）之原因和結果，都成為國際政經學聚焦之所在。

過去政治經濟學的主要議題為國家與市場的關係，今天的國際政治經濟學或環球政治經濟學，則注意國家與跨國公司之關係，並討論國家、跨國企業、全球化。此外，用另一角度來看今日的世界政經情勢，又不得不以權力、資本和勞動三者之互動來加以解釋（Palan 2000: 1-5）。

以上三大議題成為1970年代初國際政治經濟學成立四十年來主要關懷的重點。這些關鍵性的問題或重大的議題，也隨世局的變化與累積的知識而發生變易。可以大略地指出，1970年代與1980年代研究主要的題目為，關懷列強的經濟資源與軍事資源挹注之對立；霸權穩定的情形；國內政治在政策制定上的角色，國家與社會的互動，依賴理論和發展理論，以及國際機構在促進各國經濟合作方面的角色，特別G-7集團（發展最先進的七大西方工業國）所提供的信貸、經援、技術指導等等。這個新學門的政經學之聚焦也常隨世局與問題而更換，像依賴理論與霸權穩定理論逐漸隨著東西冷戰的緩和，以及核武談判的成功，和次第興起的全球化趨勢所取代，環球性世局的宏觀取代了個別國家內政對國際經濟的影響之注目。

緊跟而來是「蘇東波變天」，造成舊蘇聯解體，東歐諸國進入政治民主與經濟自由化的時期，這也導致1985年以來東方共產集團重大的變革，向來討論發展中國家不同經濟表現，以及這些新興國家所受先進工業國的壓榨之依賴理論；其注意力也被東西集團對峙所化消，不再是政經學者重視的議題。在1990年代以後，國際政治經濟議題，主要在討論東歐「新興民主國家」怎樣擺脫中央管控的計畫經濟，而邁向資本主義為尚的市場經濟。中國的改革開放，仍走社會主義的路線，而易名為「有中國特色的社會主義」，並正當化市場機制為「社會主義的市場經濟」。是故發展理論，亦即由計畫經濟轉型為市場經濟，所牽涉的政治民主化與經濟自由化之發展成為學者關心的題目。於是政治與經濟的改良主張，完全排除過去暴力革命、武力干涉、發動戰爭的說法，儘管美國對阿富汗、伊拉克等國仍採取這種帝國主義或新殖民主義的解決辦法。另一方面，依賴理論並未完全消失，尤其對強國繼續採取軍事、政治、經濟、文化手段來強化其資源利益、戰略優勢和霸權擴張，而使小國經濟成長、政治穩定、文化發展受挫，也為政經學者所密切注意與關心之所在。

不只依賴理論，就是全球稱霸（單極、雙極、多極）穩定（靠權力獨占、權力平衡、權力分散等來維持一段時期的世界或區域之穩定）的理論，也逐漸失勢。這曾經是1970年代與1980年代占主導地位的學說，但不久即因世局丕變（東西對峙和緩，武力競賽停止，裁軍由談判、協議到執行，以及最終冷戰之告終），而發現在理論上和經驗（實踐）上的困難多多，被迫改弦更張，或逐漸放棄。雖然霸權穩定理論在理論上未被證明為「錯誤」，但在解釋國際經濟特殊的穩定和公開性方面發生很大的困難（Krasner 1976; Lake 1988）。再說，美國的復興，向來潛在的挑戰勢力如舊蘇聯和日本，以及尚未整合的歐洲抗衡力量的消失，也使美國霸權地位在1980年代達到巔峰。對霸權穩定說的批駁，也得不到適當的反應（Conybeare 1984; Stein 1984; Lake 1993），於是這一學說繼依賴理論逐漸成為明日黃花。

在1990年代，全球化的理論成為各方矚目的政經學說之核心。由於全世界貿易的激增、知識經濟、資訊經濟的發達，加上資本跨越國界的竄流，使國際政治經濟的討論對象有所更新。全球市場的興起與結果，對各國經濟的效應，變成研究的熱門議題。過去新學科探討的主題，例如國內政經與國際政經的互動、國際商貿與金融機構的運作、世界政治權力的基礎，在在都經歷了修正與轉型。全球化過程使得傳統上分別國內政經與國際政經的分析層次受到嚴肅的質疑。國內與國際政經過程的互動曾經是兩個層次的分析形式，如今也不再為學者所認可與推行（Milner 1997; Martin 2000）。此外，學者也討論國內政治導向國際經濟統合的情況，特別探索民主與威權政府對經濟改革、成長和自由化的程度。尤其是歐洲共同市場轉化為歐洲聯盟所牽連的國際磋商、協議、歐元和歐憲都成為這門新學科之熱門議題。

至於二十一世紀的頭十個年間，恐怖主義和反恐戰爭，變成環球政治與國際政經注意的焦點。在2001年9月11日伊斯蘭教恐怖分子對代表美國資本主義象徵的世界貿易雙子星大廈之襲擊，導致美英等西方強權的大規模反擊，進行十八個月的大軍入侵伊拉克。儘管伊拉克並沒有充分的證據與恐怖活動有關，但布希政府卻以掃清恐怖分子的巢穴和掃蕩海珊政權的暴虐而大軍入境，殺害不少伊拉克無辜的百姓。

要解析這種令人困惑的發展，有必要對環球資本主義政治的、經濟的和文化的面向，在特定的歷史階段之結構進行瞭解，除此之外對處於此一結構中的行動者及其意識形態（包括西方基督教文明對抗伊斯蘭教的正統、歐美民主與個人價值對抗近東保守、寡頭的政治等等）。這種多方面、多層次的解釋試圖說明：(1)資本主義現代性的結構如何創造世界政治的特殊種類和面貌；(2)在二十世紀的資本主義世界秩序中這些可能性如何落實；(3)在歷史結構中，資本主義、福特主義和石油的地緣政治怎樣結合起來，建立出怎樣關鍵性的利害關係；(4)從冷戰開始以來至布希政府為止，美國政策者如何受「經濟安全」的意識形態之左右的情況。

資本主義的現代性之結構並非自動的自我持續，而是不斷地再生產和特殊歷史情況下活動的行動者之變易。在二十世紀當中，在美國的福特主義影響下的工業資本主義為全球奠下機動（dynamism）和生產力（productivity）。在讓工會會員同意其薪資與生產力掛鉤提升情形下，以福特式的工業資本為中心的跨國聯盟，促成與增強美國為首的霸權地位——受美國領導的新的世界秩序之出現。這種資本家與勞工合作的新方式一旦取得政治穩定和成為制度之後，便會促成大量生產與消費，而形成歷史結構的一種。這一歷史結構造成史無前例的經濟成長和資本累積，也帶動全球群眾消費主義文化的盛行，特別在富裕的北半球諸國。是故福特資本主義的政經，成為二十世紀爭取世界秩序的霸權地位。這種解釋表明美國爭取中東石油利益是一種二十一世紀的帝國主義，而反恐戰爭成為新世紀帝國主義的表徵（Rupert 2007: 159-162）。

除了恐怖主義與反恐戰爭之外，二十一世紀頭十年爆發了1997年泰國引發的金融危機（Oatley 2010: 306-365），以及2008年年底，特別是2009年的金融海嘯，使歐、美、日及四條小龍陷入重大的經濟蕭條中。唯有中國除了經濟成長率稍微下降，股票、市場有些波動、匯率稍有調整之外，是全球金融危機與經濟不景氣受影響最小的國家。不過由於北京是美國公債的最大債主（債權人），加上其經濟勢力已足以與美歐抗衡，因之，美中雙邊商貿關係的增進，對兩國的外交關係的改善大有幫助。但在2010年初，雙方卻因美國售台軍火，歐巴馬總統接見達賴喇嘛，以及兩國貿易逆差和關稅，引發重大歧見。這些都正在考驗「和平崛起」的中國，是否打算取代歐洲和逐漸式微的日本，來挑戰美國的全球霸權。

特別是 2011 年春日本遭受連串天災的打擊，包括史上空前的九級地震、海嘯肆虐，再加上火山爆發，核電廠氫爆，造成上萬人死傷的重大慘劇。這種天災地變所帶來政、經、社、文的衝擊和對人心民情的創傷，恐非短期間可以復舊。在面對中國崛起之際，東亞這兩大巨強國力興衰之對比，更為明顯。這會不會導致區域權力的失衡，還有待觀察。

第八節　國際政治經濟學的展望

在二十世紀末與二十一世紀之交，國際政治經濟學理論的爭辯似乎由早期強調現實主義、自由主義和馬克思主義之分別，以及不同的問題處理途徑，改變為理論、學說、分析的緊張。這種緊張來自兩方面：一方面來自國內的解釋對抗國際的解釋；他方面來自以國家為中心（state-centered）以及以社會為中心（society-centered）之解釋的不同。把這兩方面交叉倍增則得四種的看法：(1)國際政治觀；(2)國際經濟觀；(3)內政上國家本位（domestic statist）觀；以及(4)內政上的社會觀（Frieden and Lake 1999: v）。這四種觀點也同時是四種研究途徑，這些新論述便左右了2001年至2010年間的政治經濟學之發展（Burchill 2001; Linklater 2007; Oatley 2010）。

在這種情況下，不只國際政治經濟學，就是環球政治經濟學、國際關係、世界政治、環球政治所要關懷的，不只是全球和戰、緊張、衝突的問題的解決，更應當把Norbert Elias「文明化的進程」（the civilizing process）從國內發展到國際、到環球之上。原因是今日政經的劇變與遽變伴隨理性與特殊的思考以俱來。如何把康德「世界公民」與「永久和平」的理想推廣到全球各地，也就是討論世界人的「公民權」，以及視全球是一個政治社群（political community）已是刻不容緩之急務。在此同時更要把傷害（國家對本國的人民，對他國的民眾有意與無意的傷害，harm）減到最低的程度，這有賴環球機制（包括國際公法）的落實，俾阻止現代人不斷地遭遇風險與受害。人群是否可以在和平交易中不再傷害他人，強權是否可以在追求其國家利益的時候，減少對他國及其人民的傷害呢？主權與世界社群的衝突是否可以解決？對外干預和國際法能否平衡？國家利益和環球倫理（特別是對氣候無常的控制與改善的責任，是否多靠強權的自我節制，不要盲目地追求經濟成長與私利擴大）能不能協調？都是未來環球政經與世界政治的課題。

以上是以宏觀的、形而上學、倫理學應當的角度，來強調國際政治經濟學中涉及政治運作的面向所做的這門學科未來的展望。假使我們以微觀的、實證與經驗的、實然的經濟學角度來考察國際政治經濟學的展望，則貿易金融、信貸、投資、技術移轉，世界商貿體系和商貿組織（包括世界銀行、WTO、NAFTA、ASEAN等等）、進口替代工業、經濟改革、跨國公司、國際金融、匯率、金融危機和全球化等等，將成為國際政治經濟學持續要研究的主題。由是可知這門學科未來的發展大有可為，是關心國內外政經問題的專家與公眾人士，要一起來加以深化與廣化的學問。

古代與近現代經典的現實主義

第一節　前　言

在國際關係、世界政治、環球政治經濟學、外交政策分析等學門裡頭，沒有任何的理論比現實主義及其理論更能長期主宰人類數千年的文明史，甚至在第二次世界大戰結束後，美國大學院校涉及國關的教科書中，幾乎有百分之九十都在研討現實主義。

現實主義的出發點為對人性的悲觀看法，也是對世局的遞嬗演變採取懷疑的態度。開始的時候，現實主義者只注目國家的領導人，對於這些個別領袖的描繪與期待，就是如何有效爭權和擴權，不認為統治者具有仁民愛物的德性、包容大度的心態。一切以能夠促進國家的統一、安全與興盛成為急務。是故權力的有效統治與權力平衡，成為現實主義者早期討論的焦點。後來的現實主義者甚至不再強調領袖擴權、野心的性格，而注意國家為國際關係的主要行動者。作為國關主角的國家，其行為不只限於主政者，也包括其下屬的文官武將、外交人員，都是政策的執行者。由於設定主政者及其下屬都是等於審時度勢、懂得算計的理性動物。因之，國家之行為也是合乎理性的，為理性的行動者。再說，國家雖是眾人合成的政治組織，基本上作為國際統治的主角是單一的、統一的（unitary），是故行動者既是單一、統一，也是符合理性的。

國家為爭權、維權和擴權，必須保有其本身的國家主權，是故自格老秀斯（Hugo Grotius 1583-1645）以來，主權為國家至高、不可分裂、不可割讓的權力，也成為各國強力追求與維護的目標。與主權相關聯的則為安全，是故安全成為國家諸種利益中最高的利益。國家之強盛便利了國家利益（安全、繁榮、興盛）之追求，也保障主權之永續，和增進人民的福祉。

在看待統治者、政權、國家、權力、主權、安全之外，現實主義者對

古希臘歷史家
Thucydides

國家所處的環境——鄰國、區域、世界（一言以蔽之，國際環境）特別重視。只是在現實主義者的心目中，國際環境仍舊是像霍布士所言的「自然狀態」（the state of nature），是一個缺少中央政府統治（環球治理〔曹俊漢 2009：3-6；孫治本 2001：23-32，171-187〕）的、缺少秩序與穩定的無政府狀態。如何在無政府狀態的國際環境中，保有本國的安全和行動自由，便涉及國際和戰的問題。因之，現實主義者不能不強調和平的重要，但衝突與戰爭在人類的歷史上卻層出不窮，如何加以抑止、控制、防阻，也成為現實政治操作的最大考驗。要之，現實主義強調國家以及國家之間的關係。

國家的決策者所做的決定被視為國家的行動，這個行動偶然有國內的雜音與國際的異議。但在現實學者的心目假設中，仍視為國家單一的、統一的行動。至於決策者是否礙於私心、偏見、無知、資訊不足，而導致下達決斷偏離理性，甚至違反理性（如納粹在1939年進侵波蘭，日本軍國主義者在1941年發動珍珠港奇襲，美國1964年派兵干預越戰），都與現實主義者的理性之假設相去甚遠。我們只能說，現實主義的假設是一種「理念類型」，而非現實世界的精確描述。因之，在方法論上，現實主義的假設並非精確反映世局的實狀，而是這種的假設，有助於對世界政治真知灼見的發現和有效的概括化之取得。換言之，這類假設未必完全正確無誤，只在幫忙提出可供驗證的建議，來指導政策的推行而已。

從涂西地德（Thucydides 460-390BCE）至今二千五百年間西洋的歷史，見證了權力的崛起、帝國的稱霸和穩定的落實。但由於人性的貪婪、領袖的野心、群眾的無知、環境的變遷，導致這個得來不易的和平與穩定又告浮動鬆解，乃至消失。就像古希臘的悲劇作者所表述的世局詭譎、人生無常，歷史的循環是悲劇再生與重現的主因。現實主義者在感染這種世事無常的悲觀下，感受人類建構秩序、避免戰亂的努力，在歷史長河的短暫潮流中雖維持波瀾壯闊、流動平順的一段長久時期，但跟著便是洪汛的氾濫、惡水的肆虐。這種世局之不平靖多半肇因於少數具有權勢的主政者之狂妄驕傲，以為他們的權力不受法律與習俗的制約，而可以隨興而起、胡作亂為。

現實主義的理論在二戰結束後至1980年代初，成為國際政治學中最具強勢的理論。如以早期古希臘至近現代的現實主義當做經典的理論看待的話，那麼1980年代初崛起的是新現實主義（neorealism），有時又稱為「結構的現實主義」（structural realism）。前者重視國際體系作為分析的層次，也把國家當做國際體系（舞台）上的主角。後者則把焦點放在國家的分析之上，在方法學上採取更為嚴謹的態度，俾界定經典現實主義中的關鍵概念。至少把權力不當目的來看待，而看做是政治關係一個不可避免與必要的成分。「權力與制裁的工具未窮盡法律（則）的本質，因之，政治也不能從權力一事來加以窮盡，儘管權力是政治最重要的工具」（Kindermann 1985: 10-11）。一言以蔽之，現實主義者理論的三大基石，乃為權力、利益與道德（洪丁福 2006：1.23-1.28）。經典的現實主義，至少包含以下幾個重點：

1. 國際體系是靠國家當成國際政治舞台上的主角而形成的。
2. 國際政治本質上充滿各種各樣的衝突，在無政府的狀態下，國家在爭取權力。民族國家靠其本身有形與無形的實力、能力（capabilities）來保障其繼續存在。
3. 國家的存在完全倚靠法律（國際公法）上的主權，表面上各國主權至上而相互平等，實質上國家因實力、能力的大小，而有上下不平和排序的現象，儘管表面上列強、小國都是同樣的行動者。
4. 諸國家視為統一的行動者，是故內政不可從外交上分開來論述。
5. 國家不只是統一的行動者，也是理性的行動者，因為國家的主政者、政策決定者都在本國利益的基礎上，透過決策過程追求與實現國家利益。

6. 權力是最重要的概念，用以解釋與預測國家的行為（Dougherty and Pfalzgraff 2001: 63-64）。

經典的現實主義所討論的主要兩個問題為：(1)諸國家為了生存下去，究竟每國要採取何種的行動呢？(2)是什麼東西產生了國際體系的動力？如何去說明這種動力呢？對這兩個問題，經典的現實主義者之間的回答並不一致，而有待最近的新現實主義或稱新經典的現實主義去繼續探索答案。

第二節　古典的希臘羅馬時代至近現代之現實主義

現實主義的思想源頭卻是古代東方與西方的哲人。在古代中國孔孟的儒家學說講仁說義，充滿理性主義、道德精神，不算是現實主義者。反之，韓非子、管子等講求法、勢與治術，卻是典型的重視現實世界者。古代印度的考悌利亞（Kautiliya，一名Cānaya，大約紀元前三百年活動在印度的謀略家，曾主張君王採用間諜、密探來打擊異己，鞏固其統治，其主要的著作為《懲罰之學》〔*Arthasāstra*〕）重視那些不斷增強本身的實力，而犧牲別人的權勢之征服者，由是可見他關懷國家的興衰與存亡，是留神權力平衡的智者（Haslam 2002: 14; Seabury 1965: 7）。

在古希臘撰寫《比羅奔尼蘇戰爭》的史學鼻祖涂西地德，懷疑道德對人類狂暴行為（特別是發動戰爭）有節制的作用。對他而言，正確抑錯誤、是或非只有在雙方實力相等之下才能談的事。反之，強而有力者所做之事，以及弱而無力者所忍受的痛苦都是對的、正確的。雅典權力的日增引發了史巴達的疑懼，也導向兩個城邦無可避免的衝突與戰爭（Strassler 1996: 416, 49）。

馬基亞維利（1469-1527）的《君王論》（1521）標誌著現實政治（*Realpolitik*）觀念的肇始。它所涉及的是國家存在的理由（*ragione di stato*），是一國領導人在放棄世俗的仁民愛物之美德（*virtú*），而審時度勢，力求國家權力（*potére*）取得，保留與擴大。對馬氏而言，統治者應像獅子般的孔武有力，也像狐狸般的狡猾善變，強而有力，有效統治是在位者的「美德」。這是基於他對人性的自私、自利、貪生怕死、忘恩負義，僅求近利的悲觀看法所引起的。只要國家能夠強盛安全，則其存在已得到內存的正當性，不需要靠道德來治國（Smith 1986: 12）。

霍布士（1588-1679）是倡說原始的人類社會乃是混亂廝殺，弱肉強食的自然狀態的首位社會契約理論家。在自然狀態下，人對別人而言是一條狼，是爭取生存資料的對手、敵手（*bellum omnium contra omnes*）。隨時活在經常的害怕、畏懼當中，以致在無政府狀態之下，個人的生命是「孤獨的、窮困的、骯髒的、殘酷的、短命的」（Hobbes 1986: 100）。

克勞塞維茲（Karl von Clausewitz 1780-1831）為普魯士的將官與戰略家。他強調軍事力量對於國家權力具有無比的重要性，但軍事仍應臣服於政治指揮之下。他大作為《論戰爭》（*Vom Krieg*，1833 三卷本），曾經指出戰爭是「以其他手段來延續政治之活動」（Clausewitz 1976: 87）。

克勞塞維茲大部分的著作，撰寫於拿破崙兵敗的1815年至1830年，他奉召返回普魯士軍職之間，1831年他便逝世，未曾把《論戰爭》全稿寫完。但他的遺作對現實主義學派卻影響深大。克氏留意戰場上決策有很多不確定的因素，也就是所謂「戰爭之霧」，他也提及事先合理的計畫一旦付諸實施，常有失常、隔閡、「摩擦」的發生，以致功敗垂成。他主要的觀點為軍事可以看做是政治適當的手段，當他在分析國家能力、社會與經濟的成分之際。他注意國家的安全問題，因之，使他躋身經典的現實主義名家中。

對於古代與近代的經典現實主義，其壽命之長比起其競爭敵手的自由主義來幾乎超過二千五百年之久。可是古代現實主義雖然析論戰爭，但有

Alexander Wendt

人質疑涂西地德的戰爭論是城邦的對抗，與今日現實主義涉及強權的競爭與稱霸不能同日而語（Garst 1989）。同樣批評古羅馬政治哲學家波利彪斯（Polybius 204-122BCE）有關「權力平衡」說還無法適用於當代（Butterfield 1966: 132-133）。不過這兩千餘年現實主義的勢力控制了西洋的政治思想界（特別涉及群際之間的衝突之描繪），以致人類在解決衝突、謀求群際穩定、國家之間的和平方面成果不彰，而導致悲觀的世局看法。但做為現實主義的批評者，溫特（Alexander Wendt）還是承認多個時候和多個地方的人類還是生活在現實主義的期待之水平下頭，表示現實主義的悲觀態度有其理論的根據（Wendt 1999）。

除了上述古代與近現代的涉及國際關係之現實主義的幾位大家底簡單說詞之外，二十世紀經典的現實主義開始於1939年，這是卡爾（Edward Hallett Carr 1892-1982） 所出版的《過去20年間的危機》一書所誌明的新時期。

Edward Hallett Carr

卡爾大作的前半部在發展知識工具的現實主義，俾利用它如何揭發政治思想中意識形態的決定論，包括自由主義者、大同社會的理想。他認為各族和諧的利益分享是一種特權階級的空想和奢侈品，現實主義的功利可從馬基亞維利的思想中導出（Carr 1946: 63-64）。首先現實主義感受歷史的過程是因果相續的，理性可以辨識的過程。其次，思想與行動不可分，理論產自實踐。再其次，倫理的行為建立在彼此相互的關係上，但需有官署（權威）的仲裁、監督，道德是權力的函數。進步為歷史發展的內在動力，卡爾把馬克思視為現代的「現實主義者」（*ibid.*, 65）。至此地步，卡爾尚未把國家當成國際政治的主要行動者，亦即一般視他為國家中心論者，在卡爾著作的前半部還嗅不出端倪。作為

a book of Hans Morgenthau

退休的外交官，卡爾一開始便注意到「國家存在的理由」（*raison d'état*，也可譯為「國家的理性」）這一論述，把國家當成主體。因此理論上國家做為行動者之作為與活動，為不可再化約的範疇。

卡爾假設之一為國際體系的政治活動（包括政策制定與推行）集中在國家，國家的力量不限於外交、軍事，也包括經濟和意識形態的因素。國際政治可以把上述各種因素濃縮在政治兼軍事（politico-military）競爭之上。原因是國際政治既然視為諸國間權力的爭奪，而國家的自我救濟又是權鬥輸贏的關鍵，因此軍事權力標誌國際競爭的特質。軍事權力操在各國手中，也符合現實主義者對權力的描述。卡爾進一步用零和賽局或囚犯困局來描述國際間的權力鬥爭，以及權力平衡的易碎性與複雜性。

他留意到國家財政的處理，有助於軍力之擴建，從而要求把經濟學恢復其傳統的「政治經濟學」。是故政治競爭的經濟學（國界內經濟活動的計畫、指揮，稅賦的徵收等，有助於境界外經濟勢力的擴張），加上世界經濟（穿越政治疆界的環球經濟活動，包括造成各國經濟發展的快慢早晚，都會造成國家政治和軍事行動的採取）的形成，這表示「經濟科學的出現，是在政治秩序建立之後的事」（*ibid.*, 117）。更顯示執政的菁英在動員經濟資源之前，應掌握經濟的知識，同時也表示國與國之間，或國際體系本身的制度性關係，是從國關抬升到國家的以及國際關係的經濟層次之上。

可惜的是卡爾理想中的經濟政策為重商主義，而非接近自由主義的經典政治經濟學（洪鎌德 2010：2-18）。在他心目中，亞丹・斯密的市場經濟充滿烏托邦的空想，是理想主義而非現實主義。現實主義描述的方法學上的缺陷，只看到現代國家在動員經濟，而忽視經濟為穿越國界的整體之部分，可以產生重大的政治效果，不下於國家的控管經濟，這種企圖把政治同經濟分開，是見樹而不見林的方法。換言之，十九世紀固然看民族國家的競爭，但不該忽視工業資本主義跨越國界的擴張，假使政治與經濟的分開，是指私產法律保障取代市場的競爭，而造成國家無法再直接干預市場，而讓投資的資本得以在國內與國外隨意走動的話，那麼我們發現情況剛好相異，它所呈現的為資本主義的經濟與民族國家的政治，反而達到制度上的聯結。因之，卡爾在說明國家利用經濟資源來推動其外交政策的目標，這點是正確的。但把經濟視為異於軍事力量，並非完全置於國家操控之下，這點是他的誤解。

Hans Morgenthau

除了卡爾之外，尚有舒曼（Schuman 1941）、倪寇遜（Nicholson 1939）、倪布爾（Niebuhr 1932）、施瓦甄貝格（Schwarzenberger 1941）、魏艾特（Wight 1994）、莫根陶（Morgenthau 1948）、肯楠（Kennan 1951）和巴特斐（Butterfield 1953）的著作都標誌著二十世紀經典的現實主義的論述。在這些重要的作品中又以卡爾的《過去20年的危機》（1939）與莫根陶的《諸國家之間的政治：權力與和平的鬥爭》（1948; 1968）最為學界所推崇。莫氏這本現實主義經典之作在1948至1985年之間一共出版了六個版本，被譽為國際政治理論著作中之典範。

肯楠接受莫根陶與其他現實主義者的說詞，來分析依靠法律與道德觀點為基礎的美國外交政策之失敗。他指出不重視本國的利益，而標舉道德目標的外交政策，不但容易啟發敵國的覬覦，發動全面求勝的戰爭，反而導致本國與地區的不安，甚至造成立即的危險。

傳統的（自古至今）經典現實主義建立在人性自私自利、貪婪無厭的惡質之上，尤其是野心很大的政客，為其個人、家族、黨羽的好處，不惜挾持國家與全民來達成其追求權力、財富、地位、聲名的勾當，在壓榨與剝削本國勞動大眾辛勤生產的成果之餘，還藉國家利益的護衛與擴大之名義，對鄰國或遙遠的弱國發動侵略。由於國際之間缺少一個職司仲裁，主持公道的權威中央政府之存在，亦即國際的環境、體系無類似國內的具公權力之最高機關，遂使國際關係陷身於無政府狀態之下。在無政府管理、制裁的情況下，國力強大的國家在其四處擴張中，便不免以鄰為壑，隨時發動戰爭，征服遠邦或鄰國，造成國際間的衝突不斷、戰禍連連。在飽受戰禍的痛創之下，追求和平與安全，又成為政客大搞外交斡旋、磋商、談判的伎倆。是故經典的現實主義在解釋何以國家要開發國力、厚積實力、追求權力，以及戰爭與和平是如何產生、恢復、維持。國家的爭權、護權與擴權成為國際政治的主要內容。但就其本質而言，國際政治是充滿罪惡。反之，壞事大都發生在好人的身上，而釀成災亂、戰禍的壞事很多是惡質、野心的政策之所為，尤其是當決策者在制定利己不利他的外交政策，並加推行之際（Spirtas 1966: 387-400）。

第三節　莫根陶的國家利益說

莫根陶[1]為德裔美國學者，他係躲避納粹迫害而移居美國在芝加哥大學講學的二十世紀經典的現實主義底理論奠基者，他對美國學界影響力最大的時期為1950年代與1960年代，其單一的著作《諸國家之間的政治：權力與和平的鬥爭》（1948），被目為「建立現實主義典範的主導地位」（Vasquez 1983: 17）。他是美國二戰後一、二十年間現實主義最純粹和最能自我意識的信徒。

莫根陶對現實主義所下的定義簡單地括約為下列數點（Morgenthau 1954: 4-10）：

1. 政治受到客觀的律則所約束，這些律則可以從人性中整理出來。

[1] Morgenthau應音譯為莫根陶，而非仿照美國人的發音，誤譯為摩根索，莫根陶德文意為「晨霧」的意思。參考洪鎌德 1977：103-104；倪世雄 2006：87-94.

2. 在國際政治的場景中，政治的現實主義之標誌乃為「利益」一概念，而利益是必須靠權力來界定的。
3. 在內容方面，權力與利益都是互為變項，利益與用權力來做為其構成的因素，權力也成為利益型塑的因素。
4. 普世的、泛宇的道德原則無法權充國家行動的指導、嚮導。
5. 政治的現實主義拒斥某些國家治國的道德原則或道德的求取，不認為這些要求、追求可以與普世道德認同，亦即不承認某些國家的道德作為，可以為舉世所效法、所贊同。
6. 政治活動有其自主的空間，不受其他世事的牽絆、影響（Donnelly 2000: 8）。
7. 政治現實主義同其他學派主張的不同，主要的是現實的、是深刻的（Morgenthau 1954: 10）。

第二次世界大戰結束之後，美國取代英國，成為全世界的超強，因而捲入國際與外交事務既多而深。在美國政府、學界、基金界鼓吹之下，不只自然科學，就是社會科學也大放異彩。社會科學界的實證主義勃興，企圖效法自然界尋求社會現象的因果關係之律則，不只用以解釋現象、預測未來，還成為政策制定與決斷的指導。在此情形下，莫根陶強調政治是社會現象之一，本身也受規律、法則的影響，這便是他在其大作《諸國家之間的政治》開章明義指出：政治可以用科學的方法來考察，以及政治受制於客觀規律、法則的支配。

他聲稱現實的理論是科學的，因為它既能預測未來，也可以提供政策高明的指導。他說：「所有科學的作法之自然的目的，在於發現隱藏在社會現象背後的勢力，也在發現這些勢力運作的模式」（Morgenthau, *ibid*., 18）。為了達到這個發現，有必要採用更為廣義的實證主義之方法論：建構理性的假設，把挑出來的孤立的社會現象之因果關係找出來，目的在產生預測，再利用預測去和經驗證據核對，如果預測可以驗證經驗事

Richard Rosecrance

實，則證明原先的假設無誤，否則棄置不用，另提新的假設，直到符合經驗事實為止。這表示「理論一旦與事實符合，而又在事實之中，則該理論有效」（*ibid*., 3）。莫根陶只談作為社會現象之國際政治，具有這種發現規則及其運用的科學性。另一學者羅塞克蘭西（R. N. Rosecrance）進一步更指出：人類的整部歷史是實驗場，可以檢驗國際政治的概括化之論題（Rosecrance的話，引自Rosenberg，1994註12）。

至於概括化也罷，規律、法則也罷，其根源在那裡呢？莫根陶說是根植於「人性」。探究人性可以揭露「那些生物學、心理學驅力，社會便是從這些驅力中誕生出來的。這些驅力包括造成人的存活、繁殖，對別人的役使、宰制，都是所有人類的共通本性」（Morgenthau 1954: 35）。由於「社會勢力是人性在行動中的產物」（*ibid*., 20），因此，從人性到社會界的建構之關係變成單行道，某些涉及政治行為的規律、法則便在人類歷史中長期存續下來。

莫根陶現實主義理論的核心為國家在本質上乃是「權力的最大化者」（power maximizer）。諸國家存在於各種各樣的「政治的」（the political）世界裡，這裡所指的「政治的」必須靠權力來界定。這意指政治就是權力的現象——權力的取得、維持、擴大與運用。權力的意涵為「人對人控制的建立與維持」（*ibid*., 11）。每個國家以增加無限的控制能力，來看待其本國的利益。因之，每個國家對待別的國家不是獵者（搶奪者）便是被獵者（被搶奪的對象）。在這種弱肉強食、自然淘汰的競爭下，所有的國家都要採取自助自救的手段，才能確保存活下去。是故增強軍力、保持實力，成為各國生存之道。任何一群國家一旦被視為擁有主權的國家社群之一分子，每國皆有自主的權力的權利，則其間的交往便要仰賴權力的平衡。各國間不時的合縱連橫，使多邊聯合的平衡隨時出現，其目的在阻止國際體系移向某一邊、某一極傾斜或靠攏，而力保各國的獨立自主。

Kenneth Waltz

既然國際政治的推移，便是權力平衡的作用，則良好的政策之開端，便是承認國際活動的核心，乃是諸國間權力的鬥爭，是故為達到某些目標，國家要善用權力鬥爭來平衡利益與平衡聯盟（與他國結盟）。太多的權力會招致對手的反擊，太少的權力則不足保護本國的利益，甚至引發強權的侵略。國家在講求利益和結盟的平衡之際，千萬別訴諸道德的求取，因為這會誤判大局，阻礙理性的算計。撇開道德的熱情與訴求，而採取客觀、理性、算計的態度，是莫氏對政治人物大聲疾呼的所在。他說：「我們假定政治家所思所行都是國家的利益，而利益是靠權力來界定的。至今為止的歷史證據，檢驗了這個假定的可靠性」（*ibid*., 5）。

這些說詞歸根究柢還是「權力」兩字。隨著政治秩序之不同、追求目標的差異、社會力動員的誤判，權力呈現各種各樣的類型。無論諸個人之間、諸群體之間，權力成為形式化的宰制關係之操作性質，它是歷史上某些特殊的社會中令人矚目的社會制度，像封建社會中的主從關係中的忠誠的義務，資本主義社會中薪資勞動的契約、近現代國家之擁有主權、權威等等。在上述每一不同時代或地方，權力的詞謂、概念都是超過人對人控制的通俗看法，而必須把權力連結到其存在的脈絡或追求之目的上。如果說一個政治家必須擁有權力來施政、來治國、來達到公家的目標，則為一般泛泛而談的權力。莫根陶採用比較強勢的權力觀，他認為諸國家之行為，以及諸國關係的結果（亦即國際政治的本身）之所以能夠被認知被瞭解，只有靠權力固定的動態、機動，也就是爭取權力所產生的強制性，這個爭取雖不時有所更動，但最終要歸於平衡。

國際競爭的政治（或其他）形式呈現各種各樣的面向，端視參與競爭國家的數目、追求的目標（利害）、使用的手段、規定（遊戲規則）的程度而後定。諸國家在世界競技場上通常被迫去採取策略，包括對他國的行

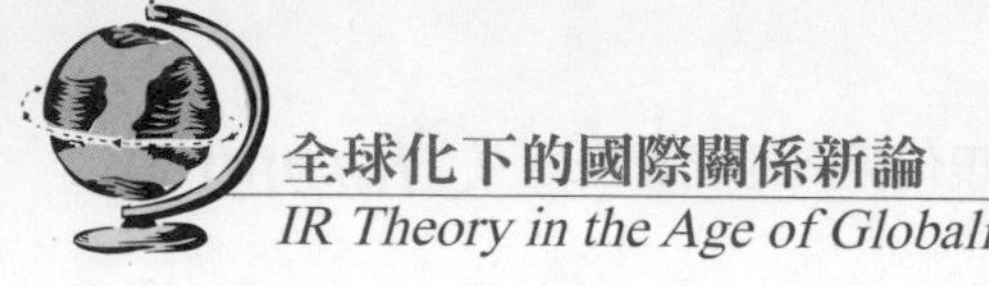

為與利益的考量，是故在歷史上國與國之間的衝突及其解決，便是如何藉「權力平衡」來進行，也靠「權力平衡」來加以描繪。

為了要使權力平衡的機制足以解釋國際政治，則尚須兩項假定的輔助。首先假定的國際局勢完全是一群相關的國家，各以單一活動者的身分在國際環境中競逐機會，也面臨（可能失敗的）危險。在這種假定下，必須排除內政於外交之外。不只把反對黨、民間團體、財團對外交決策視為毫無影響；反之，只要以主政者、決策者之眼光來探討國家利益、結盟需要，與外交操盤便足以。其次，權力的平衡所涉及的為軍事（武力）的平衡。這是由於國際無政府狀態下，每個國家要靠自力救濟、自求多福的緣故。用權力平衡來界定國際政治主要的是涉及諸國面對世事的輕重緩急，自有一套上下垂直不等的設序（hierarchy）。只有有關的能夠動用武力的國家才算是政治上的權力（強權），才會介入這種國際紛爭的事務中。是故莫氏說：「當一個國家與別國簽訂引渡條約之際，當它簽訂貨物與勞務交易之際，都不算是介入國際政治當中」（*ibid.*, 32）。

莫根陶這種的界定與解釋，其實是循環論證的套套邏輯，其無法證明為錯誤（柏波爾的排謬法），也證明其理論並非嚴格意義下的科學。假使在國家體系中的武力最終是軍事權力（武力），而政治人物在「搞政治」，假使他或她（們）只在注意國家安全有關的事務的話，那麼「政治人物所思所行的是（國家）利益，是靠權力來界定的意義」，這句話的真與假、對與錯無從證實（Rosenberg 1994: 19）。

莫根陶舉例說明，主宰一個時代的稱霸強權最終會遭到被迫害者的反抗與結盟，而使其擴權計畫最終失敗，最早的是拿破崙的征戰，接著是德國威廉二世的稱霸，較為接近現代的是希特勒的侵俄，都會造成霸業的失敗與崩潰。另一方面英國孤懸歐陸之外的大西洋中，不時扮演平衡歐陸，尤其是德法的爭霸，可謂為權力平衡的槓桿。不過把拿破崙、威廉二世和希特勒的爭雄、擴張看成相同的史實，是把稱雄與爭霸簡化為軍事的競爭，把政治權力的競取轉換成武力的較勁，而對這三位野心家所開啟的國家戰禍之不同加以硬性消音，看作一樁類似的事實，甚為不妥。做為沒有受到約束的國際競爭之概括性的說明，這些例子的枚舉大體上可以被接受。但把上述三例轉變為政治的解釋，不免有化約論者的說詞之嫌。再說，上述三大歷史事件解釋為「客觀的律則，根植於人性」，則不免視國際政治的本質為不生變化的、非歷史的「自然」或「社會學」解釋下的社會現象。把歷史事件看成反覆累積的經驗例子，由不同的演員（但具同樣的性格、人性）扮演不同的角色，又演出幾乎是相同的戲碼——窮兵黷武者終歸失敗。當現實主義者只注視政治人物怎樣玩弄權力平衡的遊戲之際，卻忽視或無視這些國際間的鬥爭，如何在中介過的世界中權力的形式與條件下之轉型。不談帝國之間的稱霸、爭雄，單單看資本主義怎樣跨越國界，而導致全球化，以及民族國家如何來形成的新世界體系，便知道莫根陶所矚目國家間爭權的鬥爭，究其實並不能捕捉「國際的」全部樣貌。

不只國際政治學，就是一般廣義的社會科學，都在討論龐雜的、不斷繼續的、反覆的歷史巨變，尤其是所謂的「現代化」與「全球化」等等問題，而這一部分我們在莫氏的著作中並未找到析述或答案。只注意國際局勢中「不受時間限制的特徵」（timeless features）會導致吾人無法真正理解世事變化的過程。會引發這種對現實主義的批評之原因，主要為內政與外交的強行分開。原因是對非國家管轄的內政事務之忽視，造成低估超越國界的經貿、科技、知識、訊息、文化、運動、旅遊、休閒之交流。這種低估會導致除了政治、軍事、外交、談判之外全球的其他結構之忽略。因為對現實主義者而言，這些經貿、科技、學術、文化的交流變成隱身消失之物，取代它們的是可以現身的他國之行動者，以及其軍事武力的展示而已。在國際事務中最重要的是這些「隱身」事物被一桿打消之後，則所謂無從分辨的權力最大化（國家的作為）與不斷的安全需求，變成為現實主義理論的主要內容，這樣做對世局的演變如何能夠完整地解釋呢？更遑論準確地預測呢？

莫根陶對所謂「國際的」事務，把它狹隘地界定在政治的運作、外交的樽俎和戰爭的操盤，以及和平的倖取之上。其企圖為過濾精純的政治，俾為政治衍生科學的聲明。這些涉及事實的描述與分析，但他所開出診治的藥方之目標是什麼呢？假使他有關權力的假設是有效的話，那麼把這個假設對日漸積多的經驗資料加以對照和檢驗的話，學者們或可以逐漸獲取政治的律則。也就是對政治人物的行為之過去表現加以解釋，也會提供線索去「預測他未來的外交政策」（*ibid*., 6）。這樣如嫌不足，則現實主義還會提供外交官規範性與實踐性的指導。原因是政府的職責在貫徹謹慎小心的官箴，政治人物對其所言所為的後果非三思不可。畢竟政治人物的道義責任與專業倫理在追求國家的利益，而這個利益是用權力來界定的。

儘管權力的定義造成無從排除錯誤、化解謬誤的毛病，但卻為政策的形成提供正當化與合法化的作用。

在其後期莫根陶企圖把國家利益分辨為「必要的」與「可資變化的」兩項因素（引自Rosenberg 1994，註15），卻無助於他聲稱的「合理的考量」，更何況這兩種國家利益並不容易分開討論。

再說，如果國際關係可用權力平衡的機械性邏輯來加以類型化（patterned）的話，那麼政治人物何需時時被提醒要遵守這些規範來行事呢？解決之道為莫氏所提出「國際政治的相反理論」（counter-theory of international politics），就是採用「透過法律來達致世界和平」的主張這正是理想主義的想法，但卻一開始被現實主義斥為空想的、烏托邦的道德說詞與倫理要求。

要之，莫根陶把利益當成「用權力來界定」的優勢與好處，是否反映了政治的客觀性律則呢？是否這個定義或律則可以當成「標誌」來反映客觀的事實，並協助人們去預測未來的行為呢？會不會說這是他理念類型，便利行動者的「瞭悟」（*verstehen*）行為的意義呢？會不會這是一種規範性的行為箴言，其達成端視機遇與政治家的道德情操？因為他說「透過它本身道德與實務的目的，外交政策應當是理性的」。顯然，莫氏的學說不可能是科學的敘述，同時又是理念類型，外加規範性的要求。再說，人類

（政治家）行為決定性（基於人性）的說法不能用「非理性的反政治理論」（*ibid*., 7）來加以解說。道德的訓誡是規範性的要求，不容於對世界做平鋪直敘的描繪。

第四節　現實主義論析秩序、權力平衡和正義

顯然經典的現實主義在過去兩千五百年間展示了基本思想的一致性，都在關懷秩序、正義，以及國內、區域和國際層次上的演變。經典現實主義的理論家採用「整體的」（holistic）政治觀，強調內政與國關相似之處，而擱置其不同的所在。他們也關懷倫理與共同體（社群）對國內與國外政治的穩定作用。他們以悲觀的看法指出社群約束成員的「綁帶」（bondage）太過脆弱，而無法有效約束追求自利的個人、團體或國家，以致國內外的環境充滿緊張、威脅、暴亂等不穩定與危險的因素。一旦國內外環境失序，則結盟和權力平衡不易再發揮控制衝突的作用，戰亂的發生、和平的破壞便反覆重現。正因為受到古希臘悲劇作家的影響，現實主義的歷史觀是和戰相隨、循環不息的悲劇之重演。這意味重建穩定與和平的秩序之努力，雖然在一段相當長的時期有效，但最終又要受少數不肯遵守習俗、法律、道德等規範的野心家所破壞，而使世局陷於不靖、亂象中（Lebow 2007: 53）。

無論是涂西地德、馬基亞維利、霍布士、卡爾或莫根陶，所有經典的現實主義者無不重視諸個人所形成的國家（國內的社群）、或諸國家所形成的國際體系（超越國界的區域或環球社群）。因為重視國內或國際的社群，所以關心群體與成員、成員與成員之間的和諧相處，這便是國內與世界的秩序，要維持秩序則不能不討論規範，而有效與公平的規範之建立，便涉及正義與和平的問題。

一、社群、穩定和秩序

社群固然是由成員組成，成員與成員之間的關係、成員與整體之關係，便會影響社群的性質與發展。一般而言，組成社群的諸個人、諸國家（諸成員）由於才華、秉賦、能力、需求的不同，而無法看做像原子那樣同性質的組合。其結果引發了諸成員間為爭取利益（特別是稀少的資源）所發生的衝突，不只發生在成員之間，也包括成員與整體（社群）之間。現實主義者會認為功能發揮良好的社群，會助長其成員智慧的增進與個人利益的獲取。所有經得起考驗的，而繼續存活下來的社團便要建立在正義的原則之上。正義是社團的組織原則，它會把權力（power）轉化為影響力（influence），也就是把不受限制、約束的體力、財力、特權等轉化成為諸成員表面上認可，或被迫接受的影響力、勢力，在習俗、道義、法律、政制等方面讓其發揮。這就是社群中的成員身分（membership）對諸成員所追求的目標，使用的手段加以限制、加以約束。一旦有人（或國家）超過限制與約束而過度膨脹其需求與權勢，則必引來反對、反抗的回應。這就是何以現實主義者認為強權最大的敵人並非他者，乃為其本身自己。

現實主義者認為秩序代表官署、權威、政府對社群（特別是國內的社群）有效的控制。在保衛疆土、執行法律和保護公民的權益方面，內政的穩定與和平是各國政府的職責。由於國際環境缺乏中央政府之存在，而國際公法的拘束力比起國內法有很大的差距。因之，地區的穩定與國際的和平就非成員國單獨可以支配、控制的。這也是現實主義者視國際環境為無政府的安那其（anarchy）狀態之因由。國際環境無異為鬥獸場，不但國與國相爭，而且要靠本國的自我救濟、自己出力。國家能否存活倚賴其本身的實力、能力，必要時還得與他國結盟（Waltz 1979: 103-104）。

涂西地德與莫根陶對安那其狀態都有很深的感受，只是他們並無意區分國內政治與國際政治。認為這些都是人性反其行動驅力所造成的結果。

涂氏視伯力克利統治下的雅典，社群的約束力大，法則（*nomos*，法律、風俗、規矩等）能夠約束城邦的居民與統治者。但古希臘的社群在西元前420年崩解之後，社會秩序便蕩然無存。

莫根陶在其大作中首先還分別國內與國際的政治，其後則把這一國內外分界線打破，強調所有的政治（不論國內或國外）都是權力的鬥爭，同「社會生活的本身無從分辨」（Morgenthau 1948: 17-18）。在很多國家中，指導權鬥的法律、制度、規範都引入典禮化與社會接受的軌道上，但在國際環境下，權鬥卻不易被馴服。不過國家關係的性格常隨歷史時期而變化，在十八世紀時，歐洲算是一個「偉大的共和國」，擁有共同的「禮儀與教養」，也形成「藝術、法律和禮儀的種種體系」（*ibid*., 159-166）。就像比羅奔尼蘇戰爭爆發前古希臘城邦一樣，十八世紀的歐洲是一個「畏懼與知恥」的時代，也是擁有共同的「榮譽和公平」的時代，以致政治領袖的野心受到節制（*ibid*., 270-284）。但共同體或社群的意識卻在法蘭西大革命時被破壞，而只在革命後做了表面上的恢復。這種社群意識或感受又在二十世紀受到列強的利益與意識形態之分裂，而摧毀殆盡。在1930年代四個強國（德、俄、日、義大利）拒絕維持國際秩序，蘇聯在二戰後也繼續採取這種排斥秩序的態度，把世局化約為兩大巨強以疑懼的眼光看待對方，隨時準備進行生死的搏鬥。

莫氏認為國內的情況同國際環境也有相同的變化。擁有社會聯繫力堅強的美國與英國，規範與制度尚可以使權力鬥爭不致自然化，但社會維繫力弱的納粹德國與史大林統治下的舊蘇聯，則權鬥是激烈的、無節制的。對涂西地德與莫根陶而言，共同體（社群）以及認同體和規範，用以創造社群、維持社群。這是國內外秩序決定性最大的因素。

二、軍力、結盟與權力平衡

不只古希臘，就是現代的現實主義者都重視軍事力量與結盟是國家與國際安全的基石。涂西地德把軍力與聯盟看為雙刃劍，既可以自衛，也會引發衝突。雅典要求取權力平衡，反而觸發戰爭。因為它一度向Cocyna（今日的Corfu）倡議聯盟，卻遭到哥林多艦隊的暴力抵抗，也成為後來與史巴達對決的伏因。雅典後來採取先發制人的預防戰，對付Megara與Potidala，卻引發史巴達同哥林多結盟。總之，企圖以戰止戰，採取嚇阻的措施反而壯大一廂情願的幻思，而造成非現實的失敗情況。共同體的崩解以及造成共同體的習俗之潰散，使嚇阻政策失敗。這也是古代雅典日陷自我炫赫，而種下舉國淪亡的禍根。

對莫根陶而言，權力平衡乃是泛宇追求權力的日常現象之諸個人、諸團體、諸國家聯合其他單位來對付掠奪者、侵略者。在國際的層次上，權力平衡對和平一事產生了相互矛盾的意涵。企圖保持現狀的強國一旦昭示聯合的決心與對抗改變現狀的侵略者，則結盟而成的權力平衡可能會阻止戰爭的爆發。但進行平衡的工作卻無法減緩國際的緊張，反而加速戰爭的出現。這是由於對敵國的動機、能力、決心無法精確估計的緣故。政治人物所追求的常是起碼的安全，但如果是多國（包括敵國的盟友）參與聯盟的工作，反而增大了國際的緊張。在此情況下，權勢日隆的強國會認為首先發動戰爭獲利更大，而保持現狀的國家也會想到發動預防戰爭對他們更為有利。莫氏認為即便是權力平衡無法防阻戰爭的爆發，保留這一機制（權力平衡），可以限制其結果，而讓大小國家得以續存，因為國際體系（社群）還要靠這些成員國來組成、來維持。他認為十八與十九世紀世局所以顯示長期的穩定與和平，是拜受權力平衡之賜（Morgenthau 1948: 155-159, 162-166, 172; 1958: 80）。

對莫氏而言，十八與十九世紀世局所呈現的相對穩定與和平，並非由於能力、實力、權力分配較為均勻的緣故，而是國際社會的存在與力量能夠把體系內較強大的成員加以綁住、約束的緣故。在拿破崙戰爭期間波蘭第一次被瓜分，國際社會崩解，權力的平衡無法再發揮其維持和平的功能。二十世紀的國際社會比以前更為脆弱。其衰微可由兩次世界大戰來印證。莫氏1970年代對和平的期待似乎較為樂觀。原因是東西和解的「低盪」（*deténte*，緊張之解除），歐洲領土現狀之獲美蘇的承認、意識形態的對抗之減緩，日本、美國、西德之興起，形成第三大勢力，以及越戰失敗對美國的衝擊（Morgenthau 1972: Preface）。最重要的是美蘇兩大霸權經常的磋商、談判和協議導致關係的正常化，而造成國際共同體締造的嶄新之基礎。

顯然軍事力量與結盟所造成的權力平衡，對防阻國際社會陷入混亂是非常有必要的，儘管它無法保持世局的和平、或某些國家的獨立自主。無論是國內還是國際，秩序要倚靠社群的力量。當國家及其領導人受著共同的文化、習俗和私人交情約束時，那麼追求權力的競爭，會受到一定程度的約束，包括目標的選取與手段的採用。在此情況下，權力的平衡或可以阻止戰爭，但軍事實力和結盟無法保障安全，甚至引發大家原想阻卻的戰爭之發生。

三、 利益、正義和權力

涂西地德認為歷史之初階為有關利益和正義之間的緊張關係，這種緊張隨著戰爭的緊迫需要，呈現了更為尖銳的形式。在更高的位階上，涂氏的歷史透露意義和正義是密切而不可分，伯力克利雖然把雅典當成民主的政體，但在涂氏心目中卻是一種混合的政制，表面上是民主，實際上是一人在施政。伯力克利所以要宣稱雅典是一個民主城邦，其實是在舒緩階級對立的緊張，亦即讓一般大眾不致太仇視占有政經優勢的統治菁英。在伯氏逝世後，三十人菁英終於以武力推翻民主，但隔了一年，民主又告恢復，這說明古代雅典的市民相信立國的利益建築在民主、公平與正義的原則之上。後來雅典的帝國主義所以慘敗，證明利益的追求不能忽視正義、公平的原則之理想。言詞的說服力比起壓制的暴力更能服眾。是故權力的縱橫家（*hegomons*）和城邦領導人要說服群眾，就是要為人民和盟友帶來好處，而堅持秩序的原則。

對莫根陶來說，他著名的話語便是以權力來界定利益。這是把政治從其他事務分開出來，使政治變做「自主的行動範圍」，也使政治的理論變為可能、變為科學所探討的對象（Morgenthau 1960: 5）。為了解釋利益和權力的關係，他甚至不惜採用迂迴戰術來否決前述他的名言：「以權力來界定利益」。不過，這種前後矛盾卻可以解釋，當我們瞭解他分辨理論與實踐的不同之時。前者（理論）是他刻意要創造一套抽象的、合理的理想，俾供國際政治做為潛在的、不容改變的動力來使用、來標誌。後者則為涉及具體的政策，而政策不一定像理論這樣前後連貫、邏輯分明，有時是非理性的，必須把各種沒有意料到、非政治的、外在於政治的實況也考慮在內。

理論與實踐的對立或對照也出現在莫氏有關權力的概念化、看法之下。他認為權力常非接觸到、摸得到的性質。反之，任何權力包羅萬象、成分繁多。在權力運用的時刻，政治人物常把權力轉化為影響力。後者是心理學的人際關係。是政治人物要加以操弄，而控制別人行為的方法。國家權力無絕對衡量的標準，因為它是相對的，因應情勢發展的特殊性關係。成功的權力運作之先決條件為瞭解盟友與敵人的目標、實力、缺陷等等。但最重要是在運用這些影響力時，要清楚知道別人對自尊的需要，而予以尊重。人們追求對別人加以宰制，但其終局常是降服於別人指揮之下。這個令弄權者不舒服的真理，常遭他們的壓制。反之，玩弄權術高明的人常要靠正當化與意識形態來幫忙他們去進行權力的行使過程。只要情況可能，權勢者總會說服群眾與盟友，他所作所為都是促成後者的利益，增強社群的福祉（Morgenthau 1958: 59）。他接著說：「要掌控國際政治並非靠工程師的理性運作，而倚靠政治家的智慧與道德力量」（*ibid*., 172）。

莫根陶與涂西地德都相信，緊守倫理規範不只與掌權者的利益相符合，也與被統治者（權力施行的對象）的利益相一致。莫氏說這些話是在1970年代之時，也就是他批評美國政府捲入印支半島的內戰之不當，認為此種干預與時代的道德精神相違，無論在目的或手段之上，都是不公不義的。這點與二十多年前他在其大作中反對以道德、以法律來解決國際爭端剛好相反。

馬基亞維利認為正義受到當權者採用，有相關的兩點理由，其一為被接受的倫理原則所影響的政策為當權者帶來正當性的助力，而使權力較小的盟友心悅誠服、甘拜下風。也就是對正義的承諾造成一個社群，使其成員各按其方便把權力轉化為影響力。其二，正義為行動者搭好一座架構，俾有智慧地建構其利益。對正義加以承諾無異是有力者的自制之泉源，自我節制常與本身實力的大小有關，弱國在審時度勢、步步為營，不敢躁進。強權則在正義的指導下，不敢恃寵而驕、魯莽急進。由是外在的束縛與內在的自制一旦匯合在一起，國際的爭端必定限縮在一定的時期與空間之中，則可長可久的穩定與和平當有實現之一日。

第五節　經典現實主義談世局的變遷

顯然，經典的現實主義之理論建基在兩項假定之上：人性之常（貪婪自私、爭權奪勢、忘恩負義）與世局之變（世事無常、變化詭譎、難以預測）。前者為生物學、生理學，甚至心理學上之人類特徵，後者則為歷史學、政治學、經濟學上的世態炎涼。

一、人性之惡與國力擴張

現代的現實主義者把國際情勢，依照其是單極、兩極或多極，而分辨成不同的體系。這常是由於稱霸的戰爭所造成的結果。稱霸的戰爭是國力強弱之改變，而引發平衡狀態的轉換。國力上升的列強可能發動戰爭，俾形成新的國際體系，而符合其國家利益的伸張，而保持現狀的弱國則力抗這種體系的改變。這種保常與求變的循環演進是無時不在發生，也非技術改善和學習舊經驗、增加新智慧所能改變的。有些現代的現實主義者則視核武的出現大大改變國際關係，因為其破壞性超過人類合理的計算與謀慮。

核武可能滅絕人類的危險導致後冷戰的世局，從原來美蘇兩極的對抗轉入多極的競爭（Mearsheimer 1990; Waltz 1993; Wohlforth 1994）。對現實主義主而言，轉型、轉變（transformation）是一個比較廣包的概念，這是一個與現代化流程相關聯的概念。它帶來認同體與論述的改變，隨著認同與論述的更改，也造成對安全看法的轉變。

涂西地德所使用的語言，使讀者會把個人追求財富看成類比為雅典的追求權力。雅典帝國是建立在金錢所造成的財富之基礎上。它利用稅收與財富而建設全希臘最強大的艦隊。與其他城邦相比，雅典的強權使它藉其武力可以壓倒與宰制其他希臘的城邦。在雅典富強下不需靠其他名目來正當化其統治，也不需靠犒賞盟邦來維持其霸主的地位。從而雅典人的心態也從「榮譽」的看重，轉變為「獲取」、「探取」。把別人同意的拱讓稱霸（*hēgemonia*），轉化成靠威脅和賄賂來控制（*archē*）。

莫根陶對現代化的理解與涂西地德所描述雅典的興衰，幾乎沒有太大的差異。這種對理性的相信之擺錯位置，使得約束個人或國家的行為之價值和規範走向式微。他引用黑格爾和佛洛伊德的學說。前者警示平等與參與推廣的社會使社會更同質化，其結果使傳統社群與個人的聯繫鬆開，同時個人對自己認同體也隨工業化而變成多層多樣，更使現代工業國家擁有龐大的公私官僚與科層化。國家權力一再反芻、自餵、增生，透過心理轉換的過程，讓現代人的忠誠移向公共的論域與國家之上。佛洛伊德認為「力必多」[2]之遭受壓抑需要出路。國家正可挾其龐大的機器，把這些被壓抑的需求吸引到其本身。這種把人的本質驅力轉變為對族國之上，使公民把無法伸張、無法兌現的熱望一股腦兒推向族國的興盛擴張之上（有如今日所謂中國「和平崛起」那樣響亮的招牌），而取得替代性的滿足。

[2]「力必多」（*libido*）為佛洛伊德精神分析重要名詞，意指性慾的能量，其後精神或心理學家把它解釋為「生命的本能」（life instinct），求生、謀生的本能、本事。

俄國地主的消滅、強迫集體化的勞動中心之普遍建立，史達林對異己的整肅，第二次世界大戰的殺戮，猶太人慘遭納粹屠殺迫害，都是把私人的內心驅力轉化成族國的盲目崇拜，以及國家權力無限制的擴張與濫用。

莫根陶在經歷二十世紀上半的舉世動亂中，寫出社群認同體的建立幾乎是天賜的奇蹟，是要讓人類發揮其本性本能的場域。但這種難得的社群的理想，卻也把人化成「社會動物」，藉由社會化的過程，變成國家動員與濫用的殺人機器與殘害同類的幫兇，艾希曼殺（猶太）人如麻就是一個顯例。

歐洲十八與十九世紀啟蒙運動的特徵，對莫根陶而言，不亞於紀元前五世紀的古代希臘。在這兩個不同時期的啟蒙時代，人類對自己的定性、定位（人定勝天），使人們普遍相信理性的力量和世俗事務對宗教神聖的優越，都影響到政治的操作（洪鎌德 2009：63-71）。這兩個時期唯一的大分別是早期科技尚未發達，而近期科技鼎盛。近代的啟蒙運動觸發工業革命，和以機器當成武器來發動戰爭。核子武器正是科技應用於戰爭之上的畸形產物。這是「自有人類開始以來國際關係所經歷的結構之大革命、大改變」。核子強權之間的戰爭，不再是靠其他方法所搞的政治，而是雙方的同歸於盡的自殺（Morgenthau 1958: 76; 1960: 326）。

二、秩序的恢復與新建

涂西地德與莫根陶都在破壞性極大的戰爭之後，寫下曾經維持國內外秩序的社群和習俗之毀壞。他們兩人並沒有想到戰後舊秩序重新恢復，就是舊秩序當中也不少部分在戰爭爆發之前便遭到質疑，而亟需改正。因之，他倆都在尋找新舊秩序的綜合，俾一方面迎合新情勢的發展，他方面防阻潛勢力的破壞作用。

對涂氏而言，舊秩序最好的部分，無過於追求卓越與美德（*aretē*），這兩項美德在鼓勵統治菁英壓制財富和權力的追求，把人群只求存活的本性，改而發揚勇敢睿智、熱心奉公。在西元前五世紀末，希臘人的美德已發展至第三階段，從荷馬時代講究作戰的技術，至一般做事的本領，到道德的至善，以致伯力克利強調對盟友慷慨資助，伯氏統治下的雅典可說是卓越與美德發揮至淋漓盡致之時。這就是混合制的政制（*xunkrasis*）允許有能力者治國和群眾參與公務。在這種制度下，貧富的緊張鬆弛，造成雅典世紀末的穩定與祥和。

涂西地德可能期待城邦的關係能夠像雅典內政一樣的蛻變與改善。也就是暴君的權力讓渡給貴族政制或混合的民主政制，如此這般可使統治者對權力與財富的追求受到社群的重建所節制，而同一原則的擴散至城邦之間，導致邦際新社群、新秩序的建立。這樣強而富有的城邦可以看到其本身的利益得以保持，當它們在大家同意之下重掌共主（*hēgemonia*）的權杖之時。權力的不平衡可以透過不成比例的原則，而趨向「平等」、「平權」。有權力的城邦在贏得地區成員的尊敬與榮譽之際，釋出好處給其周遭鄰邦（比較貧窮的國度）。這是涂氏史學著作教導擁權自重的城邦以大讓小的教育用心。

涂西地德是一位嚴肅的懷疑論者，也是一位嚴謹的理性主義者，他之所以支持宗教和道德，是認為這是習俗和倫理得以維持的基柱。他對詭辯人士把法律和習俗（*nomos*）看成人際各種型式的不平等之辯詞、之正當化，大加申斥，認為這種信口開河對雅典文明的發展傷害很大。對涂氏而言，語文和習俗雖是因時因地因人而制宜，隨情況之不同而出現，卻是人類社會生活之必需。因之，他的歷史在提供統治菁英一個「外在的觀點」，俾能承諾去做「內在的工作」，恢復或重建有用的正義與秩序。

對莫根陶而言，二十世紀中葉的國際政治之特徵，便是缺少對國家權力外在的節制力量。舊的規範性秩序業已崩解，甚至太脆弱而無法節制列強（Morgenthau 1958: 60; 1947: 168）。在這種背景之下，美國與蘇聯被鎖在不斷對峙的衝突中，更因為核武與其他武器的競相發明、展示、競爭、對抗，而造成冷戰中劍拔弩張。這時對和平的威脅不只是軍備競爭，嚇阻勢力的徒增，卻是政治上的針鋒相對。莫斯科和華盛頓都「沉浸在民族主義的普世主義（nationalistic universalism）之新道德精神下，而且是像十字軍那樣企圖鼓舞一拼死活決戰的士氣」（Morgenthau 1948: 430）。它們的對抗是僵硬的，沒有彈性的正面衝突。在這種情況下權力平衡十分脆弱，嚇阻政策不但無法解決雙方的敵意，反而加重其緊張狀態。兩極對抗在消減不確定性的情況下，雖有助於和平的維持，甚至讓兩霸中任何一極先發動第一輪的襲擊可獲厚利，但節制卻比什麼都重要。但莫氏擔心兩霸的領導人中缺少必要的道德勇氣來抵抗身上所承受的壓力，這些壓力來自於各方冒險的、危機的、對抗的外交政策之釐定。

在冷戰時期的脈絡下，現實主義便在指出，美國與蘇聯的領袖承認在一個利益與衝突趨向嚴重的世界中和平共存的必要。沒有任何一強（霸）的安全可以獲得保障，只能通過脆弱的權力平衡的相互妥協才能解決軍備競賽，也才能對它們兩強捲入的區域衝突（朝鮮、越南、海灣、阿富汗、非洲，甚至早期的台海情勢）謀取解決。莫根陶建議節制和部分的讓步是最實際可行的短期策略，俾保護和平（Morgenthau 1948: 169; 1958: 80）。而較久遠的問題之解決，需要對國際體系作根本性的轉型，俾把它轉化成國內有秩序的社會。在1958年時，這個在二十年前痛斥理想主義、不滿國際聯合主義的當代現實主義大師終於改口說：大家的福祉需要「政治組織的轉軌，把（過去的）民族國家揚棄」（Morgenthau 1958: 75-76）。

莫根陶對超國家權威（官署）的設立加以承諾是在1970年代。除了核武足以摧毀整個地球的威脅之外，尚有人口的爆炸、世界的飢饉、和環境的惡化等等威脅各國人民安全與生存的種種禍害。他對民族國家解決這類災害的能力失去信心。假使列強與各國領袖只熱心維護其主權，要他們接受新國際秩序，不是比登天還難嗎？只有當各國政府逐漸體認建立新秩序有助於抬高各國的國家利益時，這一期待或可慢慢落實。歐洲幾個國家所倡議的合作與聯合「受歷史條件所制限的國家利益之理念，如今要靠一大堆國家的利益之和諧共鳴來克服」（Morgenthau 1958: 73），這豈非明顯的自我矛盾與困惑？

涂西地德與莫根陶考察幾個相連續現代化的時期之社會、政治與軍事的後果。他們兩人理解這些後果的現代化都是變動中的認同體和論述之表達。人類很少困身在其所營構的文化或制度中，而是不斷地與時推移，並生產、改變和重建這些文化或制度。對兩位現實派大師而言，舊的程序早已遭到放棄而無法操作，而且常被新的程序所取代，這些新的條規、作法未必都是好的、有效的，常是危險的、啟開危機的實踐，它們的出現未必有預警與跡象，這是令人擔心之所在。他們兩人也承認國內穩定的秩序，以及由此產生的國內之穩定，是由於新與舊的混雜、綜合。這種綜合可以駕馭理性的力量，卻也會讓個人、階級、政團（黨）的激情偶爾發作，導致秩序一時的失控。因之，結論還是要把各個成員聯合起來建設一個國際社群、一個國際體系，這個體系中自然會湧現向心的勢力，那就是各國的國家利益（事實上任何社群中個人的層次、群體層次，與國家的層次上都有自我利益之存在與追求）。現代化正在鼓勵與正當化每一層次下自我利益的落實。最大的挑戰在於建立新的秩序，由於建立者既是舊秩序的代表性人物，也是現代性的新秩序之主張者，兩者的真心合作才有讓世界秩序遲早可望建立起來。

由於這一挑戰太大、太難，因此現實主義者對世局的變遷，與其說是開出藥方，還不如說是提出預診。比起莫根陶來，涂西地德更為務實。他不肯提出明確的歸納藥方，而只肯把過去的舊的加以綜合（伯力克利的雅典）加以指認，或把它當成模範，或當成起點，來為未來鋪路。反之，莫根陶在兩個層次上討論到秩序的問題。其一，他採取臨時、或稱因時制宜（stop-gap）的政治權宜措施來為政治人物爭取時間，使他們掌握改變國家體系之必要。其二，領袖的工作占滿所有的時間，他們要處理的不只對戰爭、政治、人性掌握機先與洞見，而是有些事情，他們在意識上沒有注意到的，也不肯承認的，那是指沒能解決的緊張和重大困難，出現在傳統與現代化難以彼此妥協和解，即便是透過有意識、有理性的、用心的設計，也不一定有重大的成效（Lebow 2007: 60-64）。

第六節 對現實主義之批評與反應

對現實主義的批評有來自理論的層次，也有來自實踐的政策分析，而理論涉及本體論、認識論、方法論的各種問題。實踐方面則涉及政策付諸實行的有效性與無效性，但一般的批評則集中在下列幾項之上。

一、現實主義的名稱

假使現實主義是指對國際政治採取特別的「意象」、「形象」、「影象」（images）看法而言，那麼與這個現實主義相異、相競的其他之「意象」又當何謂呢？難道其他的國關看法便是「非現實」嗎？在辯論與論述時，一個名稱、一個指謂算是重要的。原因是在兩次世界大戰的中間，對現實主義者而言，凡是贊成國聯（聯合國的前身）、贊成世界聯邦，透過國際法促成世界和平的主張者，不是被指摘為「理想主義者」。便是被嘲笑為「烏托邦空想者」。

在與現實主義相比，這些相互競爭的理論標籤中又以「理想主義」屈居下風。現實主義者強調，人們所處理的世局，是世界所呈現的真實樣貌、真實運作。因此，與之相比理想主義者所看待的世局，遂被視為世界「應當」如此，是「應然面」（*Sollen*; ought to be），而非「實然」（*Sein*; to be）。對世局存有希冀、有所期待乃是理所當然，他們不會為自己貼上理想主義、空想主義的標籤。反之，這些稱呼、標示卻出現於現實主義者之口與筆（今天出於電腦中的鍵盤）之上。

現實主義之現實只是表面上的價值，它的主旨盡量與實際的世界及其運作接近。此一名稱之好處在描述、解釋和預測世事的能力，是故其名稱、其學說享有悠久的生命與歷史。其長壽的另一原因為治國者之作為大體也遵循現實主義的觀點，其學說還能當成政治人物的嚮導（如馬基亞維利的《君王論》就是對十六世紀義大利本島上諸城市國家君王治術的寶鑑）。在1970年代有兩位著名的國關學者基辛格與布熱津士基成為美國外交政策決策圈的主導人，他們都自稱是現實主義者。他們的繼承者在1980年代和1990年代也保持這種現實主義的傳統。當成學者的現實主義者與擔任政府外交政策要角的現實主義者所談、所做，都離不開權力、勢力、利益和合縱連橫的外交活動（diplomacy）。

不過有人卻倡議，現實主義的作家，他們所分析的世界正是他們權力推行永續化的世界。在把世界描繪為充滿暴力、雙重標準、戰亂連連之際，他們提供給政治領袖如何行動，運用策略去解決外交事務的意見。這類的現實主義的國事顧問。以其建言來正當化他們對國關的看法。於是現實主義者變成了求取自我實現的預言家。就算是現實主義者加強努力把這一思想學派置於更嚴謹的學術基礎之上（像所謂的新現實主義或結構的現實主義），企圖讓解釋的力道超越於預測之上，其造成的效果大體上也相似：自說自話，用論述來證明現實，從現實引申為理論。

現實主義者對此批評的反應是與政策相牽連，對政策有所引導，本身無可非議，更何況協助主政者渡過難關與危機，也是學以致用之美事。不過建議如果立基於一廂情願和對國際勢力的誤估，反而讓國家與世界陷於無可補救的災難當中。再說，現實主義者不只討論戰爭引發的原因，也考慮和平如何重建。更何況並非所有的現實主義者都樂意權充主政者的參議、顧問，他們寧願使用現實主義的假設和卓見，來發展國際政治更佳的理論。與政策有牽連，或求取主政者的青睞並非一般現實學派者的目標，他們只願以學術為志業，來解釋世界如何發揮其功能，世界如何走它要走的路。

二、體系和決定論

體系對現實主義的思想家關係緊要。不管學者重視的是體系中成員的緊密互動，成員與整體的交往，還是視國際體系只是空洞的框架，表面上有其成員在活動，實質上則是一個無政府的狀態。無論看法怎樣分歧，體系對在體系內進行活動的成員（國家、國際組織、跨國團體、公司、甚至個人）影響重大。近期的體系論者甚至把體系當成生命共同體看待。亦即視體系本身擁其生長、發展或衰歇的種種生命表現。

表面上看來體系是受到其成員的權力與偏好所形成，卻好像獨立於其成員（國家為主的行動者）的願望與行動之外。政治家所獲得的自主空間不多，其活動的場域也相當有限，而政治（特別是外交上、軍事上、經濟上、科技上的）決策似乎欠缺人的意志、意願。

在此情況下，人的行動者、代表者好像是無血無淚的體系之抵押品、或傀儡，體系早已凌駕於人群之上。它變成一種結構，其運作非人類可以理解，其運作之機械化、機制化，人們只能朦朧看見。政治家面對無窮無盡的限制，而很少展現才能的機會。表面上他們在從事環球的遊戲，這個遊戲叫做權力政治，但他們無力依其喜好改變遊戲規則。

要之，批評者認為，隱藏在現實的工作之後，有一股致命的、決定論的和悲觀的暗流在洶湧竄升。為此原因不少理論家求助於社會學（而非政治學、或經濟學，更非歷史學）盼能找到對結構更具彈性，更具機動的看法，俾強調結構與人的行動的相互影響（洪鎌德 1998：105-151；2006：318-358）。

莫根陶、吳爾斐（Arnold Wolfers 1892-1968）和基辛格這些傳統的、經典的現實主義者會分辨帝國主義的、革命性的、或修正主義的國家，旨在改變現狀，以及維持現狀的列強這兩大陣營，用以顯示體系的結構因成員好戰與求和之不同，而發生變化。這種組成體系的成員國之性質不同會影響兩極或多極體系的穩定程度。

是故現實主義者會因為政治家對世事的影響，或世事對政治家影響程度之深淺，而做出不同的反應與分析。因此，並非所有的現實主義者都是決定論者，也非都是自願論者（自動自發、決定本身命運的主張者）。這不是非白即黑的兩者只能選取其一之說明，而是視政治家運用權力空間的大小，承受壓力限制的多寡，及其本人之才能秉賦之大小，而有不同的說詞與析論。

三、現實主義者與國家

對現實主義者而言，國家是他們學說的核心。當然吾人深切理解國際關係中國家所扮演重要的角色。批評者所指責的是現實主義完全執迷於國家及其利益。為此莫根陶念念不忘國家的利益（Morgenthau 1952a, 1952b），或國家安全，以致對國際政治舞台上的其他行動者，諸如區域組織、全球性民間團體、跨國財團、非政府組織、世界性的機構，特別是諸個人完全忽視。後面這些行動者不是被雞零狗碎化、瑣屑化，便是不在於現實論者的著作上出現過。透過國家安全的三稜鏡，現實主義者很少留意到國際環境中富國與窮國的社經差距，更少注目國際生態環境的染污破壞，其他自然資源的濫用、亂用、大量耗竭，武器競賽所引發的掠奪浪費等等。對這些問題部分現實主義者還會從國家安全的觀點來略加探討，絕大部分的現實主義者，視此為次要問題，或根本不加論述。

對於這些批評，現實主義者的反應，首先是他們認為國際無政府狀態中，國家的存續是頭一件重要的大事，這就是注意力擺在國家利益與安全之上。至於非國家的行動者無法深入探討，並非視他們不重要、或無關聯，而是重點擺置先後的問題。再說，有人指出國家當成國關的主要行動者，不等於無視其他行動者之存在（Gilpin 1984: 300）。

其次，現實主義者認為理論的營構在回答世事的某些疑問，也在為國際行為與結果的某些形態做出解釋。為此目的，他們必須有計畫地限制分析的對象，亦即國際舞台主角的列強，以及有關聯的國家。只在關心國家行為的理論自然聚焦於國家之上，而非跨國公司、或恐怖分子集團。同樣地，這裡所下的國家安全之定義為911事變之前者所注重，遂未照顧到全球的榮景、或全世界範圍內人類的福祉。

最後，集中注意力於國家可以基於規範性的理由。很多學者擔心無節制的武器競賽和軍事開銷對國際緊張有增無減，造成區域衝突加大和社經的貧困災難。造成軍火製造、買賣、使用的大權掌握在國家手中，是故有必要把國家當成最重要的分析單位。大部分現實主義的學者並非執迷或眷戀國家，反而藉分析之便對國家大加規勸、監視，甚至撻伐。

四、現實主義者與權力的平衡

既然現實主義者強調的是國家，關懷的是國家的利益與安全，那麼不難想知他們對權力的重視，對權力平衡的矚目。權力平衡幾乎是幾個世紀以來國關的主要議題，它不僅為列強所倡導，也被濫用。權力平衡之遭受批評，主要是由於定義上的混亂所造成的。莫根陶對權力平衡至少可以舉出四種不同的定義（Morgenthau 1954: 161）：(1)這是一種政策，其目的在造成國際事務某些狀態（平衡、不生易變的狀態）；(2)是一種客觀的國際事務上真實的狀態（事實的描繪）；(3)權力接近平均分配之情況（分權趨向平等）；(4)權力的任何分配包括某一霸權擁有獨大的優勢，像美蘇爭霸時，權力一度在蘇俄手中（當其發射人類第一個衛星上太空之時），後來轉移到美國之上（古巴危機時，美國強迫蘇聯從古巴撤出飛彈）。另一位批評者則對權力平衡找出八種不同的定義（Haas 1953: 442），假使權力平衡有那麼多的定義，那麼這個名詞真正的指涉、意謂是什麼呢？這是批評者的質疑之處。

權力平衡的作法，被批評為不但無法阻止戰爭的爆發，反而導向戰爭。它是對政治人物錯誤的指導，而成為宣傳工具，來正當化國家對外冒險挑釁的工具。儘管這個概念不斷受到抨擊，本身也一改再改、重新界定新義，權力平衡成為現實主義詞彙中最具關鍵性的詞謂、概念。

事實上，批評權力平衡這個概念最厲害者無過於現實主義者本身。所有的批評大多被接受，而認為正確有效。不過有些學者也致力釐清這個概念所滋生的誤解與不當解釋，而把它置於更堅定可靠的概念基礎上。這方面最大的貢獻無過於歐爾茲（Kenneth Waltz）。但他的解釋並非十全十美，也引發異議和批評（Waltz 1979）。顯然，自1970年代之後，歐爾茲有關權力平衡的爭議，一直是國關學界大辯論的主題。

五、現實主義與變遷

由於現實主義者所看見的是國家的角色、權力、權力平衡、國際體系，因之，批評者認為國際政治轉型為和平的可能性愈來愈小。對批評者的反擊是認為這些批評者的分析或多或少有助於國際局勢穩定的獲致，但卻無法達致和平的境界。現實主義者心目中的穩定，永遠是以武力為後盾的恐怖平衡，嚇阻政策實施下強權的不敢輕舉妄動，永遠是瀕臨在衝突或戰爭邊緣的暫時性穩定、局部性穩定。取代這種穩定與和平的假象之外來世局演變，亦即結束霍布士式的國際弱肉強食，無政府狀態之未來和平遠景，迄無人認真討論過，更不要說以理論的嚴謹加以演繹、推論過。

有史以來的國際政治便是和戰相隨，不斷重複的循環演變。它的性質是重複性的、循環性的，在這個強權相爭的世界中，強國為所欲為，弱國吞聲忍氣，只求自保，這種弱肉強食的自然天演的意象、影像、形象是現實主義者鼓吹下的國際局勢。有意義的、和平的改變（包括中國的「和平崛起」）是一般人的願望，但與國際政治情勢的變遷常有很大的差距。

現實主義只告訴我們有所謂的國家利益，至於國家怎樣界定其利益，或型塑這種利益的過程是如何進行，沒有任何的現實主義者可以明確告訴我們。利益就是出現在那裡供現實主義者去發現、去說明。事實上它必然是在社會互動之下建構的、產生的國家目標才對（Finnemore 1996）。這就引發其後建構主義的出現。

所謂國際局勢之變化，牽連到決定論的問題，由誰來決定國家的外交政策必須如此（保守、維持現狀、或是改變現實、力求擴大國家的權勢），決定者是否強權？強權的決定如何遭受抵抗、修正？因之，這是涉及國際體系的結構，以及參與國際政治的行動者之間的問題，意即「結構／行動」的問題，套用紀登士的說詞，這是涉及「結構／行動的理論」（theory of structuration）的問題，其詳情由紀登士的社會學說可進一步理解（洪鎌德 2006：318-358）。國際環境的改變很大程度是由於行動者的改變，而行動者之所以改變，也是國際體系的結構發生變化所引起的，所以行動者與結構是二而一、一而二的相互辯證，彼此影響之物。

儘管權力政治與國家對現實主義的分析是再緊要不過的重大範疇，這表示重大的改變不是沒有可能，舊蘇聯的解體所牽連的華沙軍事同盟之崩潰，因此引發的冷戰之兩極對抗的驟然結束，正是顯例。是故基本的改變並不限於戰爭不致展開，也不限於國家興衰的循環之打破。紀爾品（Robert Gilpin）說：

> 國家作為主要的行動者，是由於任何時刻的國際關係之性質中的決定性因素與國家之特徵所造成的。這種論證並沒有假定諸國家之本質需要永遠變成從頭到尾不生變化的樣子，也沒有假定當代國家體系是政治組織最終形式（而不發生改變之可能）。（Gilpin 1984: 300）

有人則主張外交術（diplomacy）有可能走向世界性的國家（世界統一成全球的國家、政府）（Morgenthau 1954: 548）。這表示重大的改變對現實主義者而言，不是不可能，他們和其他學派主張相同之處主要的為「民族國家的消失非一朝一夕……而是在長期的政治過程中，而非如理想主義者靠政治的揚棄，而一下子有了重大的改變」（Gilpin 1984: 299）。

六、現實主義與論述以及修辭學

自從1980年代末開始，不少國際政治的理論家，注意到政治的說服力所依靠的是語文表達，亦即政治論述、政治修辭學。過去現實主義者僅僅注意到國家、權力、實力等等「物質面」的現實政治（*Realpolitik*），特別是外交事務和外交政策的釐定，很少留意到修辭學的研讀。只有1990年代以來，現實主義的學者一方面把內政與外交的區隔加以排除，另一方面把政治的語言和研討的語言之分別打破。從而透露外交政策之決斷很強烈地受到說服的魅力的左右，從而指出現實主義對這種外交修辭學或論述的忽略，視為非理性的、視為危險的是大錯特錯。這應當是國際關係研究產生語言轉折（linguistic turn）的時候了（Beer and Hariman 1996: 1-2）。

第七節　結　論

現實主義不但有二千五百年以上的悠久歷史，而且在近現代民族國家興起（1648年威斯特發里亞條約的簽訂）以來超過三百六十年長期中，研究國際局勢的變化，非以民族國家的權力競賽為內容不可，造成現實主義在理論界獨占鰲頭。正因為這數百年的世界，是現實政治的表演舞台，因此對世界的描繪與分析，自然具有吸引力和正當性。其次，這個強調世界的現實與實證主義、經驗主義、科學主義講求「科學事實」，重視「客觀方法」，都獲得學術界的器重。在實證主義外衣的掩蓋下，很多現實主義的理論（例如權力平衡）與其說是科學的發現，倒不如說是一廂情願或意識形態的一部分。再其次，現實主義的理論家積極參與外交政策的獻計、建議，甚至本身以學者身分進入權力走廊成為主要國家（尤其英美）的政策制定人、或執行者，更有把理論結合實踐的企圖，也是造成現實主義學獲得當權者青睞與重視的因由。

可以說，在二十世紀兩次世界大戰之間至1990年代東西冷戰結束為止，由於戰爭（熱戰或冷戰）籠罩四分之三世紀，導致國際政治，國際關係成為英美學界的顯學，也脫離了傳統政治哲學、規範學說、倫理學的範圍，而實證主義和現實主義成為國際關係學界的主宰。這呈現了實證主義國關理論的五大特徵。其一，對自由主義、大同思想無法阻卻戰爭的失望，因之懷疑個人價值、倫理、規範的訴求，可以與現實、事實、國家利益、現實政治的研究相提並論。其二，在無政府的世局下，沒有比國家主權的伸張更為重要。超國界的道德、倫理、規範、法律都不如國家主權的重要。其三，現實的講究、權力政治的橫行是普世的、寰宇的，可以隨時隨地加以應用。其四，對世界僅能進行事實的、現況的（actual）講述，因為世界所呈現為「實然」，而非「應然」。世界只能事實的描繪，而非規範性的期待、希冀。其五，既然現實是普世的現象，現實主義也是非歷史的（ahistorical），不受時間所局限，可以是古今不變的道理，也是國關特色的斷言（Langlois 2007: 150-151）。

要之，經典的現實主義無論是理論方面與實踐方面，雖然主宰國際政治的時間頗為冗長與悠久，但其說法與作法並未完全符合現實主義的理念類型。其中國家是主要的行動者，已隨冷戰的結束、資訊科技進展、基本教義復活、恐怖主義的出現，反恐怖戰爭的爆發，以及世界貿易質與量促進，跨國公司的出現、歐盟區域組織的整合等新形勢，而必須重新估計、確認。換言之，國家之外的行動者之參與國關受到更大的注意。再說國家並非一體化的行動者，更非合乎理性的行動者。是故在方法學上倡說博愛論，功利期待模型雖被大量採用，卻也無法道盡國際局勢的詭譎變化。

現實主義注重國家利益、權力、權力的競爭、鬥爭，以及權力平衡，卻對國際規範與制度的忽視，都是使經典的現實主義遭到批評，而使之趨向沒落的原因之一。在修辭學的轉折之下，取而代之的就是新現實主義，或稱是結構性的現實主義，以及其他理論。

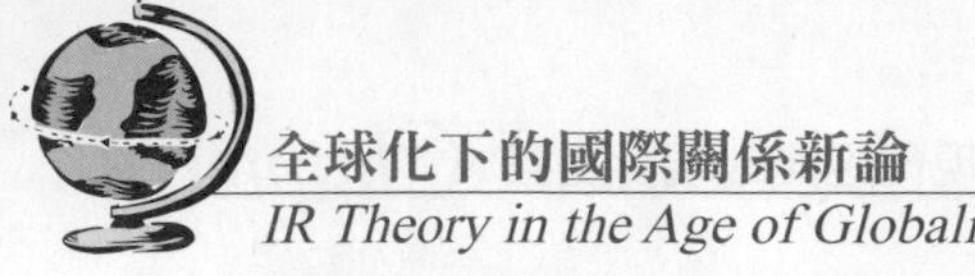

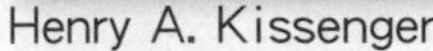
Henry A. Kissenger

Zbigniew Brzezinski

二十世紀的優勝者為民族主義——滅種與清洗異族的屠夫

Chapter 5

新現實主義與國際政治

第一節　前　言
第二節　從世局運轉分析談到新現實主義的起落
第三節　當代現實主義：興衰理論和新的經典學說
第四節　何以新現實主義叫做結構性的現實主義？
第五節　防禦性結構的現實主義
第六節　攻擊性結構的現實主義
第七節　中國「和平崛起」——新現實主義的解釋
第八節　結　論

第一節 前 言

與經典的現實主義相對照和作區隔的，便是新現實主義（Neo-Realism），它誕生於1980年代。新現實主義亦稱為結構主義的現實主義，又分成防禦性與攻擊性的現實主義（Elman 2007: 17-18; Mearsheimer 2007: 71-73）。有人還把當代的現實主義分成「興衰」（Rise and Fall）的現實主義、新經典的（Neo-classical）現實主義、攻擊性與防禦性的現實主義（Elman 2007: 15-19）共四種。另外有人則主張把新現實主義只分成結構主義與新經典兩種的現實主義（Dougherty and Pfalzgraff Jr. 2001; 80-98）。

新現實主義與經典的現實主義最大的不同在前者為後者注入更為嚴謹的方法論，目的在彰顯後者幾項關鍵性的概念，使它們更為清楚明白，更為一致融貫。其中又以歐爾茲（Kenneth Waltz）的結構性現實主義受到1980年代之後，尤其是1990年初學界的矚目。歐氏所著《國際政治理論》（1979）被目為可以與莫根陶《諸國家之間的政治：權力與和平的爭奪》（1948），前後可以相互媲美的現實主義之經典著作，而前者已在1980年代取替後者這本傑作，而成為英美國際理論的翹楚與範本。

第二節 從世局運轉分析談到新現實主義的起落

對歐爾茲與新現實主義者而言，權力仍舊是國際政治關係中關鍵性的要素。他注意到國際體系的構成因素，這點與二戰之後慕尼黑大學國際政治研究所專注於國際局勢運轉的分析（*Konstellationsanalyse*）是異曲同調的，這都是涉及多種方法去認知和解析體系之探索方式（Dougherty and

Pfalzgraff Jr, *ibid*, 80）。換言之，從莫根陶「用權力界定利益」的概念之單一方式，擴大到各種層次的分析來掌握整個國際現象（包括檢討國內的因素對外交政策制定之影響，和國際相互關係流程的互動類型所形成的結構）。事實上，局勢運轉分析包含下面六項範疇：

1. **體系與決策**（決斷）。
2. **看法與實在**，包括決策者主觀性的見解、意象（想像、形象）。
3. **利益與權力**，包括決策者在考慮到基本國家利益時，怎樣選擇外交政策的目標。
4. **規範與懲處**，亦即法律的、道德的，或意識形態的先決條件對國際體系各種單位（國家、群體、個人）的行為之型塑，以及對體系性的結構之形成。
5. **結構與相互依賴**，包括結構對各級相互依存程度的影響，以及彼此共同互相影響之情況。
6. **合作與衝突**，包括上述各種因素或範疇，對行動者之行為的約束，造成行動者行動之策略，從而使策略迎向合作、衝突或中立等。要之，局勢運轉分析旨在使用新現實主義的理論，來解釋個別行動者（個別決策者、個別因素之行動），此一分析另一目的在把國際互動多層次、多維度的觀察，能夠結合多中心（一極、兩極、多極）之不同而顯現不同之類型（*ibid*., 80-81）。

顯然，慕尼黑國際研究所在金德曼（Gottfried Karl Kindermann）推動之下所營建的新現實主義，不再全力為國關理論的核心概念進行分辨與精緻化。因為金氏指出權力和制裁的手段無法突顯國際法的本質，而國際政治也不能以權力當成最重要的手段來加以窮盡（Kindermann 1985）。是故此派儘管保留權力為國關的最重要的概念，卻指出政治的改變與動力最核心的概念並非權力，而為政治。

這裡所言及的政治不只是國際政治，也涉及國內政治，這種形式的新

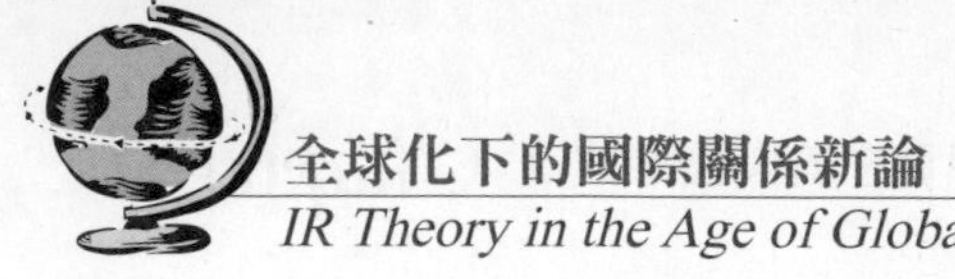

現實主義的基本前提為國際體系之存在，而體系卻建構在彼此來往互動的成員之間，這些成員及其互動固然要從古典的現實主義出發加以研究，更要從交融的文化之比較研究上得出。金德曼道說：「換言之，新現實主義來自更高程度的具體的合作，更高程度準制度化的多學科交流之合作的假想中逐漸形成。在形成這些科際合作之後，才能著手分析與預測國際體系的政治流程，例如研究在國家和其結構上次級的體系等等」（Kindermann *et. al.* 1991）。

歐爾茲修改了莫根陶對現實主義者所看待的世界。他認為體系是整體及其組合的成員互動的產品，都顯現了互動的結構。政治結構有三個因素：其一為組織和定序（ordering）的因素，或稱原則（像無政府狀態，或是上下垂直不平等的統屬關係）；其二，成員的特徵（功能上相似，或功能上分歧，各演各的角色）；其三，能力、實力分配的狀況（有些資源豐富、有些缺乏礦物、植物或動物的資源；有些靠海洋，有些被鎖在內陸）（Waltz 1979: 88-99）。歐爾茲說國際關係的結構中有兩項因素始終不變：其一為控制體系的高高在上的權威之不足，這就說其定序的原則缺乏；其二，成員自我救濟，自助的原則盛行。這表示所有的成員其發揮功能是相似的。在此情形下結構唯一可以發生變化的因素就是能力的分配。這種能力的分配除了自然界無法改變（如地理位置、資源蘊藏）之外，人為的能力、實力都可隨體系是兩極還是多極而發生變化——爭取對本國利益有助之局勢的變化。

經典的現實主義與新現實主義不同之處，在於對國家的偏好（preferences）之來源與內容的看法有所差異。同經典的現實主義相反，新現實主義不重視一國之內領導層怎樣進行爭權奪利，因為莫根陶認為引發國際行動的權力在於各國領袖對國與國之間、或全球範圍之內權力的競求，遂無視其國內朝野的權鬥。歐爾茲則省掉統治者爭權的動機或國家的特徵；反之，強調國家在爭取國際環境中存活落實這個起碼的要求而已。

再說，經典的現實主義認為國家的策略是透過理智的算計，而有所選擇，新現實主義則傾向於國家的作為常非謀定而後動，而是無知無識（agnostic）的行動。根據歐爾茲的看法，國家的行為是各國競爭的結果，或是由它們認為怎樣行動可給國家帶來好處，或是不懂適應的生存者在天演理論下，終歸淘汰出局的實況。另外一種說法是認為國家的行為可能是社會互動中學習而得的社會化。有些國家選擇遵守國際規範而獲取利益，或是因為把規範內化於其自身而使國家習慣性地遵守。由於歐爾茲提供很有限的國家偏好之敘述，其造成的行為之預測變成為非決定論（不確定性）。這也是他不願對外交政策有所預測的因由。不過他建議體系的過程總會產生聚合（匯合在一起）的國際後果。國際關係的特徵便是令人心寒的前後連貫：那些使人沮喪的相似事件不斷反覆地發生，儘管每個國家內部政治安排的方式有很大的不同，這種類似事件卻重複出現。他的理論便是企圖要解釋何以國情有異（成員國政治安排各個不同，每個國家歷史發展有異）卻導致國際體系展示相似的結構和產生類似的事件。他認為國關一定有其特殊的，但卻大量擴散的特別因素。這些因素除了國家追求其繼續存活的因素之外，如果還想要把各種因素再化約為其他更為簡單的事物似乎不可能。

因之，歐爾茲在忽略了各種不同層次、單位的分析因素之外，想要把國際體系持續的影響找出來。什麼是國際體系呢？有人說當一個整體的構成因素出現之時，我們才能說它是一個體系：(1)一組的單位或元素合在一起、相互牽連，其中某些單位或元素發生變化時，便影響到整個體系或其他部分；(2)整個體系顯示特徵或行為，而大不同於其個別成員的特徵與行為。由於體系是生成的，國際體系的特徵是一種複雜的、非線性的關係和產生事先沒有意料到、無所企求的後果。其後果所造成的影響大於所有組成的國家之行為的累積，其終態常是非期待、非希冀、非意向的後果，但這也產生另外一種效果。國家所追求之物，在國際體系運作下反而得不到，這便是其期待與獲得之間的落差。有異於經典的現實主義者，新現實主義對國際政治抱持悲觀的態度更為深刻。

Robert O. Keohane

歐爾茲所描繪的國際政治之後果，多極體系會比兩極體系更為不穩定，這是國家彼此相互依賴情況不一之緣故。在兩極的態勢之下，依賴程度低；反之，多極相競爭下，互賴程度高。他也主張不管單位的行為如何千變萬化，一旦只有一個國家在稱霸時，國際情勢的合縱連橫幾乎沒戲可演，但也證明世局趨向穩定的狀態。

歐爾茲《國際政治的理論》證明是一本1980年代影響巨大的傑作。它引發了新辯論，也為存在的舊辯論增添新刺激的因素。例如，一開始該書便指出國家相對性的收穫，會不會阻擋國際合作？此外，兩極或多極的國際體系是否更會走向戰爭？隨著時間的消逝，柯歐亨（Robert O. Keohane）所編的《新現實主義及其批判者》（1986）便取代了歐爾茲一書的光彩。十多年後新現實主義的著作，特別是新自由主義的制度論和對民主的和平之研討，變成更受學界推崇之著作（Keohane and Martin 2003; Ray 2003）。現實主義的式微，種因於1990年代世局的大變化。二十世紀最後幾年提供給現實主義者另外一種選擇——有異於新現實主義的主張。這些歷史上大事包括令人震驚和駭人聽聞而不可思議的舊蘇聯之解體，東歐共黨陣營崩潰和轉型為新民主的國家。另一方面西歐從經濟共同體進入單一的貨物、人力、貨幣之共同市場，最後透過政治的統合成立了歐洲聯盟，且其會員不斷西擴。在冷戰驟然間結束之後不但東歐擁抱了資本主義的經濟，連同中國、越南、寮、柬紛紛走向市場經濟，最後東南亞聯盟也擴大到包括越、寮、緬甸等國之區域性組織，從而化解了這幾個共黨與軍人統治的國家之專橫，使它們與傳統上接近西方、而採取反共的東協之核心國家（泰、菲、星、馬、印尼）的對抗轉向結盟。民主化的浪潮不但席捲東歐、俄國與解體前的南斯拉夫，就是發展中的第三世界國家也遭受波及。由於大戰不再發生於列強之間，現實主義變成為過時的主張、明日的黃花（Jervis 2002）。在此情況下，無論是批判理論、建構主義或是後現代主義，都更新了自由主義與經典的現實主義，而且都比新現實主義更能夠對世局的遽變作出較佳之詮釋。

911恐怖突襲事件的爆發，幾乎宣布新現實主義的崩盤。因為過去一向認為現實主義對國家安全的威脅有切實的解釋與預測，如今此一學說的理論與現實完全脫節，其預測也徹底落空。

第三節　當代現實主義：興衰理論和新的經典學說

今天在西方流行是四股政治現實主義：包括「興起與衰落」的現實主義、新經典的現實主義、防禦性現實主義和攻擊性現實主義。這四股當代現實主義的思潮，認為國際關係的特徵是無窮盡，也無可逃脫的戰爭與征服之因應循環。這四股思潮分別建立在其根本建構的假定與啟發新意的假設之不同上。簡言之，其不同在於國家偏好的來源，學者要如何探討及採取之途徑的差異。這些國家的偏好混合著人類對權力的欲求，以及如何累積資源，採用自助方式立足於戰亂頻繁與險阻橫生的世上。同時這四派都認為理性的算計是最起碼的要求，也是起碼的基礎，目的在把國家的偏好和選擇，轉譯為國家的策略與行動。首先介紹「興起與衰落」的現實主義。

一、興起與衰落的現實主義

這派認為國際體系的規則與實踐取決於領導群倫、強而有力的國家之意願。由於相當多的好處利基常歸領導性的國家所獨享，因此其他強權也爭取這種單極的優勢。於是這派現實主義者分析國家如何興起而奪取這個優勢，然後盛極而衰，拱手讓出這一單極霸權。在霸主興衰期間追蹤其外交政策成敗之路線和因果。特別的地方為此一研究途徑關心列強捲入的大戰，視大戰為由小強變成霸主，再由霸主落敗，讓位給其他列強的經過。作為理論的微小基礎，俾解釋國家行為的根據，乃是合理選擇的模型。它探討政策的利害得失，俾有必要時採取預防性的戰爭手段，一下子把單極強權擊倒。這表示挑戰者的次強會發動戰爭來把霸主打倒，為的是「彼可被取而代之」的心態很快讓次強晉升為領袖。

在興起與衰落的現實主義的作品中，最著名為紀爾品（Robert Gilpin）的著作《世界政治中的戰爭與改變》（1981）。紀氏指出「國關的基本性質在過去數千年間並沒有太大的變化。國際關係一直都是在無政府狀態下，讓獨立的行動者對財富和權力的競取」（p.7）。內政的和國際的發展導致國家或快或慢的發展，國家在興起與衰落之間，緊接著出現戰爭。國家如果是選取走向戰爭，那麼其計算為戰勝的好處大於支出的代價。特別是由於國際體系是在一個體系中為了霸主而創造出來。權力的更張導致體系領導權之衝突。紀氏認為這些動力常應用於諸國之間，是故其立論的架構可以擴至人類歷史的解釋之上。

歐幹斯基（A. F. K. Organski）的《世界政治》（1968）中權力轉換的理論也指出：國家成長的快慢速率常造成有關體系領導權之戰爭。不過由於他設定工業化的時間表是造成國家之間興衰的主因，是故比起紀爾品不把第一強權或最差一個強權的工業化時間計稱在內，顯示歐氏的理論可資應用之處比紀氏來狹窄得多。歐幹斯基指出國家的成長經歷三個階段：潛在的強權階段，這是指以農立國的國家尚未趕上工業化；其次，成長率在增長中，國家走上強權之途；最後為權力成熟期，這是一個國家充分工業化。由於一般國家在第二階段，現代化成長中有快有慢，這就顯示它們相對的權力地位在改變中。當國家對當前保持現狀所得不滿之際，則爆發戰爭的可能性大增。當目前的體系中享有優勢地位之列強比起其他國家來占有大量的、實質的優勢時，和平可望繼續保持不變。這種認同被學者說成：「三代的學人自我意識地指認出這一研究計畫，而又不斷地精緻化這個理論，和採取經驗上的證實」（DiCicco and Levy 1999: 680）。這些著作有部分在測試歐幹斯基原始的灼見，另一部分也在延伸與擴大這一理論應用的範圍。關於國家（列強）興衰的現實主義最為具體者為彈性的、機動的差別理論，認為主要的戰爭為主導性軍事強權國家怕衰落而挑起的（Copeland 2001）。這個差異性理論也部分採用結構性現實主義的論調，因為權力的主要好處在保障列強之存活，而不是讓國際事務的安排完全配合主導性國家的利益之追求。

二、新的經典現實主義

新經典現實主義在為內政與國際政治之間的裂縫架構橋梁，進行補漏的工作。其特徵在指出內政對一國外交政策釐定的影響。國家所追求的利益包括各種各樣，但最起碼者是在險惡的國際局勢下求取存活。為達此目的，國家領導人必須「面對與克服來自本國社會團體及其條件的挑戰，而贏取其支持」（Mastanduno, Lake, and Ikenberry 1989: 463-464）。因為各國的領袖主要在靠應付國內外的壓力與需求而運用其權力，也獲取人民的支持和保持其職位的正當性。國家在使用國際策略時，要動用外面的吸取（extenal extraction），包括國境之外資源的榨取（進入國際市場，取得能源的本事）。這也包括外頭有效化（external validation），這是指領袖靠國際共同體之權威地位而增加在本國的聲望。譬如新國家獲得國際的承認，便是抬高領袖在本國統治之正當性（像馬英九政權的外交休兵固然獲得北京欣賞，卻導致國內反對黨與學界一片撻伐之聲，也引起國際的錯愕）。

新現實主義者對權力之重新界定，對國際合作取代競爭的理解，也是新經典現實學派主要努力之所在。(1)在一個更廣泛更寬大的變化之因應（contingecies）上，國家自救之道為衡量軍備競賽之得失，而接受裁軍、限武的談判與同意。從裁軍限武擴大到權力與安全的重新評估，便要考慮到採取嚇阻敵人的軍力之建立乃屬必要。以及嚇阻政策失敗時，要提供的防衛力量究竟是什麼呢？(2)國力大小的程度，既能保障本國的安全，又

Randall Schweller

不會威脅他國的自衛，這應如何拿捏呢？情勢變化因應的理論強調攻擊與防禦的平衡。愈注重防衛，愈可省掉力氣於武力控制的處理之上（Glaser 1994/95: 463-464）。由是可知新經典的現實主義是當代新現實主義的一支。這是部分由於新現實主義反對化約論，而有點誇張所引起的反彈，新現實主義主張國家之所為在很大程度上，是受到國內需要衍生的偏好所決定。有人則認為國家的行為包含各種各樣的目標和動機，而非僅反映內政上的需要而已（Schweller 1993: 76-77; 1994: 92-99）。有人則主張新的經典現實主義較之傳統經典的現實主義只依賴人性的分析，可謂更為強調修正（改變現狀）的動機。「世界政治中發生的大大小小之事，是由於某些行動者（之國家）之內政結構和制度、意識形態和野心的實踐，包括實行掠奪的和擾亂的策略」（Rasler and Thompson 2001: 47）。舒偉勒（Randall Schweller）提出「利益平衡」說，指出國家按其恐懼和貪婪之動機及其深淺程度，而分為各種不同的類型（Schweller 1993, 1994, 1996, 1998）。是故國家乃依據其權力大小和利益有無理性地訂定其外交政策。

除了強調保持現狀和追求修正主義兩類型的國家之區別以外，新經典的現實主義把注意力集中在內政的「轉圜皮帶」（轉引動線）之上，從而把資源（能力、實力）與權力結合（Schweller 2006: 6）。新經典現實主義者同意物質上的實力和權力的分配是國際局勢發展的分析起點。但他們更堅持國家的特徵和領導者的看法，如何把權力行使，俾突破結構的限制，而展示行為的操作，成為關鍵性的問題之所在。為此緣故，他們檢查國內政治的狀況，像外交政策決策者如何動用資源、瞭解局勢，追求外交政策目標之能力的大小等等，都是必要的。舒偉勒說：

> 國家估量和適應國際外在環境之改變，有一部分是導因於

特別的內政結構和政治情勢。更為特殊的是，複雜的內政過程當成是轉圜皮帶，其在對應外頭勢力（主要為相對的權力之改變）時，匯入中介因素和指引（政策的）釋出。是故國家經常不同地反映了相似的體系壓力和機會，而它們的反應較少是受到體系層次的因素，反而是受到國內的因素影響較多、較大（Schweller 2006: 6）。

大部分的現實主義之理論在預言國家採取平衡的策略，顯然地其目的在消除競爭者的威脅，為此它們大肆建軍或採用聯盟的策略，但舒偉勒聲稱在檢查歷史的紀錄之後，發現大部分國家處於平衡不足之下，亦即「低於平衡」之要求。這表示，它們的平衡政策的效力有待商榷，特別是面對危險，而又不肯妥協的侵略者之時，主政者未來採取嚇阻或打敗威脅的有效平衡機制，常導致平衡的失利。舒偉勒把不平衡、或平衡失效的解釋放在內政分析的層次之上。國家的菁英與社會各種團體愈是分散、愈是分歧，則國家對外頭壓力的反應愈是遲鈍，愈無效率可言。

第四節　何以新現實主義叫做結構性的現實主義？

經典的現實主義和新現實主義都把國家爭取權力當成首要的研究課題，是故國際政治乃為權力的政治、權力的爭取，有異於經典的現實主義視權力的競爭、鬥爭源於人性。新現實主義卻為國家要求權力、競取權力是由於國際體系的樣貌與特質，特別是國際體系的結構所造成的，另一方面也是由於國內的典章制度與朝野勢力大小的內政結構所引發的。這就是何以新現實主義叫做結構性的現實主義之因由。國際體系是沒有最高權威可以發號司令、排難解紛的無政府狀態，其組成之成員為各國，各國同具主權，表面上地位平等，實質上因各國內政的不同，而有大國、小國的區別。在國際安那其狀態下，各國要自保就要靠本身的實力、能力、或是與別國結盟卻野心地修正主義的侵略者之侵犯、併吞。不要說小國要存在、要發展困難很多，就是大國、強權也被鎖在鐵籠裡與別的大國作困獸之鬥，為的是求取生存苟活所必要的權力。

結構的現實理論並不刻意去瞭解每個國家文化的差異，也不計較政權是獨裁或民主，主要的原因是大國、小國、文化與政權的差異的確影響到國際體系的出現。反之，國際體系對大小國家提供同樣的誘因去爭生存、爭權力。再說，不論是獨裁國家，或是民主國家，對待他國的態度、立場、行動並沒有什麼分別。這也與何人在主政、決定國家的外交政策無關，而影響到國家對他國、對體系的關係。結構的現實主義者視諸國家為幾個黑箱，它們被視為相似的、同類的，只不過有些國家更具權力，有些國家較沒有權力之區別而已。

正如前述，結構的現實主義分成兩大陣營：防禦性的結構現實主義（代表人：歐爾茲），以及攻擊性的結構現實主義（代表人：梅士海默）。其不同在於國家需要多大權力才可以自保。前者反對國家極大化其權力，以免遭受國際體系的懲罰。後者則認為在策略上國家爭取愈大權力愈容易存活，也愈容易取得霸權的地位。對經典的現實主義者而言，權力是其目的，但對結構性的現實主義者而言，權力只是達成目的（生存）必要的手段而已（Mearsheimer 2007: 72）。

權力建立在國家所能控制物質實力之基礎上，權力的平衡是國家所擁有武力（軍力大小與核武數量）可以比美與制衡敵手看得見、摸得到的國家資產（非負債部分）。除了這種顯示的、外表的權力之外，國家尚擁有潛在的力量，這包括國土的大小和人口的眾寡。列強需要金錢、人員、技術來建立武力和進行戰爭。是故強國的潛勢力表示國家在與對手折騰時，有人力與物力可供引用。戰爭並非國家獲取權力的唯一手段，國家可以增加其人口數目和分享環球的權力，一如中國過去二、三十年之所為。

國家之所以需要權力、爭奪權力可以建立在下列五個假設之上：(1)世界政治舞台最主要的行動者便是列強，他們在安那其無政府狀態下演出國關的戲碼；(2)所有的國家多少擁有攻擊性的武力；(3)國家對他國的動向與企圖無法完全掌握；(4)國家主要的目標在求取繼續生存；(5)國家不論何人主政，整體上看來是合理的行動者，他們可以找出最佳的策略來使國家得以續存、苟活。

只有當這五個假設加在一起，會造成一種國際情況：即國家要求權力、競求權力，且不惜犧牲別國達成本國權力的極大化。一開始國家間彼此畏懼與猜忌，這種疑忌使國家必須步步為營避免成為強權的犧牲品，由於沒有中央政府的監督、仲裁，每個國家的存活依賴其本身，這就是國家在安那其狀態下自救自助的存活之道。其結果造成國家必須把其存活的利益擺在別國的利益之前，甚至國際共同體的利益之前。

國家既然是驚弓之鳥，又知道只有靠本身才能苟活，則其生存之道只有爭取權力，至少比起其鄰國、敵國來相對強而有效的軍力、實力。這便是權力平衡的崛起，不只本身用更大的權力來制衡戰爭，必要時採取結盟的方式壯大本陣營的態勢，而使敵營不敢輕舉妄動。要之，迫使每一強權必須讓企圖擴權或所謂修正主義國家慎重去思想與行動，亦即不容後者輕舉妄動。

從維持現狀到改變現狀，便是大國企圖增強本身的安全，但一國安全的提高，便會相對地導致他國安全程度的降低，這便是從賀爾慈（John Herz）至葛拉塞（C. L. Glaser）以來所認真討論的「安全難題」（security dilemma）。這就是一國為了本身的安全而威脅到他國的安全，甚至存活之困難情境。

至於要多少的權力、實力才能保證一國的安全，學者的看法不一致，這就造成防禦性與攻擊性的結構現實主義分成兩派的原因（Mearsheimer 2007: 73-78）。

第五節 防禦性結構的現實主義

Kenneth N. Waltz

防禦性結構的現實主義是在有別於新現實主義之下發展而成的（Glaser 2003; Waltz 2002）。這個理論與新現實主義共通之處為最低限度，國家求取存活的動機，也就是在國際無政府狀態之下追求國家的安全。對人民的幸福構成最大的威脅係來自外國。新現實主義與防禦性結構的現實主義主要不同之處有三點：(1)當新現實主義容許有多種的微小基礎，來說明國家行為時，防禦性結構的現實主義只靠合理選擇一項模型而已；(2)防禦性結構的現實主義認為攻擊與防禦的平衡是一種變項，這是一種混合、連結的變項，俾把各種各樣的因素結合在一起，使征服變成更為困難或更為容易。是故這派學者論述目前盛行的科技和地理情勢有利於防衛，從而提出掠奪而得的效應不易產生，權力不易逾越空間距離而發生作用。換言之，在一個展開征服、活動不易的世界中，不須太計較去經營權力的平衡，不用刻意去反制修正主義（改變現狀）的侵略國之舉止。(3)把理性結合了防衛與攻擊的平衡（特別是有別於防衛之平衡），則防禦性現實主義者會認為，也會預測國家應當站在維持現狀的一邊，而反對輕易啟開爭端。擴張並非結構命定的必然行動，進行平衡的操作是應付權力集中的威脅之適當方式。與新現實主義針鋒相對的是平衡的工作是成雙成對而非一方主動的行為與理論，它是線狀的（一對一），而非整個體系的作為因應，才形成的平衡。理性主義加上對防衛有利的平衡，表示只要國家進行平衡的操作，便可以造成國際平衡的狀態。

歐爾茲「威脅性的平衡」理論是防衛性結構的現實主義之佳例（Waltz 1987, 1988, 1991, 1992, 1996, 2000）。他說：「在（國際）無政府狀態下國家與別國結盟，旨在保護其本身。它們（結盟）的行為是由於看出（別國）的威脅，至於別國擁有強權則僅是本國算計的部分原因」（Waltz 2000: 201）。這是指一國（或數國）指出他國的威脅是由於它們相對的權力，以及地理上的、毗鄰別國的企圖、或攻擊與防衛的失衡之緣故。由此產生雙方的平衡操作可以解釋為體系的爭霸不在場（缺席）。他說：

> 上述四個因素（相對權力、鄰近、意圖、攻防的平衡）加起來可以解釋拿破崙的法國、威廉的德國、和納粹時代的德國，以及對（它國聯結）泰山壓頂式的結盟。這些國家都是大的列強，且處在與鄰國的接近之上，每個國家結合了大量的攻擊能力，且侵略目標極為顯著。（Waltz 1987: 27）

由於求取平衡的用意與作法非常流行，非常擴散，其結果三個稱霸企圖心極大的修正主義之侵略國無法達成擴張的野心，最後紛紛潰敗，它們侵略的行為便成自我打敗的後果。歐爾茲又說：「保持現狀的國家，可以採取相對樂觀的看法……在一個力求平衡的世界，凡能導致自制的與善意的政策必然是最佳的政策」(*ibid.*)。

對防禦性結構的現實主義之研究計畫而言，其困難為只能找到那些對應修正主義做出節制性回應的例子來加以研究，而無法找出擴張性行為的來源。一旦要解釋國際衝突如何啟開，這一派學者的解釋為尋求內政層次上的因素（這方面又非其所長）。對此，另一個解釋為安全困境的動力造成國家的行為都類似於修正主義者那樣狂妄。賀爾慈（John H. Herz）是探討安全困局的另一位現實主義的學者（Herz 1950）。他說防衛的行為與能力常被誤解為侵略的準備。

John Herz

國家保持現狀的步驟常是曖昧不明的，常被視為備戰的措施。被「威脅」或感受威脅的國家，一旦有所回應，則會導向競爭和備戰的此起彼落，甚至成為螺旋狀惡性循環與情勢加壞，這本來是雙方力求避免的情況。這就指出國關並非罪惡，而是悲劇。壞事的發生乃是國家陷身於險境之故。

防禦性結構的現實主義在倚靠安全困境的動力來解釋戰爭之際，困難重重。在內政層次失當之際，如何來看待修正主義的行動怎樣會從一般保持現狀，只重防衛與操作平衡的國家間爆發出來、漫開出來。由於實力的膨脹可以設法制止、對抗，這派學者遂稱任何國家在安全無虞之下還要擴權是白費功夫的。這種說詞同吳爾斐對安全難題的看法一致。他說被新的、潛在性具攻擊能力的國家所威脅者，大多會採取措施加以回應，其結果造成威脅者境況更為糟糕，更為危險。是故防禦性結構的現實主義者建議國家只宜擁有「適當的」（appropriate）數量之權力。任何爭取霸權的國家如非由於國內偏好的鼓舞，便是追求超強的虛妄，這絕非國際體系壓力合乎理性的回應之道。

第六節　攻擊性結構的現實主義

攻擊性結構的現實主義者不同意防守性結構的現實主義者為國家所開的藥籤，亦即只追求「適當的」數量的權力。在這方面主要的著作為梅士海默（John A. Mearsheimer）的作品《強權政治的悲劇》（2001）。他論稱：諸國面對一個不確定的國際環境，其中任何一國都有可能利用其軍力去傷害他國。在此情況下，相對的擁有實力是再重要不過之事。安全要求國家比起別國來擁有更多的權力（Lads 1997），要阻止國家陷身戰爭的深淵，國家最大的希望在於成為區域的霸權，再進一步則不容許世界其他區域也擁有霸權的身分者之出現。

梅士海默的理論有五個假設：其一，國際體系為安那其狀態；其二，強權本來就擁有內在的具攻擊力之軍事實力，因之可以造成他國的傷害；

其三，國家對別國之企圖從未明確知曉；其四，繼續存活下去是大國主要的目標；其五，強權是合乎理性、講理的行動者。從上面這五項假設，梅士海默推論出強權彼此相互害怕、相互疑忌。因之，只有靠本身的自救自助才會獲取安全，是故諸國家最好的策略來保障其存活，便要把相對權力極大化。與防禦性結構的現實主義截然不同之所在，不在只追求「適當」數量之權力而已（Glaser 1994: 195; Van Evera 1999）。

John Mearsheimer

Charles L. Glaser

梅士海默要求國家維持比別國更多更大的權力。他論稱：增大的實力可以改善國家的安全，而不致觸發相反的回應。想要改變現狀，修正主義國家適時的操作，潛在攻擊目標的轉移，和不對稱訊息的獲得都可以使區域可能出現的霸主取得成功的機會。權力的最大化並不意謂為自我打敗，因之，國家可以在合理的計畫下朝區域稱霸的路途邁進。

儘管國家在增強實力時，可以不受掣肘順利達成其目標，但梅氏並沒有預言「不用心的侵略者，一意孤行要取得權力，不會在與別國衝撞中失掉戰爭，或僅贏得表面的勝利而已」（Mearsheimer 2001: 37）。諸國家乃為精於算計的相對權力之最大化者，它們知道「何時應高高升起，何時應輕輕放下」（*ibid.*, 40）。對弱勢與猶疑不決者進侵，遭遇強勢與堅決抵抗者時則及時抽退，這是權力最大化者利用腦力與體力，俾抵達區域霸權的巔峰之正確策略。

梅士海默論稱：最終的安全只會賜給國際體系中最具權力的國家。但無論如何要阻止陷身於「戰爭之海」的企圖，而成為環球的霸主，除非掌握核心優勢，幾乎是無可能之事。第三個最佳的打算則是變成區域的盟主，也就是強權所處的區域、地區能夠稱霸。就算全球與區域稱霸無望，強權仍應極大化其財富和軍力，俾必要時展開陸戰。一個大陸性的強國會

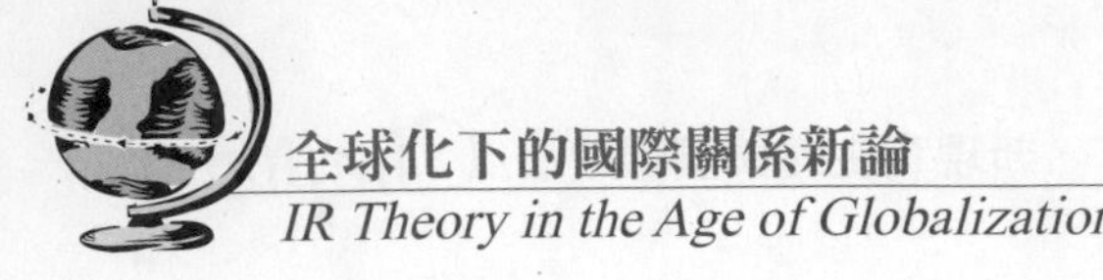

追求區域的霸權，如果它無法達致此一優勢地位，那麼它也要把它相對的權力極大化。一個島國，也可能是一個強權，但四面遭水域包圍（*ibid*., 126），只有對附近升起的新強權加以抵制、平衡，而不再扮演區域的霸主之角色。大英帝國孤懸大西洋之上，雖與歐洲大陸只有一水之隔，但無法演展成歐陸的霸主，僅能以海灘外的平衡者之角色，來阻卻歐陸任何大國的稱霸（*ibid*., 126-128; 261-264）。第三種的強權則為美國這個區域的霸主。區域霸主是現狀的保持者，它只在保衛對其有利的當前之實力、能力的分配而已。

為了獲取資源，國家什麼手段都派上用場，或是發動戰爭，或是加以勒索，或是唆使他國與另一國衝突，而從中取利，或在長期的衝突中使競爭敵手耗費人力、武力與時間。為了阻卻別的國家擴張，強權或煽動第三國提出威脅的策略，或是平衡這些威脅（*ibid*., 156-162），把反抗的責任推給第三者花費的代價最低，親自下海及威脅或平衡威脅則花費不貲。一個國家愈懂要賴威脅別國，則其相對的實力也愈大。

把國家爭霸移向區域，則阻止強權掉入戰爭的漩渦，可以因國家所處的所在之不同，而能夠預測其行為也各自不同。雖然梅氏的理論一般應用於列強之上，但他也會因為地理位置之不同，而做出不同的國家行為之預測，像濱海島國與大陸強權有所不同，在地區稱霸的強國又是另一種類的稱霸方式。像大陸性強權會追求區域的稱霸。一旦它無力達成霸主的願望時，則儘可能地極大化其相對的權力。

梅氏的理論提供大國之間發生戰爭一個結構的解釋。他說：「戰爭主要的原因……存在於國際體系的建築物之上，其關鍵在於（體系內）大國的數目，以及（大國）可能控制之權力的大小」（*ibid*., 337）。大國的戰爭在兩極對抗中較少發生，在該體系中主要有兩個超強在對峙，但成雙作對兩元對抗的潛在衝突不多，權力失衡也較少出現，估計失誤引發的嚇阻失效之可能性低。與此相反比較兩極來，多極一般而言，比較容易導向戰爭。有些多極的權力之列強，比起其他來顯得較為危險。當多極體系失掉平衡之時，大國之間爆發戰爭之可能性增大。這是在這種多極的體系中，第一強國與第二強國實力上懸殊的緣故。梅氏以其假設來區分三種可能出現的國際體系之建築，第一種是不平衡的多極體系容易導向大國的戰爭；第二種是兩極體系對抗時，大國戰爭之避免，和平得以苟存；第三種為位於上面兩種情況之間的平衡的多極體系，這種情況下，和戰參雜其間（*ibid*., 337-346）。

第七節　中國「和平崛起」——新現實主義的解釋

中國自1980年初鄧小平改革開放政策推行下，經濟成長率快速上升，連續一、二十年超過兩個數字的成長率，至2010年代才因經濟過熱而修改為百分之十以下，甚至在金融海嘯時期還有「保八」的亮麗成長率。因此，西方專家預測中國經濟搞好的勢頭在未來十年間，把中國大陸推向「世界工廠」之外，也有可能藉中國擁有十三億人口的消費能力，變成「世界市場」。隨著中國政治的相對穩定與經濟的重大發展，北京建軍、擴軍的作法，使它的軍力早已超過解體的舊蘇聯，而成為次於美國之外的世界新強權。假使中國如此這般地政、經、軍發展下去，則挾其廣大的面積、龐大人口所建設的軍力，就是不想與美國爭霸、變成影響全球世局的超強也難。

很明確地，中國將成為全球美國之外，最大軍事實力國家。中國將如何運用其軍力之激增，來與美國在太平洋上的霸業做個對抗、爭衡，以及中國怎樣挾其優勢來使其鄰國忍受、屈服，是西方現實主義者密切觀察，而做預測的題目。只是專家對中國和平的崛起的後果尚無定論而已。

隨著上個世紀末的改革開放之後，中國政治趨向穩定、經濟有驚人的進步，也使一個貧窮落後的中等強國一躍而變成世界巨強，在很多方面幾

鄭必堅

乎可以與美國匹敵，被視為取代舊蘇聯挑戰美國獨霸的新兩極態勢之雛型。親北京政權的中國智囊首腦鄭必堅遂於2003年提出「中國和平崛起」的新戰略口號，而為執政的中共當局胡錦濤與溫家寶所採用。

依鄭必堅的說法，「中國和平崛起」在排除三不主義，亦即不擴權、不爭霸、不結盟，而急於解決當前三大問題：第一，西方世界對中國崛起的疑慮要破除；第二，發展所需的國外資源無意同強國競奪爭取，工業化所產生的環境破壞與污染要全力防阻彌補；第三，中國境內貧富差距的過大要縮小，以利財富平均和社會穩定。

對於中國未來與美國會不會陷入爭權，中國怎樣影響其亞洲周遭鄰國等問題，結構性的現實主義者迄無確定的答案。有人預測中國崛起會引發區域乃至全球產業的不穩定，另一批人則預言強盛的中國將會採取相對和平的態度對待其亞洲鄰國，甚至與美國建立持久、良好的和平關係。如以攻擊性的結構之現實主義來分析這個主題，看法便大為不同。這派學者一般認為中國與美國勢必是冷戰之舊例，雙方為了保有安全與自主而進入軍備競爭，甚至有爆發武力戰爭之潛能。

一、攻擊性現實主義的看法

根據攻擊性現實主義的看法，強權最終的目標是獲取優勢、霸權的地位，因為這是對國家存活最好的保證與保障。在其實際上，幾乎沒有任何一國可以單獨成為全球的巨無霸，控制其餘所有的國家，這是由於權力要平均部署在全球每個角落既非主政者所願，也非其能力辦得到。就是把權力投射與維持到遠距離其他強權之身上，也不是任何歷史上大帝國的野心皇帝所敢夢想。他們充其量，只能做到地區的、區域的、鄰近的霸主地位而已。這點連美國的開國諸奠基者（Founding Fathers）也心知肚明、量力而行，最多達成1898年以來美國成為西半球的盟主而已。儘管第二次世界大戰，美國勢力進入歐洲大陸與太平洋西岸島鏈，但仍舊不是全球唯一的霸權，其後長達四十餘年的冷戰，表面上與舊蘇聯對抗分領東西兩大陣營的首腦，甚至在蘇聯解體，美國成為倖存的世界最大強國，它仍舊不是全球唯一的霸主。

強權一旦取得一個區域的霸主地位，它進一步發展其企圖，便是在阻卻其他地區、其他區域另一個與其相似的霸主之出現。這樣會影響到其擴權的企圖——另一個類似的權力競爭者。為此原因西半球霸主的美國，便要阻擋歐亞大陸出現像舊蘇聯那樣的區域霸主。美國在冷戰期間希望歐亞大陸分裂成幾個大國家，特別是西歐親美集團來對抗蘇聯及其盟邦的東歐共產集團。是故美國在控制西半球各國之後，進一步防阻歐洲與亞洲出現強權，蓋後者被華府視為妨礙對美國安全與擴權的絆腳石之故。在二十世紀有四個強權出現在歐洲和亞洲大陸，有能力成為歐陸或亞洲的區域霸主，那是指威廉的德意志帝國（1900-1918），日本軍國主義的抬頭（1931-1945），納粹的第三帝國（1933-1945）以及舊蘇聯（1945-1989）。在面對先後幾個有能力稱霸地區的強權，美國扮演關鍵性的角色，去打敗和解散這幾個帝國，使他們無法企圖成為歐洲或亞洲的區域霸主。因之，一個理想的狀態是指任何一個強權在世界不同時期中，只扮演唯一的區域霸主（而非全球性的霸主）。

假使攻擊性的現實主義這種看法正確的話，那麼我們可以想像，和平崛起的中國會模仿美國而嘗試成為亞洲的區域霸主，而非與美國競爭全球性獨霸高位。中國勢必極大化它與其鄰國，特別是日本與俄國之權力差距，而成為亞洲最強盛的國家，這就像美國極大化它與加拿大和墨西哥的權力差距是一樣的道理。中國人對日本侵華戰爭的怨恨久久難消，因此，防止日本軍力強盛是可以理解。2010年9月釣魚台漁船衝撞事件就是顯例。俄國接受舊蘇聯領土大部分面積，絕大多數俄國人承繼舊蘇聯的科技和文化遺產，在意識形態之上，一度高舉馬列主義，也為爭馬列正統和

Adolf Hitler

領土問題與中國發生嚴重爭執，如今意識形態不生作用，兩國表面上的和平相處還能維持多久，無人敢於斷言。但中國要壓倒日本和俄國在亞洲稱雄，恐非整軍擴武即可辦到。當前北京領導人只能期待強大的中國軍力可以嚇阻其鄰國（日、俄、印度）對其安全的威脅而已，它也會全力迫使美軍從太平洋島鏈撤回美洲大陸，假使台海與朝鮮半島重歸平靜的話。說不定在不久的幾年間，中國版的門羅主義可能出現（Mearsheimer 2007: 83）。

以中國的角度來觀察，這些政策的目標必須做好策略的設計才能達成。北京必然期待，俄、日、印軍力的衰退，一如美國希望加拿大和墨西哥軍力不張是一樣的道理。進一步可以看出北京全力反對台灣向美軍購，對美軍駐日韓，更為反對者莫過於在其後院演習軍力，這點與美國不容別國派兵赴北美或運送飛彈去古巴是同理的。是故要求與逼使美軍自西太平洋撤回，將是北京政權未來對付美國軍事策略最重要的目標。

從美國決策者過去的紀錄中不難想知，中國如果在亞洲稱霸和主宰，美國將會有如何的反應呢？美國無法忍受其他強國在世界任何區域像它在西半球那般地稱霸，這尤其從二十世紀的史實中得到印證，因為它決心成為全球唯一的區域性霸主。因此，美國會使盡全力來圍堵中國、凍結中國，使其減弱到不再有能力站在制高點上控制全亞洲。本質上，美國對中國的作法就像冷戰時期它對舊蘇聯所採取的態度幾乎一樣。

中國的鄰國也警覺這條巨龍的翻身、騰飛。它們也會盡其本事阻止它成為區域的霸主。有事實或證據顯示印度、日本、俄國，甚至小國的新加坡、南韓、越南等國在擔心中國的崛起，以及正在想辦法來制止或圍堵這種稱霸的作為，南海主權問題的爭議逐漸浮出檯面，可以印證此一事實。馬英九政權的親中政策剛好與鄰國的憂心相反。他以西瓜偎大邊的心態投靠「祖國」，而企圖消滅台灣的國格、主權和自由民主的制度，這必然引起美、日等大國的擔心。

最終，這些亞洲鄰國必然加入美國所領導的聯合、或稱聯盟（coalition）來對付中國的崛起，就像當年冷戰時代，英、法、德、義、日、澳、紐與美國聯合成反共的陣營來對付舊蘇聯一般，看樣子這種發展勢頭還會成為未來世局的走向。

二、以防禦性的現實主義看中國的崛起

與攻擊性的現實主義不同，預防性的現實主義對中國的崛起採取比較樂觀的態度。顯然，防禦性的現實主義認為國際體系創造了很多誘因給國家去增大其權力，俾更大保障其存活。強大的中國也是國際體系造成的，這是毫無例外的個案。它無時無刻不在尋找機會來轉變有利於它的權力平衡。不過中國在尋求壯大的機會之同時，也會碰到美國以及亞洲鄰國因應的措施，也就是阻止其壯大。當中國邁向超強之路時，安全競爭在亞洲不會消失。這點連防禦性的現實主義者也不敢做天下太平的夢想。

不過，防禦性現實主義者提出理由，來說明圍繞著中國崛起的安全競爭，將不可能太激烈、太尖銳，也預言短期間中國將與其鄰國和美國和平共存。一開始任何追求區域霸權的列強不會太囂張，也不致打草驚蛇引起敵手聯合抵制圍堵，甚至一棍子把它打死。中國的領導人應當學習俾斯麥完成德國的統一，提高德國的聲勢，而無意在歐陸稱霸，這種明智的作法反而使德國成為強權。反之，威廉國王與希特勒獨夫卻把德國捲入一戰與二戰當中，而導致國破人亡。

上述的分析並沒有排除中國在亞洲稱霸的可能。不過國際的結構與形勢的發展可能縮小其稱霸的野心，結果會導致中國小心謹慎不致極大化它對世界稱霸的分享。野心受到節制而權力日強的中國一旦被限囿於一定的地域，則它進行同各國合作的可能性就會大增。

核子武器的出現反而是造成樂觀的原因，任何一個強權，一旦面對其他擁有核武的強權在虎視眈眈之下，企圖要擴張聲勢，膨脹其實力是不易的。印度、美、俄都有其核子武器，日本或遲早被迫走向核武發展之途，

Otto von Bismarck

假使它感受來自中國的威脅日大的話。這些國家一旦發現中國學習舊蘇聯成為與美國對抗的世界霸權時，有可能會形成與美國的聯合來制衡中國的擴張。事實上，中國必須步步為營，因為擔心任何的衝突有觸發步向核心戰爭之危險。要之，核子武器有助於和平局勢的保持，即便是中國繼續在國力（特別是軍力）上不斷上升的情況下。

最後，看不出中國征服亞洲其他的國家會給本身帶來什麼樣的好處，很明顯的無須對外冒險，中國的經濟已經快速的發展，這使征服無助於財富的累積。萬一中國展開任何征服之戰，則被征服的人民必定極力抵抗，世界的輿論也會站在被侵略，被併吞的一邊，這點對中國的聲譽的保持與升高無助，反而有損。

美國對伊拉克的用兵就是極壞的例子，可提供中國參考，在民族主義高張的時代，任何的擴張聲勢要付出慘重的代價，而結果是陷入泥淖，不易脫身。

儘管上述的分析指出中國的崛起不但過程是和平的，在相當期間中還可以看出結果也是沒有爭執和少有摩擦，甚或劍拔弩張的態勢。可是防禦性的現實主義者卻擔心內政的考量（特別是中國國內區域發展的不均匀，人民收入差別的重大、盲流人口進城市的湧升，城鄉發展的差距擴大，官員幹部腐化嚴重、大學畢業失業率大幅攀升、工潮的氾濫、民警衝突爆增，軍人對政黨之不滿、異議抗爭暗流洶湧等等）有可能使北京政權採取激烈或冒進的措施，以轉移民怨，而對外發動戰爭。現實主義者承認帝國時代的德、日和納粹德國都因內政問題處理不善，而一心妄想在區域稱霸，以致造成戰禍連連，兵敗國亡與禍及本國人民幾個世代。這些強權的興亡受到內政的病態引發多，但受到理性的運轉思維之影響少。假使這種推論可靠，那麼中國萬一步前述強權的後塵，則其崛起就不是和平的。

在估量中國的崛起究竟是和平與否，另一些學者的看法便不一致。假使世界是單極的話（以美國一極在主宰全球），那麼中國國力的膨脹最終要消滅一極的態勢。假使中國想要挑戰美國的單極霸權，則世界將變得更為危險。原因是在單極的世界中，列強彼此要進行大戰直接對幹的可能性不大。不過美國與中國最終都會成為勢均力敵的兩大超強，屆時雙方直衝對幹的可能性大增，這就是世界可能重陷危險的因由。

此外，如果日本得到核武，俄國國內秩序重建、印度繼續強盛，則在新的結構下幾個列強同時並立，那麼強國間由競爭走向衝突的潛在勢力必然大增。

當然有些現實主義者會辯稱：中國的升起可能走向兩極對抗之新局面，這反而會因為雙方勢均力敵而導致相對的和平局勢，儘管這種新局勢未必比單極更可能導致天下太平。兩極對抗在過去冷戰時期並沒有造成美蘇對打，特別是在古巴飛彈對抗的高峰以後，安全的競爭在兩大超強之間也沒有特別的尖銳，其原因主要的是美國與蘇聯早已學習如何處理核武的競爭擴散所帶來棘手的問題，同時雙方也學習兩極和平相處之道，這是當年嶄新的和未熟悉的目標體系之新結構。未來縱使中國崛起成為與美國平起平坐的超強，必須從冷戰所學習的舊經驗中抽取新教訓。因此，就是兩極新態勢形成，雙方一開始的交流與應對也多少要遵循1962年以後華府與莫斯科所走的路途。

並非所有現實主義者接受這種論調，認為兩極比起多極對立更會走向和平與避免大戰。對他們而言，世局重回兩極競爭是令人沮喪的與悲觀的。但中國的崛起如果也伴隨其他列強（譬如「金磚四國」──巴西、俄羅斯、印度、中國）的並起，則這種群雄並起的新局勢會為這些現實主義者帶來樂觀的前景。

最後，對結構性的現實主義者來說，假使他們相信任何一方的偏重或優勢（preponderance）有助於和平，那麼中國的升起對他們而言則是不祥的消息。他們認為美國巨無霸的主宰性力量有助於撫慰安靖全球其餘地區的偶然紛擾。過去並沒有任何強權，更不要說中度軍力的國家，或小國敢

Robert Zoellick

於動美國權力的汗毛，挑戰美國的優勢。但局勢卻改變到中國經濟力早晚要凌駕美國，而軍力也早晚會勝過美國。屆時世局偏重美國，或美國宰制世界逐漸消失，中國再也不買美國的帳，則整個世界陷入失衡危險的狀態。在此情況下，現實主義者甚至預測美國有可能發動先發制人的預防性戰爭來對抗中國，以免本身進一步的衰落。

總之，在結構的現實主義者之間對中國是否能夠和平的崛起，尚未達到一致的共識。這種看法的分歧沒有什麼叫人驚訝的地方，其原因在於他們對國家需要多大權力才能贏取安全，以及強權之間的爆發戰爭真正的原因在哪裡，大家都無接近的看法，他們唯一有相似觀點的地方是認為國際體系的結構會迫使最強盛的國家競求生存所需的權力（Mearsheimer 2007: 82-86）。

根據過去對中共崛起持戒懼謹慎、或不以為然的態度之新加坡領導人的看法，今日中國因為經濟大改革，特別倚重對外貿易，也發展了外貿經濟，但近期則改為鼓勵內銷的內部市場經濟，在提高基本工資之外，大力進行內陸的開發，人民幣兌美元匯率之爭一向為中國與美國摩擦的焦點，也可能在近期人民幣升值後減低中美貿易的對抗。2010年第一季中國經濟成長率高達12%，新加坡則高達15%，而東協各國在6%至9%之間，可見東亞經濟經過2007／08的金融海嘯之後有迅速復甦之可能。依新加坡總理李顯龍2010年7月半在美國休士頓的演講中指出：中國隨其迅速的發展信心大增，在2008年舉辦奧林匹克，2010年舉辦世博會都取得舉世矚目的成功，這是鄧小平所倡說的「韜光養晦」之策略。在昏亂黑暗的世界中培養來日發光發熱的火種，因此中國人不以大哥自居，而以漫步的方式輕輕地、柔軟地爬上強國的階梯。可是其他的國家對中國有所求，特別是世界銀行行長左立克（Robert Zoellick）指出任何的國際體系的大莊主（Stakeholder），包括中國在內，有責任進行取與予，協助解決世界各類的問題。須知沒有中國的參與和合作，環球的暖化、貿易和核武安全無法解決。

就以全球暖化為例，2009年在哥本哈根的全球氣候改變會議上，中國悍然拒絕接受國際約束，不肯減低其經濟成長的步速，抑制排煙的環境污染（不要說五十年或一百年，連五年至十年的承諾都不肯）。不過李顯龍提出警告，如果氣候改善的步驟不肯採取，則五十年之內，不要說中國，連美國都會遭受颱風、洪汛、沙漠化等嚴重的天災。是故美國本身要先做模範，從節能減碳去影響中國、印度、南非等國家。李氏勸美國必須與中國維持良好關係，儘管雙方緊張、摩擦在所難免。

在期待美中不致發生大衝突、對撞（clash）之際，李顯龍也敦促美國繼續與亞洲各國保持夥伴關係，因為在亞洲，美國一向扮演權力平衡的角色，特別是採取自由貿易的政策，來積極介入亞洲事務（Lee Hsien Loong, "China's Rise: softly, softly in the World", *The Straits Times*, July 15, 2010 Review and Forum, p.29.）

2010年7月中旬，成立不久的中國創新與發展策略研究所，在副所長（也曾任外交官）吳建民率團訪問新加坡時，與《海峽時報》記者訪談，指出該所有關中國對美國、日本與東南亞的當前策略。在對美國方面，盼與美國進行互補互助的戰略，中國提供投資、美國提出科技、創意，共謀清淨能源的開發。在涉及日本方面，北京追求與日本合作發展有效率的能源，以及改善環境的方法，也同日本商量中日為主的亞洲新貨幣之可能性。在對待東南亞諸國方面，則設立基金來進行基本設施——道路、鐵路、海港和機場的建設。為減少各國惡性競爭，中國與法國合作開發非洲大陸的資源。

當然該所也希望藉雙邊談判解決中國與印度邊界爭端，中國與南中國海主權爭端，其採取的方式為與其他各國進行雙邊會議，而非多邊的國際會議（反對南中國海國際化）。

觀乎2009年12月中國在哥本哈根抵制歐美不肯積極謀求氣候反常之

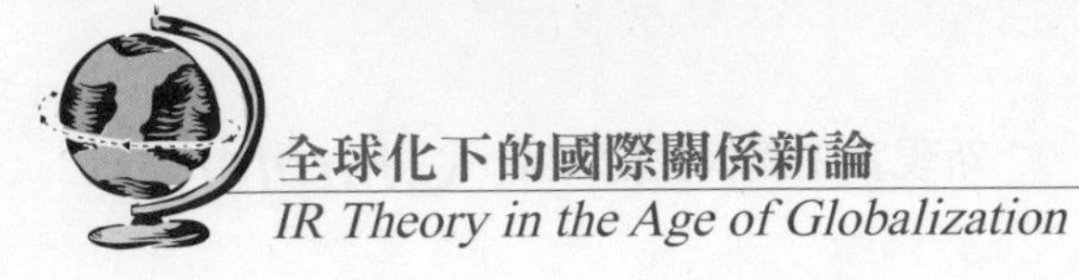

抵制，又在2010年上半悍然反對美國軍售台灣，2010年初更對美國主張南海主權國際商談的排斥，加之2010年9月間爆發的中日釣魚台爭端、中國無力制止北韓對南韓的批釁等等，使中國的國際形象大損。不少東南亞國家對此表示不滿，然而畏懼戒慎於中國的武力強權，而企圖聯合美國來抵制、對抗中國的霸權。

第八節　結　論

隨著1990年代冷戰無疾而終，大國權力競爭，甚至引發列強（尤其是美蘇）爆發熱戰之預言並未兌現，從而使一向持悲觀態度看待世局演變的舊與新的現實主義遭到空前的批判。在世局走向穩定與和平途上，有人甚至斷言現實主義的死亡。更有人認為資訊、科技、經濟的交融，使全球化把各國興衰存亡聯繫在一起，則權力的追求，安全的競取、無政府狀態的宣揚，個別國家與列強作為國關的主角之說詞，逐漸成為明日黃花，現實主義逐漸脫離現實的色彩。而學界更多談到國際經濟、國際科技與文化交流，而少談國際政治的你爭我奪。一時之間和平、合作的榮景瀰漫新舊世紀之交，在全球化極速擴散下，新觀念、新知識散播全球，人們幾乎生活在合作而非競爭，和平而非戰亂之中，儘管中東的海灣、阿富汗、以及巴爾幹半島仍有國內與國際的戰爭在此起彼落。

有些學者還進一步說，民主的過程正在東歐、俄國、北非、中東、南撒哈拉、太平洋某些島國擴散中。民主勢力的擴散防止國內戰亂之產生，於是經典的自由主義者居然預言「意識形態的終結」導致了「歷史的終結」。學者們甚至主張國際關係最終發展到迫使主要的強國依法統治，而非競取權力。

可是2001年911事變爆發後，這種西方學界（甚至政界）的樂觀想法開始急遽失落，於是本來在世紀末被宣判死刑的現實主義得以敗部復活。

現實主義的復現固然部分出現於現實主義者對美國捲入伊拉克之戰的反對，蓋此一干預為美國與英國帶來政策與策略的敗筆與災難。更主要的原因為發現全球化和國際制度對國家做為國際舞台的主角毫髮無傷。相反地，現實主義者焦點下的國家又是生龍活虎般地在國際關係上推波助瀾。其背後正是民族主義在興風作浪，這種愛國思想美化國家的重要與光榮，就算是統合成功的歐盟其成員國的一舉一動，都含有其本國本族的文化特色，也會影響區域與全球的局勢發展。

此外，軍事力量仍然是世界政治關鍵性，影響大局的要素。美、英這兩個號稱世界最民主的大國，自1989年冷戰結束以來還併肩投入五次地區的戰役裡，雖引起的批評與爭論很多，但主政者硬要展示強國的實力，足見現實主義應用到政治實踐既深且廣。伊朗與北韓千方百計要取得核武，雖經強權的勸阻與聯合國安理會的制裁而不稍減其野心。印度與巴基斯坦邊界衝突至今仍舊靠傳統武器來僵持對峙，但無法排除有朝一日，核武的動用。美國與中國之間也可能因為台灣而爆發武力衝突，當然也有可能為北韓而讓美中對衝。由於中國的崛起，另抱持樂觀態度的現實主義理論家也承認有嚴重的潛勢力導致兩強的對抗、衝突，甚至戰爭，假使圍繞這個環球性的權力之轉移所滋生的政治處理不當的話。

本質上，世界一直都是衝突不斷，危機四伏的地方，即便是威脅和平的層次不斷隨時間與地點而轉移、變化。至今為止國家還在為其存活而憂慮，這表示它們可供轉圜的餘地有限，而選擇不易，必須時時刻刻注意權力的平衡。國際政治始終可以視為權力政治，這是人類至今為止歷史紀錄所呈現的事實。是故權力的概念，以及由此引申而得的國家的角色和追求最大的權力是現實主義注目的所在，至於追求權力至何等程度才能保障本國安全、實現國家利益，以及何種的競爭會導向到列強之間的大戰，都是研究國關的人之重大課題。把上面這幾點思慮弄個清楚，有助於尋獲與發展聰明的策略，這是國家可以藉自救自助之力在國際無政府狀態下減少危險之方法。

John Vasquez

不管新現實主義把古早的、傳統的經典現實主義，以及新現實主義分成兩種，或是分成經典的、防禦性的、以及攻擊性的三種現實主義之並存，其引起學界的研究興趣，是眾所周知的。有人還在上述三種之外，加上興亡的與新古典的變成五種的新現實主義。這些都是顯示現實主義種類與面向眾多，同時也是歷時最多、最為悠久的國關理論。這一學派由於善於審時度勢、觀言察色，因此適應力特強，定義也很寬廣。以致不少批評家認為現實主義者理論涵蓋面太多、太大、太久，而這一學派主要內容欠缺確定性（less determinate），欠缺前後圓融，也與其他學派分別不大，無法突顯其特殊的性質。瓦斯奎（John Vasquez）甚至批評權力平衡的理論不具經驗上的真確，後續的平衡理論之說詞流於空泛，而使理論和證據呈現很大的差距（Vasquez 1997）。儘管批派的浪聲不絕，現實主義者認為他們的世界觀之不斷繁盛滋長是其長處，而非弱點。現實主義的批評家還須三思之後才做出預測，預言現實主義已走到窮途末路，因為世局的演變在很大程度上還要靠現實主義的理論來分析與判斷哩（Elman 2007: 20）。

2011年初，北非與中東信仰伊斯蘭教的廣大民眾，在無法忍受貪腐無能的獨裁者長期殘酷的統治下進行全面的武力抗暴，亦即展開茉莉花革命，前後推倒幾個暴虐政權，其聲勢獲得愛好自由、平等、公義的世人之關注與支持。造反有理的戰火已擴延至巴林、伊朗、沙烏地阿拉伯等國，整個中東與撒哈拉地區都受到波及。是否國關理論又遭逢巨變？新現實主義可能更振振有詞，足以解釋新現象呢？還是要靠大同思想與國際自由主義的理論來說明這波人民的起義？此外，中國、北韓、越南等國的人民會不會在全球資訊擴散下，效法「落後地區的國度」對抗腐敗的、一黨專政的少數人之統治，落實毛澤東所鼓吹的「造反有理」？我們要拭目以待！

Chapter 6

世界大同理想與自由主義

第一節　前言：大同思想和自由派國際主義

大同理想（cosmopolitanism）雖然出於古代中國孔孟的儒家學說，但後繼無力，要遲到兩千四百年以後中國清朝的康有為才撰述《大同書》（1935出版）[1]然後才發揮這套農業畜牧的封建社會如何化解天下群雄相爭，亦即化干戈為玉帛的理想。在古希臘蘇格拉底及其後的哲人，也有大同與世界一家的想法，不過第一位使用*Kosmopolities*的古希臘哲學家為自稱「世界公民」的狄奧格內斯（Diogenes of Sinope 412-323BCE）。古希臘城邦厚待其公民，這點受到斯多葛派的哲人反對，他們不認為應當把城邦的公民與文化視為超越鄰近的「野蠻人」。因為凡人都有理性，不當只有希臘人才是宙斯（天神）的子民，人類應當是世界的子民、一律平等。可見後來在斯多葛學派哲學和基督教宗教中早存在*cosmopolis*（全世界是一個宇宙之城，universal city）的觀念。但大同思想仍以城邦關係的和諧和羅馬帝國與其「蠻貊」鄰邦如何維持勢力的平衡，戰亂的減少和穩定的持續為主旨，其流於理想面，而非策略面、實踐面是不難想知的。

西方近期政治和社會學家遂企圖復興這種古代四海一家、民胞物

[1] 康有為早在1884年便著手撰寫。1885年撰成初稿，後又反覆修改，直至1902年才初步完成。不過全文出版為1935年。該書共分為十章，甲部「入世界眾苦」，其餘九部為「去世界」，一去國界、合大地；二去階界、平民族；三去種界，同人類；四去形界，保獨立；五去家界，為天民；六去產界，公生產；七去亂界，治太平；八去類界，愛眾生；九去苦界，至極樂。去九界既是人們去苦求樂的根本，又是實現大同世界的具體方案。他說今文經學的公平三世說與《禮記．禮運》中小康大同的思想連貫起來，指出撥亂世以後易以「升平」、「太平」、「小康」，最後進入大同。他所描述的大同理想，及「天下為公、無有階級、一切平等」，具有一定反封建意義，但卻是一種烏托邦式的空想。參考黃楠森、夏甄陶、陳志尚主編（1990），《人學辭典》，北京：中國國際廣播出版社，頁649。

David Held

Jacques Derrida

與的想法，特別是受烏托邦社會主義等左派思想之影響，這包括康德的世界公民和永久和平之理念與馬克思建立無階級、無剝削、自由與和諧的社群（community）的理想。受廣義的社會主義（包括馬克思主義）影響下，思想家企圖以大同思想取代以種族、膚色、語言、宗教、習俗為中心的民族主義。第一次世界大戰後的國聯和第二次世界大戰結束後的聯合國，都是朝向大同主義、世界政府發展的方向。包括對人權的推展，對犯罪的制止、對環境的破壞、對氣候改變的應付等等都與全球化的、跨越國界的行動聯繫在一起，也是大同思想走向實踐的初步。

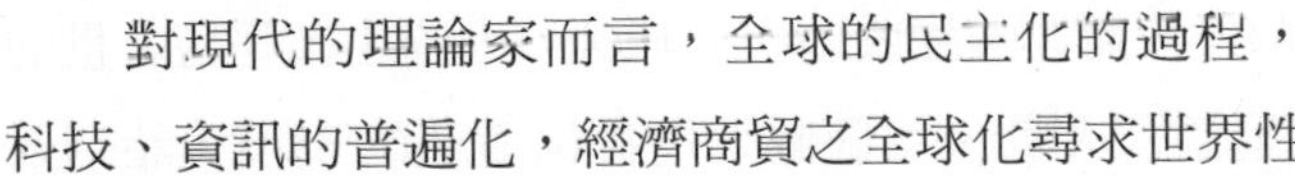

對現代的理論家而言，全球的民主化的過程，科技、資訊的普遍化，經濟商貿之全球化尋求世界性（至少跨國性）公民權與透過跨國的社會運動，而提高超越國界的合作乃屬必要，尤其是建立大同的「環球社群」或「環球公民社會」，成為國關理論諸大師（Andrew Linklater, Hidemi Suganami, Hedley Bull, David Held, C. Jones, Jacques Derrida, R. J. Vincent 等等）著作之核心。

當代關心大同思想的國關理論家大約分成兩派，一派為道德主張派，另一派為制度建立派。前者認同大同的思想之基礎為個人的道德與人群的倫理。這派學者認為道德判斷有其普世的標準，是非公平也有普世的原則。任何制度的建立和安排都應當嚴守普世價值與倫理之重要性，才能增進人類價值（human worth）。至於主張大同思想應當落實在制度的建立與安排之學者，不認為有特別的大同制度可以建立，也不認為建立世界統一的國家或世界政府，便會把大同理想付諸實現，原因是這派學者絕大多數堅持個人自由和不受束縛比結束全球無政府的狀態重要，雖然維持某種形式的跨國統治機關、進行全球治理或有必要，但這些全球性的政府必須承諾要實現普世的、大同的民主（cosmopolitan democracy），它容許目前世界分區分地保有原來國家的政府，但可以用地方、區域、國家、全球不同的層次而分權治理、權力與權威應當分散在全球性的機構，以及地方的管理機構之上，而淡化原來國家層次的權力與權威。在此情況下國家的主權是有條件的，而非絕對的。國家設立政府之目的固然在保護其國民的權利、自由和福祉，但全球性的治理機關何嘗不在保護留存普世上諸個人之自由、安全與福利？固然國有大小、強弱，但站在大同政府的立場，它要彰顯的是配當的正義（distributive justice），是站在全球的角度求取人類盡可能平等的、無分疆界的獲取公平的對待（Held 2004）。

由上所述，不管是道德的，還是制度的大同思想、普世主義，其關懷最重要的兩點為個人主義與普世價值。前者在保障、維護和增強個人的安全、自由和才能發揮，強調人人皆具有與別人同等的價值。因之，國關理論關懷的起點為諸個人，而非強權或弱國。其次，大同主義堅持普世的價值這一原則，仍舊是個別人身、每個個人是普世價值的表現，諸個人在道德上價值（moral worth）是相同的，都同享人類之性質，是故公平、正義不只應用到某些個人、某些集團、某些國民，而是一體通用於全人類，畢竟我們都是全人類的構成成員，普世人群的一分子（Thomas 2005: 139-141）。

假使馬克思的社群觀（洪鎌德 2000a：385-417）是衝破國家界線的大同主張的話，則現代的社群觀則是以本國疆界範圍內的國家裡，或區域性（像歐盟）這種社群。為了反對這種狹隘的社群觀，而倡導的大同主義便推動了反社群或非社群的（non-communitarian）的政治。原因是時代的變遷，使得各種國內利益掛鉤或重疊，人的歸屬、認同體、公民權和利益會因時因境而變化。迅速增加的有關大同主義之作品透過三種方式在闡釋大同的理念：

其一，有些理論者認為圍繞著全球民主與世界公民權的形式，以及超越國界的人際、群際之流通，新的跨國政治結構逐漸在浮現中，這便是「大同民主」的顯現，這包含了幾個不同層次的「全球治理」（曹俊漢

Martha Nussbaum

2009：85-111）。它的首急之務在於減縮國家主權，儘管尚未抵達世界性單一國家之地步。在此情況下大同的制度（保護人權、環境、販毒、販奴、嫖妓等罪惡之防阻）將與各國政府密切合作，使其權限可以超越國家特殊的考量之上，共同致力更為安全與和平的世界之建立。這種制度，尤其是聯合國與歐盟的組織、機構、職權之研讀成為時尚，儘管仍嫌抽象上的理論，而缺少實踐的可能。努絲邦（Martha Craven Nussbaum 1947- ）與賀爾特（David Held）的努力，是例外的、令人矚目的（Nussbaum 1997; Held 2002; 2003）。

其二，大同主義這一概念涉及社會與文化狀況，也就是有朝一日實現「大同世界」的理想。不談國家疆界缺失後單一世界性政府的出現，而就諸個人旅行的腳步，比起古人來幾乎是走遍天涯海角，他們日漸暴露在各地不同民風、飲食和習尚之中。不過認真地加以探究這類的大同主義只讓少數有錢有閒的菁英暢遊列國，過著逍遙享受的異國情調。是故大同主義只能說是這一小撮人類中的特權者與幸運兒所能擁有與享受的機會，而非牽涉普勞大眾與一般直接生產者。前者倚恃其財富特權，而釀造其優越的（「世界趴趴走」的）生活情操（world-trotting lifestyle）。大同主義在此意義下只呈現了消費、享受的一面，亦即享受錦衣玉食、藝術、旅遊之美的一個面向而已。

其三，大同主義涉及的是哲學、是意識形態。當代思想家大體上分裂為上述的主張社群與大同的兩個陣營。前者強調地方、地區、國度的特色所形成的社群，是各種人群生息發展的基礎，自有其社會組織的原則與道德承諾，以及義務約束，不可以用大同世界的看法把這些各族生活的指導原則衝散，甚至破壞。後者則要求打破生活狹窄的空間，配合時代的進展，走向全球化，而使人人成為「世界公民」。換言之，袪除國族的差異，締造全人類的共同體，伸張全球共通體、普遍的世界性人權。這種的大同主義所衍生的問題為是否會與民族主義以及愛國主義發生摩擦與衝突呢？是否可以把它們融會貫通，而成為大同式的愛國主義呢？亦即一方面過著各族國的地方與傳統的生活，另一方面卻嚮往與承諾人類一體、世界和平的理想呢？或是族群主義註定要與大同主義發生對撞，而玉石俱焚？（以上參考Griffiths and O'Callaghan 2002: 55-56）。

大同思想落實在國際關係學上最有關的莫過於民主和平理論，而這一理論又是自由派國際主義（Liberal Internationalism）最矚目的研究對象與範圍。因而有必要對自由的國際主義先加以介紹。

儘管1930年代現實主義譴責自由派的國際主義充滿理想主義和烏托邦的想法，但在冷戰結束後，二十世紀的末端，自由派的國際主義再度成為國際研究的焦點。特別是第一次海灣戰爭與共產主義的崩盤之後，人們夢想世界新秩序（令人聯想到第一次世界大戰剛結束時威爾遜總統的倡議）或有實現之可能。但1990年代以後十年間，這股樂觀的氣氛稍縱即逝。於是不難理解自由派的國際主義遭受很多理論上與實踐上的挑戰與質疑。

自由派的國際主義旨在展現一種計畫，可以改變國關情勢，使它納入和平、自由與繁榮的模型中，這一模型幾乎取自美、英、法等歐美憲政、法治、自由的政制，從而促進這種模式民主的廣化與深化。

儘管此一計畫內部有種種不同的途徑要達致世界和平與大同的崇高理想，但歸納起來下面三部曲為主要方式：其一，商業性的自由主義。此一方式在於避免花大錢於無益之軍備競爭，以及發動戰爭所造成的慘重代價。此派被認為領土的劃分與疆界的維持盡量與政治勢力脫鉤。這樣商貿的流通不只帶來經濟的好處，還可以減輕人民仰賴本國政府，而把其忠誠從民族國家移往國際，或整個世界。

其二，共和式的自由主義，係有異於跨國性的商貿自由主義，而強調國家本身層次上政府與公民之間的溝通、互信。它要求在各國之間民主體制的擴散、廣播，要求各國政府對其百姓負責盡職，不要偏袒經濟中某些部門與軍事菁英的予取予求。在過去十餘年間，國關學界曾展開激辯，辯論何種程度的民主比起非民主的國家更重視和平、推動和平，從而把一國民主發展的程度從其國家的外交政策所受的國內因素之影響來加以測量。

其三，規定的（regulatory）與制度化的自由主義。這是在國際結構層次上操作、活動的自由主義。在這個層次上自由主義者反對現實主義者視國際的政治結構是無政府的狀態，也反對國際政治附屬於國家爭權奪利的目標（權力平衡）和手段（戰爭、或用武力來脅迫他國）。很多位自由派國關理論者認為倡導法律統治（依國際公法推動國際事務）是解決人類紛爭，走向大同與和平之道，這包括國際機構、組織、制度、規範、實踐的不斷建立和持久推行，俾把安全的疑慮和困惑降至最低的程度。

從上面的解說不難看出自由派的國際主義採取的路徑是改良、改革，和平轉變的，而非像激進者採取革命暴力，甚至戰爭等革命手段。它無意對現存國際體系的政治結構帶來一次徹底的更新與改變，而是避免採用現實主義者有可能導向戰爭的因素（例如強調國家利益、講究權力的制衡、武器競賽、脅阻、恐怖平衡、先發制人的第一出手〔不待反擊而在第一次就以大規模、致命的軍力打敗敵人〕等等）。

在二十一世紀開端，自由派的國際主義面臨了幾項空前的挑戰：其一為上述三種自由主義可能各自發展，而非彼此奧援，甚至它們之間還因競爭而產生矛盾。像全球化時代國家如何代表和負責去回答人民的要求，當它面臨全球資本主義的壓力，而必須推動宏觀的經濟政策之際？這就暴露商貿的自由主義有可能阻擋共和的自由主義，甚至兩者的主張相互衝突。再舉一個例子，俄羅斯與中國的經濟發展過熱，無法與其國內民主的要求之步速搭配。大家甚至認為中國的政府與人民只要擁抱資本主義（發財）就好，管不了民主發展的重要。

其二，所有的自由派國際主義之價值可以同時來享受、來落實。像和平、個人的自由，以及法治與別的自由民主國家在國內都可以同時並存，而不生衝突，唯獨這些價值放在國際層次上未必可以相提並論、和平共存。這都是由於國際之上沒有更高的權威，也沒有像國內法那樣為各方所接受，而能夠付諸實施規範來排難解紛之緣故。這是對自由的國際理論者而言，無從解開的死結。同樣整個世界是自由與非自由國家的摻雜並存，要進行改革談何容易。美國如何要求中國對其人權的濫用加以改善呢？是否讓中國自行逐步改善，還是把人權與商務問題掛鉤磋商呢？劉曉波榮獲諾貝爾和平獎而身繫囹圄，與美國政府和國會要求人民幣升值就是顯例。

其三、民主與自由的大同主義與自由派國際主義並非合作良好的夥伴。相反地，它們之間的競爭、摩擦與衝突也是不爭的事實。前者是把國家附屬於個人的自主與自由的自由派價值之下。理論上的自由主義者向來對國家就有疑懼。不過後者（自由派的國際主義）卻把國家的存在當做理所當然。在自由派國際主義者宣揚國與國間應重視法治之際，這種主張同其宣揚個人自由的倫理目標相衝突。舉個例子來說，自由派的國際主義者對於採取人道的干涉，分裂成正與反兩個陣營。一方面他們同意國家主權並非絕對，一旦這個國家對其人民的權利踐踏時，便不配代表民意。但另一方面他們卻害怕別國使用暴力來制裁這些獨裁的政權。人道干涉可能顛覆了國際法的正當使用，也可能提供給強國藉口為追求本身的利益派兵侵犯他國，如老布希的海灣戰爭（1990），以及小布希進軍伊拉克（2003）。儘管這對父子檔並非自由主義者，但美國號稱自由民主的龍頭，居然揮軍入侵他國。

同樣地，自由主義者在有關民族自決的議題上發生分裂，如果民族自決意謂人民自行組織政府，決定其公共事務，那麼自由派分子是同情的、支持的。另一方面，他們對自決也有疑忌，當他們視此原則把個人降服於國家利益之下，以自決之名落實國家的強大。

在回答上述困局時，自由的國際主義或寄望於歷史進步的理念會自動解決它所遭逢的挑戰，或是變成道義上更為激進的人道主義、大同主義。前面這種態度傾向於自信自滿，相信人類的發展在往好的路上走。後面的看法則容易陷入現實主義的批判，認為是一廂情願的理想主義。要之，既被貼上理想主義的標籤，則當然應當全力維護自己所信所言，就是遭受批評與攻擊也應坦然以對，逆來順受。

第二節　自由主義的思想根源

自由主義的理念有其政治的根源，也有其哲學的淵藪。在哲學思想方面則與西方基督—猶太的宗教傳統密切關聯。特別是十八世紀歐洲流行的啟蒙運動（洪鎌德 2009a：63-71）是產生自由的國際主義（liberal internationalism）的動力，在政治上由於舊政權上下垂直不平等的社會位階，造成把外交和爭戰的對外事務看成內政的功能，也是君王凝聚與堅固其內部穩定和社會秩序的治國謀略，由是產生自由主義者把外交當成內政的延長之看法。

法國十八世紀文藝沙龍與咖啡座上評時論政之「哲學家」（*philosophes*），便是後來自由主義者之先聲。他們批評了後威斯特發里亞建構的近現代民族國家體系（歐洲結束三十年宗教戰爭〔1618-1648〕之後，民族國家崛起於歐陸和英倫三島的新形勢）。對這批自由主義者而言，政治在改善內政、提高統治者與群眾的向心力，而非對外輕啟戰端、謀取帝王的光榮虛譽。在「舊政權」統治的時期，外交活動（diplomacy）都是宮廷式秘密的使者外交，目的在滿足上位者的私心與密謀，而無關人民的福祉、國家的利益。這些密使之間磋商簽訂的條約，也被視為緩和爭端的一時之計。至於合縱連橫的權力更容易製造國際衝突，引發各國的疑忌，甚至憤懣。

自由主義者認為近世布爾喬亞與知識分子的崛起，代表啟蒙運動所鼓吹的理性與進步的觀念。他們視國與國之間的戰爭是理性的失敗和社會進程的倒退。戰爭之爆發主要為暴君與野心政客的好戰與虛榮，或是內政施為不當，轉移百姓怨懟的詭計，當然也有可能是列國主政者溝通不良，誤解、誤判所造成的結果。戰爭與不公不義連結在一起是自由主義者對暴力使用和戰爭的分析最具眼光、最有灼見之貢獻所在。

作為啟蒙運動推波助瀾的大師之康德，早在1795年出版的《永久和平論》說出下面這些話：

> 假使公民們被要求做出同意，俾決定是否（國家）要宣布戰爭的話……那麼他們會很自然地小心翼翼地思考發動這種無聊的遊戲，為的是避免啟動戰爭，造成他們的災難重重。一旦戰爭爆發（公民們）要捲入打戰，要把其資源撥出來供戰爭要開銷，要痛苦地承受戰禍，補修戰爭留下的爛攤子，結束戰爭造成的惡果，還要承擔國債，導致和平恢復的險阻痛苦，未來不斷的戰爭只有使和平的建立更是寸步難行。（Kant 1983: 94-95）

是故終身致力人類認識方面與行為（實踐）方面如何講究理性、實現理性的康德，不但是第一位理性主義的先鋒，也是自由主義的前驅和大同思想、普世主義的理想者與實行家（Nussbaum 1997）。

第三節　自由的國際主義之歷史發展與基本概念

從康德對戰爭之反對，可以看出其後自由主義者如何用心去取代與揚棄「戰爭體系」。其主張或重視盡責的政府之政治實踐，或認為國際商貿的自由來往，或認為國際機構、組織的建立、國際規範（公法、私法、商法、刑事法等等）之確立與執行，都是人類理性的發揮和文明進步的表徵。

前文提及康德認為人民對啟發戰爭不但有意見，更要去建立共識。而洛克的自由和民主的學說便建立在統治要靠人民的同意和共識之下的政治體制。盧梭主張主權在民，政治的推動要靠人民總意志的發揮。是故無論

John Locke

是康德、是洛克、還是盧梭，都主張尊重民意，建立在人民共識之上的民主政府。自由主義者會傾向於只有民主的政府，而非專制與獨裁的政府，才不會輕啟戰端，釀成戰禍，引發重大的國際衝突。是故自由主義者在重視個別公民的福祉（因而主張個體主義）之外，更把注意力放在戰爭之防阻，視戰爭為理性的消失、理性的失敗（自由主義不但擁護個人主義，更主張理性主義）。為此他們又留意到平民與軍人、民事與軍事之關係。

一、民事與軍事的關係

歐洲（尤其是英國）憲政主義和自由主義的運動中，最關懷的一個主要議題為保國衛民的需要，導致政治組織中軍事力量、軍事官署的勢力日增，但軍事權威（官署人員、配備等等）會不會凌駕或威脅到民治（民事的管理、治理）呢？英國、歐陸和北美的憲政設計是讓立法機構的國會來掌控軍事機關，且其控制的基礎來自民兵（civilian military），俾取代專業的軍人。或至少採取民兵與職業軍人並行的制度，以防阻軍人奪政、擅政、專政。

但隨著軍事的專業化、特殊化、工業化和全球戰爭的經驗，以及冷戰之啟開，核子武器的研發、部署，使得戰爭的作法發生極端的改變。在此情形下，軍事權威逐漸逸脫民事與社會的監控，落入軍事專業者之手中，或成為行政機關的管轄之下。在美國出現了「帝王式大權在握的總統制」（imperial presidency），以及行政機構紛紛設立和擴權。尤其是在冷戰期間出現的「軍事工業複合體」（military industrial complex），顯示整個北美社會的軍事化（Schlesinger 1974）。

冷戰結束以後，美國軍事開銷有減少之趨勢，國會的監控勢力逐漸重現，取代軍人獨占國防工業的現象，改為講究文化的軍事化，亦即借助於高科技研發的高效力（高殺傷力）的新型（智慧型）的武器。這種新武器的研發固然受到資訊、知識工業之鼓勵，有部分來自娛樂遊戲業的刺激。這部分比較不致招惹自由派的抨擊。但2001年以後受小布希政權的影響，地緣策略的軍事主義又告抬頭。

二、政治經濟學

經典的政治經濟學，也是自由派所尊奉的政治經濟學，是有異於馬克思主義派的政治經濟學的批判（洪鎌德 1999：23-50；2010a：1-18）。它初期的出現在於批判舊政權君王、皇族徵收金銀財寶，做為國家財富的象徵之重商主義。重商主義是干預人民經濟活動來追求國家財富與權力的學說。它設定世界的財富之程度是固定的，因之鼓勵大量輸出、減少輸入，以鄰為壑的大肆搜刮金銀財寶，而藏之於皇宮國庫。這種觀點與休謨以及法國的「哲學家」的看法相異，而由亞丹・斯密綜合提出國際分工與自由貿易論，來達成財富水平的普遍升高。經濟活動受到市場供需原則這一看不見的手之指揮，政府直接採取放手不管的策略，讓民間的、私人的經濟活動自由展開。這部分的活動一旦國家介入會造成變形、失實和毫無效率可言。放任無為（*laissez faire*）的政治把國家的職權只限縮在對內維持秩序、對外反抗侵略，以及提供百姓公共財貨與服務而已。對外方面，自由貿易會增加參與的國家絕對性的財富，也增強彼此相互依靠的連繫（綁帶 bond、bondage，或團結 solidarity），而促進人民之間和平相處，這種緩進的大同思想的角色，為自由派所推崇，也成為他們奉為圭臬的原因。

但這種自由貿易當成國際學說的公平、正義性卻也引發某些人的批評，因為後來工業化發達的帝國的日耳曼（指威廉的第二帝國）和美國，卻因工業進步，造成舉世最先進的經濟體，這證明自由貿易只對先進的經濟體有所幫助，而對後進的經濟體則為有害。更何況德美兩國也是採取某些國家保護政策，來使經濟呈現一片榮景。另一個例子則為1980年代東亞四小龍經濟成長的迅速，顯示強力而有效的政府介入（指導），才有亮麗的發展成績，這與政府放任無為的理想相去很遠。中國的改革開放也是由政府主導的國家資本主義化。

再說，放任無為的說法，遭受十九世紀以來社會主義與馬克思主義左派的猛厲抨擊，認為資本主義肆無忌憚的盲目擴張，造成社會財富為極少數資本家所取得、占有，乃至家族傳承，而導致廣大的直接生產者的貧困，或所得極低。就是中產階級的薪資雖比勞工優越，還是無法與資本家相比（不成比例的收入），這就是說經濟的自由與社會的平等完全脫鉤，這無異為公平與正義的蕩然無存（洪鎌德 2000a；2010）。

於是「新自由派人士」（New Liberals）發現民主和資本主義裂痕愈來愈大，緊張愈來愈高，遂大聲疾呼國家要扮演積極的角色去促進「正面的自由」，亦即開發社會與經濟的條件，使人人可以享受形式的權利與實質的自由[2]。於是經典的自由主義改為凱因斯的充分就業，落實社會、民主的經濟計畫，包括福利救濟措施。這些計畫成為1945年至1970年代末所謂的自由陣營的民主國家之張本。這些經典的與新（福利）自由主義的劃分，不只對自由主義傳統的分裂和改變產生重大的影響，也對國際關係學說中自由派的論旨之意涵產生改變和革新的作用。對於「新自由派」而言，他們的論旨改為國內分配的不均、貧富差距的擴大，不但產生社會的不公不義，而且在國際政治方面導致國家尋求自給自足、擴大軍事冒險、走向國際衝突，或變成帝國主義者之因由。

John Keynes

凱因斯在其大作《和平的經濟後果》（1919）一書中提出警告，指出第一次世界大戰前各國相互依存的程度高，是故德國經濟的復興成為更為廣大歐洲之經濟復興的必要條件，也是歐洲穩定的泉源。他對凡爾賽和約的處置方式正是安吉爾（Norman Angell

2 這是所謂正面的自由。與此相對是負面的自由，所謂負面的自由則為解除人們追求自由自主隨時遭逢的種種政經、社會、文化、教育、思想方面之束縛，包括拋棄無知、迷信之類的社會發展之羈絆、阻礙。

1872-1967）《大幻想》（1913）一書的翻版，此書對戰勝國從戰爭獲取的經濟利益等於零有一針見血的論斷，因為致力和平工作，這位英國工黨議員在1933年獲得諾貝爾獎。安氏稱：國際分工的程度以及現代財富依賴貸款的結果，使武力征服不再成為國家擴大財富的合理途徑。凱因斯還批評了放任無為的政策，而在世界景氣大蕭條的1920年代末倡說經濟民族主義，鼓舞各個政治社群（國家）追求其政治目標（像全面就業），而不須擔心資本從其國家中走脫。可見新派的自由主義者在政治環境改變之際，面對社會主義挑戰之時，重新估量其傳統的學說內容，予以求新求變、全新出發。

歐洲經濟在第一次與第二次世界大戰之間瀕臨破產，以及極端主義（納粹與史達林）之崛起，使得各國政治人物重新思考公部門管制經濟，尤其是國際經濟之必要。特別是在第二次世界大戰之後不再向戰敗國採取懲罰性的報復行為。

是故二戰結束後在美國領導下，布列顛森林的金融制度和關稅暨貿易總協定（GATT）便是定位在相對公開而沒有歧視的平等基礎上，從而建立國際商貿與金融的新秩序。在政治上，此一時期內最大的成功為使戰敗的強國很快納入國際秩序的重建裡。西德和日本導入接受內政上建立民主的政治體系，其代價為放棄整軍經武，承諾長期的和平。更重要這兩個戰敗的國家被鼓勵參與國際經濟活動，成為振興世界的重大力量。

自由派有關國家之間政治經濟扮演的政治效應不但大力鼓吹，也引起學術界的注意。有關經濟、貿易、信貸、投資、科技交流的大量文獻所討論的為互為依存、政權興衰、制度與規範的倡議、修訂。這也成為國際關係研究中自由主義之擅長和貢獻。在現實主義的爭辯中，自由主義證明即便在國際安那其無政府狀態下，追求本身利益之國家（行動者）發展合作遠勝於爭權稱霸、或講求權力平衡。不過自由派的研究項目也遭受批評，因為與美國外交政策所關懷之事物走得太近，特別是有利的商貿與金融秩序的維持。原因是對自由派而言，國內外經貿的「管理」是合法而重要的措施，只是太注重管理的技術，而忽視批判與規範面就會遭受物議的。

三、民族自決

在自由主義者追求個人或集體的自由以及自主的意涵內，包括最重要自治的權利。在法國大革命時，這個自治的原則與民族主義合流而產生民族自決的原則。藉此原則各國、各民族如何建立自我治理的政府、或主權的國家都是正當的、可行的作法。不過把自治自決同民族主義這對難兄難弟加以分辨或分開，有助於瞭解自由主義發展的情況。在十九世紀自由派人士大體上同情希臘人、匈牙利人、波蘭人與義大利人追求獨立。但在俾斯麥經過普丹（1864）、普奧（1866）與普法（1870-1871）三次用兵而統一德國諸邦之後，學者發現民族主義促使集權中央的大國擴大聲勢，而未能像共和國追求民族的自由。於是對要求建立領土排外、政治統一、文化淨純的擴充性民族主義大為反感，認為它與追求本族不受他族統治，要求本身自我管理、自由解放的自決主張不牟（洪鎌德 2004：286-295）。

在第一次世界大戰結束之後，民族自決的呼聲更大，特別是涉及中歐與東歐種族繁多的國度時，這種呼籲與要求更成為戰後新國際秩序重建的主題。在此情況下，自由派的自決理念也有所修正，就是要求在主權的原則與實踐上做了修正，這也使自由主義者轉而支持少數民族、族群的權利、支持聯邦主義，也為其後歐洲聯盟不講究主權的一些機構、組織、做好鋪路工作。這包括二戰結束後，歐洲六國的煤鋼組織與歐洲經濟共同體之紛紛出現。自由派當前重新想像建立「大同的民主」（Held 1995），這是在全球化條件下各國自治的新形態。這個計畫所面對的挑戰是如何設計各種方法，讓權力與決策中心會受到它們要影響的國家與人民的尊重，也會為他（它）們權力的行使與政策的釐定負責盡職，儘管經濟／政治關係的領域規模有大有小，儘管世界分成那麼多單元的法律／政治的國家之不同（MacMillan 2007: 21-28）。

第四節　各種各樣的自由主義之研究途徑

當成科學學門的國際關係當中，並不存在單獨的「經典之自由主義」底理論。反之，卻是一大堆自由派的理論在綻放爭鳴，儘管國關中經典的自由派理論建立在一個核心的假定之上，亦即國內的行動者與內政的結構對一國外交政策的目標（利益與認同體）影響重大，也對實際國關中國家之真實行為起著指揮嚮導的作用。在對國家的認同體和利益「由內轉外」做出理論解釋時，自由派的研究途徑認為一國內部的特徵（包括國內各層次、各樣式的行動者、各種制度、各項實踐）都是關係重大的變項（獨立變項）。要之，自由派所重視的是國家，及其在國際關係上的行為。這點與政權或國際機構對國家行為的影響是不同的，這部分屬於自由主義之主張。

在經典自由派研究途徑方面，都重視內政的變項如何型塑國家對內與對外的行為表現。不過研究之途徑不同大於相似。有些研究者會主張國內的行動或是他們彼此之間的互動，特別是在社會、經濟、政治範圍內的互動是解釋他們對外行為之關鍵性因素。另外一些理論家則聚焦於政治的建構、或意識形態、或經濟體系，認為這些才是內政的結構。另外在自由派名義下，有人主張：須留意某些國家的外交政策制定和國家之間互動的活力即足。

把這些不同的自由派研究途徑綜合起來討論，我們可以有縱橫兩種不同的維度（dimension，向度、範圍、空間、天地），橫向方面涉及行動與互動；縱向方面涉及行動者與結構。在橫向的行動與互動中我們又分為理性主義與建構主義兩種。須知理性主義和建構主義嚴格來說都不是國關理論中實質性的理論（Adler 2002; Risse 2003b）。這種理論可謂為後設理論，是對行動者的性質和建構所做的假定（譬如說行動者本來就是理性動物，或者假定行動者沒有本質可言，其性質都是後天學習建構而來）（Wendt 1999）。

就其核心而言，理性主義依賴的是方法論的個人主義，以個人的思言云行擴大至諸個人、或群體所形成的行動者的行為之上，且這種方法論的個人主義是設定個人先於群體而存在，個人的作為獨立於社會結構之外，社會結構當然對個人的行為有所約束，但也提供機會，但這種行動／結構的觀念要交給建構主義來發揮，而非理性主義所強調的。

行動者主要的實力亦被看做是從行動本身外來加以界定的。換言之，行動者的利益不存在於行動者本身，而是在身外獲取的，並加以界定。行動者不斷計算估量任何行動的目的與達成目的之手段。當然目的追求是否值得付出什麼代價（手段的選擇），正是所謂理性主義所強調的理性選擇（rational choice），也是手段達致目的之理性（洪鎌德 1999：227-247）。為了極大化行動者的利益（存在於其身外），如何以最低代價獲取最大的好處，都是個人運用合理計算的能力才能達致的。只是個人對其偏好的策略，以及最佳利益如何才能得到，卻每每隨時地與狀況而改變，也就是行動者心思的變化，因為這是行動者對手段／目標的限制觀念發生變遷而引起的。在這種看法之下，社會結構、社會組織、社會制度對個人只有約束規範的作用，而沒有決定性的作用。上述社會的結構、組織、制度都可以視為機會結構，它們並不直接型塑行動者之認同體與其利益，只在策略選擇時加以影響，而且造成獎懲或阻止採取其他行動的作用而已。

與此相反，建構主義立基於本體論的假設，認為主體相互之間產生的意義對個人有企圖、有心意的行動起著建構的作用。換言之，依建構主義的說法，社會先於個人，個人之性質（本性、本能）完全是社會（家庭、鄰里、學校、職場，其他人際關係）所塑造的。在本體論上個人並不先於社會而存在，而是行動者與結構彼此互構（Wendt 1987; 1999）。互為主觀的意義影響與建構行動者主要的政策之利益底選擇與發展。這些政策性

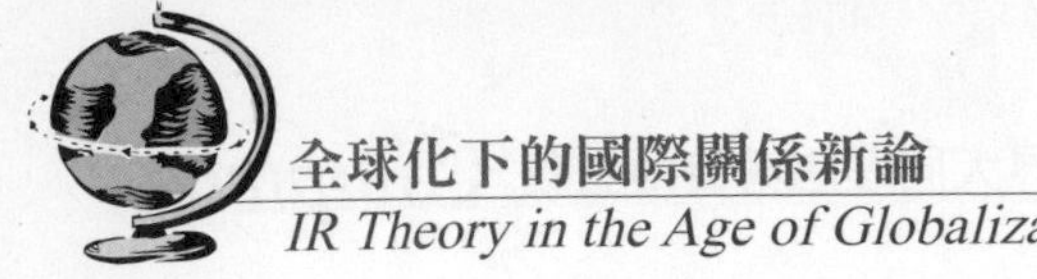

的利益之創造與改變是通過溝通的行動。改變互為主觀的意義之可能性，需要把主要的政策性利益看成身外的、外來的東西。它們不可能視為既存之物，而是靠行動者爭取而得，但行動者在爭取時，必然牽連到另外一個（或數個）其他的行動者。因之，利益的改變只有在行動者與互動的過程中才有可能。不像理性主義的說詞，建構主義不把結構、組織、制度看成是規範的、管制的、約束的、規定的，而是在行動與互動中建構出來之事物。既然持此看法，那麼結構、組織、制度也大大地影響行動者的認同體及其政策性的利益，它們不但限制有時也便利行動者。以上為理性主義與建構主義之不同，產自行動與互動不同的重視程度之上。

至於第二個維度、面向、介面、天地（dimension）便是縱軸上以行動者為中心（以內政上政治主角、政治活動、爭權過程等等為主），還是以結構為中心（內政上政治制度、政治組織、政治機構、政治規範等）的分辨。前者涉及自由派政府間相互治理論（intergovernmentalism）、功利性自由主義（utilitarian liberalism）以及行動者為主的建構主義（actor-centered constructivism）和理念化的自由主義（ideational liberalism）。後者（重視結構）則涉及理性主義的理性民主和平（rational democratic peace）與互賴理論，以及建構主義的民主和平理論。要之，強調行動者為中心的研究途徑會重視內部政治（domestic politics）對國家外交政策的影響。這種看法下，諸國家固然看成主觀上理性的、或互為主觀下建構的行動者，但非現實主義心目中單一的、唯一的行動者。其利益是行動者行動，或諸行動者互動的產品，而非客觀的國際環境（結構）所影響的（不像新現實主義者所稱由於「安全」追求，而受到影響）。這種看法之下，國家的利益可以因時、因地而生變化，因為國家利益受到本國國內各種群體的利益、信念和認同體所型塑。因之，以行動者為主的自由派理論分析本國各種群體理念的形變（ideational constellation，理念的時勢變化），以及國家政策制定者主要的政策利益之型塑過程。

在國內比較開放多元的政制中，執政者與反對者，和各種利益團體之間，各群體的利益與信念不一致。因之利益和信念的衝突不斷。在此情形下不同的社會利益群體（工商會、勞工協會、草根組織、非政府民間團體等），競爭將其利益與理念呈現在代表國家的政策制定者與執行人員之上，而影響了國家在國際層次上的表現。這涉及不同利益關說團體之活動。總之，以行動者為中心的自由主義理論把國家外交政策制定者之利益和理念由外部轉化為內在。等於綜合、消融國內各種團體的利益與信念（亦即理念的形勢的轉變，ideational constellation）為一體。

與行動者為中心的研究法不同，結構為中心的理論並不聚焦於國內政治實況（domestic politics），而是國內政治實體（domestic polity）。它的基本設準是認為國家與他國交往的行為不取決於國際體系的結構，而是受到本國社會的、經濟的和政治制度（國內結構）之影響。國家被視為國際事務中最重要的行動者。不過國家因國情之不同，對國際的壓力、或國際的鼓舞（給予之機會）各自做出不同的反應。正因為每國國情不同，其表現互異，足以反應各國之政治的、社會的、經濟的三種結構之不同。當然再加上種族、民俗、宗教、語言、人生觀、世界觀等等文化結構之特殊，那麼其在國際情境中之活動表現自然大異其趣。除了政治結構（民主對抗極權〔獨夫〕，各種不同的民主類型、軍人干政的情形，政治意識形態的選擇等）之外，就是社會結構與經濟結構。社會結構呈現在社會上下垂直關係地位差距之大小，社會變遷與流動的快慢、現代化、城市化、工業化的進程等等。至於經濟結構是否採取資本主義，還是中央管控的計畫經濟，國家經濟活動依賴國內市場大，還是國外、世界市場，經濟成長的快慢，經濟財富分配是否平均等等。上述這些三、四種的內政結構對一國上下而言，都是造成主政者深信的來源：深信何謂真理、何謂正義、何謂合情合理，導致他們要不要促進人權，要不要採用何種政治意識形態，何種的認同體之泉源。

這兩種縱橫主軸的維度、範圍、天地有相互分開、彼此排拒之關係。理性主義或建構主義理論的假設和強調的行動者為主，或強調國內結構為主的理論是獨立的、彼此分開的。我們利用**表6.1**來表示。

表6.1 自由主義各種研究途徑

後設理論／取向	理性主義（行動）	建構主義（互動）
以行動者為中心（國內的政治勢力、活動者之較力）	自由的政府間之行動與互動理論；功利性的自由主義，兩個層次之博奕論	以行動者為中心之建構主義；帶有理念（ideational）的自由主義
以結構為中心（國內的政治、社會、經濟、文化等體制）	理性主義者民主式的和平與相互依賴之理論	建構主義式的民主和平理論

資料來源：Panke and Risse 2007: 93，經本書作者略加修改與闡釋。

第五節　以行動者為主的理性主義

這是指上表左上方那個以行動者（而非內政結構）為中心的理性主義。這是假定把國內政治活動（包括黨派競取執政機會的黨爭、朝野的對抗，各種壓力團體及其遊說，社會菁英的奔走爭競等等）當做討論的中心。換言之，不是國內的機構、組織、制度，而是政治人物之權力團體（政黨、遊說集團等）的思云言行成為把外交政策之利益，加以內化（internalizing）、內生化（endogenizing）。這類研究途徑的基本主張為國內各種勢力的行動者，影響到國家如何界定其外交政策的利益，以及國家如何在國際舞台上的表演——展示其行動與作為。對此做出理論的工作可分成兩個步驟：其一為如何型塑國家的利益；其二，如何使國家在國際活動的層次上有所動作、有所表現，其國際行為是什麼。

在第一個步驟中，理性主義而又以行動者為主的自由主義之理論，是由下而上，而非由上而下的研究方式。他們的觀點為政策之利益如何受國內競爭的群體或個人所推出，這些推出而名義上代表國家的利益等於是競爭者「勝出的組對」（win sets，勝利的主張、利基），原因是國內各種勢力的競爭行動者可視為策略上符合理性的活動者。對這種主張的自由派理論者而言，沒有必要區分內政與外交。外交政策反映內政實力，是主政者「高度政治」（High Politics）[3]之權限下的外交表現。

Andrew Moravcsik

當社會的各種勢力之行動者視其利益為最要緊、最受矚目，也成為輸贏的關鍵時，他們必然投入國家利益的型塑，俾把本群的利益化成國家利益，或從國家利益引出部分為本群之利益。國內諸種團體會利用既存的管道、手段來影響與遊說政治家，俾把國家當成行動者來掌控落實在特殊利益（化普遍利益為特殊利益，或化特殊利益為普遍利益）（Moravcsik 1997: 519）。這種把各方勢力加以整合匯聚和累積的過程之先決條件為政策制定者，為了選票與繼續執政、為了多少要回應反對派和一般民眾的要求。反之，在社會群落競爭不大，政府大力吸收菁英（或菁英一面倒之下，像威權式統治下之新加坡），自由派的理論比較無法解釋國家利益和偏好的國內泉源。在此情況下，研究者只好把注意力放在威權或獨裁政權的統治集團，然後使用理論來解釋外交政策的利益由內向外型塑之過程。

在第二個步驟上，以行動者為中心之自由主義者把國際層次所加給國家的限制重新找回來。國家一旦形成外交政策之利益（確定本國利益之所在），則轉向國際的環境。這時國家外交磋商人員面對著外頭的種種壓力與拘束，原因是別的國家也在追求林林總總的不同之利益。這種外來的壓力和拘束會影響本國主政者手段與目的估量與選擇。只要主政者仍舊是策略上理性的行動者，他或她們在審時度勢之餘，要把其行為做因應的調整，是為行為之調適（這是指在磋商時改變策略，包括尋找盟友形成聯盟、相關議題之連結、部分付現、整套〔配套〕交易與解決）。有些理論

[3]High Politics是指涉及層次、範圍、對象更高的政治，包括國防、外交、商貿發展在內的政經決策與執行而言，也包括爭議最多必須靠當事者（個人、黨派、派系）使用政治之手段（威脅、利誘、譭謗、抹黑、惡鬥）來解決或選擇者。

家認為轉換的代價較低，透明度反而更高，有關他國的利益之資訊的取得或是徹底的、或是不夠完整的。

此外，還有實際與情報兩個層次的博奕模型，認為國家利益的透明度相當有限，以致在資訊和情報的層次上透明度低，而要取得更多的、增加的資訊之代價卻嫌太多、太高。這會造成國際磋商「不確定之帷幕」。首先，本國的外交政策制定人並不熟悉他國之內政，也不知他國讓步的最大限度（Puttnam 1988）。由於每個政府必須仰賴他國發出的訊息，也就是有關他國認為是「勝出的組對」，或「勝出的利基」（win sets）的瞭解，但卻存在著讓步、需求和妥協的不確定性（本國對他國談判時的底線之無法事先知曉）。每個國家或政府可以用欺騙的方式或給予錯誤的訊息來限制他國的利基或贏面，這便是把外國的手腳綁起來，使對方行動呈現不便的策略（Evans 1993）。在涉及特殊的國內利益勢頭轉變上，國家的行動者可能對他國相當不利於本國之要求加以拒絕，而對反映於本國較有利基的要求做出妥協。

其次，有關不確定的帷幕之另一方面，關聯到國內諸行動者（主政者）利益上不一致、不連貫。特別是當國際磋商的透明度相當低（像國共之間有關ECFA的磋商、談判與訂約），而國內其他群體（特別是台灣的民進黨與台聯黨）完全被排除於磋商、諮詢、討論之外，這時產生的不一致、不連貫大大影響整個國家的利益，這時國際的磋商使主政的國家行動者得到授權的好處，但卻傷害內政上諸群體，包括反對黨以及民間團體的利益。此時再加上國際協商是關起門來的秘密談判，國內的諸行動者只能依靠政府所提供的資訊，來知道政府向對方所做的讓步情形。在此情況下，政府因為對資訊掌握優先的地位，亦即資訊的獲得顯示不對稱、不公平，則其所追求者不過是主政者或執政黨派的利益而已。參與談判的政府在指出別的國家的利益之分配與讓步（例如馬政權宣稱中國「讓利」）和自吹進行講價還價的手段靈活，來正當化其談判之結果。國家行動者（執政者）還可以大玩特玩「排除鬆懈」（cutting slack）的策略（例如馬政權急於簽訂ECFA，認為時機緊迫、不容拖沓、非簽不可），來增強其利益，而置國內其他行動者之批判、反對於不顧。

要之，兩層次（國內與國際）的講價還價使執政者「化弱為強」，或從國內、或從國際的拘束與限制掙脫而出，俾在戰略上達到其利益的適當取得（optimize，適量化）。

第六節　以行動者為主建構主義之自由主義

表6.1右上方那一塊表示建構主義者在以行動者為中心的觀點下所採取的國關研究途徑。不像一般理性主義所主張的說法：行動者一出生便是講究理性，便知其認同體與利益之所在，建構主義者強調不只物質性，可觸摸得到的認同體與利益對國家而言非常重要，就是抽象的理念、規範和世界觀，也是型塑行動者的認同體與利益的最大來源。再者，政策制定人的看法（perceptions）、認同體和利益是受到社會學習與規範擴散的國內過程所塑造的、定型的（Diani 1996; Fischer 2003; Kodré and Müller 2003; Surel 2000）。社會學習是一種機制，藉由它行動者獲得嶄新的、實質的政策利益（Checkel 1999: 548）。理性主義的自由論者之說法是內政上諸行動者靠著討價還價的商量機動與靈活，而把國家利益塑造起來。國內的諸群體可以指明潛在的投票人之贊成或反對（藉投票給予政黨與候選人獎賞與懲罰之可能性），假使主政者對這些群體的要求不加回應的話。這種說法與建構主義的論調相異，後者認為國內諸行動者與國家行動者（主政者）參與相互說服與爭辯的過程上，而選舉（投票）方式的制裁、獎賞或威脅關係緊要（Risse 2000）。在國內諸群體與主政者的互動中，對問題的不同看法、解決的念頭，和政策利益相互競爭，其結果是贏者勝出、敗者出局。

由上所述建構主義的自由派研究途徑，在於指出哪一派、哪一個主張較具說服力，而造成社會觀摩學習後的成果和塑造成國家的利益，他們強調一批製造規範的企業家（norm entrepreneur）當作是政策辯護人，也形成贊成政策的聯盟（Keck and Sikkink 1998）。這些人物或群體進行道德（道義）說服的工作，也形成知識的經紀人（knowledge-brokers）和「認知共同體」（epistemic community），能夠擁有特權進入權力核心，瞭解當局的想法，而利用官署來把某些議題搬上台面，促成其為政策（Haas 1992）。

那麼我們不禁要問，誰能夠在辯論中勝出呢？答案是要找出那些條件有利於具有說服力的那類群體。基本上，可以分成兩種可能性：其一，為分析那些條件可供活動者公開學習之用（Risse 2002; Elster 1992）。在變化迅速的環境下，政策決策者甚少擁有事先的信念和清楚界定的政策利益，這是與安定的狀況下懷有成見不同的。其二，在不同的脈絡下，強調某一群體、或某一主張更具有說服力。例如建構主義者所津津樂道的「設個框框」、「建立架構」（framing）可以突出社會的學習容易進行，一旦其主張與現存的理念利益、認同體接近的話（Payne 2001）。

第七節　理性主義者民主和平與互賴的理論

表6.1左下角代表了理性主義對政策同國內的結構（組織制度、規範）互動下所持的看法。在國際關係學中，民主的和平理論算是最重要，也是影響力最大的自由主義論。其出發點為雙重的謎團。其一，民主國家比起專制國家來，彼此訴諸暴力戰爭來解決糾紛的次數較少（Russett 1993; Russett and O'Neal 2001）。其二，民主本身並不比其他政制更為愛好和平，因為它們經常捲入對抗專制、或威權性國家的戰爭中。更令人不解的是在對抗權威性國家的戰爭中，民主國家屢次獲勝（Lake 1992）。因之，民主的和平是指民主國家形成的一個區塊、地域，這是康德十八世紀末的

預言的持久和平之地帶。

經驗研究證實民主國家比較容易和平相處。但因為持此和平理論的人還要解釋兩個謎團，同時也要把民主國家國內外的層次加以聯結，因此理論的建構並非易事。因之，此派理論的開端為國內體制（結構）禁止理性的主政者、決策者採取躁急輕率的戰爭手段，特別是民主國家的憲法有防阻暴力手段的條款（二戰後西德與日本甚至禁止建軍，後來才修改為自衛防守的軍力可以建立，但不得發動攻擊性的戰爭，尤其放棄核武的設置）。民主政府受制度性的約束途徑有二：

其一，自由與公平的選舉制度，防止民主政府發動戰爭攻擊同樣也是民主的敵國。康德早已指出理性的公民看中福利（welfare）、反對戰爭（warfare），因為他們害怕戰爭帶來的慘重代價太大，而避免危險的發生。民主的執政者把心放在下次大選中，因為害怕人民以選票把他們趕下台、失去政權，所以非聽民意不可。在此情況下，具理性、有謀略的政府多半放棄輕啟戰端（Owen 1996; Doyle 1983）。

其二，權力分立和制衡的制度，阻止民主國家發動戰爭（Morgan and Cempbell 1991: 190-191）。是故此派的理論闡述受到掣肘與制衡的約束。除非政權事先形成多數聯盟，否則輕啟戰端必定走上倒閣之路。反之，權威性（專制、獨裁、極權）國家，其行政、立法和司法機構對主政者的監督權限很少，也提不出可行的替代性政策，更因為對立憲者黑箱作業無所知曉，或所知有限，所以威權性國家引發戰禍的機會增大。與專制國家相比，民主國家執政者如為少數黨，則必須尋求盟友的支持，聯合政府形成不易且費力費時。這些都阻止民主國家採用侵略的外交政策。在面對其他的民主國家時，因為後者同樣受限於其本國制度的規定，必須遵守民主體制的公開性與公共性，不敢隨便以戰爭相威脅。這些都便利於民主國家之間建立和平地帶。

但在解釋上仍有兩個問題發生（Müller 2002）。其一，「民主國家中的理性公民，最終必須建立在公民對和戰代價的敏感之基礎上」。但有些民主國家（尤其美國與英國）卻常進行廉價的干涉、干預之戰，這是否由於國家權力懸殊（干涉國強與被干涉國弱）之緣故呢？再說，民主的和平之維持是否因為國力不成比例（像美國與加拿大之間）所造成的呢？其二，「民主的拘束」無法解釋何以民主的國家首先宣布戰爭（英國牽制阿根廷所引發的福克蘭戰役），或向威權性國家開戰（冷戰期間美國捲入韓戰、越戰；後冷戰時期發動海灣戰爭等等）。

最近，學者重新把亞丹・斯密與十九世紀政經學者的理論加以溫習，而以經濟相互依賴導向和平為立論之根據。這一說法的基本設準為國家之間藉高度的商貿、資本流通、投資，而相互聯結在一起，以致利益的糾葛加深，使它們之間雖有摩擦，也不一定非以武力相向不可。原因是戰爭不但把相互依賴的關係打碎，而且破壞了雙方或多方合作所產生的好處。這種說詞證諸第一次世界大戰爆發在商貿互相依賴的列強之間，也就是說這種說法無法成立，但近年來仍為學者津津樂道（Russett and O'Neal 2001）。至今為止，這種經濟上的互賴導向和平之說法仍舊爭論不斷。但不管如何，經濟的互賴同和平的情勢之出現底經驗性發現，不如上述民主國家不輕易啟開戰端這樣資料完整，較具說服力。把這兩者結合在一起（經濟互賴加上民主體制才能保障和平之維持），似乎更能說明國際之現實狀況（Barbicrie 2002）。

第八節　建構主義的民主和平理論

表6.1右下角建構主義者在考慮一國內政的結構（包括機關、組織、制度規範、理念、意識形態等等在內）時，對民主國家比較會堅持和平提出理論的說明。其基本論調為民主國家之間彼此視為友人，而非對敵，所以不該以武力解決彼此的歧見。

其中一派的理論主張民主的規範便利衝突的和平解決，特別是涉及內

Bruce C. Russett

政方面的糾紛。民主國家會設定其他的民主國家像它們一般愛好和平。不過對待獨裁、或專制，甚至威權的國家則視為在國際的層次上不懷好意、侵略成性的人類公敵，因為獨裁國家對待本國的公民也視同寇讎之緣故（Doyle 1986; Russett 1993: 31）。這種看法的結果便顯示民主國家對待專制的國家採取敵視、甚至侵犯的態度，對待同樣是民主的國家則保持友好和平的立場。

在這派自由主義者當中，還有上述假設之上進一步發展的說法，它增加一個因果的機制去看待友人或敵國，並把這些看法制度化。其開端為溫特（Alexander Wendt）所倡說的國際安那其狀態乃是國家自己想像，自己製造出來的情況（Wendt 1992）。依此看法，民主國家首先並不知道同樣採用民主體制之國家會比他種的國家更喜愛和平。它們在時間的磨練過程上逐漸學習到這個同類羽毛的鳥群聚在一起（同類相聚、同氣相求）。是故民主的政體（政治結構、政制）關係重大，因為公共的辯論和民主的表決列入大家的溝通（在國內層次，以及在國際的層次上）。民主國家彼此會承認共同的規範和面對和平方式的解決爭端時採取適當的作法（appropriateness）之理念（Risse-Kappa 1995: 508）。這些都便利了合作的互動之類型的建立，久而久之便促進民主國家發展成「我們一族」（「吾群」）的認同體，而視獨裁國家為異類（「他群」）。這些友敵看法的機制，不只在國際層次上的和平解決紛爭，而且當成溝通的管道，就是在國內，也成為各界的商榷之手段。特別是在國際的層次上溝通流向同類的民主國家之間，但對待「外族」的專制國家，不但敵意難消，還會增強這種敵視的程度。

有關民主的和平之建構主義底理論，也可以用來解釋最近的經驗性的發現。這個發現是以挑戰世界走向和平的樂觀看法，便是全世界都變成民主國家的新情勢出現的話。原因是致力和平研究的學者指出：這種民主國家和平共處的情形，只限於偶爾出現的穩定性之民主國家。多數國家的民主或是一時的，或是一地的，或是某一時機、某一狀況下之產品，而非持續不斷、永恆不變的情勢（Russett 1993; Ray 1995）。有人更指出民主導致和平的說詞即便是民主的傳統中，也難保不變調，很多標榜以民主建國的國度實際上在進行戰爭，當國家由專制或獨裁，而轉型民主政制時，而鄰國發生軍事衝突有增無減（Mansfield and Snyder 2002）。在此情況下，建構主義的民主和平論企圖為此新發現提供解釋，其主要的源由為社會學習非一步到位，常花費長久的時間，新的民主化國家高度發展到新的機制，以保護鄰國如同保護自己的地步，而近來卻對發展中的民主國家的民主性格，還持疑懼的態度，不肯隨意加以承諾與接受（Panke and Risse 2007: 93-98）。

第九節　2003年伊拉克戰爭對自由主義理論的挑戰：個案研究

大家記憶猶新2003年小布希政權決定美英聯合幾個小國進侵伊拉克，其結果在推翻海珊的專制政權後，取代獨夫的統治是占領性的政權，期待為伊拉克引進民主。在此之前，美國與海珊政權之間已有長期的衝突，可以回溯1990年秋天伊拉克入侵庫威特，當時美國對海珊政權用兵得到國際共同體的支持，迫使伊拉克退出庫威特，從而恢復伊拉克在聯合國制裁下的現狀。聯合國的制裁包括不時強制性、深入性的軍事與工業設施的檢查，認為海珊企圖製造殺害大量人群的核子武器。1998年伊拉克把聯合國視察團趕出其國境。在2002年以及在911事件發生後，美國推動聯合國安理會決議，強迫伊拉克再度接受檢驗，這一決議在2002

Saddam Hussein

年秋天通過，伊拉克終於屈服。當時聯合國安理會並未決議下一步應當怎樣走。美國、英國和其他安理會非常任理事國卻在籌劃使用武力來懲罰不肯接受檢查的伊拉克政權。法國、俄國、中國與非常任理事國的德國反對使用武力解決問題。伊拉克的事件導致西方民主國家的美英站在一邊，德法站在另一邊。後者還成為反布希總統聯盟的盟主。最終美國與英國在未得到聯合國進一步的許可與加持之下，進侵伊拉克並予征服。美、英進軍的行為如何來解釋呢？而法國與德國的反對態度又說明什麼意義呢？利用出兵伊拉克可以用美國和德國做為代表，來檢驗上述四種自由主義的國關研究途徑，做一個理論與實際的對照。

一、行動者為中心，講究理性的自由主義

一如前述，以行動者為中心的自由派國關理論強調的是由下向上，以及國內各群體（包括反對黨利益團體）如何影響外交政策的決策者之理性的較量。這派屬於功利的自由主義者。功利的自由主義者認為行動者在追求既定的物質利益，包括極大化其內政上、國內的權力地位，也包括了極大化經濟的獲得（Freund and Rittberger 2001）。政客追求的保持權力與繼續執政，社會行動者則爭取經濟利益。這種追求經濟利益的多元競爭也可以稱做是「商業上的自由主義」（Moravcsik 1997）。只要國內的行動者期待從國內或國際的發展中得到利益，或預期不力，他們都會依據其觀點、立場、期待，來型塑他們心目中理想的國家外交政策。能夠回答國內需求的政府在追求外交政策的落實時，便要根據國內行動者的經濟利益，而採取因應、回報之道。

以行動者為主的理性自由主義可以用來說明美國政府何以對伊拉克動武，而德國反而裹足不前。就美國的「商業自由主義」的眼光來說，美國國內除了商業利益團體、軍事工業團體之外，連保守的共和黨內有力人士也組成主戰的強大聯盟。特別是911事件後，美國藉口本土安全亮起紅燈，商業利益團體與軍事工業的勢力與軍事工業家，導致這些商業與軍事

利益的勾結，表示美國財團與軍事工業家對伊拉克石油與其他資源的覬覦完全不加掩飾，他們也主張美國對沙烏地阿拉伯石油依賴可以減輕。

與美國相反，德國的公共論域瀰漫一片反戰的聲浪，施洛德總理當時正面對大選，也要利用與爭權的反對黨之反戰口號來贏取選民的支持。為此原因在國際的層次上，德國政府沒有妥協的餘地，也就是在聯合國安理會投下反對美英出兵伊拉克的提議。兩大陣營（美英對抗法德）的國內「勝出之利基（組對）相差太遠」，而缺少了「可能同意的讓步地帶」，其結果便是美英的軍事聯盟對抗伊拉克得不到國際的支持。

初看起來，這個敘述走了一大圈才解釋美國發動戰爭對付伊拉克，以及德國依據國內的考量反對這一軍事行動，不過這有兩個可以商榷的地方。其一，美國國內是否存有這樣強大的商業聯盟，而壓迫美國政府輕啟戰端。就算美國石油業對中東石油蘊藏興趣很高，但工業界對這些確實的蘊藏地點所知有限、甚至無知。把美國出兵只怪軍事工業的貪婪，未免忽視美國主政者參戰之政治企圖與意識形態的利益。其二，德國施洛德總理固然搶奪了反對黨的反戰訴求，而有利於執政黨的國會大選之勝利，但何以歐陸會形成這樣強烈反戰之聯盟呢？單靠行動者之理性的自由主義，而不涉及理念和意識形態的因素，實無法說清楚這兩個陣營的主張，以及其中之一反戰的完整理由。

二、行動者為主、建構主義為輔的自由主義

以行動者為主，但非強調行動者之理性，反而注意到行動與互動，是社會學習的過程，因而把利益從具體、物質的形態提升到抽象、理念的層次，這便是建構主義的自由主義。須知社會的理念並不累積在國家之上。基本上，社會的學習並非單行道，而是雙方對衝、讓步、妥協，而彼此學習的過程（雙行道）。其原因為沒有任何的利益被視為先天上既存的事實，而是各種群體（當成國內的行動者）的社會互動與溝通中逐漸浮現（認同體與利益觀都是後生的，而非先天的）。因之建構主義派的自由主

義者聚焦在決策者的看法（perceptions）、認同體和利益之上，認為這些影響一國外交政策的因素乃是社會建構出來的，而且是在與國內各種勢力的代表人、行動者相互辯論、爭辯之後而誕生的。這個被稱為「理念性的自由主義」（有別於上述「功利性的自由主義」對社會的認同與價值有一定的假設），這種假設對國家在討論邊界、公民權（或永久居民身分）上具有塑造的作用（Moravcsik 1997: 525）。建構主義的自由派人士假設國內的規範、企業家和知識掮客在推銷規範性的理念和因果的理念。只要國家認為其利益已符合國內團體的要求，而且遵循規範的路數（包括制度化的磋商過程）才會進行，則社會傾向於支持政府的決策。特別是在不確定的情勢下，社會企業家與知識掮客的論證，可以塑造與決定國家利益之所在。

假使我們把這種論述應用到伊拉克的出兵或反對之上，那就要詮釋理念的與規範的理由，以表示支持或反對的因由。就美國而言，當時有一大票的新保守主義者盤據美國行政的決策部門。這一大票的新保守主義分子把推動全球性的民主理念同美國的單邊主義（甚至使用暴力）結合起來，目的在發揚美式的自由理念（Mead 2001; Risse 2003），特別是新保守主義如副國務卿歐福維茲（Paul Wolfowitz）認為美國所面對的中東問題之癥結在於中東欠缺民主，而是專制獨裁政權盛行的區域。他們也想到美國有必要減少對沙烏地阿拉伯石油供應的依賴程度。他們更反對老布希總統在1991年時未能甩掉海珊殘暴政權。由上面析述可知吾人可用自由主義，特別是理念的自由主義，來解釋美國2003年進侵伊拉克的動機與信念。

此外，把這群新保守主義分子當成規範的企業者來看待，歐洲人聽起來未免心生納悶。不過他們的確定是造成美國行政當局改變緩和的政策，而化為攻擊性的入侵之「辯護（擁護）群體」（advocacy group）。他們甚至進入決策核心，這包括副總統錢尼，國防部長拉姆士斐爾德和小布希總統。911事件提供給新保守群體「打開天窗」的機會。恐怖分子襲擊世界貿易中心雙子星大樓，其結果造成恐慌與不確定性，而需要小布希政權採取行動。新保守分子馬上進場遊說以暴制暴。他們的論調得到小布希的歡心，因為他們把自由伸張的理念結合到強烈的道德或宗教的主張。而小布希更不需費絲毫說服的力氣，便確認海珊是布希家族的頭號敵人。要之，以行動者為中心，而輔以建構主義的學習、溝通、說服，便可以提供可信的說法，何以新保守主義者的意識形態和美國行政當局內部的說服過程結合一體，終於使華府決定對伊拉克動武（Woodward 2004）。

在歐洲方面，建構主義（理念性）的自由主義補充上面理性主義的說法，何以德國反對出兵伊拉克。在德國的公共論域裡，對戰爭的迴避與厭惡早已植根於國族文化與集體認同中。在此情況下，德國（包括前身西德）之外交政策被描繪為「文明強國」之外交政策（Harnish and Maull 2000）。雖然使用武力並不被完全禁絕（是故德軍參與1990年代巴爾幹半島的平亂，以及2001年出兵干預阿富汗），但只採取單邊（一國）的作法卻為德國人視為禁忌，為了克服根深柢固的反戰情緒，德國政府不得不發動大規模的說服工作來對付反對的輿論，特別是在國會面臨選舉的那一年（2003）。為此原因施洛德總理不惜搶奪了反對黨的光彩，表達他反對美英聯軍進侵伊拉克。

三、理性主義的民主和平之理論

理性的民主和平理論可以又分成兩派：一派強調民主的選舉是潛在的勢力，用以解釋國內民眾對政府的支持或反對，也就是選舉成為贊可或懲罰的賞罰（sanction）機制。另一派則闡明權力分享和權力分散（分配）的制度。這些賞罰制度會影響那些主張參戰的主政聯盟（也是贏得執政機會的聯盟之作為，包括它們大小的規模參戰者聯盟的大小）。選舉是因果的機制，它促成民主人士（決策者）藉由公平的選舉獲取政權的手段。公民一般被當做是反對戰爭，因為成本高，結果對公民不利。這是一般百姓贊成和平的外交政策，由是可知民主的選舉是老百姓課以政府恢復行動的責任。對政府行動者而言，選舉可以產生行動誘因的結構，包括使政府更能回應公民們的需求。由於避免戰禍的沉重代價，以及人民愛好和平的安穩，懂得善用策略，理解民心的政府會盡量避陷身戰爭中，以免事後遭百姓清算。

除了選舉之外，就是民主國家權力分開，而互相制衡的憲政設計，使政府不敢隨便捲入戰禍。是故在民主的政治體系中，要形成參戰的多數聯盟（政府中主戰者形成多數派）是相當困難的。

把上述兩派民主和平理論應用到伊拉克進兵事件上，我們會遭逢幾項阻力。首先，所有建構理論，包括民主的和平理論，在解釋一國外交政策時，都嫌不易掌握決定的因素。原因是民主國家之間從不發生直接性的武力衝突，因此用建構理論來解釋特殊的外交政策之決定相當脆弱。由於在撒旦姆·海珊統治下的伊拉克為獨裁國家，民主和平理論對此唯一的預言是認為國內反對戰爭，不適用此一案例。換言之，民主國家是否進行侵略戰爭來對付獨裁政權，是超越了「一對一」（捉雙）的民主和平理論，其理解的基礎為民主國家對付另一民主國家比較少使用暴力的行徑。

第二個阻力為，假使吾人假定和平的主張只建立在各分子相似與平等的層次（monadic level）之上（認為民主國家不一定對特定的其他民主國家，而是對所有類似分子一樣無分軒輊的所有民主國家，很少動用武力來解決糾紛）。因之，利用這種說詞來說明某一民主國家偶然也會動用武力對付其他（特別是獨裁、不民主）的國家時，我們遭逢的是另類的問題。德國有關美英建議對伊拉克動武加以拒絕，完全符合康德所言，靠選舉而成立的政府要尊重民意，不能隨意捲入戰禍，也符合「制度拘束」（西德憲法原有放棄用戰爭解決國際爭端的條款）的假設。在此情形下，我們看出當年德國朝野強烈反對用武力來制裁伊拉克，更何況2002年德國政府面對大選，不能不特別重視民意。故此，德國政府的決定完全符合道德層次上民主和平理論的說詞，關於此布希的政權則不肯做出相似的反映。因之，我們最多只能說華府如何克服國內反戰的阻力。除此之外，聯合國安理會便給予布希政權一紙空白支票，讓行政當局去予取予求地加以兌現。

當時公共輿論明顯地分裂為贊成出兵與反對用武兩大派。因之，選舉的賞罰機制以及制度的拘束，只能對民主國家彼此間的摩擦與糾紛提出較少使用暴力的約束，而非對付獨裁政權。由此可知民主的和平理論對解釋美國出兵伊拉克沒有絲毫的作用。

四、建構主義的民主和平之理論

建構主義的民主和平指明一個政治體（polity）之種種變項（組織、機構、結構、規範、實踐）怎樣便利體制內的溝通，相互學習，和認同體創造之過程。政治體如何利用因果機制把上述種種變項轉譯為一對一的（捉雙）國家行為，早為這派學者所津津樂道。基本的假設為民主的國家從經驗中學習到同類的國家放棄用武力來解決彼此的爭端。民主的價值與特質像決策的透明、自由的選舉、反對黨提出有異於執政者之主張，自由而不被控制的新聞使得民主國家對相似的國家看得一清二楚。再透過溝通的訊息潮流，民主國家間取得互信互諒，得知本身與對方的能力與意願，不只在解決國內的糾紛，就是應用到國際的爭端，都能以理智、合情的和平方法來謀求解決。

在對待同是民主政制時，這些號稱自由民主陣營的國家卻把專制與獨裁的政權看成異類、寇仇，而相互觀察、彼此溝通的路數完全阻斷。因之，後者被看成「外群」、「他群」，認為這類專制與獨裁的政權之體制無法提供學習的榜樣，不值得與之交往和溝通。是故，民主國家在與威權國家的交往中更持懷疑不信的態度。把威權國家看成暴力集團，有助於民主國家之間彼此當成「我群」、「同儕」，而有利於結盟和團結。在這種心態下，對威權國家也容易採取侵略性的外交政策。在民主國家間對和平的看法形成了「良性的循環」後，則他們對待威權國家會造成「惡性的循環」，亦即冤冤相報、以暴制暴，而且使自己的預言（期）提早落實（self-fulfilling prophecy）。把別國「他化」、「異類化」（othering）有助於民主國家的領導人在克服國內反戰的挑戰，或克服民主體制中內構的制度性之拘束。

George Walker Bush

Anthony Giddens

應用建構理論於伊拉克戰事之上，則前述對單一的外交政策事件企求理解會造成這一學說無力解釋。如今以國際建構的政治結構說來取代國內理性的政體（polity）說，同樣也無法對民主國家向獨裁政權輕啟戰端，做出完整而服人的說明。不過建構的民主和平理論係建立在紀登士的「結構兼行動理論」（structuration）理論（洪鎌德 2000b：105-151；2006：318-358）之上，是把結構與行動連結在一起，行動中帶有結構的遊戲規則，結構為諸行動者之互動的沉澱。換言之，結構並非天生，或天上掉下來之物，而是受社會行動者之實踐所產生、再生、塑造與改變的結果（Giddens 1984; Wendt 1987）。因之，最後這一派的自由主義學說，比起前面以理性為主，結構為輔的理論，還比較容易應用到伊拉克的戰事說明之上。

關於美國決定進兵伊拉克，建構主義的看法是前述理性主義而重視行動者說詞的補充。吾人所需加以解釋的是布希政權如何在排開選舉壓力（雖非2003年的任何國會或總統大選）與民主國家的內構的反戰機制下，悍然派兵赴中東。在這裡海珊成為前面提起的「異類」、「他化」的典型例子，也成為惡性循環的箭靶（標的），而移開反戰的約束力量。伊拉克的獨夫，早便被美國與自由世界的政治界與輿論界塑造成萬惡不赦的敵人，當他於1990年進侵與合併庫威特之時。老布希居然在第二次世界大戰之後，世界各國紛紛走上民主化、自由化道上，把海珊拿來與希特勒相比。由於海珊一度使用過化學武器的毒瓦斯對付伊朗和境內的庫德族人，則希特勒在奧斯維茲毒氣室集體屠殺無數猶太人的舊例，可以適當地、符合情勢地相提並論。一般的輿論大體上也接受老布希這種比擬的說法，把海珊妖魔化。當911恐怖攻擊發生後，小布希馬上把這樁攻擊事件當作恐怖的「戰爭」來宣布。從而美國公眾也把反恐活動當做反恐戰爭來看待。把敵對者以社會建構的方式醜化、妖魔化，就會錯誤地引申到伊拉克與恐怖主義有涉，甚至是恐怖主義的金主、唆使者，或至少是希特勒的化身，又把他與蓋達（Al Queda，開打）恐怖組織連結起來，那麼美國向恐怖主義宣戰，則一切對民主國家輕啟戰爭的設限，一下子被清除乾淨。

與此相反，德國決策者不擁有任何醜化敵對政權的社會建構體，即便是它們支持美國的反恐戰爭的話。就是德國民間的輿論中，也不存在海珊等於希特勒的比擬心態，第二次世界大戰結束後的德國人民，存在著「不再有納粹主義的橫行，不再發生國際戰爭」的普遍想法。希特勒與奧斂維茲是人類罪惡的終極，與其他的罪惡相比已是惡貫滿盈，不容再發生、不容做比擬。海珊雖可以看做當時世上殘留的獨裁者之一（也是壞蛋的典型），如果與希特勒相提並論，便會造成德國人對第三帝國的窮兇惡極的罪魁之史無前例的惡形惡狀加以減輕，而無視於它對人類迫害的罪大惡極。再說，911事變的恐怖攻擊，以及其後的「反恐戰爭」也讓德國人無法折服與回響。基於1970年代左派赤軍在西德境內的恐怖活動之經驗，那麼對付蓋達最多是懲罰其傷害平民的罪行，而談不上反恐戰爭。換言之，對抗恐怖主義是國內安全問題的處理，而非涉及國際的安全（Katzenstein 2003）。是故對恐怖活動、恐怖主義以安全之名進行反擊的「安全化」是有其限度的。

是故德國政府無法仿效布希對伊拉克用兵，而提出戰爭的架構規定（發動戰爭的規格、名稱、動員、部署等等）。加之，小布希「以戰爭進行反恐」，以及海珊等於希特勒的名義與印象之社會建構，反而強化德國的朝野之反戰。要之，建構主義的民主和平理論無法解釋美國決心用兵，以及德國反對武力解決兩種不同的作法。這一學說只能補充上述強調論述的結構和決策者可資利用的社會建構而已。**表6.2**綜合前述四種自由主義學派對伊拉克進軍事件之贊成與反對的解說，用比較的方式列出。

表6.2 理論的提議和經驗性的應用

變項、建議和應用 不同派別的自由主義理論	獨立的變項	建議或解說之不同	經驗性的案例表述：美國選擇用兵以及德國反對進軍伊拉克
1. 行動者為主的理性主義者之主張	國內的權力（政治上）的利益 經濟（商貿及其他）的利益	國內主要群體的行動如果認為戰爭比和平帶來的好處更多，那麼政府會決策去發動戰爭	美國：可用，但理由不足 德國：可用，但理由不足
2. 行動者為主，建構主義者之主張	規範性的理念進行辯論；規範的企業家和辯護贊成的群體	假使道德權威的論辯支持戰爭，而一般民眾的反應也佳，則社會學習，便利國家參戰	美國：可用，而另加補充1 德國：可用，而另加補充2
3. 理性主義的民主和平之理論	選舉的理由（政權更替的重大問題）； 制度對參戰的限制	避免捲入戰爭危機的公民們反對戰爭昂貴的代價，而以選票懲罰好戰之決策者；制度性的拘束阻卻主政者形成聯盟進行戰爭	由於焦點在於國家政治的結構，遂引發應用的問題 美國：適用 德國：不適用
4. 建構主義的民主和平之理論	同屬民主國家的相互觀察（觀摩）與彼此溝通導致「良性循環」；民主對抗專制（權威性）國家則造成「惡性循環」	較具民主自由的國家視獨裁專制國家為「異類」、為「他群」；民主的限制愈緊密，啟發戰爭的機率愈小	可以適用，因建立在結構兼行動理論之上 美國：可用，加上補充3 德國：適用，加上補充4

補充1：保守主義的心態瀰漫

補充2：二戰後德國民眾反戰心態濃厚

補充3：妖魔化對方、恐怖與反恐怖的冤冤相報

補充4：不認為有比納粹主義更惡質的暴政

資料來源：Panke and Risse 2007: 104. 經本書作者加以相當多的修改與潤飾。

第十節 結 論

自由主義強調國際與跨國的活動，特別是非政府的跨國性組織與政府體系的國際機構之合作（國際環境聯繫中心ELCI與聯合國環境計畫UNEP在1993年已擁有七百二十六個會員）。自由派視權力不只包含政治與軍事，更涉及經濟、財政、科技與文化，力圖降低軍事力量對一國外交的影響。它強調無疆界的跨國交流。安全非零和遊戲，而鼓勵國家間的合作同盟，而去除自我炫赫光榮的舊式政策。非一國的國家利益，而是多國的相互利益指揮各國增大共同的利益。自由派認為透過各國真誠的溝通來往，對正義、大同思想之承諾，尤其是遵守國際法與國際組織的約束，有利於世界與區域的穩定與和平。

自由主義主動對抗核武發展的誘惑，強調列強互信機制的加強。在國內內政方面則主張決策者盡量與社會各種勢力磋商、妥協，俾修補未來的瞻望與目前生活現實的差距。這裡看出自由派與理想派有關國關看法的合流，也是有異現實主義持悲觀態度，而走向樂觀主義之因由。安全非恃核武與其他軍力，而是國際合作的好處各國彼此共享，亦即改善國內外社會的有形與無形之福祉。是故非政治上的競賽，而是經濟的發展提供國關的問題核心。權力平衡不再靠地緣政治的操縱，而是對地緣經濟學的重視。物質的滿足固然可以安定人心，但把國家安全的鼓吹改為民主勢力培養，是克服至今為止強調軍事建設之偏頗。

自由主義的國際關係理論可以用縱深和橫向的兩個維度來加以區分。在縱深的高低程度上又可分成以行動者為中心（人物或團體為主）的，以及以結構（制度或意識形態）為主的層次。在這兩個層次的橫向方面，又可分成講究人物與制度兩個層次的理性本質和講究人物與制度的建構性質的兩種派別。把橫向（水平）與縱深（垂直）各兩種乘上兩類，共得四派的學說：(1)以行動者為主，講究理性；(2)以行動者為主，講究建構之理論；(3)以政治制度為主，講究利害關係、利益與代價的理性理論，和(4)以政治體制（結構）為主，注重互動、理念、利益之建構的理論，一共有四派的學說。第一派所重視的不只有外交政策的決策者，也包括國內各種勢力的領導人，他們以為認同體和利益型塑一國外交，也造成國關的結果。第二派以結構，尤其是國家政體之結構（包括憲政、組織、規範和實踐在內），為核心所展開的自由主義，其所注視的為制度的特徵。因為注重的是自由民主陣營中的國家及其國際行為，因此注重規範的理念，也注意決策者所受規範性企業家和政策擁護辯士的看法與作法。第三派是理性的推動民主和平的自由派理論，注重人民選舉的政黨心向和制度內築的反戰機制，一切以民意為依歸。第四派也是推動民主和平的自由主義派，它不只重視國內菁英與民眾的看法，更學習同類自由民主國家之作為，透過國際溝通，相互觀摩、模仿，而對同屬民主的國家友好，對專制或獨裁國家則加以排斥，必要時發動戰爭干預、制裁。是故理性的自由主義解釋國家在國際上的行為，是立基於理性行動者既存利益之上，目的在極大化其功利。建構主義的自由主義則把認同體與利益透過互動、溝通，內化於國家本身，至於論述的建構，形成架構、規定，以及辯論等機制會導向社會學習，最後則使行動者的國家之利益得以成形。

Joseph S. Nye

自由派的國關理論是屬於從下而上，而非從上而下的理論呈述，這些自由主義的派別主要是從對國際關係加以解釋的研究途徑，這種研究途徑之不同（至少分成四種、四派）顯示經典的自由主義引發了廣泛的矚目與經常的修正和精緻化。最近就有兩種派生的觀念引人注意。第一種涉及穿越國界的關係與政治，這是像跨國公司、民間社團、非政府組織的活動所引發的（Keohane and Nye 1971; Risse 2002）。這種跨越國界的研讀，早在1970年代和1980年代便成為國家相互依賴理論的奠基石（Keohane and

Nye 1971），但最近學界的發展則牽扯到全球化過程的研讀之上，不只跨國過程，就是社會運動（國際環保、婦女保障、販奴賣毒的防阻機構與活動），以及積極參與掃蕩或辯護，主張之團體的考察（Held *et. al.* 1999; Keck and Sikkink 1998），都值得吾人留意。

Jean-Jacques Rousseau

第二種的近期學界注視的自由主義學說之應用則為注意到國際結構和過程對國內制度與過程的衝擊（Gourevich 1978）。這種新研究途徑在討論歐洲化時更為明顯，亦即歐洲統合運動對歐洲成為一體的內政影響（Cowles, Caporaso, and Risse 2001; Featherstone and Radaelli 2003; Börzel 1999）。進一步來說，全球化導致學者的興趣轉向全球過程，對各國政治體系的結構、編織（Milner and Keohane 1996; Rieger and Leibfried 2003; Scharpf and Schmidt 2000）尤其興趣盎然。

總之，自由派國關理論聚焦在國家性質與內政問題的研究之上，然後展開至國際過程的互動，就其發展的趨勢而言，會成為國際關係建立理論與經驗研究可長可久的學術盛事。

Chapter 7

新自由主義同國際政治以及世界經濟的對話

- 第一節 前　言
- 第二節 自由主義的傳統和西方各國對自由主義不同的看法
- 第三節 新自由主義理論的發展
- 第四節 新自由主義的兩個意涵
- 第五節 自由貿易及其滋生的問題
- 第六節 國家金融管理的改革
- 第七節 國家干涉的縮小
- 第八節 公領域與私領域的區隔
- 第九節 卜地峨對新自由主義的批判
- 第十節 新自由主義未來的展望
- 第十一節 結　論

第一節 前言

國際關係的理論在第二次世界大戰結束後，在西方所謂的自由民主國家蓬勃發展，特別是美國以戰後新霸權的姿態取代了傳統上大英帝國海外霸權的機會，造成英美兩國國關學界現實主義和新現實主義的崛起與昌盛。在分析的層次或單位上，現實主義強調國際關係在世界無政府的狀態之下展開。因之，保衛國家利益、擴張軍事實力、爭取國際主導地位的權力競爭，成為經典的與新的現實主義的主張。換言之，國家成為國關的主要行動者。與此主張相反的有批判主義、建構主義、後現代主義、後殖民主義，特別是女性主義的反駁，認為國關理論固然不可以忽視國家的角色，但個人、群體（包括經貿、金融公司、財團），特別是婦女更應當看做是國關舞台上的要角。與新現實主義針鋒相對的，除了上述各種主義之外，要數新自由主義，這是「鑲嵌（或嵌入）的自由主義」[1]（embedded liberalism）的轉型與延伸（Baldwin 1993）。

除了國家、人民之外，新自由主義最強調的是國際組織，特別是涉及國際間政治經濟所形成的管理機構（regimes）。這些組織、機制對國際政治與世界經濟的影響更為重大。

新自由主義是一種政治經濟學中經典的自由主義之復活。自從1970年代以來，在環球政治與國際經濟的政策上扮演愈來愈重要的角色。

在國際的用詞上，新自由主義[2]指的是一種政治——經濟，甚至道

---

[1]「鑲嵌（嵌入）的自由主義是國際經濟的開放（自由主義）與國內社會的閉關自守（保護由於國門洞開而遭受商貿損失的個人與群體〔是故把這些個人與群體安置鑲嵌、或嵌入於安全的藏身處〕兩字合成的意思」（Mosley 2005: 197）。

[2]在中文譯名裡，Neoliberalism 和 New Liberalism（接近社會之自由主義）都被翻譯為「新自由主義」，儘管在美國這兩個用詞也常被混淆，然而兩者並非相同的意識形態。社會自由主義通常是與社會民主主義等構成第三條道路的相關。這兩

德的哲學，反對國家對於國內經濟的干預。新自由主義強調自由市場的機制，主張減少對商業行為和財產權的管制。在國外政策上，新自由主義支持以政治手段——利用經濟、外交壓力或是軍事介入——來打通外國市場。打通市場意味著自由貿易和國際性的勞動分工。新自由主義支持透過國際組織（如WTO和世界銀行）和條約（國際商貿協定）對他國施加多邊的政治壓力。新自由主義支持私有化，反對由國家主導的直接干預和生產（如凱因斯主義）。為了增進廠商、公司的效率，新自由主義強烈反對最低工資的勞工政策、財團以及勞工集體談判的權利。新自由主義也反對社會主義、貿易保護主義、環境保護主義，以及公平貿易——認為這會妨礙民主的制度。

是故，新自由主義，或新自由的制度論（neoliberal institutionalism）是國關中的新學派，俾與新現實主義作重大的區隔。在國際政策上新自由主義主要的競爭對手是新現實主義，新自由主義認為人民、國家，以及公司的本質是良善的。相反的，新現實主義認為人民和國家都只依照自身的利益行動，並且認為一國只有在對其自身有利的情況下才會與他國合作。新自由主義堅持絕對增益（absolute gain）的理念，也顯示他們比現實主義者更加樂觀。相較新現實主義，新自由主義比較能接受國與國之間收益不均的合作行為。

新現實主義主張，在安那其（無政府）狀態下的國際體系中，國家可以藉縱橫捭闔，達到國強民富的地步。但新自由主義卻持相反的看法。二戰後的世局導致國際體系的環球化發展，其特徵不再是國力的展示（特別是軍備實力之競賽），而是國際商貿的促進，以及對國際商貿有關的資本、金融、關稅、勞力等等之人、貨、金錢的交流之規定。為推動這個西洋自由貿易和通商互利的傳統性市場機制來操作，於是廣義的「鑲嵌

詞的重疊無論在美國或華文世界裡都造成極大的混淆。由於新自由主義與新古典主義經濟學關係密切，有人主張將新自由主義改稱為「新古（經）典主義哲學」。

（嵌入）的自由主義」成為國際性管理機構（regimes）的指導原則。在狹義方面則設置準自主的、特殊機關來處理國際商貿引發的問題之仲裁、解決，這便是戰後國際重要機構紛紛設立之原因，這包括國際貨幣基金（IMF）、關稅暨貿易總協定（GATT）、國際勞工組織、世界貿易組織（WTO），或是有關遠洋航行、魚捕協定或公法的制定，以及智慧權保障法律等等之締訂。

由是可知，新自由主義之所以是新，除了與舊的、經典的自由主義不同，或說是企圖取代舊的自由主義所曾經扮演的角色之外，新自由主義不再像經典的自由主義對國內與國際兩個區塊做出分割和區別，而是以為兩者在很大的程度上，可以看作一體的兩面，亦即國際的流通不過是內政的延長，特別是全球化早晚要打破國家的疆界，人們的眼光與注意力要從國內移向國際，乃至全世界範圍之內。

第二節　自由主義的傳統和西方各國對自由主義不同的看法

在反映其前身的「自由主義」時，「新」自由主義要突出它與「舊」的或「經典」的自由主義之不同所含蘊的是一大堆不同、甚至相反的、複雜性主張和意義，使其指涉點呈現模糊不清的面貌。這些指涉的事物，係自由的概念，個人為中心的思考或出發點、心靈方面趨向自由的思維和批評的心態，這是西洋啟蒙運動哲學的遺緒（洪鎌德 2010a：63-71）。就因為重視人的理性與社會的進步。所以個人主義與理性主義成為自由主義的核心（洪鎌德 2004：79-89）。

自由主義在接近經典的政治經濟學，以及功利主義之餘，對社會整體觀（holistic view）、或社群主義（communitarianism）的興趣缺缺。雖是如此，自由主義卻支持個人的人權，特別是民權中的自由權利。在政治上，自由主義不但認為有限政府與憲政民主應予鼓吹，還強調自由民主的制度最宜推行。在政策的落實方面，個人的同意比集體性的意識形態更為重要。在宗教信仰上，除了政教分離的主張之外，重視信仰的自由，對其他不同宗教的容忍，而批評了大英公教和基督教的社會政策沒有具體的實效。在經濟方面，也就是秉持經濟的自由主義、主張市場經濟，讓供需決定生產與交易的數量與價格。政府宣稱採取放任無為的態度，讓個人的才華得到發揮。這無異完全靠攏資本主義，而引發放任自由的經濟活動與節制競爭的規定之間的衝突。從上面的敘述，可以看出傳統上自由主義對個人在保障其人身安全，自由行動和財產擁有等權利之堅持。但這些個人權利的伸張，常常在犧牲別人或社群的福祉之下才能兌現，這便是自由主義的內在矛盾與實踐的困惑。

歐洲大陸對「自由派」的標籤，基本上在阻止政府或國家對個人自由之妨礙與干涉。因之，與英國的「放任無為」（*laissez faire*）的要求並無不同，可視為資本主義的右派。這主要與歐陸法西斯主義、菁英主義，或十九世紀末與二十世紀初社會天主教等有機的（organic）的右派意識形態大為不同。歐陸的自由主義事實上為中間偏右的少數政黨之稱呼。反之，早期在美國自由主義被當成「十九世紀英國式的自由主義」或是「經典的自由主義」，與保守主義有不少的共通之處。但在二十世紀中則被視為溫和的中間偏左之政黨的主張。這是十九世紀美國進步黨的傳統發展出來的政治理念。

以歷史的演變來觀察，美式的自由主義曾經與歐陸溫和的社會民主有所連結。可是今日美國的保守分子與新保守分子卻把自由主義惡魔化為「L字」（L-word），這含有左派的貶義，認為美國的政治光譜上，自由主義只是左派同路人，業已喪失中間選民的支持云云，而視中間地帶曾經是羅斯福總統與甘迺迪總統的票倉與支持之所在。在澳洲中間偏左的自由主義，曾被稱呼為「社會自由主義」。在英國、自由主義曾經是早年的自由黨與今日的自由民主黨追求的理想，企圖熔冶保守主義與社會民主的優點於一爐，而又能強調個人主義的好處。由上面的敘述可知單單自由主義一詞各國的看法並非一致，而彼此主張之政治人物與政治學者也各執一詞，無法看成是主張明確單一清楚的政治理想、施政綱要或意識形態。

第三節　新自由主義理論的發展

在十九世紀中就有不少的思想家對經典的自由主義和社會主義提出批評與抨擊。但自由主義出現的時代卻是二十世紀兩次世界大戰之間。其中尤其是米塞斯（Ludwig von Mises 1881-1973）、奈特（Frank Knight 1885-1972）和康南（Edwin Cannan 1861-1935）扮演奠基的開拓者。新自由主義形成學派則有德奧的佛萊堡與奧地利學派、康南學派和芝加哥學派，他們不約而同地批評政府對價格制度的干預（新政的措施），而主張發揮市場的運作，而減少經濟勢力的凌越。這三派經濟思想的合流歸因於納粹對猶太學人的迫害，使德、奧學者流亡英、美，而形成影響重大的經濟學說，尤其是在1945至1965年之間。不少位新自由主義的學者如海耶克（Friedrich von Hayek 1889-1992）、福利民（Milton Friedman 1912-2006）、施悌格勒（George Joseph Stigler 1911-1991）和布坎南（James McGill Buchanan 1919- ）還因此先後獲得諾貝爾經濟學獎（Meijer 1987: 577-591）。

一、奧國與奧地利學派

■米塞斯（Ludwig von Mises 1881-1973）

把奧地利學派當做是新自由主義的誕生地容易引發爭議，特別是米塞斯被認為是經典的自由主義者，其學生（如海耶克）則被歸類為新自由主義的健將（Hülsmann 2007）。米塞斯發展了他有關干涉主義的微觀經濟學（個體經濟）之分析，他的著作《自由主義》（1927）和《干涉主義

Ludwig von Mises

之批判》（1929）對國家採取干預手段來操控經濟活動有所分析與批評。他認為國家干預人民經濟生活的種種作法最終不能達成目標。透過官方的種種規定和措施造成對人民自由日漸增加的限制，最終無補於國計民生，這是一種油漬滲透擴散的理論。他對公私混合制也持排斥的態度。他在《國民經濟：行為與攝理（經濟盤算）的理論》（1940）著作中，在方法學個人主義之基礎上，對人類的經濟行為做了深入的析述（Besters 1986: 107-122）。

■海耶克（Friedrich von Hayek 1889-1992）

米塞斯的學生海耶克在其青年時代熱衷費邊社的社會主義，但在米氏影響之下後發展了其老師的理論，雖然在演繹方法論上不若米氏的嚴謹。由於對英國日漸增強社會主義趨勢的憂心，使他發表了《走向奴役之路》（1940）一書，而受各方推崇。同樣的情勢在1920年代與1930年代也是造成德國國家社會主義的崛起。英德的經濟思想走向社會主義，其根源都是集體主義的傳統，儘管在英國似乎是國際的，在德國則為國內（國族）的集體主義。這兩者都企圖把達成目標之手段加以掌控、宰制，為了控制經濟活動，不惜壟斷政治權力，在政經不分之下，集體主義變成極權的、全體的主義。

海耶克認為東方集團（蘇聯及其附庸）的極權發展，使歐美忽視了社會主義橫行的危險。這包括所謂的福利國家之種種措施。《自由的憲法》（1960）一書在分析個人的自由與國家立法之關係。海氏認為個體人權的遭受威脅、受損是一種極權式「整體性的民主」（*totalitäre Demokratie*）引發的。只有當民主可以限制政治權力的無限上綱之際，個人的自由才可望獲得保障。但利益（壓力）群體的對政治影響力的日增，導致個人自由受到危害。民主的決斷對個體人權的關係顯示，多數暴政的防阻是緊要

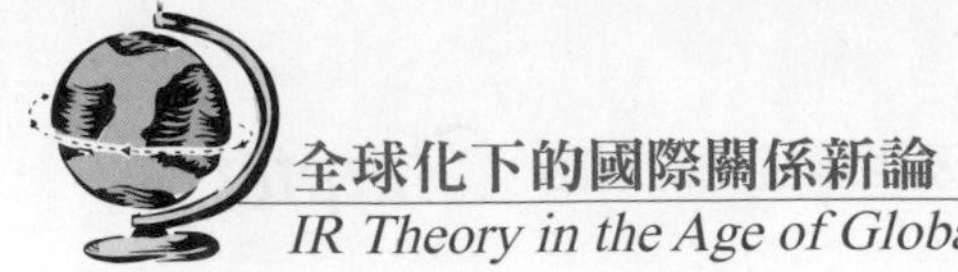

的。他曾經指出：自由主義的主要任務在對每個政府強迫暴力的限制。不管政府是民主或獨裁。堅持民主的人士只看出限制國家暴力，才是符合道德的原則。

海耶克認為即便是在民主政體裡政治決定與選舉（人民的選擇）兩者相去甚遠。國家發展的方向為具有宰制力量的知識分子所操控，知識分子所建立的潮流透過新聞媒體界與各級教師來型塑。理性的塑造是經由「具有創意的思想家所操盤」，而「第二手的行銷商」（執行者）就在社會中大力把意識形態的產品推廣到全民腦中，第二手經銷商的角色在思想家之指揮下運作，且是無理性的運作。

海耶克與四十七位（包括歐鏗〔Walter Eucken 1891-1950〕、福利民、奈特、米塞斯、柏波爾等）創立Mont Perlerin學會，宣示捍衛自由與法治國的體制，也獎勵私產與競爭，認為這些是支持自由社會所不可或缺之機制（Mont Pelerin Society: Statement of Aims, April 10, 1947）[3]。

二、德國佛萊堡學派

位處德國西南角黑森林邊緣的佛萊堡大學為所謂「秩序自由主義」（*Ordoliberalismus*）的大本營。把這派自由主義當作新自由主義來看待，也同樣引發爭論。原因是有些學者不認同其中學人的某些主張，而把新自由主義的標籤加在佛萊堡學派經濟學家的身上，但另外一批批評家卻強調秩序的自由主義正是德國派的新自由主義者。

此派在1930年代崛起，係在歐鏗出版一系列的「理論性國民經濟的問題」，以及「經濟秩序」（*Ordnung der Wirtschaft*）兩套叢書之後。根據其觀點在在為卡特爾立法和經濟勢力的限制之上大做文章，同時卻在鼓吹與維持競爭，其學說甚至涉及德國在國家社會主義結束後，經濟重建的考量之中，也含有對抗納粹經濟秩序之反抗運動的意味。

---

[3] 引自http://www.montperlirin.org/mpsGoals.cfm

■柏姆（Franz Böhm 1895-1977）

柏姆可以視為同歐鏗並肩作戰創造了佛萊堡學派和秩序自由主義的學者。他學說內容是分析法律秩序與經濟秩序的相依存關係，也是討論私法社會與市場經濟相互依賴的關係。所謂私法的社會是指國家與社會分開的制度，為使私法社會得以存在與營作競爭的秩序需要維持，他早期主張靠著競爭秩序的規範之強制性，使全面性的競爭成為必要。後期則不再堅持這種強制性的競爭秩序，而主張在法律架構下盡量發揮經濟競爭的自由。

■歐鏗（Walter Eucken 1891-1950）

Walter Eucken

歐鏗（另一譯名為倭鏗）把秩序的念頭在德國推廣。在其作品《國民經濟的基礎》（1940）一書中，他克服了當年德國學界對理論經濟（其實是英國式的經濟學理）和在德國仍舊占優勢的歷史方法（以歷史事實敘述經濟活動）之間的對立和差距，他這個努力的結果便是建立兩套理念類型的經濟體系：其一為中央控管的經濟體系，其二為自由交換的經濟體系。在《經濟政策的原則》（1952）一書中，他把這兩套理念型的理論用實際經濟制度結合成兩種截然不同的體系，而排斥混合性（公私混合、中央控制與自由市場運作並存）的制度，他遂演繹成完全競爭的經濟體系，並將之付諸實現的可能。只有靠不斷的競爭，才能把經濟勢力與個人自由結合為一。

■艾哈德（Ludwig Erhard 1897-1977）

他這個理念便靠其後擔任西德經濟部長（1949-1963）與總理（1963-1966）的艾哈德藉由「社會的市場經濟」（*Soziale Marktwirtschaft*）落實下來。艾哈德指出新自由主義或秩序自由主義的思想家，一旦抓住時代精神，而把這些精神注入於經濟政策與社會政策當中，無異把社會政策的精神落實在經濟政策裡頭，便會把機械性、計算性的想法融化成實際的經濟行為，型塑為可行的經濟政策，而達到福國利民的地步（Gerken 2000; Erhard 1988）。

自1948年以後，歐鏗主編*ORDO*（*Jahrbuch für die Ordnung von Wirtschaft und Gesellschaft*）年鑑。所謂秩序自由主義之「秩序」（*ORDO*），要如何落實，這是導致在歐鏗鏘逝世滿五十年的2000年，佛萊堡大學設立歐鏗研究所以及秩序政策基金會，作為秩序經濟研究和推動的中心。

二、社會學的自由主義

■呂士託（Alexander Rüstow 1885-1963）

當佛萊堡學派關心國家在經濟操作方面是否擴權，能否把權力加以減縮之際，呂士託與駱普克卻討論經濟活動對社會學問題的影響，亦即討論了社會凝聚與平衡（*soziale Kohäsion* 或 *sozialer Ausgleich*）的問題。換言之，經濟活動對社會群眾化（*soziale Vermassung*）所產生的衝擊。在此情況下，秩序自由主義的工具作用——擴大社會政策與市場經濟，使百姓生活群眾化、平衡化、凝聚化——更為擴大。市場經濟成為基督教倫理，或人性倫理實現的工具。駱普克說：「經濟的衡量標準乃是人類，人類的衡量標準乃是人神之間的關係」（引自Besters 1986: S.112）。

■駱普克（Wilhelm Röpke 1899-1966）

對駱普克而言，經濟秩序乃是社會秩序的一環，社會秩序之任務在把人類的失根或斷根加以扼制、阻卻，從而使人群陷身於集體的潮流中有所抗拒，不致同流合污。因之，他早年大肆抨擊帶有集體主義印記的福利國思想，他企圖在自由主義和集體主義之間找到「第三條大路」。

1932年呂士託在德國社會政策協會的會議上，揭櫫他的新自由的信條：「今日可以表述的新的自由主義，也是我與友人樂意表述的自由主義，是要求一個強而有力的國家，在經濟活動之上的國家，是對各種利益（個人與團體）超越的國家」（Rüstow and Horch 1963: 258）。

在1938年李普曼研討會（Colloquium Walter Lipmann）上呂氏首次提及「新自由主義」（*Neuliberalismus*）這個概念。在該場合自由主義的性質與能力重新被學界所界定，俾符合時代精神，而對抗全體（極權）主義與經濟危機之時代趨勢。「新自由主義」這個概念明顯在對上十九世紀放任無為的傳統自由主義，也表示其區隔，不過這個名詞卻也引發爭議。在第二次世界大戰結束後，特別是1960年代在德語區卻廣受重用，特別是涉及社會的市場經濟時頗受各界所推崇（Zinn 1992）。

■繆勒─阿馬克（Alfred Müller-Armack 1901-1978）

Alfred Müller-Armack

西德經濟學者繆勒─阿馬克在其作品《經濟操控與市場經濟》（1946）一書中首先提出「社會的市場經濟」一概念。主要是把市場經濟與社會的福祉不當成對立物來看待。相反的，大部分的社會活動之成就，是由於市場的運作所造成的。市場交易的流程之有效性，大大促進生活程度的不斷提升。生活水平的升高使個人收入增加，個人收入增加則可供支配之金錢有利於進一步消費，而造成社會各行各業的興盛。消費者主權（自由支配其所得）之伸張，加上各方的競爭可以抵制市場的集中、甚至壟斷。在補充這些經濟設施之餘，尚有家庭的保險制度，新的財產之獲取與建立的制度。這使獨立的工作人員更加有發展之機會，也導致企業參與者之參與決斷——擁有參與公司、廠商營運之權利。繆勒─阿馬克的主張，部分為佛萊堡學派秩序政策的想法之落實（Zweynett 2007）。有人則指出繆勒─阿馬克的學說與新自由主義者觀點有別。主要的原因是他的學說比較接近德國的前輩之駱普克與呂士託，而與秩序主張者的歐鏗之說法稍有不同。原因是比起歐鏗來，繆氏給予社會政策以及國家的景氣政策以及結構政策較大的空間。相對於歐鏗而言，社會政策可以是最低限度下的措施用來排除社會不公不平的手段；至於企圖控制景氣的循環，則成為多餘，甚至危害經濟發展的絆腳石（Zinn 1922）。

三、英國

■康南學派

1930年代在倫敦經濟學院（倫敦政經學院的前身）出現了以康南（Edwin Cannan 1861-1935）為中心的學術圈，亦即康南學派，這是與當年炙手可熱的費邊社社會主義唱對台戲的主角。康南本身深受英國經典的政治經濟學之影響。屬於康南學派的經濟學者尚有Frederic Charles Benham、Theodore Emmanuel Gregory、William Harold Hutt、Frank Walter Paish以及Lionel Charles Robbins等人，絕大多數曾在倫敦經濟學院授課。

分析這個學派影響力係來自米塞斯與海耶克兩位奧地利移居的學人，特別是海耶克在1935至1950年在英倫執教，明顯地反對政府主導和主控的經濟措施。該學派也與凱因斯主義分道揚鑣。儘管如此卻與經典的放任無為之自由主義保持距離。根據凱因斯派的看法，康南學派對經濟科學之接受並不留意，亦即不夠認真與嚴謹。1957年該學派建立了經濟事務研究所，出版了不少研究論文系列，1980年之後則發刊《經濟事務學報》。

■柏波爾（Karl Raimund Popper 1902-1994）

第二次世界大戰結束，柏波爾在倫敦經濟學院任講師職，他大肆攻擊各種各類的唯史主義與全體（極權）主義。他主張新自由主義的社會與經濟模型（理論），認為對經濟的事實只能用民主的方式來干預。他深受海耶克的影響，在其著作中常加引用，但分別了逐步的、和平的社會工程（改革），而反對烏托邦式大規模、暴力的經社改革。對經濟過程進行計畫性的改變是屬於烏托邦式的社會改變。

四、美國

■芝加哥學派

在第一次與第二次世界大戰期間，美國出現的政府逐漸介入人民的經濟生活（像新政〔New Deal〕的大規模建設所帶動的經濟復甦），亦即干預主義的抬頭，引發芝加哥大學經濟學學者們的批判與反對，這便是芝加哥學派的崛起。不僅學界，就是政界也有不少人士努力在政治現實中改變干預政策，為的是便利自由的經社秩序之恢復。

■席蒙斯（Henry Calvert Simons 1889-1946）

席蒙斯在其大作《給自由社會的經濟政策》（1948），闡述與倡導了一個自由的社會秩序之理念。他認為對這個理念的威脅來自兩方面，一方為壟斷局面的造成（必要時應把此種壟斷事業收歸國營）；另一方為美國當年的財政觀念與制度。早在1936年席蒙斯便反對政府採用的金融政策，他認為貨幣數量的操控值得一試。不過取代貨幣價值之操控，還是以穩定物價，而控制貨幣數量的發行為上策。1938年他贊成對個人所得稅採取公平抽稅的作法。他不贊成國家財政的中央集權，而主張聯邦制財稅政策。

■福利民（Milton Friedman 1912-2006）

諾貝爾經濟獎得獎人福利民可以說是新自由主義最重要一位代表人，他把芝加哥學派的貨幣政策之理論發展為完整的貨幣學說（monetarism），反對自然的壟斷事業之國有化。他也認為國家重新分配人民的收入並非是急務（見其著作《資本主義與自由》1962），主張彈性交易的貨幣政策。其後他把研究的旨趣轉換到政治場景的經濟分析之上，而發展了遊說的理論，亦即利益或壓力團體怎樣遊說美國政黨與政府部門，因而影響到

Milton Friedman

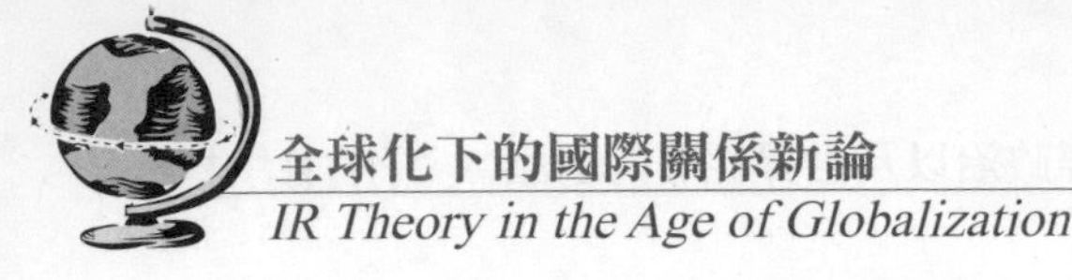

政策的制定之上。他不禁發出疑問：

> 難道政治的自我利益比起經濟的自我利益高尚得多嗎？……你能告訴我，我們在哪裡能夠找到這樣的天使（政治家），可以替我們的社會做出應當的設計呢？（福利民在1979年與Phil Donahue訪談之片語）

■施悌格勒（George Stigler 1911-1991）

施悌格勒出生在美國華盛頓州的西雅圖市，是第二代移民。從1958年進入芝加哥大學開始，經歷了芝加哥經濟學派引領風騷的二十年多個年頭。在1982年，他獲得諾貝爾經濟學獎。

施悌格勒的主要著作為〈訊息經濟學〉（“The Economics of Information”, 1961），《公民與國家：管制經濟學論文集》（*The Citizen and the State: Essays on Regulation*, 1975），《當做布道家的經濟學者》（*The Economist as Preacher*, 1982）等。他是「訊息經濟學」研究的倡議者之一，他用計量經濟學這一新研究工具，指出許多政府為求提高效率而加諸的管制，其結果不是毫無助益，便是產生反效果。

在芝加哥經濟學派中，施悌格勒的實證主義之性格為學派帶來了討論的氛圍。他身為一個新古典經濟學者，卻有勇氣反對新古（經）典經濟學的本位主義。當經濟學的研究者將福利民與施悌格勒這兩位芝加哥學派第二代人物做比較時，多會注意到福利民的辯才無礙。相較之下，施悌格勒則顯得幽默、溫和與實事求是。

■布坎南（James M. Buchanan 1919- ）

布坎南是美國的經濟學家，以研究公共選擇理論而聞名，他也因此獲得1986年的諾貝爾經濟學獎。布坎南於維吉尼亞州的喬治梅森大學擔任教授，在那裡領導的公共選擇理論學派還被人稱為「政治經濟學的維吉尼亞學派」。

James M. Buchanan

布坎南在1962年與戈登・杜立克（Gordon Tullock）合著的《同意的計算：憲政民主的邏輯基礎》（*The Calculus of Consent: Logical Foundations of Constitutional Democracy*）一書，被目為公共選擇學派的濫觴。因為這本書探討自由社會下的政治結構，然而他們所使用的研究方法和概念，在本質上卻是「源於研究一個社會經濟架構的學科」。該書主張政府決策也是經濟活動的一部分，而非僅影響經濟之外的勢力。故此，在研究公共政策時，也必然需要研究集體決策過程。

此外，布坎南在財政法規理論上亦有大量著作，《課稅的權力》（*The Power to Tax*）一書為研究財政決策如何達成的開創性著作。他的作品常挑戰學界傳統上漠視政治決策過程之毛病，這是受到人類追求私利的影響力。

■戴隆（J. Bradford DeLong 1960- ）

J. Bradford DeLong

柏克萊加州大學經濟學史教授，也是新自由主義的支持者戴隆，指出新自由主義兩個主要的原則：

第一，在產業核心和資本主義世界經濟之間的緊密聯繫，而這種發展模型是那些貧窮國家在快速邁向繁榮的途中所不可或缺的（因此所有國際貿易的障礙應盡可能徹底的移除）。第二，政府缺乏運作大型產業和商業公司的能力。因此，除了收入的重新分配、公共建設、司法的執行和一些其他領域之外，政府規模應該被減縮，並且走向民營化。

新自由主義的批評者認為，這兩個原則代表了「涓滴效應」的一部分，在自由市場的資本主義下，經濟的成長和科技的進步也造福了貧窮國家與其人民，即使這種過程是由跨國公司、富裕國家的菁英，和富裕國家控制的組織（如國際貨幣基金）所主導亦然。批評者也宣稱這些理論與實際的情況互相矛盾。新自由主義的辯護者則主張「發展即為自由」，更多的經濟成長、專業化和機會的產生，使得個人能夠達成更多在僵硬的貿易保護制度裡所無法達成的目標。

新自由主義的概念在經濟學界逐漸普及，不只是因為政治權力平衡的改變，也是因為許多經濟學家發現，在二戰後貧窮國家的經濟發展策略並沒有發揮其原先假定的效用。尤其那些為了實行大量公共計畫而債台高築的左翼貧窮國家。新自由主義也是因為民粹主義和現代自由主義政策的失敗而崛起。

新自由主義認為，許多東亞國家（如台灣、南韓、新加坡）以出口為主，由國家主導的經濟政策早晚歸於失敗，以及共黨中央監控的計畫經濟最終的失敗，都說明了新自由主義改革的需求。唯一的例外是中國，中國是對經濟實行中央計畫最為密集的國家之一，中國的經濟和政治在1980年代晚期和1990年代初期都經過劇烈變動。近年來，一些人批評中國的社會主義市場經濟已經發展為裙帶資本主義——封閉的市場，由國家操控貨幣和股票的價格，並對進口施加大量限制，這些也影響了中國以出口為導向（外貿）的經濟。

一些人主張新自由主義和自由意志主義及經典自由主義是相同的，但事實上兩種哲學卻存在一些差異。雖然在經濟理論上兩者都提倡市場經濟和自由貿易，但新自由主義也有其在國際關係上的理論（新自由主義的國際關係理論），支持以國際性的制度和一定程度的全球政府，來做為國際談判和管理國際協議的手段。新自由主義認為更多經濟和政治獨立，能使國家更快速發展，同時也能減低國際間的緊繃，或至少能減低國家利用軍事手段解決問題的情況。

許多新自由主義者也接受充分就業和理性預期等總體經濟學理論，亦即新興古典主義和自由市場經濟理論。其他人則依靠於國際貨幣基金會和其他國際金融組織的機制，來解決世界性的經濟問題。

第四節　新自由主義的兩個意涵

在國際關係與國際政治經濟兩個學門中，自由主義及其衍生的新自由主義也顯示兩種相似，但卻有區別的意涵。

第一個意涵衍發所謂的自由的國際主義（liberal internationalism），這是威爾遜總統與國聯以來的國際政治之理想和實踐（包括第一次世界大戰結束後至第二次世界大戰爆發之間的國際性聯合組織在內）。自由的國際主義牽連到從主權國家之努力所組成的國際組織，這些組織在提供集體安全，以及遵循自由的路線在擴大國際法（國際公法與私法）。國聯的後繼者之聯合國正是自由的國際主義之傳統的再度發揮，特別是聯合國所宣布的環球人權宣言，聯合國人類發展、健康、衛生、住屋的計畫之推動。

其中，二戰結束後在布列頡森林所建立的國際金融制度，更可以代表國際經貿合作之開端，是國際經濟的自由主義的落實。這個經貿與金融制度在鼓勵和規範日漸公開的國際貿易，其主要的機制為關稅暨貿易總協定，以及今日的世界貿易組織，透過國際貨幣系統（國際貨幣基金會）與經濟發展（世界銀行）來促成戰後各國經濟的振興。這便是嵌入的自由主義（embedded liberalism）的戰後體系，把國際經濟的自由主義同美國式的國內自由主義，以及歐洲的社會民主掛鉤的結果，其背後的經濟思想乃是凱因斯宏觀（總體）的經濟政策和福利國政策的落實。

是故新自由主義也好，新自由制度論也好，便是對二戰結束後國際商貿、金融、經濟發展的種種國際機構之紛紛設置，提出理論性的說明。

新自由主義挑戰了霸權穩定說，後者主張安那其體系之下，任何國家自我救濟、自助的行動，或是想要搭順風車的行為都是缺席、不作為的立場（default position）所造成的，在此情形下來談國際合作，未免流於形式的炎炎大言。只有資源豐沛、國力累積的巨強或大國能夠提供穩定與安全

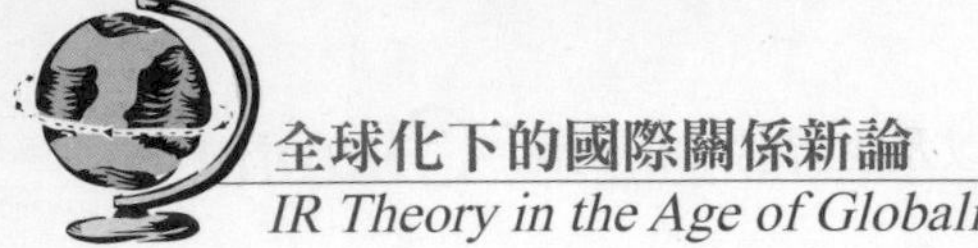

的國際公共財貨。原因是這些列強可以片面支付公共財貨的代價、成本，而不需國際中其他行動者的分攤。這種說詞可謂為現實主義或新現實主義的向來看法。反之，新自由主義、或新自由制度論者看出二戰後（特別1940年代至1980年代）國際機構像雨後春筍般地紛紛設立，而且這些機構逐漸發展成自主性或半自主性的國際組織，其影響力日增，甚至可以控制與規範很多商貿的國際行為，並使各國政府間養成合作之習慣，儘管在此一體系中美國的勢力呈現衰微的現象。換言之，新自由派的制度論是取代了霸權說，或取代了現實主義的單一強國才能維持區域、或世界的穩定之說法。

「新自由」派的第二意涵是相當清楚明白。它是淵源自十九世紀的歐洲大陸，亦即對自由主義「經典的」看法。這個用法主要聚焦於經濟的自由主義，但含有更寬大的意涵。這一用法在取代「新自由制度論」【4】，使用者不限於學界，也包括決策界和新聞界。對於新自由主義此一新形式的強調，主要為著眼於市場。原因是現代資本主義社會的核心制度乃為市場，不管是國內市場還是國際市場。因之，人們的眼光與手法都應集中在使市場能夠靈活運作。

重視市場運作良好的政策，包含幾項構成要素。首先，在設計與建立這種制度和實踐，俾其基礎為市場的，也是受到市場的活動所指引。其次，國家要灌輸個人主義的、市場導向的思想與文化給各階層的全國人民，而掃除人民依賴國家的習俗、舊文化——倚賴文化，俾做到柯林頓總統所言：「結束我們所知道（所經歷）的福利作為」，從而對勞動市場的

[4]新制度論係從美國制度論產生，不認為人類的行為都是富有理性，而能夠把理性累積起來，反而主張行為受著社會文化習俗的影響。建立社會制度才能規範個人的行為。1960年一批新理論家崛起，認為融合正統經濟學說與制度分析之對立大有必要，此即新制度論的崛起，不求經濟現象融貫（congruency）的解釋，而是以功能和演進的演繹方法，把經典的政經合一，進一步主張，經濟現象不只牽連政經，也受社會發展的影響，特別是制度對人類經濟行為作用，過去對政策的爭論，改為今日對制度的評比（洪鎌德 1999：15-16）。

種種管制一概取消。第三，政府與國際制度（組織）本身要充滿了對市場友善的心態與實踐行為。第四，國際間的貿易和資本的流通，應予方便，而拆除各種交通的阻礙。最有效率的市場為購買者與銷售者數目最大的交易場所，亦即「有效價格」出現之市場，達到所有待售之貨物完全在雙方同意的價格下結清，這種市場無異為世界市場。

在這種新自由主義意涵下的內政表現，可以把1980年代英國柴契爾首相與美國雷根總統主政下的經貿、福利、稅賦政策拿來展示。這是美國福利民與英國尤塞夫（Keith Joseph 1918-1994）自由市場經濟學說的應用。但造成這些新自由派、或新保守派財經政策的泉源，卻是二戰後經濟秩序所引發的1970年代之經濟危機，這個危機不只發生在英、美等國之內，更是世界性範圍中的經濟危機。這個危機有多重的維度、範圍、規模、層次（dimensions）。

第一為國家的財政危機，肇因於社會政策、公共支出、國有化工業和官僚架床疊屋所造成的預決算赤字，以及國庫空虛，亦即這些國家的開銷迅速膨脹與稅收不成比例，迫使新自由主義者建議降低稅率與政府公共服務，目的在稅率降低而納稅踴躍下，促成經濟成長增加（供給面的經濟成長）、國庫充盈。

第二為社會夥伴關係或新組合關係之運作欠妥，甚至部分失效，導致勞工（工會）、雇主（經理）與政府三方介入的經營協調機制無法發揮其功能。此一功能在1960年代時對勞工的工作條件與薪資報酬的商定曾啟動過協調成功的作用，而使企業的經營順暢。如今薪資的凍結、投資的裹足不前和有組織的勞工之工業行動（怠工、罷工等）是導致景氣蕭條的原因。新自由主義建議對勞動市場的管制應當鬆綁，放棄戰後大力推動的全面就業的企圖。

第三為危機之範圍涉及國內與國際的經濟條件。從世界貿易比率的降低，至各國採取保護主義的態勢升高導致以非規定的關稅壁壘保護，也造成了「停滯性通膨」（stagflation，一方面經濟成長停滯，另一方面物價呈現上升的趨勢）。此時各國人民一般存在著惡性循環（vicious circle）的懼怕，因為1930年代的世界經濟大衰退似乎又捲土重來的疑慮，這種惡性循環便是「以鄰為壑」的政策所造成的。

第四，布列顛森林協議下的全球金融政策，在通貨匯率本來盯緊美金的「美元為國際交易的標準」，或稱「金本位標準」，亦即與「浮動的匯兌體系」看齊。但像野火燎原的匯率危機卻告爆發，導致1971至1973年間美元對其他貨幣的匯率之大幅降低。這種美元的貶值與以色列發動雍基鋪（Yom Kippur）戰爭有關，亦即以阿之間的重啟戰火，導致阿拉伯為主的石油生產國把石油價格調漲達四倍之多。其後1970年代中除了通貨膨脹、利率升高之外，第三世界的債務經常發生而不易解決，造成1980年代初西方世界經濟衰退的持久出現，這無異為1930年代大蕭條之翻版。

1970年代經濟蕭條的經驗導向戰後有關國內推行凱因斯學說落實的方法，更為廣泛的危機之出現，這可說是「指導性計畫」為福利國政策推動的後遺症。在1970年代尾的凱因斯政策無力解決緩慢生產力下降的通貨膨脹，利潤降低、國家支付增多，這表示全球資本累積過度膨脹。一旦凱因斯宏觀經濟的論調失效（政策無效），無法阻止或無法消除停滯性通膨的擴大，加上工商業界中勞、資、政府三方洽商的新組合又無法消除企業界應付上述種種危機，那麼戰後發展最佳的資本主義國家紛紛陷入無能、背棄、變節之中。1950年代至1970年代的「長期繁榮」所賴以維繫各國國內信心與團結的意識形態和文化，本來可視為凝聚共事的黏合劑，至1970年代完全消融、失掉作用。是故新自由主義遂在1980年代崛起（Kiely 2005: 63-77）。

至此地步，很多中產階級的群體，甚至部分勞動階級的工農大眾，把選票投給新型的、新標頭的自由派之「保守主義」。1979年多達42%的英國工會會員支持保守黨的柴契爾夫人，把她送到首相府而執政多年。在美國「雷根的民主黨人」（他是保守的共和黨推出之候選人），也當選美國總統。自此之後，在野的英國工黨和美國民主黨也開始轉型右傾，被稱呼為新工黨（New Labor）和新民主黨（New Democrats），甚至「第三條路」（The Third Way）。同樣1981年當選法國總統的米特朗推行不少的「社會主義」之計畫、政綱。但為了把法國從景氣衰退中拖救出來，其行政不得不修正路線，而與帶有自由色彩的保守主義左右「合治」（cohabitation，同居共治）。其間德國（西德）與日本也處於轉型當中。連歐洲的整合、形成歐盟也被視為新自由主義者之幕後推手，尤其在1985年以後競爭政策與單一市場的成立底推動之上，看出新自由主義的努力之斑斑痕跡。

這種中間偏左或偏右的新自由化（社會民主化）趨勢與過程，也發生在轉型中的東方共黨集團之內。蘇聯集團在1970年代與1980年代通膨與停滯日趨嚴重，導致求新求變的人群在1980年代中迫使戈巴契夫喊出新思維和改革開放，也使波蘭團結工會在1980年代底推翻共產政權，接著東德大批的流亡潮，乃至1989年柏林圍牆的推倒、摧毀，造成東柏林政權的垮台，在一夕之間宰制全球長達半世紀的冷戰突然結束。東歐與俄國在紛紛擺脫共黨一黨專政下，不但政治上走向民主化，經濟上更走向自由化，可謂為「轉型國家」新自由實驗之開端。

同時期發展中國家之官僚式威權政府一旦在早期（1980）跌入債務陷阱（debt trap），會發現它們準民族主義、準社會主義的聯盟之解體，轉變成超級的膨脹和家族資本主義（crony capitalism）。很多傳統性的發展國家（新興國家）在全球化推動下迅速工業化，造成對新自由政策更新的需求殷切，遂解除傳統的、老舊社會和政治之聯盟，尋求新的經社聯盟，並進一步爭取擁有知識的中間選民之支持。

不過對現實政治失望的各國人民群體中，並非飢不擇食把新自由派的主張囫圇吞下，或照單全收。大部分發展中國家的政治似乎圍繞各種勢力群體的衝突在打轉，一方面是企圖保護本身之所得與社會價值體現的新自由政策；他方面則是模仿西方新自由派的藥方，而企圖攫取全球化利益的人士。兩股勢力衝突的結果造成社會的混亂，特別是當社會與經濟群體陷於失業或貧窮的狀態之下。這不限於發展中的國家，也包括權力過度擴大、或面臨崩潰、解體（舊蘇聯、東歐共黨）的國家。不只權力的轉移，就是商貿條件（輸入多於輸出）、或是原產品價格的低落所造成的「商品陷阱」也會導致階級與族群的撕裂。國內的紛爭、反叛、甚至內戰的爆發、恐怖主義的肆虐，使各方對自由派的全球化採取疑懼、抗拒、排斥的看法。傳染性的金融危機和經濟危機就像瘟疫一般，從拉丁美洲的債務危機（1980）蔓延至東南亞和俄羅斯的金融危機（1997-1998），乃至阿根廷的經濟危機（2001-2002），甚至美國次級房貸市場所引發的全球金融危機（2008-2009），這些都展示把傳統的商貿、金融、財政加以改革，以配合和適應新自由派的政策，以及制度、結構的改良是何等艱鉅與痛苦的工程，其在政治方面不是團結民心，而是分裂國家的作為。

另一方面，取代新自由主義的另外作法與想法，同樣困難重重、沒有成效，也不連貫。以致於柴契爾夫人說：「捨此之外，沒有他路可走」，還說：「你無法徒然阻擋市場運作」。就此1980年代底像這樣影響重大而收效成功的觀點，導致政治人物與學者的爭辯。爭辯圍繞著新自由派所主張的全球化是否無可避免的出現。還是全球現代化、資訊化的「合致」、「併流」（convergence）需要長時間的培養與推動，而非一夕之間的遽變。在這裡吾人可以看出根深柢固的「嵌入自由主義」已被根深柢固的「嵌入的新自由主義」所繼承，所襲取。

儘管新自由主義的派別繁多、看法歧異，但有四個維度、天地，四項問題領域可以看出它們擁有一定程度的同意。這是全球各國逐漸靠近、倚賴所造成的必然趨勢，使其「改革」受到各方矚目。每一自由派改革常隨國情不同（每國制度與實踐、每國利益團體與跨越國界之聯繫程度、改變中市場的環球結構與產品），而多少呈現相異的面貌。新自由主義所承諾的四個主要範圍、領域為：(1)自由貿易；(2)國家財政管理的改革；(3)國家干預的減縮；和(4)公私部門關係的重新結構等等。

第五節　自由貿易及其滋生的問題

第一個改革的事項和範圍為商貿交往和資本交流阻礙之排除。1930年代導致世界經濟大蕭條深化的原因之一為全球貿易量的驟減，是故1947年設立的關稅暨貿易總協定是1944年布列顛森林協議的產品，其目的在透過幾輪的談判商討關稅降低之後，接著討論非關稅的障礙之排除。從關貿總協定變成了世界貿易組織，可以說是世界自由貿易的大躍進。加上區域與各國雙邊的自由貿易區（FTA）的締定，增強各國、或各地區成員國之間的貨物（商品）、人員（勞工）、貨幣（資本、金融）、訊息（情資、技術、理念）之交往。可以說自由貿易是根深柢固的「嵌入自由主義」和其後的新自由主義核心建構因素（the core building block）。

有跡象顯示，各國逐漸形成共識，認為新的商貿之設防，會導致相關國家採取報復行為，而造成貿易往來停滯的惡性循環，其結果參與商貿之成員都會遭殃。相反地，自由貿易在短期中雖不免造成某些結構上的扭曲變形，但長期來說公共財貨的互易卻使窮國與富國均蒙其利。它會創造經濟發展與成長的良性循環，嘉惠當事國。有些地區像農業、紡織業、服務業之類輕工業，被批評發展得太快速、走得太遙遠，而引發反全球化之抗議。但抗議人士仍舊接受降低商貿的限制、阻隔，俾貧窮國家的產品得以銷售於富裕國家的市場，而讓貧苦的農人、工人、小商人獲取貿易的比較利益。

此外，自從1971至1973年戰後金本位、盯緊美元的匯率標準崩盤以後，有幾項因素導致超越國界資金的大幅流通。浮動匯率、金融市場的全球化和輸入取代性工業化之無法落實，以及國際援助機構對受援助國家實際（有效）的發展之支持等等因素組合起來，導致各國對資本外移的控制大大減少。業已發展的國家在政府去掉管制和銀行界、保險界中與國際來

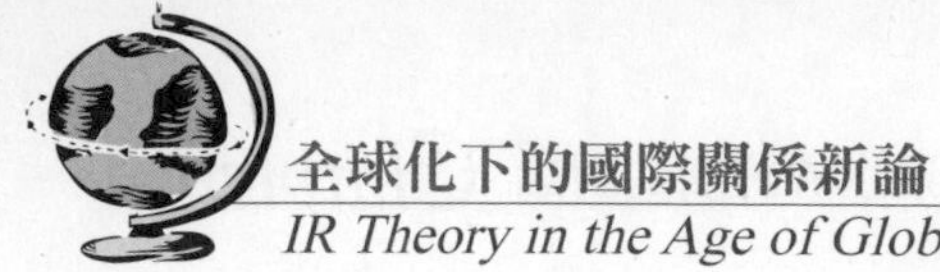

往頻繁有力的市場行動者（大公司、大財團、跨國企業等）之活動下，都認真改善它們在1970年代的財務體系。就在此時，國際貨幣基金會、國際（債務解決）穩定銀行，以及其他國際性金融機構推動了自由化，並設置一連串的標準與規程來自由化各國資本的交流，像1988年在瑞士巴塞爾設置的資本適當標準等等便是顯例。同時過去稱為第三世界，而如今易名為「新興市場」，正爭取外國的資源（稱為直接投資、或國際有價證券之投資），亦即吸收本國所缺乏稀有的資本。儘管金融危機頻傳，以及有時要接受投資者對資本之多少程度的控制，有關國際資本移動之爭辯主要集中在如何在國內、區域（歐洲、北美、東南亞）和國際的層次上以制度的方式建立管制的體系，其目的在使這類的管制與公開的、環球的市場的機構之規定能夠平順地適應，而避免齟齬摩擦。

生產方面的國際化在於連結商貿的自由化與金融的自由化，其結果導致對跨國公司主導角色之認定與接受。在1990年底有關「多邊投資協定」的倡說，目的在保護跨國公司的營運不受所在國政府的干預，但卻遭到已發展與發展中的國家之聯手反對，連國際監管機構也不贊成。不過一般對跨國公司的存在與發展都抱樂觀其成的態度，認為它們對經濟成長有所貢獻。總之，自由商貿、金融自由化、資金自由出入國境、生產的國際化慢慢被接受為理所當然的世界經濟發展之趨勢，為二十一世紀國內與國際經濟向前發展的推手，也形成了新自由主義的里程碑。

第六節　國家金融管理的改革

新自由主義第二個主要的發展項目、層面為國家財政、金融的管理、經營，特別是對通貨膨脹的控制。通貨膨脹被視為1970年代破壞已開發國家之長期繁榮的罪魁禍首，也是第三世界發展停滯的罪惡淵藪。這就牽連到凱因斯宏觀（總體）經濟需求的管理之移位，亦即移向財政和貨幣政策

Ronald Reagan

更為結構性的處理方式之上。一旦涉及財政政策，則不論普遍地降低個人的所得稅（特別是高收入、高稅率）還是增加中的公司課稅率都廣泛地降低，俾鼓勵私人資本和儲蓄轉向投資。稅賦降低變成新自由主義中左右兩派的共識，特別是在美國成為贏取選票的策略之方式。小布希的政府倡導立法減稅，曾引來民主派人士的抨擊，認為是圖利富人的舉措。但民主黨人（在英國為「新工黨」）卻也贊成減稅，不過其對象卻為中產階級。

使國家的預算走向平衡，在理論上是向來正統財政理論的核心、信條，但在美國雷根總統任內（1981-1989）與小布希任內（2001-2009）卻造成美國有史以來最大的國庫赤字。大力嚴格控制預決算的是柯林頓主政期間（1993-2001）。歐洲聯盟的「成長與穩定協約」（Growth and Stability Pact）規定成員國預算赤字不得超過國內生產毛額（GDP）的3%，儘管這種規定最近因希臘和西班牙經濟的惡化，而引發歐盟及其主要成員國的德、法、英、義之憂心。

國際貨幣基金會和世界銀行提出金援的條件為接受國預決算的盈餘（而非赤字）。這也迫使發展中國家右派或左派主政者（例如巴西）採取緊縮國庫開銷的嚴格預、決算控管。這些都是嵌入的自由主義之正統主張。該派之另一主張為要求各國政府裁撤冗員，政府機構宜減肥，把職權與工作重新分配調整，減少疊床架屋之部分單位，完全仿效企業講求投入與產出的方式減少浪費，增強效率之作法。

此外，對貨幣供應的管理也透過公開市場的運作而發揮其功能，各國中央銀行擺脫政黨與利益團體的糾葛獨立行使其職務。

最後，總體（宏觀）經濟的管理是透過貨幣政策（利率、匯率之操控），而較少透過財政政策（稅賦之操弄）來達成的。

第七節 國家干涉的縮小

新自由主義涉及國內與國關的討論對象與範圍之第三個維度，面向是國家對國內經濟干預的性質之劇變。傳統上，無論是社會主義的國家，還是號稱社會民主（其實是資本主義）的國家，其對國內經濟的干預，大多取向於生產與商貿的結果。而在二戰以後，公共政策的主要目標在提升經濟成長、促進工業化、充分就業和透過稅收和福利機制，來達成所得與財富的平均。新自由主義這套作法在兌現社會更為公平的承諾，特別是在涉及社會政策方面。這種主張不只是中間偏右的政黨，就是右派的政黨（過去一向保護中上階級的利益為主，反對富人高稅率的政綱）也在大蕭條與二戰當中，傾向於採取新自由主義這種國家干預的社會政策。

「管制」（regulation）一詞，歷史上多所使用，是混雜著兩種應當分開的干涉模式之普遍概念。第一是以公共利益之名義對經濟部門和社會與公共服務進行直接或間接的控制（例如禁止菸酒進口與公賣局的壟斷生產與出售）。管制者或是政府的部會，或是相對獨立的機關（在美國這類機構普遍存在），它們擁有相當大的職權來設計與執行其職務，而且擁有設定條件的權限來控管能源、基本設施、太空宇航具有「戰略」影響力之經濟活動。在法國，政府還鼓勵「國家優勝」廠商的產品在國內與國際市場取勝爭贏。

管制一詞的第二模式和意涵為以美國為主發展的「掣肘的管制」（arm’s length regulation）。這種管制者的角色並非在產生某些效果而進行的干涉。反之，它卻是對某一部門、某一產業、或某一服務業建立通則，或執行通則的監控機關。這些產業通則、規則之設立旨在防阻詐欺，鼓勵競爭，限制壟斷、阻卻寡占、反制「市場失靈」、貫徹契約與財產的權利，並為商務買賣雙方（行動者）創造類似（準）法律的交易環境，俾市場運作有效率。儘管這些通則、規則之有效性近年間受到不少的批評。

上述兩種管制的模式與意義成為新自由主義的核心計畫，可以用一句話來說明：「政府宜掌握船舵，而非推動槳板」。就理想的說法而言，政府不當實際管理工商業，或提供日常生活服務，而是提供給市場的買賣雙方進行交易（遊戲）規則之架構，俾這些市場的行動者知所遵循，達到公平買賣的目的。當然，不少經典與新的自由主義者會堅稱政府最好採取放任無為的態度，不捲入人民的經濟活動之私務裡，為最佳的策略。

是故去管制、解除管制原來的意思，便是排除各種阻卻市場參與者（買賣雙方）之行動的規律，須知市場參與者除了追求自利之外，其他的行為被規律、規則所禁止。這種規律、規則的存在無疑地扭曲了市場自由交易、有效交易的意義，故為自由派要掃除的主要對象，也是去除管制的原本用意。

可是，新自由主義者卻爭論，儘管要解除管制，但有一種的管制卻不可輕言解除，那就是審議的「擎肘的管制」，亦即上述第二種意義之下的管制。原因是這類的管制，並不在限制市場的交易，而是促成市場交易更為活絡、更為有效的措施。解除管制並非真正地把所有的管制排除，而是取代以結果為導向的干涉，而以對市場有利的干涉作法，來進行新的交易規定。事實上，在很多事例中新的管制比起舊的管制而言更為複雜、更為繁重。一個顯例便是金融市場中的內線交易的阻止。這種內線交易（除了美國之外）在1980年代之前幾乎少為人知。

新組合主義（neo-corporationism）為現代西方資本主義國家盛行的制度，它是組合國家（corporate state）理論之延伸。後者視國家不只是個人和團體的組合，不僅是由區域、地方與中央機關的組合，更是各種政治的、經濟的、功能性的群體所組成的。因之，歐洲中世紀的「階級議會」（estates）、「行會」，或基爾特（Guild，職業公會）都有其代表參與國政。當代的國家更受到雇主、工會與政府有關機構等三方面來參與公共決策，取代了傳統上國會、議會、立法院的角色。1970年代不同政黨組成的英國政府重視與工會之間締定的「社會契約」，俾工會可以約束下屬支會、派系，以及會員來致力改善勞工的福祉。但在1970年代末由於英國總工會無能控制其會員，而使各政黨從社會契約的承諾撤退下來。不過組合主義在斯坎地那維亞半島（特別是瑞典）推行成功，而在德國與奧地利勢力仍很大。很多政治學者視此為複雜的工業社會政治形式的自然發展，是對代議民主效能降低的反彈，因為後者對經濟管理中涉及技術面的事情處理不善的緣故。他們認為早晚組合主義會變成工業國家制度之一環。

儘管新組合主義大言炎炎要解除管制，但在勞動市場中這種管制的解除卻被一大堆新的管制所取代，而讓資方仍舊享有隨意雇用與開除員工的大權。這些新的管制包括蘿蔔與棍棒的利誘與開罰手段，在給予工人甜頭（像訓練、培養、教育、或短期試用的金額補助）之外，還以威脅的手段（福利補助的減少、勞動時間的不肯減少等等措施）讓窮苦的、失業的、工作能力衰退的雇員享受不到「福利國」（welfare state）的優待，而嚐盡「勞動國」（workfare state）的苦勞。受害最深重者無過於單親的婦女工作者。

新的管制方式為訂立隱含管制性質的契約之作法，或溯及既往的（*ex post*）管制。事先並不對行為加以限制，但任何的偏差卻可以在事後的訴訟、或司法、準司法的程序上來追究，而且透過了管制機構之追訴。這種建立在規則基礎上的體系需要靠廣泛的監視與查驗，俾決定事先勞資同意的生產目標有無達成。經濟生活很多的面向在今天隸屬於各國（先進與落後國家）的政府這類廣泛的管制之下。誠然國際貨幣基金會、世界銀行和世界貿易組織最主要的工作目標，在規勸與勸改各國政府不要緊握管制，而期待它們鬆綁，讓整個世界的「最佳實踐」、「最好表現」（社會與經濟生活的自由自主），得以暢行無阻、遍地開花。

第八節　公領域與私領域的區隔

新自由主義第四個核心關懷的維度、層面、天地為公部門與私部門之間的關係。新自由主義向來便介入許多公共與社會服務的私有化工作，也做了很多公私混合的實驗，目的把生產與分配的貨務（goods and services）搞個公私混合的經營，而有亮麗的成績表現。在英國柴契爾首相執政期間，政府售出公營事業的作法逐漸轉變為「租出」、「訂契約租出」（contracting out）其控制之下之產業給予私人，而形成「公共與私人之夥伴關係」（public-private partnership，簡稱PPPs）。這樣便可以利用私人擁有的資源配給公共大眾來享用。這包括了學校、醫院和監獄的建構與經營，公家用私人資助興業機構（Private Finance Institute，簡稱PFI）的辦法來化公為私，嘉惠社會大眾。贊成公家機構私有化的主張者認為經濟中的結構改變，特別是資訊和交通科技（ICT）之激進，已基本上變更了公私的運作，而把公與私兩部門的界線打破。但反對者卻持另一說詞，他們認為私人化、私有化會把公共的性格（追求公共的利益、造福全民的好意）破壞殆盡。另一個反對的理由是付出代價的儲蓄（準備金）並未落實，而政府要概括承受私人營運的失敗之財政後果，特別是開銷大於成效，或私人服務品質無法保證，而流於瑕疵缺陷之時。

這一層面的問題顯然與上述管制的消解有關。進行公私契約之締定，也就是讓私人出資的表現，以及事後稽查追溯的執行，便是整個國家（或相關國際）體系的目標，這還牽連到政府與民間混合的「治理」（governance），為此目的而設置的在地、區域、國家、跨國和國際機關集中注意力於政策的網絡上，而不太注意運作的形式過程。這些滋生的問題之難以解決，使得新自由主義者提出替代方案，取代服務大眾的公家機關之設立官署、管理機構，現在改以設立跨越公私部門的管理中心，俾在資源與價值的分配方面（機械性的分配），讓市場的參與者得以直接介入。新自由主義者介入治理的零碎化，把各種制度與各項過程之橫越（橫切）與重疊一一處理。這樣一來浮現的嵌入的新自由派之共識，不只「從下向上」發展，並且在市場力量和跨國相互滲透侵入之時，把政府、國際制度或其他的行動者之行為導入特定的行為模式裡。這種公私關係之合致化、併合化是一種的政治建構。它是靠「政治企業家」在真實時間中把政制加以型塑、推進，因為這些新型的政治企業家設計種種計畫案，也設法說服各方來合組聯盟，而最終使其設計之新制度贏取到合法性與正當性，而便利公家的利益與私人的經營發揮最大的效果。

第九節　卜地峨對新自由主義的批判

Pierre Bourdieu

法國社會學理論家卜地峨（Pierre Bourdieu 1930-2002，又譯為布迪厄）認為目前成為當代支配地位的新自由主義理論，以美國雷根主義與英國柴契爾主義為代表，後來又加入全球化、自由經濟（包含解除管制）的思維，以鋪天蓋地之態勢席捲世界。在該經濟體系的世界中，透過經濟制裁或仲介組織（諸如國際貨幣基金）來運作。在這種格局下，以理性為取向的經濟和社會條件，同構成它們的經濟和社會結構混為一談。此種純粹理論的應用，也導致經濟學理論應用於實務上得一再修正，乃至不斷產生新論述的缺陷。也使得在模型的抽象過程中，經濟法則與社會法則間產生對立，前者支持競爭、重視效率，而後者秉持公平正義的原則。

卜地峨認為新自由主義之主張基於以下的預設：

1. 經濟是一個單獨分開的領域，並且受普遍而自然的律則所支配。政府不該橫加阻擾。

2. 市場是民主社會裡，能有效和公平地組織生產與交換的最佳工具。

3. 「全球化」要求國家節約支出，特別是在有關就業及社會保險權益上，因為這方面的開支，往往所費不貲、成效不彰（Bourdieu 2003: 33）。

卜地峨認為這些預設並非是純粹的經濟理論之原則，而是特定的社會（如美國或英國）傳統的歷史特性。新自由主義主張國家應放棄參與經濟生產活動的過程，售出國有企業，將諸如健康、居住、安全等轉變為商業資產，將使用者轉變為客戶，採行公有民營制，國家上下位階的權力受到限縮（*ibid.*, 34）。

新自由主義在經濟上追求最大利潤、取消金融管制、採行自由貿易。然而，私人企業與國家經營的目標功能並不相同。由於私人企業追求短期利潤的極大化，節省人事成本，常以裁員、加班、約聘的手段，並以跨國供應鏈（supply chain）的方式以達成目標。然此舉無法透過保障員工的就業穩定、提升的效率、達到長期利潤的最大化、也犧牲員工的薪資與增加工作的不安定感，這種經濟體制被卜地峨稱為制度化的不安定感之支配模式（Bourdieu 2003: 55）。新自由主義是一種「強勢」支配體系，儼然為弱肉強食、適者生存的社會之張本。

雖然新自由主義強調自由市場、國家的放任無為，透過市場的運作機制可以達致經濟配置效率的極大化，然而此種經濟制度的安排卻是一種的烏托邦。解除金融管制、公有事業的民營化、公司化固然可以減少冗員、提振經營效率，而擊垮抵擋市場法則的阻礙，諸如民族國家、工會組織、各種協會，乃至於家庭，以求取充分發揮經濟效率。至此地步，經濟的運作與社會的制度遂告分道揚鑣。

在優勝劣敗的叢林法則中，透過經濟全球化、資訊全球化、金融的全球化（甚至是零時差的及時反應之匯兌市場），由於資本的進出幾乎沒有任何時差可言，故此國際資本流的動向實與利潤的高低、經營效率的良窳息息相關。此外，各種各樣的經營策略便紛紛出籠，諸如採行業績獎勵、績效考核、分紅入股、充分授權、彈性工時、自我控制（自我規約）的上班方式便在人力資源管理、企業管理、組織理論中一再出現。美其名為公司效率的提升，利潤的增加，但此種的經濟成長卻是建立在剝削勞動力、造成過勞（過度勞動）、高度緊張的工作模式，這就是達爾文式的世界。

建基於科層管理與精密控制的生產制度之安排，雖然不見高壓的無上命令式之控管，但職工動輒得咎、扣薪水、減少勞動時數、甚至遭到炒魷魚之命運，有時難免。這種情況幾乎無所不在。這是業主無所不用其極的競爭市場之發揮，其經濟秩序卻是建立在高失業率、不安定的工作條件與報酬期望值減低（由於增加工時之變相減薪、減少紅利），而國家、經濟制度卻成為推波助瀾的劊子手。

卜地峨針對此種吃人夠夠的經濟制度，提出創建一個新的組織形式，透過結合學界與社會運動者，進行集體性的批判與創制，從而產生新的動員和行動。並且透過超國家、超性別、超種族的國際主義，來阻擋新自由主義的蔓延，以避免新自由主義的建構反而成為推倒福利國家的兇手（*ibid.*, 18-29）。

第十節　新自由主義未來的展望

新自由主義及其前身嵌入的、經典的自由主義是「泛層決定的」（overdetermination）[5]。其所以是泛層、或多元決定的原因，是由於這

[5]提出泛層決定（overdetermination）者為法國馬克思主義者的阿圖舍（Louis Althusser 1918-1990）所提出的概念。阿氏認為社會由經濟、政治、意識形態和科學四項人類的實踐所合構而成，每一層次對另外三層次都具多元決定性的作用，因為它們之間的矛盾非一元的，而是多元的，每一層次有其內在的自主性。因之

一學說強調政治體和經濟體（合稱政經體）是從不同的利益群體、壓力團體和政經的建構因素（包括行動者、制度、規範等因素）所合建的、合構的，這些因素固然有分別，也各自獨立，但聚合成社會或國家結構之上下層次。他們彼此相互影響，「驅力」（drivers）包括國家中的行動者（政治人物、官僚、科層人員、政黨），他們在型塑新的政策，這些政策是設計出來克服負擔沉重的國家所留下來的爛攤子，包括停滯性通膨（stagflation）。為此他（它）們分裂原來的聯盟，營建新的聯盟，吸收的有菁英，也有群眾，目的在贏得大選。此外，他（它）們也會嘗試改革官僚之腐敗無能，來鼓舞市場的有效運作，提升本國在世界交往中的競爭力。新自由主義的其他方面的推動者為環球治理（曹俊漢 2009: 85-111）的制度與機構，像世界銀行、國際貨幣基金會、世界貿易組織、國際清算銀行（Bank for International Settlement, BIS）等等。

新自由主義是列強（特別是美國）與貧困國家截然不同的權力與財富差異下，得以扶養長大的國關理論。新自由主義的論述日漸成為各方推重的學說，也給予參與嵌入的新自由主義共識的行動者更好的、更大的能力去設計回應局勢的良方，或解決問題的方案，而且由於社會化的過程，使新自由主義對於群眾政經問題的處理方式與選擇加深與堅持其反應，亦即能夠把新自由主義內化於人們的心中，使人群對政治與經濟的問題與選擇有所取捨。

一個令人覺得困惑之處，那是指新自由派的公共政策，無論是在國內，或是國際的層次上，不僅帶來約束與束縛，事實上也帶來機會[6]。當今的政治（內政、外交、國關）產生選擇的流程，亦即在各種各派的新自由主義中做了抉擇，同時也以創意在新自由主義展現的場所不斷更新其理念與作法。儘管上述提及各種學派之說詞各個不同，卻是建構新

社會結構是矛盾與多元的泛層決定。參考洪鎌德 2010b：270-276。

[6]這正是紀登士所言，結構、制度不只限行人們的行動，但同時帶來種種方便。參考洪鎌德 2006：335-336.

自由主義的最起碼要素。原因是應用到政策問題時，其變化萬千，不易一言概括。經濟的全球化和新的自由主義之政策捲入「重新洗牌」中，造成新的群體、新的利益、新的政治掮客（政治企業家）之出現。舊的群體、舊的利益或是式微、或是改弦更張，於是啄食大餅的排列順序（pecking order）跟著發生變化，但對穩定的需要和對社會整合的需要，強迫行動者在不同的問題領域、不同的複雜與重疊的層次去革新，這就成為本（二十一）世紀之特徵。

至於革新制度方面，初步看來既是分散、零星，但進一步觀察是對「何謂社會的」（the social）之再發現、再定義的挑戰之回響。競爭力的鼓吹是向新的、微型的工業政策的新形式之發展，它有利於小型或中小企業在公開的世界經濟中茁壯。把商貿打開的機會同環境保護與勞工標準連結在一起，對境外活動的社會政策之發揮影響力有所附加作用。福利的支出並未大力減縮，同時福利改革的範圍反而擴大對民眾的服務。對跨國公司更為嚴謹與負責的國際規則與程序之要求，對會計設準、債務清算的的經紀、私人仲裁和仲裁程序的國際規律等等之設置，使各國政府與企業之關係得以重新塑造。自1990年代中期以後，世界銀行改變其政策，把其重點擺在降低貧窮之優先，使得全球治理的論述走向以社會本位（而非經濟、或政治掛帥）的主張，儘管對貧富懸殊的化解引發不同的看法與爭議。

主要的國際經濟制度導致很多已發展國家和非政府組織（民間團體、諸個人機構），強調良好治理與民主化的訴求之落實。認為良好的治理和民主體制是導向穩定與成長的鎖匙。有些分析家還把這兩項合併成嵌入的新自由主義之第五項特徵。

「世界社會論壇」（the World Social Forum），以及類似的非政府組織嘗試把爭取權利與發聲的團體（advocacy group）之注意力，從反對全球化移向全球化取代的另些途徑之討論上。政治領袖如巴西總統卡多索（Fernando Henrique Cardoso）和達西瓦（Luiz Inácio Lula da Silva）嘗試在國內與國際論壇上引進社會政策，以符合全球化的世界之新要求。

Fernando Cardoso

前聯合國秘書長安南（Kofi Annan）則提出「全球性契約」（Global Compact），企圖在國際新組合（財團）主義合作下各國政府能夠達成穩定、進步與和諧之社會目標。儘管美國的退出，京都議定書、國際法刑事庭、渥太華限制與掃除地雷公約，以及一大堆新國際協議的次第訂立，標示逐漸增多的公共法律的國際主義的崛起與壯大。

可以如此斷言，這些新制度、新設施、新計畫累積成為新自由主義替代的新學說、新政策、新實踐，在政治上可以與柴契爾主義或雷根主義放任無為（*laissez faire*）的政策相競爭，目的在為更為開放的、更為全球化的世界秩序之建立提供藍圖。是故吾人可以目擊新的「社會的新自由主義」之湧現。這個新概念在幾年前被目為充滿內在的矛盾（眾人所涉及的社會的與個人發揮其潛能之自由化是兩個彼此敵對的概念），如今則逐漸為大部分的世人所樂見其實現的理想（Cerney 2005: 581-590）。

第十一節　結　論

總之，*Liberalismus*是一種經濟政策與社會哲學的概念，有關經濟秩序之概念。該經濟秩序透過對市場各種經濟過程之操控，包括經由自由與功能發揮之競爭而建立起來。這是在二十世紀為復興自由主義而發展的概念。復興之道為透過放棄放任無為的自由主義，拒絕國家之干涉，也反對各種型式的社會主義與中央監控的計畫經濟。新自由主義強調在私人財產上人的自由發展，而不受國家的干預（盡量不受干涉）。無限制的競爭是構成自由主義為實現自利而發揮個人的創意之原則，但無限制的競爭在十九世紀末卻受到日漸的限制而取消（對個人活動的種種限制）。

這種自由競爭的限制之經驗得出不同的結論：一方面出現1930年代佛

萊堡學派的秩序自由主義（*Ordoliberalismus*）；他方面，美國芝加哥學派（福利民為代表）對競爭限制與平均分配不予以特別重視，而把注意力放在國家權力的集中與膨脹。

秩序自由主義認為國家只提供自由競爭的框架條件，而阻止壟斷或集團自私的權力伸張。一個始終連貫的秩序政策不當只提供盡可能的自由之競爭而已，更要把經濟發展提升，而把景氣變動壓低。根據歐鏗的說法，國家之任務一方面保障自由的價格形式、穩定的貨幣價值、防阻進入市場的種種阻礙，保證契約自由。私有財產和國家經濟政策之始終連貫（建構原則），另一方面透過積極的競爭政策，而使國民收入趨向平均，採取措施阻止供需行為負面與不正常之影響，特別是對勞動市場之限制（管理原則）。同時在市場經濟方面，國家採取同一運作原理的手段，善用市場機制中的誘因和制裁（例如透過稅制和支出手段）。

要之，國際政治與世界經濟業已高度制度化。新自由派對世界政治的考察方式提供此一制度化趨勢有利的解釋，也指出制度化的結果。新自由派分子採用社會契約的觀點，認為制度是集體行動所產生的問題之解決良方。是故新自由主義者對國際組織之研讀是把經濟問題潛在的勢力一一指陳下來，再對症下藥。這些潛在的問題所涉及的是討價還價的防阻之克服，也是監視各方所做承諾履行的程度，必要時強迫協定的落實。有時基本的問題在於提供一連串流動性的援助，而避開僵硬的引發麻煩的道德判斷。這種緊張的關係產生了國際組織，俾把爭議中的利益做妥協性的處理，在不失國家利益原則之下，讓國際組織或機構發揮其作用。是故新自由主義的研究途徑在強調原則或機構，認為它是解決國際紛爭最佳的手段。

對國際組織之研究顯示新自由主義能一貫地指出，國際機關的動力、設計、效果多少反映了國際權力的運作和法治的要求。國際組織將繼續影響全球的創造力，也會影響財富與權力的再分配。新自由主義的研究途徑是有力的研究方法，俾瞭解國際組織的動力、活力，也是認識國際衝突與合作之關鍵所在（Martin 2005: 124）。

Chapter 8

國際關係學說中的批判理論

第一節 批判理論的源泉

國際關係中的批判理論是在1980年代初在英美學界崛起的新思潮，它的前身便是法蘭克福學派的批判理論與批判社會學。法蘭克福學派形成之前為1923年6月22日創立於法蘭克福大學的社會研究所（本來要命名為馬克思研究所，但為一戰後德國當局所反對，才改為Institut für Sozialforschung），在二戰之後才形成著名的左翼學派。不過這一學派的批判理論得回溯到德國經典的觀念論，特別是康德與黑格爾的哲學和其後馬克思主義原創者的馬克思。再說，康德、黑格爾和馬克思都是歐洲十八與十九世紀啟蒙運動影響下的思想家。他們深受古希臘哲學和中世紀文藝復興時代的人本主義的薰陶，因之其胸懷的民胞物與、其眼光的深遠宏偉，都成為後來批判學說的活頭泉水（洪鎌德 2010a；2010b）。

在古希臘的政治和社會哲學中，又以柏拉圖的理想主義和亞理士多德的實在主義最令人稱讚。柏拉圖的對話錄《理想國》（原名《共和國》）在於講求建立一個符合公平、正義的理想國度，不但使個人按其天性才華擔任治國、護國、或直接生產貨物與勞務的工作，也使人類智慧、勇敢、勤勞和節制之美德制度化為一個公平和正義落實的社會中。他這種勇於想像、開創未來新藍圖的高瞻遠矚，對後代的批判理論之汰舊更新的意圖有很大的啟示。

亞理士多德的貢獻在於強調人是生活於城邦，從事社會活動與政治操作的動物（*zoon politikon*）。對他而言，理想的城邦或國度是實行群眾決議的民主體制（polity）。他對政體的分類與循環演變有犀利的觀察，而逐步建立其對國家怎樣從眾多的家族，邁入城鎮（社會），而逐步建立成為統合個人、家庭、群眾的政治組織，有進化觀的說明，這無異為國家起源說、生成說之典例。

康德不但有著名的三大批判（《純粹理性批判》、《實踐理性批判》、《判斷力的批判》）之著作，他還主張「世界公民」與永久和平，是一位具有寰宇眼光兼大同思想（cosmopolitanism）的大哲學家。他對知識（認知）的界限之堅持，顯示知識本身不是萬能的、不是絕對的，而需不斷加以批判推進的。黑格爾以深厚的歷史觀討論人的意識、知性、理性和悟性有何種具體的情境下受到制約，然後以辯證的方式在歷史過程中呈現不同的樣式（*Gestalten*）。在經由主觀精神，邁向客觀精神，而達到絕對精神之最終境界。這種知識探險之途和歷史的進程、變化的結合是他歷史哲學之重點，對其後的批判理論有重大的啟示（洪鎌德 2007a；2007b）。

至於馬克思所強調的是唯物史觀（*materialistische Geschichtsauffassung*，被恩格斯和普列漢諾夫轉化為歷史唯物主義 *historischer Materialismus*，簡稱 *Diamat*），主要在定義人為勞動與生產動物。人類必須戡天闢地、開物成務、利用厚生，才能維生與繁衍。是故一部人類史乃為生產史、交易史、產業史。歷史是人類創造的，而非神明（或是黑格爾所謂的「精神」）在世上行走的演展紀錄。但人要創造歷史並非從無生有、隨意而為（按照其意願而可以隨便選擇創造的），而是在既有情況，前人傳承下來的條件上展開創造。只是至今為止的人類史，都非人類有意識、理性的、計畫的、自由的創造史；反之，卻是受限於無知、迷信、專制的「自然」之演變紀錄。這是何以馬克思要把向來不合理、不自由、不公平的人類史看做「前史」（*Vorgeschichte*）的原因。這些前史都是有產階級對無產階級的控制和剝削之血淚史。在這個歷史過程中，真正從事生產和勞動的是廣大的群眾，以及其形成的無產階級。與此一階級站在對立面的，卻是少數擁有私產、有錢、有閒、有權、有勢的有產階級。在近代有產階級化身為布爾喬亞，無產階級則被稱呼為普勞[1]

[1]普勞階級（*Proletariat*）以前譯為普羅階級不妥，今改為「普勞」，係取其普遍勞

（工人、無產、勞動）階級。向來的歷史便是社會這兩大階級的分裂、對峙、抗衡、鬥爭的歷史。難怪馬克思與恩格斯在《共產黨宣言》（1848）開宗明義指出：「至今為止的人類歷史乃是階級鬥爭史」。馬克思期待在他的時代中能夠喚醒普勞群眾，來打倒布爾喬亞，推翻資本主義制度，實現共產主義社會，俾社會中所出現的新人類得到真正的解放。是故人類的普遍解放成為馬克思終身奮鬥的目標（洪鎌德 1997a；1997b；2000；2010a）。

其實馬克思為了分析資本主義的生成與運作，花費下半生的時間致力於「資本」與「勞動」對抗的分析。為此，他對亞丹・斯密以來的西方政治經濟學進行尖銳的批判（洪鎌德、廖育信 2009：57-78）。他一生的主要著作都以批判一系列維護資本主義體制的政治經濟理論為主（例如《政治經濟學批判綱要》，簡稱《綱要》〔*Grundrisse*〕為一本近一千頁的長稿，二戰後才出版；《政治經濟學批判》〔1859〕；連《資本論》卷一的副標題也為《政治經濟學批判》〔1867〕）。是故其後的批判論是受馬克思與馬克思主義的「批判精神」影響至深且鉅。

第二節　法蘭克福學派形成前後的批判理論

1937年法蘭克福大學社會研究所主持人的霍克海默（Max Horkheimer 1895-1973）發表了一篇〈傳統理論與批判理論〉的文章，等於為其後著名的法蘭克福學派貼上「批判理論」的標籤。在受到二十世紀初聲勢日隆的實證主義之衝擊，傳統的理論也企圖學習自然科學，只重經驗的「事實」（fact）的考察，而忽略「實在」（reality）是受到時空制約，但卻與歷史性、價值（value）很難切開的社會現象。實證主義強調以數據、資訊、客觀的科學方法來瞭解社會的結構與人群的行為，從而尋覓這些社會與人

動之意（包括勞心與勞力，但勞力重於勞心）。「普羅」一詞則為Professional之音譯，表示「專業」之意，留給普羅牙科、普羅汽車去使用。

群活動的「法則」。利用法則不但描繪與分析社會現象，也期待對社會與人群能夠駕馭和控制。霍克海默反對這種實證主義的說法之原因是，它所產生出來的知識在於助長有權有勢者對人的管理、對社會的控制。藉著社會科學研究的結果與知識，管理社會的上層人士獲得更大的信心與能力去駕馭社會。這種反對正突顯十九世紀實證主義的奠基者孔德所言，知識在於預測未來，使人有先見之明（*savior pour prévoir*）之用意，也是啟蒙運動不但使人的言行更富理性、更得自由，也使社會更為進步、更為公平。可是霍克海默卻認為實證主義昌盛的結果與啟蒙運動的理想剛好背道而馳（Linklater 2005: 149）[2]。

Max Horkheimer

霍氏指出：受實證主義影響至深的傳統理論，認為社會的客觀知識經過科學的觀察、實驗、分析下是存在的、可以獲致的。但實證主義者卻排斥道德的偏好和規範的講究，認為這些涉及倫理的要求是主觀的、隨便的，因人因地而異的。要之，只有實證主義才找到合理的途徑達到選定的目標。在論述人應該怎麼做才合理、才完善時，實證主義者否認有客觀的知識之存在。這就是認為事實與價值無法相容與並存，而要求客觀的知識建立在價值中立、價值祛除之上。實證主義這種崇尚（講究手段以達目的之）工具理性的主張，是霍氏最反對之處。它讓人類的命運控制在有權有勢的人手中，讓他們使用知識來管理社會，來極大化經濟與效率。因為工具理性的追求與發揮，使現代人陷身於官僚有效統治之下，陷身於一個蘿蔔一個坑的現代「鐵籠」之下（韋伯語）。與傳統理論相反的則是批判理論，這不只對社會的結構，並且對它的合理性和正當性提出疑問和挑戰。此外，批判理論還對學者所擁有的知識、觀念、研究立場與方法存疑，亦

[2]關於啟蒙運動的來源、發展和對近世歐美社會科學的發展之影響，可參考洪鎌德 2009a：63-71；2009b：7-17.

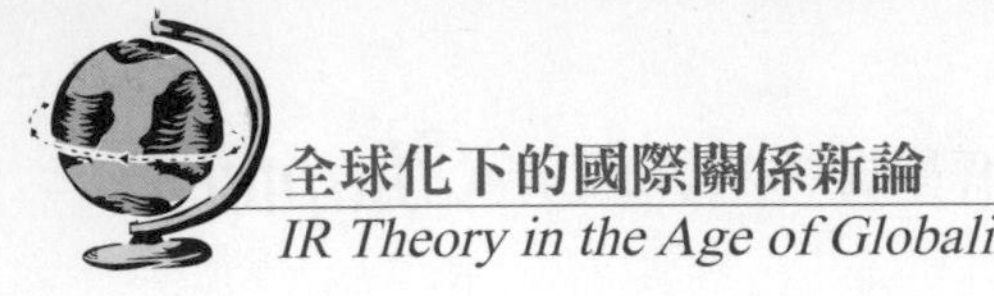

即其理論所受社會環境的影響、利益的競取和意識形態的沾惹，提出反省、批判之要求。

霍克海默在二戰結束後，與社會研究所另一位負責人阿朵諾（Theodor W. Adorno 1903-1969）發表了《啟蒙運動的辯證》（1947）一書。其中指出工具理性的勝利是啟蒙運動主要的成就，科學對自然界的逐步控制延伸到對社會界的駕馭，其負面的結果導致知識不但沒有解放人類，反而減少人群的自由。隨著對自然控制力量的增強，社會也受到更大的操縱，諸個人變成愈來愈官僚科層化（bureaucratized），也愈來愈被規訓化（disciplined）。

法蘭克福學派在致力發展一種社會考察的「偉景」（vision 不只是「願景」而已），盼望既能保存啟蒙運動中心思想的寰宇之人類解放，同時擯棄啟蒙運動講究工具理性，以及盲目追求節省時間與精力的效率。其目的在恢復人的「主體性，俾對抗做為客體的、受規律制約的歷史過程之理念」（Bottomore 1984: 49）。可是霍、阿兩氏卻認為啟蒙運動的壯舉偉業至1930年代已蕩然無存。這不只是由於馬克思和恩格斯期待的普勞革命失敗，更是普勞階級做為世界革命的先鋒，已為資產階級的物質利益（薪資報酬、失業救濟、社會保險）所收買。更因為資本主義制度的污染而使大眾陷身於消費狂熱中，這就是連文化也商業化、工業化，而有「文化工業」的文藝複製與產銷等文化產品拜物教的盛行。阿朵諾認為理論者應當燭照與暴露工具理性的囂張和「整體化被管理的社會」。資本主義社會留下來的東西只是社會科學作繭自縛的方法學、科學與藝術的對立，必須要用「負面的、否定的辯證法」來加以改變、突破。在此辯證法之下理論家可以揭發社會安排之不當，和人群的飽受摧殘之慘狀（Adorno 1973）。

這種追求人類解放的心思正是馬克思學說的核心，也是法蘭克福學派批判精神的源泉。不過這一學派成員對馬克思主義的關係，並非盲目的崇拜與接受。因之，這一學派與馬克思主義的關係也變得曖昧不清。霍氏就表明只能跟隨馬克思主義的精神邁進，而非把它尊為聖經誡命。特別是

Herbert Marcuse

贊成馬氏所言，歷史是人所創造，但非按其心思意志來隨意撰寫。對馬克思如同對法蘭克福學派而言，其基本的原則，亦即政治的問題是人類如何自由地、理性地、計畫地去創造歷史，俾達到人造的社會趨向公平與福樂，而人群最終得到最大的自由與全面的解放。法蘭克福學派不但批判西方的資本主義和法西斯主義，也批判蘇維埃馬克思主義，認為這些主義先後成為獨裁政權的意識形態，摧殘人民的自由與希望。尤其是蘇維埃馬克思主義在列寧、史達林、布哈林的詮釋下，從一個解放的學問變成了桎梏創思、新意的實證科學（洪鎌德 2010a 第19與20章；2010b 第6章）。

馬克思預言資本主義發展的路數及其危機四伏和最終崩潰使用的是實證科學的步驟，亦即其學說中對科學也是備極讚揚，並以模仿達爾文的進化論做為其社會演進的楷模，這就埋下馬克思思想實證主義的種子。但另一方面馬克思一再對傳統的典章制度無情的批判，對護衛此一制度的經典政治經濟學大肆批評（洪鎌德 1999 第3與4章），這證明馬克思主義中批判的力量仍在。這就是何以古德涅（Alvin Gouldner 1920-1981）認為馬克思主義有科學與批判的兩種，因而稱呼兩個馬克思主義的原因（Gouldner 1980）。

蘇維埃馬克思主義之所以遭到霍克海默與馬孤哲（Herbert Marcuse 1898-1979）之抨擊，是由於蘇聯早期的領袖（特別是史達林）假借馬克思的名義進行計畫的、中央監控的經濟制度，排除市場自由交易的機制，導致革命菁英利用先進的科技要改善人民生活的理念，變成了極權式的宰制。馬孤哲則痛斥馬列主義理論的缺失和毀壞性、迫害性的政策實施。在這種情況下，法蘭克福第二代領袖，也是當今最享盛名的理論大家哈伯瑪斯，遂認真研討批判理論如何保留馬克思以來的解放理念，同時又企圖免除實證主義、經驗主義、科學主義的弊端。

第三節　哈伯瑪斯的批判學說

Jürgen Habermas

實證主義者對法蘭克福學派的反駁，是質問人類最終的目標究竟在哪裡？怎樣去實現？批判理論只會負面批評、排拒，而無法正面地提供建設性的步驟。換言之，人類最終目標（解放、自由、平等、快樂）的知識如何建立？解放和自由的理論基礎在哪裡？就算學者投身解放事業，他或她如何把這種立場與志向落實在其社會觀察或政治研究之上呢？

哈伯瑪斯的學問經營正是針對上述各種批評與疑問而發，而企圖一一加以回答。直到其晚年，哈伯瑪斯才留意歐盟、南斯拉夫（科索沃）和美國進軍伊拉克等國際局勢，而予以理性的評論。他不能算是國際關係的理論家，但他大量的著作之英譯本，卻大大影響到國際關係和環球政治的學術界與理論界，可以說他是法蘭克福學派批判理論廣為發揮的當代影響力最大的思想家。

要瞭解哈氏的學說，有必要回溯前面所提馬克思對社會與政治安排的想法，但這種想法在哈氏的眼中仍有缺陷。除了應用馬克思的說詞，又批評其瑕疵之外，哈伯瑪斯也採用霍克海默與阿朵諾的部分見解，但卻超越這兩位先行者的悲觀，這種悲觀來自工具理性在現代社會的濫用與囂張，以及解放的遙遙無期。

馬克思對資本主義的制度及其意識理念（包括經典的政治經濟學、實證主義、經驗主義、自由主義、現實主義等）的猛烈攻訐與批評，無異為意識形態的批判（*Ideologiekritik*）（洪鎌德 1998：310-318）。其批判的途徑很明顯地在分析資本主義的意識形態，亦即此一制度所流行的學說。這一學說辯稱私有財產、社會分工和自由市場是一種自然的現象，是天經地義的自然演變，卻忘記私產、分工、市場是社會設立的制度，也是人類生活方式之一，但卻能夠改變的制度與生活方式。馬克思認為基本上資本主義社會看成是其成員人人享有自由與平等的活動場域，利用個人的創意與自由活動，來正當化這一制度的優越，以及為什麼可以永續和加以保存的必要。須知合理化資本主義及其制度（私產、分工、市場等）的意識形態，卻無視其政治、經濟、社會與文化的諸種安排，和社會現實的條件與廣大群眾的要求完全矛盾和衝突。這種意識與實踐所引發的緊張，必然導致資本主義的危機重重，包括景氣循環所引發的經濟危機和勞資利益衝突的階級鬥爭。一旦普勞階級反抗意識高張，那麼從怠工、罷工到進行武裝造反，有激發世界革命之可能。這應是資本主義喪鐘敲響之時，也是人類實現普遍解放之始。一個以自由和平等來號召的普勞意識形態，必然掃除資本主義的意識形態，使剝削和降服的矛盾最終解開。

意識形態的批判涉及內部（immanent）的批判，必須使用辯護此一體制的說詞來加以反駁，這就是以子之矛攻子之盾的批判方法。除此之外，另一種不同的方法為用內在於人性、內在於理性的道德訴求，來批判當今西方的資本主義社會。只是對這種寰宇性、普遍性的道德標準（此為康德的倫理學說、實踐理性說，對哈氏影響重大）存在的說法，卻為馬克思與恩格斯所排斥。與此相反，法蘭克福學派的理論家卻擁抱康德這種道德訴求的看法，認為大同思想、普世價值（像自由、平等、福樂）可以用來顛覆資本主義社會中只照顧部分社會成員的利益。這點顯示法蘭克福批判理論學有異於傳統理論之處。批判理論注意政治鬥爭，認為現存社會秩序裡頭已孕育了另一新型的社會胚胎，這是有異於實證主義在肯定既存的社會情境下，企圖以科學說詞來探求社會進化的律則，並預測人群的行為，俾達到社會的「穩定」與緩慢的「進步」。

對法蘭克福學派而言，實證主義者決意分析社會生活一再重複，而近於慣習（符合規則）的那些形貌和表徵會造成危險的效應，即視人類不合理的、未經實證的種種拘束（壓力、阻礙）為常態、為歷史的必然、為

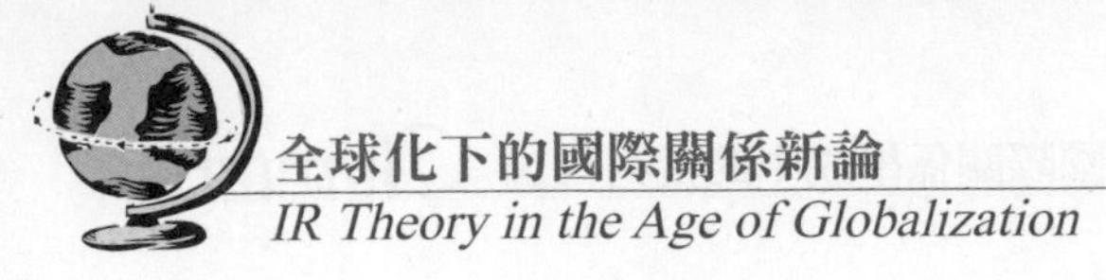

人的宿命，會永續出現，非人力可以對上，而人類的不平等也被看作是天生的、自然發展的趨勢，不讓群眾置喙或指摘的。傳統的理論之所以不適當、不合情、不合理，是由於不含任何人類解放的意願在內，因而這種傳統理論便缺乏批判的精神。

上述批判的途徑並沒有解釋何以它可以解釋其所追求的理想之社會為正確無誤的，也沒有解釋何以這些理想擁有特權、擁有優勢，值得吾人去追求。在法蘭克福學派一項內涵的、未解釋清楚的假設，這是指自由與平等為人群最高道德的目標。但這兩項目標並非放諸四海而皆準，世界到處被追求的目標和價值。這一法蘭克福學派的缺陷與盲點，便成為哈伯瑪斯要補救之處。

要瞭解哈伯瑪斯的學術立場，有必要分析他對馬克思主義的詮釋，這就是他「歷史唯物主義的重建」之主張。依他的看法，馬克思和經典的馬克思主義太過關懷「勞動」與人對自然的開發（開物成務、利用厚生），俾其物質需要能夠得到滿足。馬派人士對於自然的征服是人走向解放之途。偏偏二十世紀的兩次世界大戰之間，居然出現在歐洲的法西斯主義和俄國的史達林主義，都是獨裁、專制、草菅人命的極權式政府，導致霍克海默和阿朵諾對人類解放無望的失落和悲觀。由是可知，正統的馬克思主義太重視「勞動」，而輕視了「互動」。互動是人群討論社會組織原則的氛圍（場域、平台），這是人類一個走向更大自由的希望所寄之場域。對社會與歷史廣泛的研讀，會幫助我們重建歷史唯物主義，從而得知人類不只為滿足需求而勞動，他們還利用語言去討論社會如何組織，和人群應當怎樣過活。哈氏認為勞動和互動在歷史和政治的理論中，應擁有相等的地位，是故經典的馬克思主義緊抱「生產典範」之外，也應擁抱「溝通典範」。後者涉及在社會界中對語言或「溝通行動」重要性之承認，畢竟人不但是生產動物，更是社會動物。這個溝通的典範使法蘭克福學派免掉其創始者的悲觀，原因是溝通不能、也不必化約為工具理性。

哈伯瑪斯大膽地宣稱，人類統一的契機繫於語言的首次使用，亦即首次的「言說行動」。他此一聲明的根據是指出一個進行語言溝通者之先決條件：他們所說的話必然是說話者與聽話者彼此可以相互理解的；所談的事物是真實的；說出的話都是真誠的；他們有權利說出這些話。只要人們遵守以上的原則去說話，應當是人們心意溝通的作法，當然無法排除言不由衷、存心說謊、欺騙對方的虛偽勾當。社會是否肯施行公共對話，以溝通來化除歧見、排解糾紛，每因地方與時代而有不同。更何況這種公開對話大多出現在自由民主的政治社團裡，偏偏歷史上民主政治出現的次數少，時間也非常短暫。儘管如此，哈伯瑪斯相信道德標準可從日常語言引申而出，而且會對社會情況作合理合情的判斷，並且看出更為自由之社會關係來。

哈伯瑪斯曾提及「理想的說話情境」和「理想的言談」，以及「不能扭曲的溝通」種種說法，為未來基（急）進的民主或審議的民主出現的可能性埋下伏筆。這類的言談早已內涵於日常語言之內，他未曾預見理想的言談也有可能管制社會的整體。關鍵之處在於理想的言談之觀念提供社會生活的缺陷之批判性底指標，特別是當鎮壓和宰制戰勝或籠罩對話與同意之際。另外還得補充一點，人類不只在勞動過程中進行學習，例如開發更多利用環境的方法，他們還在互動中學習，例如發展更精緻的制度合法性的檢驗，凡是制度與決策愈仰賴眾人的同意，且對相關成員負責的，其正當性也愈高（例如台灣民眾要求ECFA應交人民公投）。在國際關係中有權捲入決策的單位（行動者），似乎限於主權國家以及國際機構，以及其他較小的團體（跨國公司、非政府組織）等等。但由於到處人群都受到全球環境和世界經濟的影響，則有權發言的建構體（立憲體，constituency）應包括全人類才對，這便是哈伯瑪斯捍衛大同的、寰宇的民主（cosmopolitan democracy）之基礎（Habermas 1997）。

值得注意的是哈伯瑪斯在康德道德哲學之上創造社會批判理論的倫理基礎，同時也強調規範法則進化的理念。他與康德的信念也有不同之處，後者堅持每一個道德行動者必須分別地反思指導行動的原則，在同一

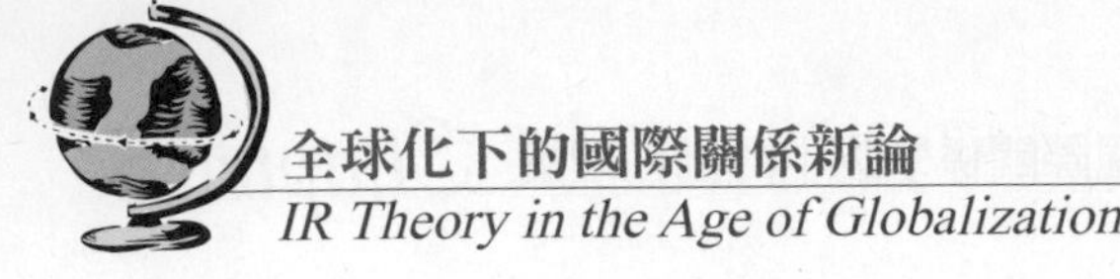

特殊情況下，也可以應用到所有的人類身上。這種可以應用在每一個不同處境上的泛宇性的道德原則對哈氏而言，不易尋獲；即便找得到也不是可以永恆地、普遍地應用到人人身上。反之，對事物採取決定（做與不做的選擇，怎樣作才符合道德原則）之問題，最好能夠透過對話的形式，其中道德行動者，在使用「公開的理性」與相互辯論，來尋覓最佳的解決方式與論證方式。除了上面不同意康德的想法之外，哈氏仍舊同意康德尋找寰宇的、普世的道德原則——對所有的人皆為真實的原則，也是能夠促成人群更為接近永久和平的那些原則。哈氏的研究途徑仍舊忠實於內在的批判之方法，原因是他揭示的原則，是現存各國社會可以接受的原則，它不只適用於西方自由民主的社會，也成為其他社會所公認：這是指所有時間與所有的地方通行的社會互動。這種互動的社會事實提供建立環球秩序的保證，俾人面對他人、國家面對他國、文化面對其他文化，都能以平等的身分與地位來進行公開的辯論與對話，這麼一來「沒有人知道你究竟從哪裡學習到這種待人處世的方法」（引自Linklater 2005: 153）。

哈伯瑪斯申論任何加入他人而形成「一個普世溝通社群」（a universal communication community）之目標，在我們的這個年代愈行重要，原因是在現代截然有別、完全相異的道德觀點每日都在接觸中，以致沒有明顯的理由來解釋任何的文化比別的文化優越，沒有任何的文化可以產生人該如何行為的偉景，俾其他的文化照單全收、沒有異議。所有的人類都承諾是語言的使用者，因之可以同意基本的程序，用來溝通他們的想法與立場，甚至消融他們不同的、相互競爭的主張。換言之，哈伯瑪斯對「程序正義」的重視，成為他人溝通、國際溝通的遵行原則（洪鎌德2004a：301-307，322-324；2006：275-280）。

即便是他們永遠不同意建立一個道德準則，則可使所有的人（世人）應當怎樣組織起來（例如怎樣組織一個世界政府），哈氏認為他們仍舊可以同意自由對話的性質，俾公平呈現他們不同的觀點。只要能夠落實這種「不受扭曲的溝通」之偉景，那麼政治，不管是國內的政治，還是國際的政治的主要職責便告完成。由是哈伯瑪斯創造了人類進步觀，取代了其先行者（霍氏與阿氏）的悲觀（Linklater 2005: 153-154）。

第四節　批判理論在國際關係學上的應用

正如前述，哈伯瑪斯的批判與溝通理論最先只是針對歐美先進工業國家國內政治而設計的學說。隨著1990年代他關心法律與政治之後，這一涉及「論述的倫理」（*Diskursethik*; discursive ethics）才進入國際政治的領域（洪鎌德 2004a：322-330；2006：275-279）。就在最近一、二十年間他對南斯拉夫的崩解、歐盟的統合，美軍進侵伊拉克做了時論批評，其思想的學說，開始逐步應用於國際關係的理論之上。

不過國際關係的學科內，最早出現批判理論卻是1980年代初英國一群學者在對現實主義[3]、自由主義和馬克思主義加以反思後，企圖推翻這三派的正統（orthodoxies），而另闢分析和批判的蹊徑。主要的學者有亞希理（Richard Ashley）、寇克斯（Robert W. Cox）、林克雷特（Andrew Linklater）、麥克林（John Maclean）和霍夫曼（Mark Hoffman）等人。他們不再以經驗科學的傳統看法來處理國際關係與世界政治，而提出認知論上、實有論（本體論）上和規範性（有異於事實上）的問題，來質疑與顛覆傳統國際理論的偏見與局限。認知論的問題涉及知識與價值的關係，認為任何有關國際關係的知識和理論，背後都有持論者的企圖和利益，知識不可能與價值一刀切開。實有論或本體論則在認同與分析國際關係的行動者（國家、國際機構）與國際結構（單極、多極、權力平衡、國家利益等）之外，也要留意歷史變遷中社會運動，以及國際政治中宰制與排除

[3]有關現實主義最著名的為莫根陶（Hans Morgenthau 1904-1979）之強調國際關係為諸國追求本身的國家利益展開的權力追逐（struggle for power）。可參考洪鎌德 1979：111-114.

Richard Devetak

Robert W. Cox

（第一世界對第二世界之排除，對第三世界表面上的拉攏、實質上的控制）。至於規範性而非事實性的討論世局，早已隱涵於認知論與本體論當中，現在強調事實或實在不是自然的發展物，而是人類的創造品，國際關係應當討論全人類的共同利益與普世的解放，而非分析強權的權力鬥爭與平衡而已。

到了1990年代新一代的國際政治批判理論家，像雨後春筍般地浮現（Richard Devetak、Karin Fierke、Stephen Gill、Kimberly Hutchings、Richard Wyn Jones、Mark Neufeld、Richard Shapcott等人），完全師承康德、馬克思、哈伯瑪斯的學說，講究解放的政治，但也吸收或融入其他知識學派。就其知識上的泉源而言，國際批判理論是綜合的、折衷的、廣包的，其理論觀點甚至含攝亞理士多德、福科、高達美、黑格爾和維根斯坦等人的理念。既然學說來源眾多、意見龐雜，那麼把不同的、散開的學者集結在「批判理論」的旗幟下，所靠的理念為研究國際關係的目的在於取向於解放政治，對人類最終自由的獲得盡一點心力。至於宰制的移開，全球自由、公平、正義的伸張，應當是這個學派背後推動的力量。對這些議題的觀察、分析、引論是建立在反思理論之基礎上，也是建立在內在批判的方法之上（Devetak 2001: 155-156）。

1981年，寇克斯模仿霍克海默分辨傳統理論與批判理論的不同，指出前者為技術性的問題解決理論。傳統式問題解決理論採用的是實證主義的方法學，其主旨在對現存的、優勢的社會與政治結構進行描述和分析。在受到自然科學方法論的左右下，問題解決論無反思地接受實證主義的說詞，認為它提供唯一正當的知識基礎，把實證主義當成為「黃金法則」來評價其他的理論，為崇尚自然科學精確的學者之迷信。由於實證主義者主張事實與價值分開，主體與客體也可以分開，因之，遽認客體世界存在於人的意識之外。社會實在的知識在排除價值判斷於事實分析之外。這是源之於哲學的堅信，認為世上存有永恆的理論架構，只要仰賴它便可以客觀地決定何種的知識是正當的，可以對社會實在進行觀察、研究和下達正確的結論。

依據寇克斯的說法，問題解決的理論「把世界當成它所看見的東西，認為優勢盛行的社會關係和權力關係，以及由此組成的制度，乃是（個人或國家）行動的給定（既定）之架構。它不質疑現存秩序，而把它正當化與物化（reifying）產生的結果來看待，在處理特殊麻煩之來源以後，企圖讓此一秩序平順運作」（Cox 1981: 128-129）。其中現實主義之國際關係論便肯定現存世界秩序，其影響所及等於在保存現有社會與政治關係的結構。新自由主義的理論之目標，也在便利分散的國際政治體系在運作上的順暢。特別是自由派的資本主義的環球經濟與國家體系這兩者的和諧協調，至於世界各國權力與財富的不等與不均皆非其所問。

要之，寇克斯認為傳統的國際理論傾向於接受優勢的、盛行的意識形態所關懷的優異課題。這種理論自稱價值中立；剛好相反，它是「由於隱示地接受現存優勢秩序來做為其（理論）架構，從而受到價值的羈絆（value-bound）」（Cox 1981: 130）。

與此相反，批判的國際理論的出發點為堅信：認知過程的本身是附屬於、降服於政治利益。因之，必須受到批判性的評估，就像所有知識都受社會、經濟、政治文化與意識形態的影響，是故批判理論的職責在於揭露這種制約的效果。

亞希理說「知識在反映利益之際，永遠是被建構出來的」（Ashley 1981: 207）。是故批判理論必須把潛在的利益、承諾和價值帶到意識裡加以反思，因為這些潛在的心理能量正是學者採取怎樣的理論立場之根源。人們必須承認國際關係的研讀「是，而且向來是，無可避免的規範性（的學科）」（Neufeld 1995: 108）。在排除客觀的知識（事實與價值分離；主體與客體分家）的存在，批判理論希望能夠增強「理論的反思性」（theoretical reflexivity）（Neufeld 1995, ch.3）。採取了這種反思的態度，批判理論更像一個「後設理論」（meta-theory），嘗試去考驗理論如何在優勢、盛行的社會與政治秩序中定位，同時考慮這種理論的處境（situatedness）對理論建構有何衝擊。而更重要的是，找出理論建構對不公不平的社會之挑戰。批判的國際理論對權力關係的環球部署（configuration，局勢安排）當成是研究的對象，要進一步考察這種部署是如何形成的，其形成的代價為何，以及歷史發展中是否可以找到替代性（另一選擇）的可能。

批判性的國際理論不只把傳統理論的教條一一打破，還採取一種「去自然」（de-naturalizing）的方法，把人們所熟悉的社會關係，當作是自然演進的看法、無可改變的看法去除掉。「去自然」的批判「當成一種手段，俾把業已建立的權力與特權解除其正當性」（Neufeld 1995: 14; Fierke 1998: 13）。是故批判理論所產生的知識並非中立，它是帶有政治與倫理的意涵，亦即帶著改變社會與政治的意圖與旨趣。要批判傳統的國際關係理論，批判論者並無任何的烏托邦、任何的特殊理想來做為其倫理的判準，它只能應用內在的批判方法，而非抽象的道德原則來批判當前事物的秩序（Linklater 1990a: 22-23）。

很明顯地，傳統的、問題解決的理論採用實證主義的方法論來證成現存盛行的制度與體系。與此相反，批判理論卻吸收詮釋學和意識形態的批判，不但要瞭解和解釋現存世界政治的現實，還要進一步予以批判與改變。這正應驗馬克思所言：「向來的哲學家只會解釋世界，關鍵之處卻在改變它（世界）」。這是說它「不僅僅是歷史情境具體實在的改變力量」（Hoffman 1987: 233）。這種理論的努力在支持改革的實踐，俾完成社會的變貌與改造。

批判理論的旨趣（興趣與利益）是解放的追求。因之，它要「從不受承認的限制、宰制的關係和扭曲的溝通之條件下爭取自由。這也包括從人們全心全意改變未來的能力之否定的見解（誤解）中爭來的自由」

（Ashley 1981: 277）。批判理論承諾把政治生活合理的、公平的和民主的組織從國家推擴到全世界的人類。所謂的自由意謂「自決和有能力採取（想要做的）行動」（Linklater 1990b: 135）。由是可知批判的國際關係理論在擴大人類自決的能力。

林克雷特認為批判理論中最重要的先驅為康德與馬克思。前者的研究途徑是啟發的、教誨的，因為他把權力、秩序與解放一起拿來討論（Linklater 1990a: 21-22）。康德考慮到國家的權力有可能受到國際秩序的馴服，他也想到國際秩序有時會被修改，直到它與大同的正義（博愛精神）相和諧為止。馬克思的研究途徑則不免嫌狹隘，它只著眼於階級為基礎的排他（種族、性別、族群等）情況。但因為它大力批判現實的情況，也因為它大力批判資本主義，仍舊可提供批判理論社會瞭解與改變的動力。要之，康德與馬克思都擁有相似的要求，期待自由的個人所建立的普世社會和諸目的形成的普世王國得以實現（Linklater 1990b: 159）。兩人對啟蒙運動的主題自由與普世主義（價值）有強烈信守與堅持，兩人也對特殊的生活形態提出了強烈的攻擊，目的在建構道德的與政治的社群[4]。

總之，國際批判理論強調知識與利益的關聯，因之，這學派的主要努力之一為揭露知識形成的政治性質。潛在這種努力的背後，則是挑戰與移開社會所產生對人的自由（不只是思想自由、學術自由）的諸多限制，俾能促進國際關係之轉型（transformation）（Devetak 2001: 163-164）。

[4] 馬克思企圖營建無階級、無敵對、無剝削、無異化的和樂共同體，亦即共產主義的新社群，在其中每一個人的自由發展成為眾人共同發展的基礎。參考洪鎌德 2000：第15章；2010a：360.

第五節 政治社群的重新考量

如前所述，批判性的國際理論要效法馬克思對資本主義批判的精神，而非其字斟句酌的教誨。自1990年代開始，這一批判性理論集中在對社群（共同體）的瞭解之上，因為社群成為標明（認同）和消滅全球種種限制（對人類自由、平等、自決的能力之限制）的手段（Linklater 1990a: 7）。林克雷特對此所採取研究途徑分為兩部分，其一分析不平等和宰制怎樣從政治社群的諸種模式中流出，這種社群與民族國家緊密掛鉤；其二，考慮到任何取代或不同於前述的社群之建立可能性，俾促進人類的解放。

顯然有關政治社群的批判與建構，成為批判性的國際關係所矚目的主題，這又可分成三大境域（dimensions）來加以討論。其一為國家當做一個排他性的組織形式應受到哲學的批判，這涉及的不是事實面，而是規範面；其二是對現代國家與國家體系的起源與演進從事社會學方面的析述；其三，重建國際關係，使其走上解放與博愛之途，這是一種實踐方面的探討（Linklater 1992: 92-97）。

一、規範性的境域：倫理的特殊性和社會的排除（排他）

一項哲學上的假設是認為國際關係上結構性的政治和倫理的思想以及實踐，就是建立在下列理念之上：把現代國家當作是政治社群的自然形式。主權國家幾乎被神化與拜物化，是組織政治生活的常態。批判理論就企圖把這個國家拜物化的假象拆穿，並且把「道德欠缺（負債）」（moral deficit）的原因歸罪於現代國家，以及由它們造成的近現代資本主義式的世界經濟。

林克雷特指出近世分辨「普通人」（men）和「公民」（citizen）之不同，造成主權國家表面上在保護其公民的權益，而排除其他國家的人民

Immanuel Kant

Charles Montesquieu

對本國國政的關懷與參與。在二十世紀冷戰與現實主義的霸權觀念昌盛下，普通人與公民的分別愈益明顯。這與斯多噶和基督教的傳統，人類為一個大家庭的民胞物與之精神完全相違，更違背了啟蒙運動促成人人自由與理性，社會走向進步與公平的訴求。康德企圖宣揚「世界公民」；盧梭認為個人一旦成為某國的公民，便要與天下人為敵；馬克思分辨一般性利益與特殊性（階級）利益，導致人類的分裂，都是受啟蒙運動影響很深的學者與思想家的卓見（洪鎌德 2010a：277-285，304-306）。

很明顯地，民族國家興起的後威斯特發里亞時代[5]，每國除了為王室爭取海外市場、擴展殖民勢力之外，也大力扶持貴族、僧侶、地主階級的利益，進一步則保護新興的布爾喬亞，以致對廣大的生產與勞動的群眾漠視。但為了製造國家上下一體團結凝聚的假象，又不得不獨尊本國成年的公民。這種特殊性的政治組織或團體，導致不同國度的社會之間的疏離和異化。在愛國主義、民族主義煽動下更與他國、他國的社會、他國的人民對敵，導致衝突不斷、戰爭連連。這些對內壓制、對外擴張的政權，在孟德斯鳩、盧梭、康德的眼中盡是過去的「舊政府」（*ancien régime*）。馬克思更批評現代國家藉維持政治、保護私產、崇尚金錢，來隱飾資本主義的異化與剝削，犧牲廣大勞工來讓布爾喬亞享受平等與自由。現代國家

[5] 近代歐洲民族國家（nation-states）係在結束三十年的宗教戰爭（1618-1648），簽訂威斯特發里亞條約之後，一一浮現。民族國家強調每一民族，因其血緣、種族、宗教、禮俗、文字、文化之不同，各自成為一個獨立的國家，如盎格魯·薩克遜族建立英、美、加拿大、澳、紐；法蘭克人建立法國，以及法屬非洲殖民地；日耳曼族建立德國、奧地利、瑞士等等。參考洪鎌德 1979：第4章。

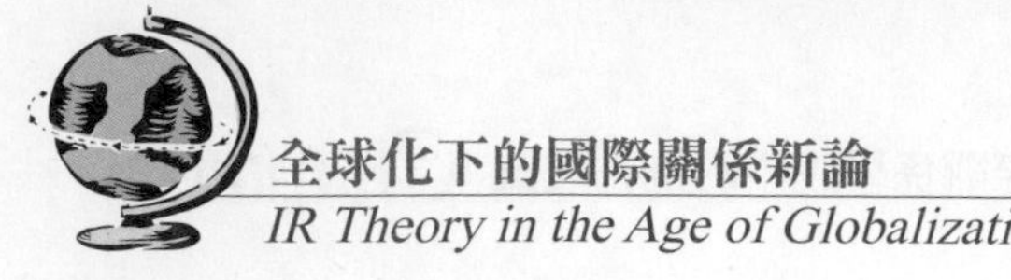

聯合形成的國際體系（無論是政治上或經濟上的勾結）是對特殊人群的偏愛，也是對其他廣大的其餘的人群之漠視，還假借少數人的自由與平等來粉飾或欺矇其餘人群，讓後者誤會他們也可以享受同樣的自由與平等。是故主權國家為「受限制的道德社群」，他們進行排除（把普通人、外國人排除於公民範疇之外），它們製造異化、仇恨、戰爭，成為不公不義、衝突的來源，它們設置硬性的疆界來分別「我們」與「你們」之不同。

這種人為的分別、排斥的特殊主義（particularism），必然剝奪「外人」的種種權利（入境、居留、工作、福利等權利）。是故批判性的理論視主權國家乃為社會排斥最厲害、最會操弄的政治組織，其結果是妨害世界公道之施行與破壞人類解放的罪魁禍首。

二、社會學的境域：國家、社會勢力和變動中的世界秩序

批判理論拒斥現實主義，把天下的紛擾和無政府狀態視為天經地義，把國家追求本身的強大（所謂的國家利益）當成物競天擇的進化現象來看待。社會的結構不是客觀的事實，不是不變的現象。批判理論者傾向於使用詮釋學的觀點，把社會結構當成人群互動主觀建構下之產物。「結構是在社會互動中建構起來的，它們變成客體世界的一部分是由於相關的、有關聯的（relevant）人群的相互主觀性（intrsubjectivity）而呈現其存在」（Cox 1992: 138）。尊重人類的心靈可以主動建構社會界，並不會導致否認物質存在的可能性，它最多是對社會界的本體有新的看法而已。作為互為主體建構的結構雖非有形之物，但卻能夠產生實在的、具體的效應。持此新的本體論，使寇克斯能夠理解當前的世界秩序。

批判理論家比較關注的是個別的行動者（行動者如政府、國家、國際機構等）和社會結構，如何在歷史上湧現和受到歷史的制約。不像威斯特發里亞之後的政客們把國家當成百分之一百的「國家」（主權伸張、排他、獨斷，為疆界內最高權威，為公權力的執行者等等特徵），批判理論者視國家只是政治社群突出的形成而已。它有其特殊的功能、角色與責

任，這是隨著社會的不同、歷史的演進而被制約的。批判理論要解釋現代國家的發展，乃為在現代性當中政治社群的主宰形態。

這一主張要去說明國家如何來建立它的道德性與法律性的義務，以及這種道德與義務的假設怎樣反應到國際關係上的結果與邏輯。

林克雷特在《超越現實主義和馬克思主義》（1990）與《政治社群的轉型》（1992）兩書中追蹤現代世界政治的形成裡頭，不同的邏輯和合理化過程的相互影響。他特重現代國家發展中攝入（inclusion）與排除（exclusion）的過程。政治社群的疆界之形成受到四種因素的影響：(1)建國；(2)地緣政治的爭勝；(3)資本主義式的工業化；(4)道德實踐的學習。上述四種合理化的過程產生五種壟斷性的權力，為民族國家所強調不可分開、不可割讓、排他的權利：(1)在其領土範圍裡合法使用暴力的權利；(2)在領土管轄之下抽取稅賦的絕對權利；(3)有權要求人民或社團效忠；(4)人民或社團發生爭執時有權裁判；(5)在國際法上成為唯一代表國家的主體之權利（Linklater 1998: 28-29）。

現代國家把這些壟斷權力結合成為一種「總體化（極權化）的計畫」（totalizing project）。因之國界、領域、公民權都化成一體之三面，甚至把社會的、經濟的、法律的與政治的功能集中在主權方面的治理，也構成國際關係的主題，把其他發展的可能性逐漸移開，連社會的連結（social bound）也受到修正，其結果是道德與政治的社群之邊界改變，不再像古希臘亞理士多德把政治與倫理看做一起，不再把城邦（國家、帝國）當作是人類求取與實現有德性的生活之社群。

寇克斯則注意到國家與市民關係的變化，須知改變世界秩序不只是國家，也包括市民社會在內。現代國際秩序及其特徵是社會勢力、國家和世界秩序三者角力的結果（Cox 1999）。對他而言，國家扮演一個緊接與自主的角色，它界於世界體系、世界秩序和世界經濟（決定權力的部署和分配）生產力所形成的社會勢力（市場力量）之間（Cox 1981: 137-138）。

寇克斯的說法之兩個來源為：其一，馬克思－葛蘭西的說詞「世界秩序無非是社會關係」，是資本與勞動之間的關係；其二，韋寇（Giambattista Vico 1668-1744）把國家當成歷史的產品理念。國家無法在歷史之外抽象地存在，它不能先於歷史而存在（不可能先驗性的存在）。教會、新聞界、教育制度、文化都是構成國家諸種要素。換言之，如要界定國家需要在市民（民間）社會的構成要素中去尋覓。蓋這些典章制度是產生國家的態度（效忠）、立場（信以為真）、盲目接受（接受國家控制市民社會的機制與安排）之主因（Cox 1983: 164）。

國家無異為政府機器與民間社會合構的、反映的「霸權社會秩序」，靠著各國物質權力、意識形態和制度之拼湊、營構形成了世界秩序，每一世界有其特殊的「存在與動力條件」。是故批判性的國際關係理論集中其研究焦點，在解釋世界秩序結構性的特徵是怎樣興起、怎樣穩住、怎樣變貌。這是國家與國際關係社會學的分析。

三、實踐論的境域：博愛精神與大同主義以及論述倫理

對國家進行社會學的解析之目的為評估壟斷權力與整體（極權）化計畫解構的可能性，俾發展一個更為公開、更能接納各方勢力之國際共同體（社群）。批判理論者認為整體化計畫雖然曾經成功地型塑現代國際體系與環球經濟，但其控制並非徹底與完全，並非一手遮天殖民了現代人的政治生活。當公權力的官署的義務與其餘世人的任務衝撞之際，人群對道德的焦慮益形加劇。是故殘剩的道德焦慮與累積的「道德資本」有深化與廣化寰宇性的公民權之可能。

林克雷特主張把三股勢力當成轉型的契機，這包括其一，為逐漸進展的承認：承認道德、政治和法律的原則應當普世化；其二，堅決要把物質的不平等減縮到最低的程度；其三要求更多更大地尊重、文化、族群和性別的分歧（Linklater 1998: 150*ff*）。這三股轉變的勢力在致力解開主權、領土、公民權和民族主義的掛鉤，而導致更為大同的、普世的治理。在採用規範性的論述下，加強對現代國家之特殊主義展開嚴厲的批判。不過對

特殊主義也要採取修正的觀點，那就是現代國家不僅傾向特殊主義，同時也展現了普世主義，是特殊與普遍的角力。是故林克雷特也注意到後現代主義與女性主義的呼籲，認為普世主義常忽視或壓迫某些邊緣化與易受傷害的群體，解決之道在於它尊重別人正當的殊異性、歧異性。

批判理論不只推動政治社群的重新安排、重新洗牌，也期待把政治社群從原來的國界推向國際（廣化），更在國界內進行自由化與民主化（深化）。因之，它提供更為複雜的、多層的治理結構之建議。它要建議國家採取不同以往之政治活動，讓國家負擔更多的責任，減少社會排除（排除婦女、少數民族、弱勢團體、同性戀者之參與權利），而實現人人公平等，自由、發揮其本身潛能之機會。

顯然，向來要求人民重視與遵守官署之權力、權威、領土管轄權和對國家忠誠的理念，要加以修正、甚至揚棄。在走上環球化的今天，國家對人群眾多的忠誠、分歧的認同和矛盾的利益不再扮演指揮和監督的中介角色。現代國家要達致的「破壞性之黏貼」（凝聚群眾、犧牲小我、壯碩大我），應加改變、揚棄。反之，鼓勵相互對話與溝通的各種廣大之團體的設立，更多政治組織的普世化、大同化、博愛化，會使國家去掉中心化、去掉集中化（de-centralization）。

要達致國家去中心化有三個方式可以採用。其一，建立多元主義的國際社會，其間和平共存的原則特受尊重；其二，形成利害與共的國家團結之國際社會，俾同意主要的道德要求（例如不輕啟戰端；對天災地變之相互濟助；不在國內與國際間追殺或迫害異己分子等等）；第三，放棄國家絕對主權，讓渡部分主權給國際機構，俾政治和道德規範得以制度化。這是走上「對話性大同主義」（dialogical cosmopolitanism）之開始。

為了對話的大同主義得以實現，哈伯瑪斯的「論述的倫理」（discursive ethics）也值得引入發揮。所謂論述的倫理是一種深思熟慮、慎思明辨，但又建立在同意基礎上的倫理，俾在道德的架構裡解決政治的紛爭和爭議。這是溝通的本人敘述其信念與行動給溝通的對手，俾雙

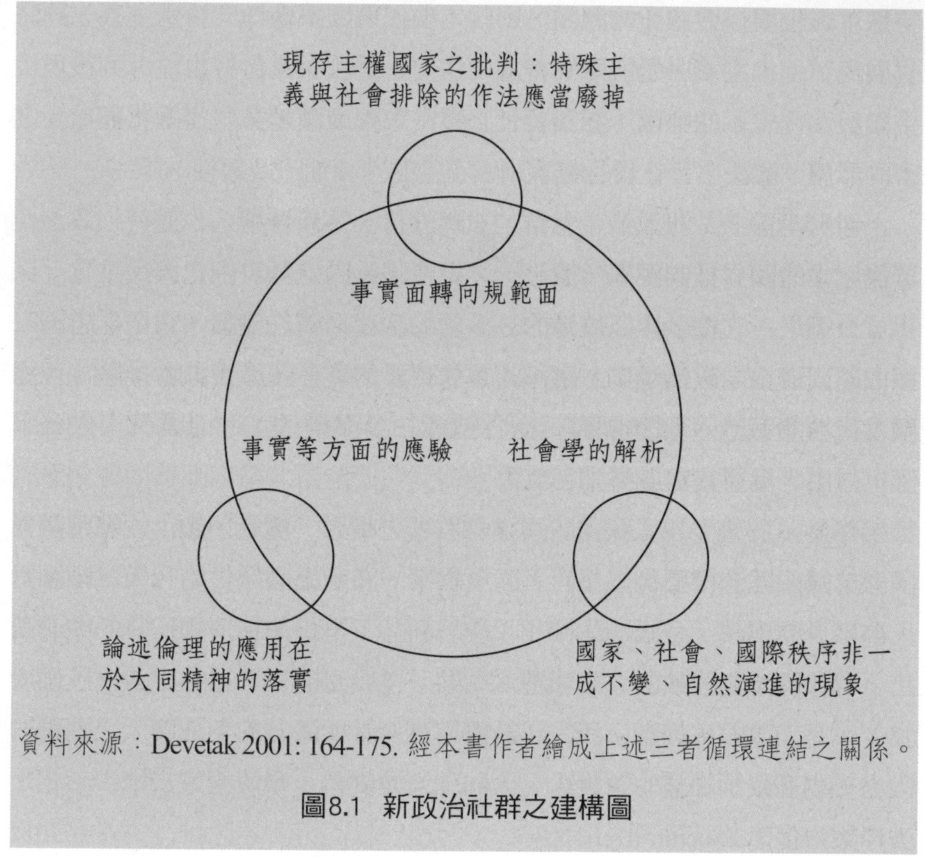

資料來源：Devetak 2001: 164-175. 經本書作者繪成上述三者循環連結之關係。

圖8.1　新政治社群之建構圖

方或駁斥、或折衝、或接受（Habermas 1984: 99）。不僅一國境內的政治決策或規範設立要得人民的同意，才擁有正當性。國際規範與制度設立也要接受集體的審視與同意，才具正當性。所謂論述的倫理在於標示，政治原則、規範與制度性的安排之所以有效、具有拘束性，一定是事先受到這些典章制度束縛的成員之同意才行（洪鎌德 2004c：320-324；2006：275-279）。

由此可見論述性的倫理之可以應用到國際關係之上，一定要注意三種形式：其一是攝入的，而非排除的，它鼓勵公開討論的機制；其二，它是民主的，在公共論域上給多數人（國家）之慎思明辨，而成審議的民主；

其三，它是功利的算計和便宜的行事，不是強制性的「美好生活」之宣示，而是透過程序公平，而達成最大化正義的訴求。

放在國際政治的脈絡上來觀察，世界政治的重建要靠下述三個引申的原則來落實。其一，由於以同意為取向，審議為途徑，論述的倫理提供民主決策過程的程序指引。舉例來說，愛滋病、酸雨、環球暖化、氣候異常、資源耗費、環境污染等都需國際合力來尋求解決，而不能像以往一味靠某些國家、政權的隨意處置。其二，它提供解決國際暴力衝突如何讓當事者可以接受的解決方案與程序。其間第三者公平的介入有助於問題的解決；其三，論述的倫理提供批判的和認同的手段，來建立新的原則，俾全人類在政治上能夠動員起來、組織起來。在對什麼事物（或人物）應加以攝入，什麼事物（或人物）應加以排除的反思中，逐漸建立政治生活的原則。藉此倫理之推行，政治的結合要逐步讓位給社會的結合。康德期待的全人類能夠以大家都是立法者的身分參與環球共同體的建造，達到世界公民的目標，也可望次第實現人類永久和平的美夢。是故論述的倫理強調沒有限制的、沒有條件牽絆的對話過程，是人類落實大同理想的不二法門。

第六節　批判理論的走向與展望

國際關係中的批判理論經歷了過去三十年的努力，可以說是法蘭克福學派的批判精神傳承下來，擴大到國際政治之上。它並結合了後結構主義、後現代主義，以及建構主義（constructivism）[6]，而成為對國際局勢

[6] 建構主義主張把制度的結構，以及國家的認同掛鉤到國際秩序的規範建構之上。儘管國家及其制度不斷再生、複製，構成國家與制度之行動者的諸個人也不斷生成與改變，這會影響到國際制度與秩序的變遷。但既存的國際規範與秩序對各類的行動者（個人、政府、國家、國際機構等）之行動有規約的作用。建構主義者既批評新現實主義、新自由主義，也批評批判理論對世界政治的經驗性分析採取後設理論的批評（metatheoretical critique）之不當，見Reus-Smit 2001: 209.

研究的諸途徑，而非單一的途徑。在諸種研究途徑中尤以後結構主義以及建構主義為兩大思潮，對這一批判性的國際理論未來發展有其重大的影響與作用（參閱本書第十與第十二章）。

近期哈伯瑪斯曾介入社會理論中後現代主義的爭論，導致很多批判理論者視批判理論在護衛現代主義的傳統，而排斥後現代主義的異議者。受到福科的影響，後現代主義者多半討論權力與知識在國際政治上的關聯，以及考察國家的性質和政治這個概念究竟是什麼？

換言之，後結構主義者及後現代主義者不認為知識是一種認知之事，而是涉及規範性和政治性的事物。福科認為解釋的方式與權力的運作無法化約為一個簡單的認同體。知識與權力相互支援、彼此含蘊。此外後結構主義所關懷的是「權力政治背後的脈絡文本」（Der Derian 1989: 6）。因之，對文本的解構、雙讀（double reading）乃有必要。其次，把主權國家視為受到暴力的影響而建構的人民之避難所；他方面藉暴力來建立其統治的正當性。後現代主義者質疑國家（有形、意識形態、象徵的）疆界設立，以及認同和國家治理的種種現象。是故主權的超越是重新思考政治這一概念之始（Devetak 2001: 181-200）。

James Der Derian

至於如何在實踐上落實批判性理論與後現代主義的想法呢？戴德連（James Der Derian）認為除了對恐怖主義、毒品清除等要求學者們用字遣詞的重新思考之外，還特別指出這麼多的國際理論，該走上「後設理論」的階段，俾把倫理在國際關係中的不斷重返細加思考（Der Derian 2009: 190-209）。

建構主義則是主張國際關係的研究，強調的是非物質的象徵（包括規範、文化、認同和理念）對行動者行為之影響。這是在理性主義與批判理論爭辯時湧現的新研究途徑。換言之，建構主義在強調環球政治中行動者的認同與利益是社會建構出來的。不認為理性主義把認同與利益

Norbert Elias

虛懸起來不加討論，卻僅僅注視行動者在互動時的策略運用。建構主義者認為行動者的認同和利益是在互動中不斷產生、再生，與轉變的。這是冷戰結束後之產物。它所討論的主要是涉及安全和國際政治經濟中理念性的（ideational）的因素，而對女性主義、生態環境和逐漸擴散的人權規範等等非常關注（Phillips 2005: 115-116）。

既然批判理論受到後結構和後現代主義的衝擊，又受到建構主義的影響，其未來的走向是什麼呢？林克雷特主張重建政治社群、發揚世界公民權、推動永久和平的康德之理念，以及把伊里亞斯（Norbert Elias 1897-1990）「文明化過程」（civilizing process）重加思考，認為減少人們行為外加的種種限制，增加人群發自內心不斷成熟邁進的道德約束，社會關係可以理解為不停的、無終止的過程之匯流（processual flux）。是故他的著作是文明化的過程，而非物化的「文明」。林氏認為把伊里亞斯對社會流程放大到環球的脈絡上，可以使文明的過程走上大同世界、環球共同體之路，屆時此一共同體將與向來堅持國家主權的觀念可以獲得協調融通。世界公民的概念為各國文明國家所承認，則人對別人的傷害（harm）、國家對國家的傷害將減至最低的程度。只有往此方向努力，環球的倫理才可望重建（Linklater 2007）。由國際關係批判理論大師的林克雷特之新作，不難看出這一研究途徑，仍舊以社群、公民權、主權限制、人類的解放和世界的永久和平為未來奮鬥的目標。

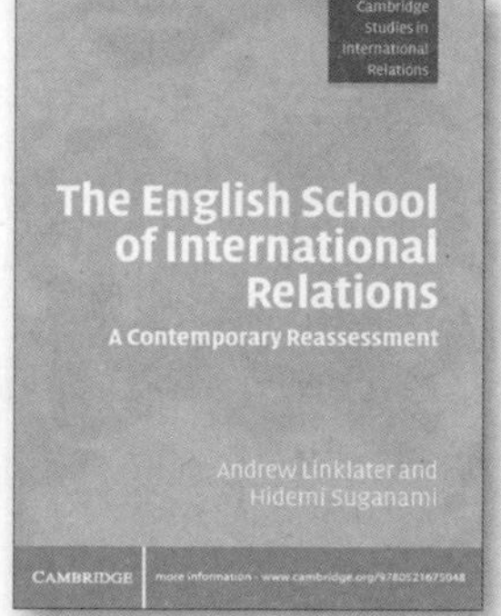

Books of Andrew Linklater

A Book of Linklater and Suganami

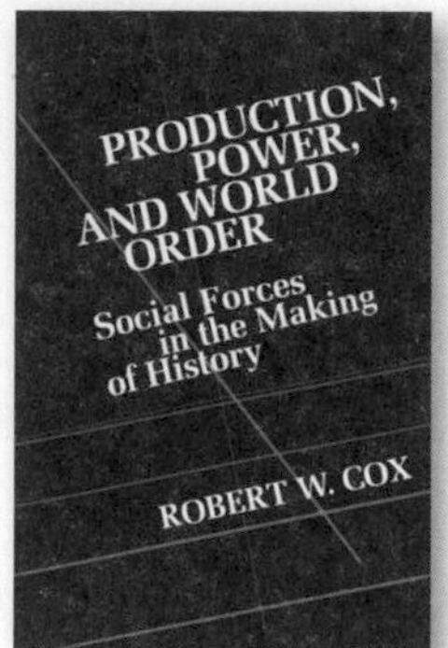

A Book of Robert Cox

A Book of Der Derian

Chapter 9

國際關係學說中的女性主義

- 第一節　前　言
- 第二節　對女性主義的國關理論之誤解與辯正
- 第三節　權力、革命與女性的杯葛活動
- 第四節　女性主義的挑戰
- 第五節　女性主義者看安全問題
- 第六節　女性主義的流派
- 第七節　女性主義的議題
- 第八節　女性國關理論的研究方法
- 第九節　結　論

第一節　前　言

最早討論婦女權利和爭取男女平權為英國哲學家歐爾絲敦克拉芙特（Mary Wollstonecraft 1759-1797），而feminism一詞也出現在一個世紀之後的1890年代。之前自由主義大師約翰·穆勒（John Stuart Mill 1806-1873），在1867年把婦女參政權與選舉權的議題引進英國國會討論，成為後來婦女參政與投票的張本，對婦女政治與社會地位的抬高貢獻至偉（洪鎌德 2004：393-395）。不過女性主義成為國際關係學說中一個思想與學術的流派則遲到1980年代初，幾位傑出的女性政治學者（像Cynthia Enloe、Jean Bethke Elshtain、V. Spike Peterson、Christine Sylvester、J. Ann Tickner 等人）之努力與鼓吹，而引發國際關係理論界的矚目。

V. Spike Peterson

Christine Sylvester

在1980年代之前不僅是關心女權、男女平權的國際理論家從事以女性主義的角度探討環球政治，這當然和聯合國宣布1975至1985年度關懷世界婦女的十年之活動有關。許多女性學生、學者大大投入國關學術之研究，完成博士論文，並躋身大專教學生涯的窄門，一時之間美、加、英、德、愛爾蘭和斯坎底那維亞半島的大學校園有婦女研究的團隊出現，而1988年《千年》學報（*Millennium*）更有專期討論女性主義與國關理論。跟著1990年國際研究學會（ISA）更有女性主義理論與性別研究的分組之出現。其實早在1980年代底便有婦女專刊，像《符號》（*Sign*）、《婦女研究國際論壇》（*Women's Studies International Forum*）、《婦女書籍評論》（*The Women's Review of Books*），以及《女性主義評論》（*Feminist*

Review）等專門性的學報、學刊之刊行。

Cynthia Enloe

1990年代初，英國與美國出版社當中幾位女性編輯在獲得出版機構准許與鼓勵之下，開始出版女性理論家的作品，討論的是女性主義與國際關係，其中引人矚目的為英羅綺（Cynthia Enloe）的《香蕉、海濱和基地：國際政治的女性主義觀》（1989, 1990），另外有《性別和國際關係》（Grant and Newland 1991），以及《國際關係中的性別》（Tickner 1992）等女性主義的國關理論的專著問世。

Mary Wollstonecraft

其間國際研究協會中活躍的女性主義者，組織「婦女主張」（Women's Cause），調查校園中女性教職員有否受到性別歧視的不平等待遇。其次在協會中成立女性主義理論與性別組（Feminist Theory and Gender Study，簡稱FTGS），擴大女性主義理論家的研究、教學與出版之影響力，並一舉在2004年加拿大蒙翠歐（Montreal）的ISA年會上大量發表女性主義者之論文（多達八十一篇），從而確立國際關係學門中女性主義的理論地位。從此至2010年間美、英、加等國際政治課程中「性別與國關」、「國關中的女性主義理論」、「婦女與人權」、「性別與國際發展」、「性別與全球化」、「性別與和戰」紛紛成為重要的議題與科目。

在1999年國際研究學會下的女性主義與性別研究（FTGS）創立了《國際女性主義政治學報》（*International Feminist Journal of Politics*）。加入撰稿、審稿的學者愈來愈多，讀者群遍及世界各地。此一學報提供一個論壇，俾考察學歷和性別之互動，特別是拋掉學術界的競爭、尊卑、秘密、排他等壞習性，並大力鼓吹年輕學者對女性主義的探究與教學。學報參與者已不限於英語系統的美歐學者，也包括日本、北歐、德、以色列及土耳其。編輯部的結構也是採用全球化的作法，俾新的知識的創新與傳播

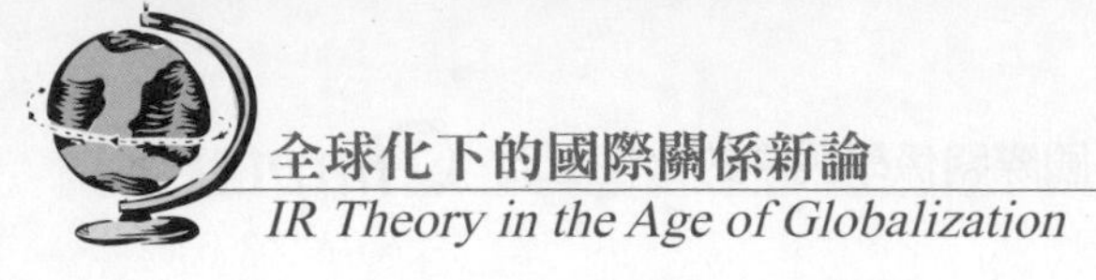

得以永續經營（Enloe 2007: 107-110）。

第二節　對女性主義的國關理論之誤解與辯正

由於一開始女性的國際關係理論引自不同的觀點、文獻和理念，所以並非一家之言，而成為眾說紛紜的大雜燴，也是科際整合的典例。與其稱女性主義的國關學說是一個理論，還不如說是大堆「充滿計畫性的作品」，為進一步理論的型塑，提供參考的線索（Locher and Prügl 2001: 115）。就像1980年代雨後春筍出現的批判理論、建構主義、後現代和後結構主義一樣，女性主義的研究途徑仍舊是對主流派的實證主義和經驗主義的批判，在很大程度也抨擊現實主義和新自由主義。總之，這是後實證主義的時代，是「對諸種不同理性的強烈回響，包括要承諾採用認識論的多元主義，而且對某些本體論的敏感也要加以承諾」（Tickner 1997: 619）。這種主張固然與同時期崛起的國際關係中之後現代主義同調，但不可因此否認之前以及之後不少女性主義者使用實證主義與經驗主義的方法，以及研究國際政治領導界中女性扮演的角色。這大概是標榜自由派女性主義者尋找婦女的定位，認為婦女要克服政治上和經濟上邊緣化的地位，必須對現在政治過程多加參與和多加發聲。

早期自由派強調的是在現實政治中「加入女人，並加以攪拌〔混合女性的聲音，俾引起眾人的回響〕」（Kinella 2003; Zalewski 2003）。這種強調卻造成國際研究學界對女性主義的誤解。其中之一為誤會女性主義者在蒐集世界政治中婦女地位的資料，俾增強表述的力量，消除男女不平等的歧視。另外一種誤解是認為女性主義者都相信婦女統治的世界是和平的、穩定的，因為女性溫柔敦厚和悲憫照顧的美德得以發揮（Fukuyama 1998）。再其次，也是第三種的誤會，誤認女性主義突顯「婦女的問題」，而犧牲了國際關係，諸如戰爭、外交樽俎、貿易談判、國際組織、恐怖活動等更具重要性的議題。在這種看法之下，女性主義的國際關係論力圖避免把環球的大事瑣屑化、零碎化、細微化，也就是把世人的視野聚焦於婦女瑣碎的細節上。這種對於未涉身外交或經貿的決策之婦女底身邊問題加以敘述，是引發批評家誤解女性主義之處（Sterling-Folker 2006: 244）。

所有的這些誤解都是忽視女性主義的國際理論產生自不同的理念、學派、論述。它或多或少都會牽涉到研究的對象——國際關係——之內涵、範圍和研究途徑。須知這牽連的有本體論、認識論與方法論所滋生的各種各樣的問題。在女性主義的陣營中，什麼構成女性？女性有其本質嗎？女性真的比男性更愛好和平嗎？都引發激辯與爭論。很明顯的，女性主義的思維與理論型塑無法被歸結為簡單的和思辨的特徵，無法把女人參與政治等同為戰爭的結束以及和平的開啟。

女性主義的理論家一開始便區分性的類別（sex，性類、性徵）與性別（gender，男女有別）之不同。前者是生理學上、解剖學上雄與雌性的分類，亦即男人與女人。反之，後者卻是社會上、文化上型塑的男性與女性的不同。是故男的／女的（male / female）同男性的與女性的（masculine / feminine）的區分乃是性類與性別之區分。這成為女性主義的國關理論不少交叉線上爭論不休的問題。愈來愈多的證據顯示過去視為生物學上的性類、性徵，事實上並不存在普世的「性之類別」（sex）底本質，而是在文化衝擊下所塑造的「性別」、「性向」（gender）而已。

既然性別的角色是社會與文化所建構的，女性主義者一開始便質疑人們是否知道何謂女人？女人的本質是什麼呢？把世上女性的性格當作適合於擔任關懷者、護士的工作是荒謬的（Elam and Wiegeman 1995）。如果女人無法找出其本質，難道男人就有其本質、本性、本體之物嗎？既然人（不論男人還是女人）的特徵、屬性、活動、行為既非天生、自然界和動物學必然出現之物，那麼我們不禁要問男人或女人所生存的文化在何種程度之下，把他或她塑造成男性或女性呢？女性主義者聲稱男與女、男性與女性是相互依存的概念，這種概念建立在男／女和男性／女性相互依存的關係之上。女性國關研究者所關懷的不僅僅是女人，而是男性與女性的相互依存。這種依存是社會與文化建構而成，靠著這種社會與文化建構的男女之範疇，我們才能瞭解世界、認識世界、體驗世界（獲取對世界之認知與經驗）。由是可知國際關係中的女性主義，其特徵為有關性別的研究，而非僅僅在研究婦女，同時也在研究由於性別的不同對世界政治所產生的影響與結果。

性別所造成的影響重大，原因是性別乃是一種後設的敘述（meta-narrative）。這種後設敘述建立起一種上下不對等的統屬關係（hierarchy）。在這種垂直不等的關係中，一方（男性）擁有特權、擁有優勢，他方（女性）無權而又無勢。這種兩元對立又有高低優劣的兩元想法，過去一向被視為正常的、自然的（Peterson and Runyan 1999: 39-40）。狄珂妮（J. Ann Tickner）甚至指出：「在西方凡涉及權力、自主、理性和公共的事務都被看做陽性的、男性的；與之相反的，脆弱、倚賴、情緒和隱私的場合，則被當作陰性的、女性的」（Tickner 1996: 455）。

這種對立的，站在反對立場上的性質之描寫並非只是抽象的說詞，而是用來正當化在世界政治中誰該得到什麼，為什麼有所得的基礎。把男性提升、把女性貶抑，可以轉換成政治的、經濟的、社會的結構與流程，用來在環球的規模上產生差別與物化性別嚴重的不平等。世上每三個女人有兩個生活在貧窮中，婦女、女孩便被迫賣淫，而性工業如此猖獗與肆無忌憚，都是重男輕女的觀念之遺毒。同樣地，發展中「落後」的國家之婦女比男人付出更多更大的心力在家務、生計、和顧家的操作上。就是居於世界核心的國家中，同樣性質的工作，同工卻不同酬，婦女的報酬比男性收入少了三分之一。性別的不同之建構乃是規範性、物質性的上下垂直不平等，這也是世界政治與權力的本質所在。把男性與女性社會建構所造成的性別加以解構，女性主義者乃揭露權力的真面目，這個權力是在支撐政治的、經濟的和社會的環球之布局、之安排。

由是批評女性主義者沒有處理「世局」的真正問題，是令女性主義的理論家大為感冒、訝異、震驚的說詞。她們反擊女性主義把事情瑣屑化是基於兩個反證。其一，認為對國際關係有關之議題必須納入既存的範疇。這種主張忘記了概念的界定脫離不了政治與權力，須知概念也罷，範疇也罷，並非完全中立、客觀的（Kinella 2003: 296）。範疇是一種價值判斷，它反映了特殊的利益和權力的階梯（垂直不平等）。因此，認為國際關係只在研讀國與國之關係、國家利益與安全、經濟權力與國際組織，都是主流派的偏愛與偏見。

其二，傳統標準的國關議題常忽視婦女在該議題中所扮演的角色。無論是戰爭、還是貿易，其成為可能的事實，背後卻有婦女在支撐。只因為傳統國關理論把婦女從前台的表演者驅到後台，甚至只變成「背景」、「布景」，婦女變作沒有聲音的人。事實上女人透過其工作、勞務，無時無刻不在國際政治中扮演其角色（外交官的夫人、秘書、生產線上的女工，甚至替第三世界一窮二白送來外匯的女性旅客身分等等），都是婦女表現的場域與角色，不容小覷。

再說，認同的政治、和平與戰爭牽涉到當事國無分男與女的認同和進行衝突，以及解決衝突的態度與行動，並非只有男性才能決定和戰而已（Elshtein 1992, 1994）。傳統國關學說不注意日常的政治，包括婦女的犧牲貢獻、認同支持，以及扮演屈服、從屬的角色，是無法抓住政治運作的真髓。要之，種族、階級、族群、國家固然是社會建構的範疇，而成為主流國關最重要的研討客體，但「性別在結構上並非僅僅是性的實踐（性遊戲）所組成，而卻是各種各樣文化中社會生活的所有面向」（Peterson and Runyan 1999: 31）。很遺憾的是傳統國際關係學門，主要的理論家都是男性，也把這個學科男性化，這當然與環球政治與經濟核心絕大多數是男性菁英在操盤有關。

第三節 權力、革命與女性的杯葛活動

女性主義將婦女的理念、行動、經驗、思云、言行放在舞台的中心供人檢驗，不但嚴肅地考慮當作女人的女人，也把男人當成男人平等看待。它探索婦女多種多樣，但卻是與男人不平等的地位。它是一串複雜體，企圖瞭解權力的運作，權力怎樣取得正當化、永續化。女性主義者檢查權力是社會與文化建構起來的，常在夫婦、家族、朋輩等「私人」親密的關係中湧現，更會在「公共」的領域（學校、職場、法庭、電視台、廣播界、銀行、工廠、軍營等等）當中展示。至於公私的分別，在公與私領域裡權力的運作更是女性主義者好奇究明的所在。

公私領域中權力的機動彈性所造成的重大影響，尤其吸收女性主義者的眼光，而引起廣泛的討論。這也是何以女性主義要結合人類學、社會學、政治學、經濟學、歷史學、地理學、哲學、生物學、文藝批判、文化研讀種種不同的途徑來探討權力與知識的關係，是故這是多學科、科際整合的學問。

談到權力與性別關係，我們想到中國新興汽車工業，這個被中國人以及西方工業發達國家的人民視為蓬勃興起的「陽剛」（manly）工業，當然從主管至生產線上的各階員工，絕大多數是男性的，偶然也有女性穿插其間，或至少男性職工之後面有擔當太太身分、或秘書、打掃等工作的女人。那麼進一步要問在工業內、與工業外，這些男性與女性的關係究竟是什麼呢？中國政府工業政策會不會依性別的考察而有不同的處置呢？這種性別對工業以及工業政策影響之結果，或呈現何種的面貌呢？是故表面只在討論中國的新興陽剛工業，其背後則呈現女性主義的國關考察，這是有異於傳統世界政治的看法與作法（Enloe 2007: 100）。

西方過去兩個世紀中，雖然有女性的抗爭，要求男女平權，但是世

局實際的演變，並不回應女性主義的奔走呼號而有太多的改善。換言之，在某些人的操盤下，男性的特權仍舊出現、仍舊維持，而絕大多數的婦女仍舊被附屬化、邊緣化。為了瞭解這種情勢的發展，也為了改變這種情勢的延續，探討「性別與國關」大有必要。性別分析與女性主義的研究在於瞭解權力以何種形式出現？誰擁有權力？誰要成為權力行使的對象（甚至犧牲者），在某些特定情況下權力如何運作？由誰運作？運作者得到什麼樣的好處？誰被權力唬弄與消音？誰被排除於權力運作之外，甚至遭受壓迫、邊緣化？誰有能力挑戰或抵抗權力的行使？挑戰與抵抗採取什麼方式呢？是故，女性主義的分析需要明示地去進行公共與私人領域的考察，考察權力如何在性別關聯下運作。

Mary Wollstonecraft

一如前述英國哲學家，也是女性主義的先驅歐爾絲敦克拉芙特出版了《婦女權利的辯護》（1792）一書，其中曾猛批法國大革命中男性革命者的父權（長老）心態。因為當年英法的中產與貴族階級之婦女接受了「理性的男人」和「男人的權利」等等「革命性的理念」，因為只有男人能理性思考與行動，故權利應當賦予男人，不只權利，就是義務和公民身分也歸男人所獨享。與男人相反，女性擁有感情和情緒，只宜擔任妻子與母親的愛撫與安慰的養育與教育工作。在一個宣傳革命，也進行革命的社會中，婦女「自然的」、「天生的」活動空間只限於家庭範圍之間（洪鎌德 2004：392-410）。

不要說法國大革命、英國光榮革命，女人成為革命事業的缺席者，就是其後俄國革命、阿爾及利亞獨立建國運動、1980年代尼加拉瓜桑定斯奪權運動都是男人幹的革命事業，與女人無涉。這種一兩世紀間婦女缺席、不在場（omission）的「事實」有了嚴重的後果。原因是革命被描寫為、評價為和解釋為涉及經濟階級、或具種族、民族的族群之利害關係之改變，而卻忽視或無視男女之間的關係，無視於人群才是國際政治的主角。

特別是權力系統的意義之賦予，正是建立在男性與女性之間不平等之上。這種對婦女參與的看輕、漠視、省略，導致政治分析家把社會運動與政治達標（achievement）描繪為「革命的」、「劃時代的創舉」，當權力的預先存在之體系預留空間，俾供男人獲取特權，而婦女則擺在一邊不加聞問。這種獨厚男人、輕視女性的革命描繪，正是父權制、家長制的特徵，是故難免不受女性主義者的抨擊。

女性主義者的研究發現，無論是公開的權力、或私底下的權力，其運作、正當化與永續化之目的在於控制婦女的心身，同時也控制所謂的男性性質（masculinity）與女性性質（feminity）。研究的結果指出，吾人如對婦女的生活與條件不覺興趣，則對國際權力的機動、彈性之分析，不但不夠周全，而且所得的成果是錯誤和不可靠的。

舉一個例子，英國學者米潔蕾（Clare Midgley）研究糖業對國際性政治經濟之影響，指出十八世紀末與十九世紀初，由於英國婦女積極參與反對奴隸被販賣與役使的運動，因而進行對加勒比安海輸入的砂糖之抵制與杯葛，使得當時殖民地的甘蔗園無法再使用奴隸工來生產砂糖，輸出國外。由是可知英國家庭拒絕使用砂糖，造成國際杯葛（禁運）成功。他方面禁止奴隸買賣的運動，也刺激英、美國家的婦女，不該權充男性的奴隸，儘管男女結成夫婦是在兩方同意與認可的婚姻制度下完成的（Midgeley 1993: 475-488）。

第四節　女性主義的挑戰

正如前述，自有國際關係這個學門的設置以來，討論的對象主要為各國（特別是強權）之間的外交來往，使節派駐、或商貿往返、文化交流，乃至國際和戰、區域衝突。換言之，這一學門主要的課題為戰爭的原因、衝突的解決、外交的斡旋、國際公法的引用、商貿的擴大等等，而幾乎不涉及世界政治的男女等人群（只提起極少數外交政策制定的菁英，而不談及群眾的活動）。是故女性主義的理論等於打破這種以「國家」、「市場」、「國際體系」為主軸的國關範疇，而指摘把特定時期與地域的社會與歷史脈絡之行動者——男與女等群眾——排除於討論之外的不對。是故女性主義就像建構主義、批判理論、後現代主義、後結構主義、後殖民主義，成為1980年代中期以後，冷戰結束之後的二十世紀末與二十一世紀初崛起的理論界新學派、新思潮（True 2001: 231-232）。

女性主義理論家在挑戰主流派國關理論時，指出婦女的生活和經驗不當被排除於國關研究的對象之外。傳統的國關學說「過度地聚焦衝突與無政府狀態，和治國的實踐、策略的型塑，而把焦點放在（國與國之間）的競爭和害怕之上」（Grant and Newland 1991: 5）。造成國際體系不斷複製的規範與理念對暴力結構（貧窮、環境資源分配不公、社會政治地位不等）成為研究國際關係只談戰爭與衝突之外的次要議題。是故主流派的國關理論繼續在為世界政治加以理論性解析，同時在犧牲婦女的問題、性別的議題之外，只聚焦於國際領域的研討，幾乎一兩百年來沒作適當的改變。占有世界總人口一半以上的婦女不但從國際的政治商貿活動上失蹤，就是環球化的流程上也沒有她們參與的蹤跡。婦女成為不受尊重、無從得利的群體，她們總共合起來才擁有世界財產和資源的百分之一，但卻要付出超過百分之六十的勞動，而其多數不是難民，便是文盲，便是貧病交迫的受害者。但婦女對家庭、對社群能夠繼續存活做出重大的貢獻，顯然國際過程和互動對男人與女人的影響卻大為不同。各國政府無能力解決貧窮、污染、核武擴散等重大的國際問題，在很大的程度之內是由於忽視婦女對社經的貢獻，以及國際救援組織和各國政府未能贏得婦女的支持所引發貧困、疾病、污染處理失敗之緣由。

對於國關研究，女性主義提出另一個挑戰，為整個學門的概念結構是偏重男性的。國關的重大概念並非全然是以整個人類所形成的類概念（generic），更非韋伯一再強調的客觀中立（*wertfrei*; neutral），國關的

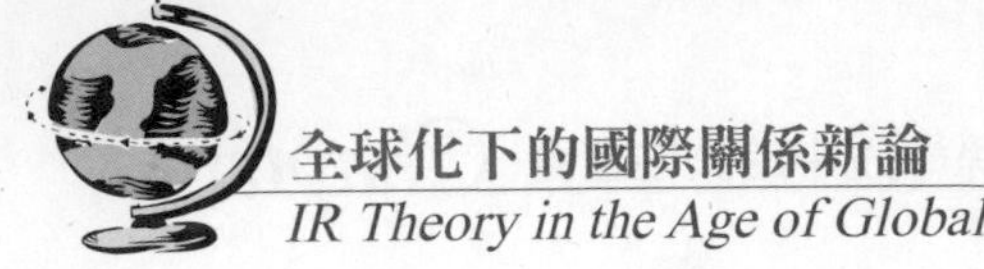

基本概念是社會科學與政治學的脈絡下之衍生物，以致「無政府狀態的問題被壓制住」（Pateman 1986: 5）。女性主義者認為權力、主權、自主、無政府狀態、安全和分析的層次（個人、國家、國際體系）等等概念是與家長制、長老制，以及公領域與私領域的分開關聯密切。這些概念所認同的是男人，而非女人的生活經驗與知識形式。因之，國關不只是性別上犯有重大的偏差、歧視，而且是建立在排除婦女的參與之上的一門學問。須知性別是世界建構的看法。以男性為主體的國關理論像現實主義或新現實主義，自稱是描繪與解釋世界之實狀，「認為世界正是它所呈現的樣子，以致型塑了我們的行動，因之也導致行動者事件的真實世界之具體結果」（Peterson and Runyan 1999: 3）。就因為持此看法，使用這類的概念，性別成為環球垂直尊卑不平等的結構，也造成其他社會認同體（種族、族群、階級）這種上下不平等的關係。如此一來思想活動、理論型塑不過是一項抽象的歷程，其目的在為號稱客體化的世界命名與賦予意義而已，一點都牽連不到男女群眾安身立命的問題。

從女性主義的觀點來加以觀察，主流派國關理論的失敗為社會建構起來性別的區分。國家和國際關係有其能力的局限，無法對世界政治的持續和歷史變遷有所解釋。女性主義者認為西方的兩元思維方式把公共／私人之分、國家／社會之別、內政／國際事務之區隔，來說明國家的形成和「國際社會的膨脹」。在內政上採用家長、父權的立場，然後分別男人主外、女人主內的兩分法，導致婦女被封鎖在家政的無給職與煩瑣小事之上，也造成婦女在政治分析與社會分析方面變成「看不見」的隱身人。就在同一時刻，主權國家的疆界用來分割國內與國外、內政事務與國際事務、本國公民與他國人民。這類有系統地分區與界定（定義）拿來比喻對婦女身體的強暴，無異於對一國領土的完整和認同的強暴，都是男性中心主義、沙文主義觀念的延伸。

把性別與國家的疆域相提並論，便不難知悉把婦女從國內政治與國際事務加以排除所產生的國際關係，變成了男人獨享、壟斷的活動場域，也造成婦女受到男人的宰制。內政與外交論述的分開和新現實學派避談國內相似的情況（男主外、女主內）會造成國家之內以性別為主旨的公私之分別，以及男性把女性聯想為情緒的、主觀性的、繁殖的、肉體的、滿足男人性慾的工具等等，對婦女踐踏、輕視的不當想法。主流派與批判性國關理論都犯著忽視私人範圍的毛病，都認為私人範圍包含女性沉沒於家務的比擬、比喻裡頭（Walker 1992）。

儘管女性主義者的努力，要把性別之間、性別與內政、性別與國際政治之間的關係加以理論化，型塑以性別為中心的新理論，但主流派的國關理論仍以個人、國家、國際體系為其分析之單位。這種不同層次的分析方式是用來區分戰爭的類型之解釋，用來組織吾人對國與國之間的互動之理解。這點固然有所方便，但狄珂妮卻認為每一分析層次（個人、國家、世界體系）可以再提供重構世界政治關係上的，以及性別敏感的新理論（Tickner 1992），俾更為深入地探討國關的本質。

第五節 女性主義者看安全問題

安全問題一向是傳統主流國際關係研究中最重要議題之一，它是以政治和軍事的角度去討論國境的防護和領土的完整，亦即避開敵國（或國際環境）對本國及其人民之侵犯。新現實主義者會視國際體系為無政府狀態的結構，比起國內的因素對一國安全構成更大的威脅或傷害。因之，國家為贏取安全，應當增強本身的力量（尤其軍力），注意權力的平衡，以免國家安全受到挑戰。在冷戰時期美國與舊蘇聯兩極的核子對抗（所謂「恐怖的平衡」）就是求取安全的手段。1980年代隨著和平研究的崛起，人們關懷南半球的貧窮，環境污染惡化，於是歐洲外交政策的決策者，把安全定義為經濟與環境的惡化所引發的國際問題，而不只涉及政治與軍事的糾紛而已。

女性主義者用更廣大的多維度（多面向，multidimensional）、多層次（multilevel）的角度來定義安全，目的在減縮各種各樣的暴力形式，諸如形體上、結構上與生態上暴力呈現的樣貌，亦即把各種各類的暴力壓縮到最低的程度，才能稱得起安全，這個新的安全概念與婦女身心平安和性別的注重有關，因為傳統的社會中，婦女受到暴力的侵襲比男性多而久。更何況婦女對各國權力結構都是處在邊緣與弱勢的地位（Tickner 1992; Peterson and Runyan 1993）。薛維絲特（Christine Sylvester）認為安全是稍縱即逝、不易掌握的，而且常是部分而非全面性的。它牽涉到對抗的爭執，是一種流程或過程，而非一種理念的狀態。站在婦女的觀點。安全問題發自個人與社區，而非產自國家與國際體系。從邊緣的角度來講求安全，女性主義者認為安全問題與社會和歷史上呈現的社會垂直不平、上下統屬（統轄與隸屬）之各種表現方式有關。換句話說，位於社會階層上層的婦女其安全性最高，而社會下層的婦女不但身體的安全堪虞，就是精神和心靈的安全亦常告闕如。追求安全的過程中，人們會揭露社會階梯上不同層次的婦女安全程度，並瞭解人們怎樣去營建安全，以及安全怎樣受到國際秩序的建構，從而知道安全不是理所當然、自然湧現之物，而是建構與解構的過程（Sylvester 1994）。

女性主義者認為主流派把安全分為個人、國家和國際體系三個層次來分別討論是不適當的。原因是安全（或不安全）的問題是跨越個人、國家及國際體系之上。尤其質疑國界的駐守、監視只靠國家的力量便可以安全無虞，這是浮淺的看法。她們質疑軍警有能力妨阻外國的威脅，軍警本身常是正當化、合法化的暴力，用來對付諸個人與婦女。軍人是社會安全網資源競爭的優勝者，在這個安全網上婦女多少要倚賴男人來過活，受男人的保護。軍人也是社會秩序合法化或正當化的手段，俾維持、增大國家的暴力。

一旦分析安全範圍內所涉及的政治與軍事面向時，女性主義理論家便會注意到戰爭結束之後果，而很少留意到戰爭爆發的因由（Pettman 1996:

87-106）。

自從國際關係的學說在十九世紀末崛起之後，安全問題一直成為國關理論的核心。當然這一問題也為女性主義的國際關係論者所注意，只是女性主義者本身基於本體論、認識論與方法論之不同，對何謂安全看法不一。但一般而言，1980年代初受南北對抗、環保意識與歐洲政策制定者看法之影響，大多認為安全不只限於軍事上、國土完整的政治性安全，更要保障經濟上和環境上的安全，女性主義者嫌傳統對安全的定義太狹窄。

多位國關女性主義者以多維度、多面向、多層次的角度來討論安全問題，包括各種形式的暴力之減縮，這包括身體上的、物理上的、結構上的和生態上的暴力之減緩（Tickner 1992; Peterson and Runyan 1993）。

正因為女性居於政治權力的邊緣，而女性主義者本身第一個關懷的當然是女性的安全。因之，其有關安全的問題之出發為個人與社群，而非國家與國際體系。從邊緣的角度來討論安全，女性主義者以不同的方式討論各個時代、各種地方呈現縱向與橫向的不平等。追求安全勢必揭露這種上下垂直的不平等，包括這種不平等建構了的國際秩序，以及受國際秩序所建構之一切機制。從而使人們把這種社會不平等滋生的不安全，視為自然（弱肉強食）的觀念加以打破（Tickner 1997: 624）。

戰爭中受害者最多為平民，在二十世紀初戰爭受害者大約僅占從事戰爭所涉及的人口總數的10%，至二十世紀末增加至90%。其中又以女性、小孩受害最大最多。是故女性主義者在海灣戰爭中，極力反對聯合國對伊拉克採取物資禁運，因為在這波物資禁運的杯葛中受害最多的是婦孺，全球1970至1994年這二十四年軍事衝突中，婦孺難民從三百萬暴增至兩千七百萬（1995年聯合國《人類發展報告》第14頁）。英羅綺（Cynthia Enloe）指出波士尼亞戰爭中受強暴的婦女數量驚人，在她看來這絕非突發、個別的事件，而是軍事策略的一環。因為在軍事基地的附近聚集的婦女，很多是被拐誘脅迫來賣淫的（Enloe 1993: 119）。連聯合國的維和部隊也發生性侵事件，而且還層出不窮，其上司卻視為年輕男性的輕狂，是

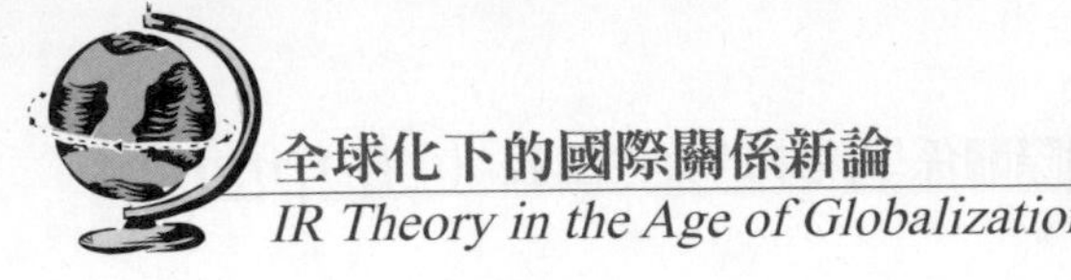

男性威武的表現。如此一來維和部隊要扮演維持和平、保障百姓平安的角色，幾乎是緣木求魚，甚至是引狼入室（Orford 1996）。

女性主義認為婦女經濟上的不安全，是由於家父制、家長制、長老制的社會結構所引起的，這種制度再伴隨種族、階級、族群的中介，使得婦女不是陷身家管，便是進入低收入的職場，既談不到同工同酬，也無經濟上獨立或安全可言。再說，公私的分開，使婦女在家操勞既無報酬可言，也沒有自主權，以及經濟上的安全。因之，婦女在社會上、經濟上居於低微的地位，並非單單靠市場供需的運作所造成，還因為向來的觀念，認為婦女適合擔任教學、養育、護理等符合其「天性」的工作（Peterson and Runyan 1993: 37; Pettman 1996: 165-168）。此外，大堆的女人擠在低報酬的工廠，或隱身於家庭繁雜瑣屑的家務上，有很大的成分上迫使婦女「認命」，認同這種傳統家族與社會賦予的「女性角色」，視此為「自然的」、「天生的」、「命運的」安排，而不是採用理性選擇的模型去思考（Nussbaum and Glover 1995: 91）。換言之，社會對女性扮演的角色之期待強化男女的不平等，也惡化婦女的安全。

上述討論好像在強調婦女的角色，而遠離國際關係的討論。不過女性主義由下而上，與主流派由上而下不同方式的討論國際大事，正反映了環球的經濟操作與國家努力追求富強與好處，完全建立在男女不平等的基礎之上。這種不平等對婦女的安全與不安全起了重大的作用。事實上是在犧牲婦女的安全與福祉之上，大談世界與全球經濟。很明顯能夠吸引外國財團來本國開發、投資的發展中（新興）的工業國家，常是在役使國內大批未婚，而低報酬的女工之上，更可悲的是，視大批低工資的女性工作者為馴服而不知反抗的綿羊，她們在家中還不能看做是「賺錢養家的支柱」（breadwinners）（Enloe 1990: 151-176）。當國家被迫減少國庫支持，而採用結構性調整計畫時，婦女傳統上的角色就是關懷、就是照顧一家大小，於是在領不到國家的任何報酬之下，扮演了家庭福利的職責，原因是女性在家中工作沒有酬勞是社會或國家結構性調整計畫下，增強經濟效力的良方（Moser 1991: 105）。

女性主義者在對國家之作為加以檢驗時，會發現男女不平等的社會關係幾乎是每個國家立國的基礎，但這種不平等的社會關係卻影響國家對外追求安全的行為，而這種國家的行為也受本國社會關係的塑造。把國家視為性別所建構的事物（制度），對瞭解追求安全的企圖有所關聯，可以進一步去瞭解何人、何者（當然絕大部分是男性、上流的男性、有權勢的男性）的利益得到照顧、得到增強。把支持戰爭和「自然化」性別不平等的社會結構加以照明、突顯，對瞭解戰爭與社會結構的原因相當有助。女性主義者認為國家的性別基礎和市場的性別基礎都該一一暴露和加以挑戰，這樣婦女真正的、廣義的安全（人身、職業、經濟、政治、文化、社會上的安全）才可望塑造和建立（Tickner 1997: 626-628）。

第六節　女性主義的流派

女性主義的派別繁多，也不乏單打獨鬥的個人理論。我們在這裡僅指出比較受人注意的幾個流派，包括自由派、批判派、後殖民主義派等等。茲分別敘述如下：

一、自由派的女性主義

查列芙絲姬（Marysia Zalewski）指出在國關學說中理論有多層的用途，可當作分析現象的工具，可以當作批判的手段，可以當成平日生活的經驗。在知識的傳統中這三種用途都可以發揮，偏偏自由派的女性主義卻被邊緣化（Zalewski 2003: 291-294）。自由派的女性主義發現傳統國關研究的主觀性，靠的是「尋求那些無聲」（silences），被壓制而噤聲，以及加上「從來不被聽到的聲音」（unheared voices），是故女性主義之方法為「強調談話與對話，而不是只懂產生單一的、勝利般的真理」

Hilary Charlesworth

（Charlesworth 1999: 379）。

對國關這個學門，自由派的女性主義所採取批判的貢獻，在於方法學和深沉的規範性批評。女性主義理論高峰在於方法，其特徵則為批判，它具有本質上的意義，而非徒具形式而已。女性主義的方法是從一個假設出發，從一個再簡單不過的詞彙出發，而凝結在這樣的結論之下，亦即女人的處境非常的不公不平，而亟需改善、補正（Bartlett 1999: 34）。這種方法應用到國關之上，就應該使學界回應婦女的想法與要求，也應該反映她們的生活經驗，而改變、轉型她們的生活，俾大家承認女人是個特別的行動者，享有平等的待遇，其目的在矯正不成比例的男女權力關係（Slaughter and Ratner 1999: 46）。

自由派引用自由主義者的理論，強調個人的權利，法治的制度，以及其他制度性的機制，俾個人的權益受到保護、照顧與增強。其出發點為個人身分的經驗，因之，敘述、脈絡的思考和多種觀點（multiperspectivity）非常重要。自由派女性主義者的理論與政治乃為對人性、個人是行動者，以及同一般自由派的理論家所強調的人是理性動物之看法相一致（Donnelly 1999: 81）。這一理論是根植於經典的自由哲學，包括洛克、盧梭、邊沁、穆勒對平等、個人主義、自由與正義的討論與演展（Andermah, Lovell and Wolkowitz 1997: 123）。對自由主義者而言，「進步」一詞非常重要，自由派思想家均認為人類走向理性的能力會不斷地、進步地展開，他們相信任何的爭論都應循合理的辯解來尋求答案。是故自由派女性主義者也主張任何國際關係，包括爭端、衝突、戰爭都應當透過正義的普世律則公平處理、和平解決。除此之外，尚討論人性是善、是惡、是合作的、還是競爭的；國家與社會應當保持何種的關係；在何種情況下一國可以干涉他國，為的是維持國際秩序，遵守國際規範；社群的利益與個人的利益如何平衡；自由與容忍的程度；資本主義的市場與自由貿易對爭取公平與和平所扮演的角色。

自由的思想使得女性主義者各取所需，而呈現不同的兩派。不過有一項是大家非常注意的，而又採取共同的立場，那就是男女的平權要靠法律貫徹的個人權利之體系來達成（Vicent 1986: 152）。這是自由主義基進的勢力，使女人可以伸張其權利的基礎。婦女應有權、或被賦予權力（empowered，授權）成為法律的主體，國家有義務承認婦女這種權利而回應其要求。

個人權利的理念有必要承認個人是行動者與認同體，亦即承認在社群、團體（家庭、社會、國家）中擁有其本身分開的存在之權利（Donnelly 1999: 81）。必須注意的是自由派在承認個人擁有這些權利之同時，也應尊重社群（團體）的權利，個人的幸福繫於社群的和諧。是故個人必須注重社群的責任與義務。婦女個人權利的認同與執行在很大程度上繫於社群（Cahill 1980: 284），是故讓婦女不要從國際舞台失蹤、或看不見，這些要求的受到重視成為當務之急。其次，要確定婦女存在於世上，然後啟開婦女對自己以及對世局的認識。在分析世事時不時「加入婦女」的經驗和意見，把從上向下的研究途徑改為由下而上的看法，目的在顛覆不合理的宰制／附屬之關係。最後採取轉型的方法（認識論、方法論、實踐學上的行動），不只解釋世界，也要改變世界（Mertus 2006: 252-257）。

二、批判的女性主義

有異於主流派現實主義者視國關為強調在國際無政府狀態下的爭霸，或自由主義、多元主義者對世局的視線放在國家、國際組織、或非國家、非政府的群體（國際特赦組織、跨國公司等）所進行競爭，以及國際社群不斷的演變，女性主義主張國關的分析之第一部為活生生的、能呼吸、有血有肉的人群：亦即究竟是哪些人群在「製造」、「經營」國際關係呢？批判性的女性主義者指出，傳統的、主流的國際關係在回答上述問題時，其答案早已蘊含了性向、性別（gendered）。對現實主義者而言，成為國關中操盤手，如果不是政治人物（包括政客、野心家），便是指揮士兵將官、或資本家、企業家。對自由主義、多元主義者而言，操縱國際大局的人除了國家的領袖與士兵之外，還多了外交官和跨國公司的經理，以及國際組織的官員。占據上述官署、機構、商團的權勢人物絕大多數為男人。是故國關的景象乃為高速路邊的警示語：「男人在工作中」（Man at Work），請各位駕駛小心！這表示性別所製造的決斷，正是全球各處擁有權勢者之傑作，也是造成世局如此這般演展的主力。不說別的，在1985至1995年之間發生在崩潰的南斯拉夫土地上，因為塞爾維亞進侵波士尼亞，使科索沃一地區有七萬五千人流離失所。因為這場種族屠殺的悲劇所引發婦女的悲苦慘痛，使批判的女性主義者質問什麼原因、行為和結果，導致這種具有性別的衝突（gendered conflict）？女性主義者進一步質問是什麼「歧異的向度、維度（界面、面向）」（dimension of difference），包括種族、族群、男女、職別造成這種權力關係（宰制與奴役）？而這種權力關係及其衍生的決定（決斷）又造成巴爾幹半島這個後冷戰時代的人民，尤其婦孺要去承擔其結果——喪失家園、親人，遭逢殺戮、強姦、流亡、悲痛的人間煉獄。

很明顯地，國關的研讀本質上就是對權力的考察，以致現實派大師莫根陶（Hans Morgenthau 1904-1979）[1]直言國際政治乃為諸族國對權力的爭取（struggle for power among nations）。可是傳統學人很狹窄地界定權力，把它當成國家的軍事力量，有時則為軍事力量加上經濟實力的國力（洪鎌德 1977：135-161）。傳統與主流派只關心誰在行使權力，以及怎樣行使權力。批判的女性主義者則把權力的維持與擴大，不僅涉及國際，更影響了人際、影響男女的關係。她們進一步考察權力怎樣取得、如何運作、怎樣喪失。她們還追問權力的結構怎樣形成、對誰有利、對誰傷

[1]譯為「摩根索」乃為錯誤音譯，須知此人為德裔美國學者，莫根陶的德文原意為「晨露」。本書作者在1970年代初於慕尼黑大學曾與之長談請益。

害。為達此目標，批判理論者使用各種分析的工具與技巧，包括使用解構和論述的分析（discourse analysis），她們質問這場戰役為誰而戰？戰爭的規則由誰來訂定？誰是戰爭當事國的「公民」？人們使用何種的語文——選擇怎樣的字句、遣詞用字——來討論、或講述權力？是不是藉口民族主義？還是中國人所言「和平崛起」？愛國主義？「血濃於水」的大漢沙文主義？除此之外，什麼叫做干涉、干預？為什麼使用這些字眼，而避免其他的字眼？這些詞句、詞彙所蘊含的是什麼意義？什麼語重心長（significance）？這些用字遣詞所要激發的想像、聯想是什麼呢？很明顯地，批判的女性主義的分析使用的批判理論之工具，俾把注意力集中到性別之上，因為性別正是在國際關係中權力分配的組織原則。這裡的批判理論並不限於法蘭克福學派的批判文化與批判社會學，是廣義的後實證主義的國關方面之批判理論（洪鎌德 2010b）。

與自由派女性主義視婦女為原子化、自主的個人不同，批判的女性主義在行經高速公路看到警示牌「男人在工作中」之餘，還要進一步質問「婦女在那裡？」這個問題表面上仍舊是自由派的疑問，但不要忘記權力「貫穿（滲透）所有的國際關係，此時再忽視婦女的存在，婦女在國際政治的景觀上之存在，會造成錯誤觀念的永續化，誤認為權力關係只是某種風格趣味與文化之事物。反之，對婦女嚴肅的注視可以暴露多少權力的獲取在於維持現在形式的國際體系」（Enloe 1991: 2-3, 7）。是故批判理論強調權力的性別天地（維度）是何等廣大、何等深邃。這表示自由派要求在國關中加入婦女於現存權力結構之上。反之，批判理論暴露這些權力結構中有多少概念的基礎，而要求把這個基礎解除、打碎（解構）。

批判女性主義的觀點在於擴大性別的感受（概念化 conceptualization）。因而，不僅質問「女人在那裡？」還進一步質問：「是哪些婦女？哪一類婦女？」以此觀點來觀察，國際關係是一連串權力的上下垂直不平等（power hierarchies），其建構、其維持都在圖利少數居高位者，而不利於社會金字塔塔基的廣大群眾，尤其是婦女大眾。這種上下垂直的不平等就是上文所提的「歧異之維度（天地）」，婦女正好是一天到晚喊著「找出不同」（make a difference）的社會中，那些不同的異類（不同於男性的「他者」、「異者」）。這種說詞的背後，隱藏誰應獲得好評、高價，誰會遭受貶抑、低估。在每個社會中歧異的維度以多種多層的面貌呈現。人群在某一社會網絡的定點上獲得特權、優勢（例如在兩性之間男人占上風），但在另一網絡據點失權、失勢（例如黑人在服務業中，比較多擔任低級、報酬少的工作）。以科索沃的戰亂為例，塞爾維亞男人擁有政治大權，阿爾巴尼亞男人（滯留前南斯拉夫境內之阿爾巴尼亞人）則被排除於權力大門之外。性別與族群合在一起可使塞爾維亞女人免於遭受同族男人的性侵，但卻顯示另一族群（阿爾巴尼亞婦女）遭受強姦的厄運與噩夢。

批判女性主義的觀點使吾人瞭解男人與女人的經驗歧異，和看出社會內或社會之間整個權力網絡不僅有性別的差異，還有階級、種族、族群的紛歧。在考慮到科索沃的衝突時，女性主義者的疑問是性別的概念和歧異的維度（向度、天地）如何被動員起來，俾增加吾人對此一種族廝殺、滅種的衝突有所瞭解。這些概念如何建構社群的認同與政治的策略。科索沃的男人與女人的敘述怎樣被國際媒體與政策制定者所描繪，而呈現其影（意、形）象？我們看到哪種的男人與女人？他（她）們的經驗是如何的？他（她）們所講的故事（經驗實況）有那些被聽到？那些不為人知？這些意象和特殊的作為（議程、課程，agenda）怎樣贏取國際（聯合國、北大西洋公約組織、歐盟等）的回應與干預？科索沃社會如何重建？瞭解到性別概念與差異維度對科索沃局勢的型塑是否提供吾人「教訓」，而可以應用到世界其他地區的衝突，以及提供給有關阿富汗與伊拉克的派兵干涉之啟示（D’Amico 2006: 268-270）？

三、後殖民的女性主義

後殖民的女性主義聚焦在有色婦女（白色以外各種顏色的婦女）如

何受到種族主義、殖民主義和資本的帝國主義之意識形態和實踐的壓迫。它常引用馬克思主義（馬派）的女性主義之說詞，在性別的不平等之外，不要忘記階級的對立、敵恃和鬥爭。不只馬派重視階級之對立，就是社會主義的女性主義也強調家長（家父、長老）制與資本主義的互動之勾結，這也是實證主義與後實證主義知識論所顯示不同。事實上馬派和社會主義的女性主義不同之處，除了前者重視階級鬥爭之外，還由於後者把經濟力量擺在舞台的正面，然後透露資本主義和性別（男性）的家長制之間的互動，對婦女在職場與家裡均極不利（Peterson and Runyan 1999: 28）。不管是馬派還是社會主義的女性主義都是激（基）進的女性主義。激進的女性主義要求女性擁有自主權，要拒斥男性所界定的規範與制度。它本身轉過頭來影響後殖民的女性主義。激進女性主義認為婦女遭受壓迫的根源就是男人對女人身體的宰制，這是「性徵政治」（the politics of sexuality）之高峰，是故「激進女性主義無意與男性完全平等，假使這裡所指的平等為（性事）方面變成了像男人那樣具侵略性與壓迫性的話」（*ibid*., 165-170; 洪鎌德 2004：410-458）。除了馬派、社會主義派、後現代派的女性主義之外，也可以再加上心理（精神）分析派的女性主義，它解剖下意識裡所造成性別的角色（Gilligen 1982）。

女性主義最獨特之處在強調女性的認識、感受、體驗是特殊的，是故女性的認識論不但與男性不同，且能把被邊緣化的人群的經驗更為照明、更為顯露。其原因為外人與遭驅逐、排斥之人的觀點或立場比較容易產生更為客觀的知識。這比起權勢集團靠近宰制的制度與概念架構，而不知民瘼、不知真實狀況要好得多（Tickner 1996: 456）。

Spivak, Gayatri Chakravorty

而所有邊緣人無過於後殖民的婦女。這方面闡釋最有力的人為出生在加爾各答，而執教於哥倫比亞大學的印度女學者史匹娃珂（Gayatri Chakravorty Spivak 1942- ）。她主攻的是英、美和印度的文學，但卻深受法國思想家德希達的影響、討論的有文化政治、後殖民主義。其主要的著作《後殖民理性的批判：走向喪失現時的歷史》（1999）一書（Spivak 1999），析述新殖民世界中流亡菁英的多元文化論。對她而言，國關理論並不在爭論何者是客觀與合理，而是強調表述（representation）的問題。911事件不僅涉及文明的衝突，更為南北貧富的對抗。事實上自二十一世紀開頭至今十年間成為環球政治與世界經濟的課題，還有認同的衝突、跨越（國界）的國族主義（transnationalism），以及流亡與散落的政治（diaspora politics）。她勸學者從全球化研讀轉向後殖民主義的評析（Spivak 2002: 127）。

史匹娃珂最關心的是南半球（第三世界）不幸的婦女被排除於國關探討之外。她相信女性的認同體是社會建構出來的事物，靠著社會制度硬行塑造出來。她與Ranajit Guha在印度歷史學會中成立附屬者（次要者）研究小組（the Subaltern Studies），強調印度貧苦的勞工與農民對印度獨立運動有重大的貢獻，偏偏印度獨立運動史卻是英國殖民政權、或是反英的印度菁英所撰寫的，而忘記了民族主義與殖民主義都捲入印度資本主義統治的制度化過程。她強調後殖民主義的研究中不可少掉性別的考察，她尤其忿忿不平的是支持丈夫抗英的印度婦女，被排除獨立運動正史的敘述之外。史女士的倫理目標在使身為附屬者與次要者的婦女之聲音有機會被聽到。唯有其聲音被聽到，才會覺醒團結，知所反抗。後殖民的知識分子要協助身陷附屬地位的婦女去掉其所屬次等公民之心態，而學習如何去批判後殖民主義之論述。事實上，性別議題在後殖民主義的概念運作中容易被忽視、被省略。這項議題也不限於追求獨立自主的印度女性，可以擴大至全球婦女。是故把附屬者、次要者、低階者之問題列入批判性的國關理論是大有必要。因為嶄新的、批判性的國關理論一定要關懷全球、種族、性別和後殖民的關係。她的真知灼見創造本土與在地的女性之全球意識，用以破解各地對婦女壓迫的種種制度與結構（Kimval 2009: 317-318）。

第七節　女性主義的議題

儘管女性主義有不同的流派，對各種議題也分別以其所屬流派的觀點來加以析論，但我們仍舊看出女性主義的國關理論強調性別在國際事務上的重要性，但偏偏這個重要性卻被主流（其實在女性國關理論家心目中並非主流〔mainstream〕而已，還可以說是「男流」〔malestream〕，或跡近「亂流」〔maelstrom，「漩渦」的傳統說詞〕）派所忽視、漠視、無視。是故女性主義者特別把三項相互關聯的現象拿來加以分析：

1. 無論在理論上或實踐裡，**國家與市場**都被性別化、男性化，其假設與結構都採用雄性、剛性與男性的觀點。
2. 在男性主宰的詞彙下，**政治的與經濟的行動**、作為（agency）之主要概念化（conceptualization）都忽略、無視婦女的實在、實狀（realities），以及她們對政治生活和經濟生活的貢獻。
3. 對於**性別作為分析的範疇**不加注意、不加關懷，會導致男女認同與角色彼此關聯之社會建構的混亂（Youngs 2004: 76）。

是故女性主義的國關理論指責以男性為主（男流）的國關理論變成一種論述，旨在永遠地混淆、曲解世界觀，或不斷在製造偏差的世界觀，俾便利男人對權力的控制和優勢的挾持得以擴大與延續，而犧牲了婦孺或其他無權無勢的男人的整體社會實在、社會事實。在此情形下女性主義的國關理論對歷史上業已建立的男性之權勢做了反思的、批判的、挑戰的論述。它是對向來的、全民的政治與經濟的流程所做公開與全面的探討，這是聲討有權有勢的男性之論述。當然它也會檢驗權力怎樣運作，包括受性別化、種族化、族群化的人群，怎樣在社經政文各方面受到歧視、壓迫，或個人與群落在不同層次，享有權勢、自由、能力發揮或是其各項權利受到壓制、剝奪之諸種不同的情況。

因之，女性國關理論者之主要職責為一方面是解構的、他方面是重新（再）建構的，透過對主流派研究途徑中以男性為主體的有限性之批判，而揭露對性別待遇之不公，以及打破男女從事的政治與經濟流程與結果上性別造成的限制。是故婦女與性別是導致權力結構與分配不公平的主因，而權力問題不只限於男女之間，也是人際的、國際的關係所形成的核心，所有政治與經濟的過程，無非圍繞著權力的爭取、維持和擴大之上在打轉。學者在不同的觀點下，以不同的方式研究權力與性別之關係，但這種關係卻為主流派所忽略。其原是因為主流派完全以男性為主體建構的實在，只注意到其外表，而不肯深入其實質。由此所建立的有關國際政治之知識是膚淺的、表面的。女性主義國關理論者要求對本體論加以修正，認為有必要深入外表之後，去探討歧異化的權力和性別化的權力如何來建構社會關係，這種建構的關係形成了社會的實在。

不管是過去還是現時男性多在控制政治與經濟，究其原因都是性別不平等造成。這就導致主流派國關理論家視為國際政治是男性主導的現象，而不肯進一步探索這表象形成更為深層的實質意義。為了打破這種迷思和虛像，英羅綺等開路先鋒便在1980年代末討論戰爭黷武主義（軍事擴充主義）和安全問題，而指出這些概念（戰爭、黷武、安全）都具陽剛、男性的意涵。因為這些國際間的活動是以男性保護者、征服者、剝削者的姿態來演活其戲碼（男人以戰士的身分參與東征西討）。是故在表面上的保家衛國之美名下，征戰、反抗、衝突求取本國的安全之戲碼，便由好戰的男士演出，而女性的溫柔敦厚便與這類國際衝突或和解搭不上關係，婦女成為這場國際武力競爭的隱形人、看不見的人物。

事實上「性別使世界開動」（Enloe 1989: 1）確實把主流派、男流派的國關理論從內部翻到外部、加以顛覆。因為國關是男性的界定、賦予定義，也是男性型塑的。這種情勢並不因為1990年代以及2008年美國總統任命女性擔任國務卿，而讓女人擔當國家外交重任而有所改變。原因是絕大部分美國的外交與軍事政策都是男性制定與執行的。

至於把國家當成是「雄偉的國家」（manly state）主要在描述國家的陽剛之性，以及諸國家男性（manliness）之普遍條件（例如國家實際上是男人在主持和推動政務、在決定國家的走向），也是男性（masculinity）和男性主體性所呈現的問題（Hooper 2001）。當主流派人士視國家大體上為男性控制圓融的政治單位（國際體系中的行動者）之際，女性主義卻在重估它性別化的實在所滋生的種種意涵。國家表達的「公共超越私人」的垂直不平等（婚姻契約決定男尊女卑、男主外〔公共領域〕女主內〔家庭管理〕）這種上下不等的架構不只型塑政治關係，更型塑經濟關係（男人賺錢養家、女人撫養子女、提供男人「無料的」性服務）。換言之，公共領域是男性發揮才能的場域，家庭無給職的操勞則交給婦女去拼博。

國家的形成與取得認同體之歷史乃是性別化壓迫的歷史。「自亞理士多德以來國家政治權威的有效集中，累積過程的結果，使性別與階級的壓榨制度化，也把這種變遷加以意識形態化」。「亞氏甚至稱男人為『主人』（主體），而女人為『物質』（客體），從而把男人剝削女人、剝削其他男人（奴隸）與剝削自然去除政治化，加以自然化」（Peterson 1992: 14）。

至於全球化與性別的關聯之研讀，也要考察全球化的重新結構的衝擊，不只加重男人與女人的不平等，更製造男人與男人之間、女人與女人之間的重大差異，更不用提富國與窮國的貧富差距之擴大。全球化所牽涉的關鍵性問題為生產的超越國界、（體力、瑣屑性）勞動的婦女化，後殖民社會的重新建構（富者愈富、貧者愈貧），資訊業與服務業的膨脹，包括國內服務業與「性工作」服務業之劇增，移民大量增加（包括欠缺專業者擔任服侍、照顧老病之看護工、或從事繁重體力的粗工），被迫賣淫的娼妓業之發達、福利國的衰微，以及福利短少對婦女的衝擊、婦女的權利表面上已降為一般的人權之下等等（Peters and Wolper 1995）。

第八節 女性國關理論的研究方法

就像主流派的國關理論，女性主義的國際政治學說也採用質和量的研究方法。在質方面，一方面熟讀各種國關理論的文獻，而進行文本閱讀、解析和批判，尤其是德希達的解構方法被多數女性主義者所採用。福科的系譜學、考古學偶然被用上，但主要在他所強調「論述」（*discours*）的分析。儘管與建構主義、批判理論、後現代主義、後結構主義、後殖民主義一樣對主流派的實證主義、經驗主義與科學主義大加批判，但經驗主義中的田野調查與實地訪談，也是質性研究之部分、不可或缺的研究途徑，為女性主義者所樂意運用，像有關波士尼亞內戰、或種族衝突中，對科索沃婦女的訪談敘述作為筆錄，並加以分析，可見經驗性的訪談法是彰顯婦女在國內與國際衝突中實際體驗或感受的反映（Mertus 2006: 253-254, 258-267）。

數量方法（quantitative methodology）與女性主義並非彼此互相排斥。就算是女性主義的數量研究方法，也會注意社會正義的問題之上，特別是當它涉及婦女所要求的公平、正義之際。但令人驚異的是不少女性主義的國關學者卻排斥這種數量的、經驗性的研究之途徑。須知經驗主義與女性主義的探查並沒有衝突。經驗主義可以支持追求自由、平等和自治的活躍分子之活動（Dietz-Utne 1985）。女性主義者常在兩個基礎上被定義為其特徵：其一強調是婦女，其二主張批判的兼解釋的認識論（Carpenter 2002: ftn 1）。

何以女性主義的國關理論者拒絕使用數量的統計與分析呢？是不是由於一般的國際關係之學說中數量的研究法獲得廣泛的應用，而女性主義者因為反對傳統的國際關係理論，遂把洗澡盆中的嬰孩連髒水一起倒掉呢？還是國關中的女性主義者覺得使用質性的分析更為安穩妥善呢？

事實上，國關理論中充滿太多以男性為中心、以國家為中心的偏見，以致狄珂妮說「在無政府狀態中的國際體系中，多數國家所構成的世界，保留太小空間來分析社會關係，包括了性別的關係」（Tickner 2001: 146）。這種說法無意塑造一個稻草人來當成批鬥的對象，也無意模仿唐吉訶德要對抗風車。因為傳統的國關學說裡派系眾多，使用的方法互異，不當皂白不分、打成一體。須知隨著冷戰的結束，世界體系的看法已趨向式微，用社會關係來解釋國家行為的學說逐漸浮現。

更何況追求民主的和平之規範性解釋，強調的是人權在社會層次上的價值，也支持法治與和平解決國際爭端，則強調傳統或主流的國關學說只重男性、只注意國際，而忽視女性顯非持平的看法。

傳統的女性主義者犯了很大的毛病，就是製造兩元思考。其一為女性主義的方法論對抗主流的數量研究法；其二、傳統的女性國關理論者，自認為其方法是正確的；反之，那些注重方法論（特別是數量方法）的國關研究者是作繭自縛、劃地自限；其三、傳統女性主義者受著日常習慣的影響，也誤認為數量分析的優越，而不知以解構的方式理解數量分析只是種種可用的研究途徑之一。這正是研究者受其理論的架構、期待、經驗、使用的語文所囚禁，而不肯同其他的典範之遵守者進行溝通（Neufeld 1995: 44）。幾位著名的女性主義的國關學者就犯了柏波爾所說「架構的迷思」（Myth of Framework），包括狄珂妮（Tickner 1996; 2001）、裴德慎（Peterson 2002）、施甜絲（Steans 2003）等人，他們都犯了這些偏頗（Caprioli 2004: 256）。

其實數量的分析對女性主義的理論不但無害，反而帶來極大的好處，因為它建立一套知識，可以給女性的研究、安全問題的考察，包括調查以色列、埃及、巴勒斯坦和科威特的人民，而發現性別對戰爭與和平不同的看法（Tessler and Warriner 1997; Tessler, Nachtwey and Grant 1999）。有關國家行動之計量分析（Marshall and Ramsey 1999）。其他涉及國內性別不平等對國家處理國際危機之影響（Caprioli and Boyer 2001）。

上述量化的研究有助於吾人瞭解性別平等對國家行為的預測。對婦女的歧視、虐待和暴力會大大影響國家的政策走向。總之，國際關係數量的研究可以獲得如下的結論（Caprioli 2004: 263）：

1. 學者有關性類（sex）和對待國際衝突的態度之意見調查，有助於女性主義理論的營構和增加經驗分析的需求。
2. 性別（gender）平等的規範聯繫到對待國際衝突的態度之上。性別平等的規範比性類更可以預測國家的行為。
3. 性別的權力增加（授權增大）減少國家在國際上使用武力。
4. 性別平等限制了國與國爭論時暴力的激增。
5. 性別平等在危機發生時減少暴力的嚴重性。
6. 性別平等會減少國與國發生爭執時動武的可能性。
7. 性別平等減少國與國使用暴力的機會。
8. 婦女愈能進入政治權力核心，愈減少國際爭執時動武或爆發戰爭之可能性。
9. 安全的規範不注意性別的重要性，因此有必要挑明政策對民主、人權、婦女權益的影響重大。
10. 婦女與男人使用不同的談判方式，因之在潛勢力之下導向不同的外交政策之後果。

第九節　結　論

女性主義的國關理論最主要的關懷是國內與國際的政經結構中，婦女的聲音很少被聽到，這是種因於傳統西方與東方社會重男輕女，女性被當成男人的洩慾工具，男主外、女主內這種內外分開、公私分開的家長制，所造成的男女不平等，是一切罪過之根源。是故性別平等的要求，不限於一國之內的婦女之要求，而應擴大至全球占有總人口半數以上的婦女之要求。婦女身處邊緣地帶，而很少進入政治與經濟活動的決策或執行之核心，也引起女性國關理論者嚴重的關懷。

對於身處邊緣者，以及「歧異的維度」（dimension of differences，包括種族、族群、階級身分之分歧、差異與不平等）之弱勢者加以關心與注目，可以掃除權力（政權）出於鎗口，或出於世界各國領袖的嘴裡之錯誤說法。女性主義者對權力的解構與重構，固然有其真知灼見，但權力的浮濫擴散、無孔不入，在日常生活的每一個角落肆虐，也是造成不平均、不平等（上下垂直的主從關係）之世界秩序的主因，這是女性主義低估權力瀰漫性、淹沒性的本質之所在。是故反對主流派國關學說只重國家中心說，而無力預測舊蘇聯一夕之間的崩潰，是所有後實證主義的國關理論（包括批判理論、建構主義、後現代主義、後殖民主義，特別是女性主義）對主流國關說之批判，也是它們貢獻之所在。

不過，讓女性和婦女在世界政治上嶄露頭角，雖是女性主義的貢獻之一，它還要指出至今為止人類社會的歷史、結構、知識（特別是涉及國關的知識）都是帶有性別的標誌，受男女性別不同與差別待遇所型塑的。因之，國關研究這個學門無論在本體論、認識論、方法論或實踐學（praxeology）上都需女性主義者全神投入，俾揭發主流派的學說大多建立在男性為中心、國家為中心的形而上學，甚至後設理論（metatheoretical）的層次之上。很多女性主義的國關理論者遂在解構或顛覆「現實主義」（realism）以及「權力政治」（power politics），因為以這兩者來解釋後冷戰世局是不恰當的。

女性主義者把性別當作是世界政治一個重大的變項（variable），是建構性的理論之因素，也是改變國際關係的一個元素，無疑地補充傳統主流（男流）國關理論的缺失。女性主義認為男流的國關學說對人群有關「國際的」、「關係的」知識有曲解與誤導之處。這包括誤把權力視為凌駕「他者」、「異者」的優勢，誤把「自主」視為對「他主」的一種關係，它是關係的，而非性質的（是過程的，而非結果的、非狀態的）。在這種情形下主流（男流）派視國關是男人之事，也是婦女缺席、不在場的國家之間的競爭。國際關係是在否定內政，或把內政擱置一旁的國與國之間的車拼、權鬥、奪勝。它們把性格與婦女消失影蹤，是因為無視國內與國際體系中把公共與私人領域一分為二，並加以制度化的結果。這種忽視婦女對國與國之間的和戰、交往的作用，就無法瞭解世界秩序和世局走向。

該是撐起半邊天的女性出頭天的時候了。

在很多研究的事例中看出，女性主義的國關理論揭露環球權力及其轉變不只是政治與經濟菁英的操弄，而是受到無數世界各地婦女、邊緣人、弱勢族群的柔順、馴服、聽命、不思抵抗所造成。一旦這群沉默的羔羊有意識而知團結、有所行動時，世局必然有了重大的突破。眾所周知1999年11月「西雅圖之戰役」，各國婦女領袖集聚美國瀕臨太平洋的大城舉行集會、示威、遊行，而抵制世界商貿組織（WTO）之開會，就是女性國關理論者把理論付諸實踐的顯例。

Chapter 10

國際關係中的建構主義之理論

第一節 前 言

由於世界政府迄今遲遲尚未組成，而變做人們可望而不可即的遙遠之夢想。因之，涉及國際關係或世界政治之理論的開端，便是預設全球無政府狀態（anarchy）的事實。在無中央政府指揮與監控之下，國際體系的結構變成是列強爭權奪利、優勝劣敗的權鬥的戰場。國家為權力鬥獸場的主角。國家的行動究竟取決於本身的力量（國力），還是國際環境的結構、國際的制度，還是國際競爭、爭霸的過程、互動與學習的行為，都成為學者與理論家爭相討論的對象。換言之，在缺乏中心的政治權威與無政府狀態下，國家是否被迫進行權力競逐的遊戲？國際的規範與制度有無克服這種權鬥的邏輯之可能？如有可能，其條件如何？在無政府狀態下的國際局勢，哪些部分是既存的、給定的、不容改變的？哪些是可能趨向改變的、更易的？這些問題成為1980年代中期以後，西方國際關係理論中「新現實學派」與「新自由學派」爭辯之所在（Keohane 1989: 379-396）。

這兩派所堅信的是「理性主義」，是採用理性選擇的理論提出某些問題（而排斥另類的問題）來尋求解答，把行動者的認同與利益當成是外觀上給定的，而聚焦於行動者所產生的行動與後果（洪鎌德 1999：227-243）。由是理性主義提供有關行為的過程與制度基本上的概念，制度與流程改變了行為，但沒有影響到行動者的認同與利益。就在決定研究的對象和範圍方面，現實派與自由派有了共同的課題，更何況他們視國際關係的行動者為民族國家，其追求的目標為國家的利益，這些都脫胎於霍布士、洛克、邊沁等英國物質和功利主義的學說。國家利益導源於個人對其自利、安全與自由的追求。只是現實派與新自由派相異之處，僅在獲取利益是受到相對的還是絕對的得益之不同所激發而已（Wendt 1992: 392）。

對新現實派理論家而言，研究的前提為國際體系無政府、無管制的狀態，它是一種「自我援助」、「自求多福」的體系。由此引申的結果便是大堆的著作，在討論安全所造成的競爭性的困惑、難題（security dilemma）和集體行動（collective action）所宜採取的方式。自救並非是制度；反之，過程卻是在互動中型塑的，於是行動與過程塑成為相對的國家行為之表現。一個國家在國際競爭、權鬥中如果無法配合弱肉強食的邏輯，則早晚要從國際體系中被淘汰下來，是故學習與適應成為必要與可能，只是複雜的學習涉及認同與利益的重新界定，是短時間中難以達成的國家職責。在此情形下，新實在論者遂忽視了國家自我認同與利益型塑的重要性。理性主義者的問題意識（*problématique*）便是把複雜的國際關係過程化約為諸行動者由外頭向內建構的行為互動之機動，也就是利用理性主義的問題意識來界定體系性理論的範圍。

新自由派理論家承認現實主義這種無政府狀態下的結構所引發的權力與權力鬥爭。不過卻加上一個有力的論點，國際關係的過程不但產生衝突的行動，而且是在國家自助的、自求多福的體系之下，也會產生合作的行為。換言之，由於互動模式產生的國際制度可以改變權力與利益之際，現實主義的界限便可被超越，現實主義轉化成自由主義，新自由派從新現實派中脫穎而出，成為「減弱的現實主義者」（“weak realists”）。

結構因過程而改變，導致強調的現實主義者逐漸注意到「複雜的學習」（Joseph Nye）、「自我與利益看法的改變」（Robert Jervis）、和「利益的社會學觀點」（Robert Keohane）等「減弱的現實主義者」，或稱「新自由派學者」的主張。這是理性者理論的遺產，這種情況造成新自由派者既要照顧本身對過程的真知灼見，卻又要採用現實主義者特重結構的深刻瞭解。這種觀念的匯合就為建構主義的出現埋下伏筆。

Joseph Nye

第二節 建構主義的崛起及其前身

建構主義的國際關係理論這門科學在1980年代「第三次大辯論」中，從理性主義與批判理論的爭論不休中崛起的新研究途徑。建構主義強調物質性的國家利益之外，也應重視非物質性的國內外變項，諸如規範、文化、理念和認同，是解釋國際關係中的主要行動者（國家）之行為所不可欠缺的因由。在國際政治、環球政治中，行動者的利益與認同所表現的行為，乃是社會互動中建構出來的。當理性主義者把國際環境當作無政府狀態，而著重追求國家利益，亦即行動者的自利所採取理性選擇的策略之際，因而把諸國家的認同與利益之型塑過程擱置一旁的時候，建構主義的理論家卻重視諸國在爭權或爭霸的過程中，怎樣來型塑其認同與利益，以及有意識地進行認知、評估和改變這種過程，其作法無異人在社會環境下與別人的互動，只是這個互動者是集體的個人（國家），而其規模更為龐大，其過程更為複雜而已。

另一方面，批判的國際理論為其後出現的建構主義者鋪好路子、奠定根基，亦即對國際關係這門學科提出嚴肅的批判，認為傳統學人只重既存的事實，採用實證主義的看法，而忽視國際關係中不公不義的現實，而應當採用推翻建制的方式，來謀求人類真正的和平與最終的解放，做為學問落實在實踐上的目標[1]。要之，批判理論提供了建構主義後設理論的基礎（meta-theoretical foundation）。由是可知，建構主義是崛起於冷戰結束之後，西方國際政治理論裡頭界線流動不定的脈絡下之理念產物。

自從1990年初期以後，建構主義的理論者展示能夠把理念的因素之價值融匯於環球政治的研究中，目的在把涉及安全和國際政治經濟學經驗性

---

[1] 批判理論系針對主流派的理性主義和實證主義，包括新自由主義和新現實主義之抨擊而誕生的國際關係之新學派，參考本書第八章。

Anthony Giddens

Richard Ashley

的謎團予以解答。除安全與經貿等難題之外，其研究的議題也涉及人權的全球性擴張、女性主義、區域統合、恐怖主義與反恐戰爭、環境污染、氣候失常等等國際關係中最棘手、最迫切的議題之研討上。

雖然建構主義中批判的建構主義比較傾向批判理論，而這一學派中對於和理性主義的關係，究竟採用相輔相成，還是彼此競爭的態度，迄未定調。就算涉及規範性關懷的程度與政治承諾的深淺，也使建構主義的陣營中意見分歧，這就說明他們與批判理論的關係既有近似之處，也有相當的距離。

建構主義的緣起，可溯及1970年代後期社會科學發展的趨勢之上。在這些社會科學發展的趨勢上，首先便是歐陸左翼的思想，包括哈伯瑪斯、福科、卜地峨、德希達等等的學說與概念（洪鎌德 2000：435-451；2004c：297-334，537-568；2006：253-280，360-384，469-536）。

這些理念對英美批判理論的衝擊，尤其是紀登士（Anthony Giddens），亞希理（Richard K. Ashley）和林克雷特（Andrew Linklater）新研究途徑的發揮，造成建構主義在英語地區的蓬勃發展。特別是歐陸思想家所展示權力與宰制的關係之生產與再生產，是受到一連串非物質性的實踐所左右，而這些包括理念、意識、認同、利益、規範和制度在內的非物質因素，為向來國際關係理論與社會科學所未曾涉及，未曾檢討，更不必說未曾被批判的事項，成為建構主義要大力研讀的重點。於是建構主義的理論家開始要揭露不沾價值判斷（價值中立）知識結構，究其實是內涵在社會本身的權力運作與宰制關係中，亦即學術的客觀中立只是一個幌子，其背後仍顯示學者不惜為當權者效勞的心態與意向。

就在歐陸批判理論與後現代主義對英語地區的學界產生重大衝擊之

際，另外一股產生在英國的思想潮流也增強建構主義的出現，這是指社會科學中冒出的「文化轉折」（cultural turn）而言。過去文化的因素不時在社會科學與人文學科中受到一定的關注，但1980年代卻在政治現象與社會現象中，文化的決定因素再度顯現，特別是在政治科學中，文化的研讀與強調最先是逐步的浮出，成為歷史社會學者的競爭與補充的對手，其後配合比較政治與國際關係論述中「把國家拉回來」。

不過在1980年代中期，歐陸的批判理論與英國的文化研究合流，而促成國際關係中批判理論的誕生，這便是建構主義的前身。

將批判理論引入國際關係的研究中，導致一批學者對關懷世局的主流理論家之保守與非批判的做法與立場大為不滿，遂加以抨擊。攻擊的矛頭指向新現實主義與新自由主義的主流學者，認為他們對世局的分析，若不是幼稚無知，便是未能負責盡職，因為他們不能也不願為世事的真相提供政策的真知灼見，而是為列強及其主事者辯護、裝飾、找下台階。在這種指控下，主流派的學者將現存權力結構自然化（視為自然演變的結果），或加強化，視主權國家和世界無政府狀態為客觀的，不會改變的環球政治之特徵。對於國際社會的強凌弱與宰制關係不但未加以反對，還在學術中一再表述，甚至證實。批判性的國際理論家建議學者應當改弦更張，對現存權力結構作出嚴厲、無情的批判，俾為人類長期的和平與最終的解放尋求與開啟另一可能性的機會。

主流派學者基於他們向來對知識追求的性質與目的，採取了實證的、經驗的、科學的承諾，因之，開始時尚能理解批判理論者這種對學科反思，重估的後設理論，其中尤其是理性主義者會同意批判理論的說法，對他們有關當前迫切問題的經驗性研究之實踐，提供關鍵性的卓見。但相反地，批判理論家卻抗議主流派理論是本體論上、認識論上、方法論上或是規範性方面之假設，在學者間人言言殊、莫衷一是，以致無法凝聚共識，匯合成有建設性，有成果性的綜合結論。這種知識上彼此的疏離和異化的情況隨冷戰的突然結束，東西對抗的無疾而終，而呈現一時失衡和不穩的現象，其對國際關係這一學科的衝撞達到空前，因為它顯示的是這一學門裡頭的矛盾重重、意見分歧，未能預測世局重大的變化。

另一方面主流派的理性理論，對於冷戰之和平式的與突然的結束，事先既未預期預測、預知，事後又無法給予合理、服人、取信於眾的解釋，這等於證實批判理論之抨擊在國際政治中未能適當地想像、或解釋大規模的變遷。此外，理性主義對歷史流向的判斷失誤，也突顯批判理論者所詬病的宰制性環球結構之自然化與永續化，並非事先所強調的那樣重要，他們高估了主流派對這方面的看重。要之，冷戰的遽然結束變成知識循環的打破者、解碼者，它暴露了現行研究途徑的缺陷與局限，也提供對當代國際現象多元的，不同的解釋途徑。就在學科內眾說紛紜、界線不定的脈絡上，建構主義以嶄新的，有所區別的學術途徑躍然崛起，目的在為新時代的國際關係釐清問題，提供解迷的指引（Phillips 2005: 116-117）。

第三節　建構主義基礎上的假設

有異於國際關係諸種理論學派立基於特定的哲學（諸如唯心主義、唯物主義、實證主義、經驗主義、思辨哲學、辯證法等等）之上，建構主義沒有任何哲學取向。既沒有偏左（馬派意識形態），也沒有偏右（民族主義、保守主義、自由主義），更沒有規範性、指定性、約束性的意圖。

儘管建構主義取法其前身的批判理論，也視它為其根源，但這種分析國際現勢的研究途徑卻可以與各類的政治觀點，當代主義、意識形態相容。職是之故，建構主義就像理性選擇理論一般，是形式上分析的途徑，而非等同於新與舊的現實主義和自由主義那樣實質性、規定性的學說。不過就事實而言，建構主義與理性主義仍舊有別，其分別呈現在本體論、認識論和方法論的訴求之上。

就本體論而言，建構主義和理性主義有三點不同之處：其一，建構

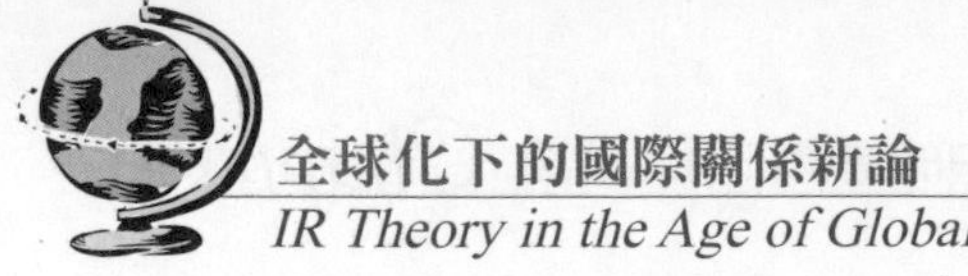

主義屬於觀念論派、唯心主義的傾向，而非理性主義的物質觀點、唯物主義。原因是建構主義者主張物質的結構（譬如國家的利益、安全）之所以具有社會上的重要性，是在參與結構的行動者（國家）彼此互為主觀的共享之意義結構中發現的，亦即透過大家接受的意義結構（集體行動以保障國際和平、透過仲裁、談判、磋商而化除武力衝突等等）之中介，而對現實狀態（國際體系的結構）予以承認、尊重或接納。像核子武器擴散這類物質流程的存在，在建構主義者的心目中不能加以否認。原因是很多新興的核武國家之所以紛紛擴軍，這種行動者行為的反應導源於它們擁核自保（或增加聲勢）的看法（意見結構）。至於核武擴散是否看作對國際穩定性的威脅，或有助、或中立化，完全倚賴當事國對其利益與認同（認同區域，或世界和平，或認同國力的膨脹，或「和平崛起」）的界定，亦即國際社會互動過程的產品，而非僅是理性主義所聲稱的國際體系中，當事國在結構上所占領的地位之邏輯引申。

其二，就像英國社會理論大師紀登士所倡說的「結構兼行動理論」（structuration theory）之主張：行動者與結構之間彼此相互建構；結構與行動之關係為建構性的（constitutive）關係（洪鎌德 2006：330-340）。引用社會學的卓見，建構主義者指出：在「我要什麼東西？」的疑問提出之前，先要回答「我是誰？我是什麼東西？」這個大問號。「我是誰？我是什麼東西？」這個認同問題並非我本人身體隨意的反射或反應，而是受到人們所居住的環境（包括他人的指認）之規範性或意識形態方面所規定的（例如我是學者，我是台灣人而不是中國人）。這些規範性、意識形態的結構不只是本體論上的原生之物，而是在生活過程中從行動者在社會實踐長期的類型中型塑出來，也就是與別人互動中被型塑、再型塑之結果。建構主義把國際關係當成是建構的領域，而非僅僅是策略（在結構上的位置與因應之道）的領域。國家的認同觀和利益觀，在他們與別國交往中產生出來的互為主觀共享的意義結構中產生出來，而非交往之前自動湧現的本體之物。這種觀點與理性主義的信念相反。因為它認為行動者在分析上與其所居住的環境是可以分離的，可以區別的。國際觀系的研究只著眼於行動者對其本身的利益（國家利益）當作工具性、合理性的追求，這種利益被視為恆常的、不變的，不受國際交往所型塑的，或至少所受到的影響不大的。

其三，建構主義者與理性主義者對行動者之行動所根據的邏輯、原則有不同的看法。建構主義者視行為受到規範的驅使，亦即從行動者的認同體中內化的規定所視為正當的行為，來調整目前的作法，俾兩者有其一致性，而沒有違離這種規範之虞。規範不是裝飾性的工具，徒具外觀上的價值，而是對國家的行為產生重大的影響作用，首先在協助行動者建構其認同與利益，其次在透過追逐與改變行動的過程中增進國家的利益。這種說法與理性主義的信念相違，蓋後者認為行動者之行為並不受「適當的邏輯」（logic of appropriateness）所左右，而僅僅受到「後果的邏輯」（logic of consequences）所影響。換言之，不是重視過程而只問結果而已。這種的看法使理性主義者認為國家是工具理性的自私自利者，藉著評估利害得失，不論規範的存在與否，與他國或合作、或競爭（或衝突），這種國家間競合的作為只受國家有限性的能力與資源的限制所牽絆，以及忍受對自己和別人（國）利益的看法所左右，不管這種看法有無持續性、一致性。

本體論上的歧異也反映在認識論與方法論的不同之上，建構主義者採用社會科學後實證主義的作法，是追求和講究方法應用方面之研究途徑。他們主張行動者的認同和利益具有社會互動所建構出的性格（特徵），由此引申的意義之結構底所以不同，使學者們排除俟諸萬世而不惑，放諸四海而皆準的國際政治超歷史、超文化的有效訴求。這類剛好同理性主義者強調不同時期與不同社會（文化）間仍舊有被不同國家所接受的規律或原則（可以存異求同，如同律則那樣的普遍原理）之主張相反。甚至認為可從這些規律的原理原則中抽繹出大家可以共同遵守的行為法則來，這便是傾向實證主義的理性論者之心態。

自1990年代中期以來，很多當代建構主義者對實證主義的敵視已減緩許多，在有關國際現象的經驗性研究上所追求的普遍原則，是強調有條件的（contingent）、特定的原理，俾取代向來實證主義所聲稱的普世的、泛宇的（universal）之原理原則，甚至視之為律法、規則。不過儘管向實證主義的主張做出某種程度的妥協，建構主義者仍舊排斥預測（這是孔德實證主義者所強調的鑑往知來的預測世事之走向）和規則性的社會趨勢之律則底發現（視社會現象與自然現象的規則性變化相似，遵循某些原理、規律在發展）。

在方法論方面，理性主義者所秉承的實證主義之認識論，使他們重視量的統計分析，而比較不關懷質的描寫與論述。是故他們關心統計學上的回溯的分析。與此相關者乃為建構論者注意建構與行動，以及認同利益、理念與行動所不可或缺之意義建構。因此各種各樣的綜合性、折衷性、歸納性的方法論都兼容並蓄，而有助於研究的推進。例如民俗描述法、歷史比較性的個案研究、論述分析、量與質的內容分析等等都加以採用，目的在探取意義建構體之內涵，而明瞭國際體系中隱藏的權力機動的勢頭與演變（Phillips 2005: 117-119）。

第四節　建構主義的課題

在國際關係的理論中，建構主義之特色在於對幾個議題（issues）提出其獨特的看法。換言之，這一學派有其重大的研究課題，或稱研究題目、研究主題（themes）。

一、行動者與結構相互建構而成

作為行動者的國家是在國際體系中進行活動，每一國際體系自有其結構，那麼結構除了提供行動者活動的方便之外，有時也予以限制。因之，我們不禁要問行動者如何擺脫結構的限制，而發揮結構的便利，而有所行動。在世界政治中，結構出一套比較上不易改變的規定與限制，俾制約國家之行動。這些限制（或稱約束）有時是物質性有利或不利的刺激品，像權力平衡，或雙邊或多邊的貿易市場。但對建構主義而言任何的行動，包括對權力平衡的打破，或市場的干預，都是行動者對結構的改變，而結構也會回過頭來對付行動者，強迫它作某些修正。例如美國介入越戰，固然展示美國的強權角色，但最後必須向越南妥協，成為姑息政策的舊戲新演。當年介入越戰在展示美國強權的認同，一時之間國際間的看法（意義結構）也承認美國這種認同角色——美國成為東南亞秩序的維護者。可是越戰的失利，使美國重新塑造其認同體，只好向越南妥協，改變了意義的結構之後，越南成為中南半島的霸主之新認同體，也導致1970年代末以來的東南亞新局勢（新的區域結構）。美國與越南認同體的轉換，也為東南亞局勢（結構）的改變帶來新的面貌。這表示行動者與結構之間的相互影響，彼此建構之關係。

有意義的行動或行為只有在一個互為主觀的社會脈絡上，才有展開的可能。行動者與另外其他的行動者發展他們的關係，要進行這些關係只有靠規範與實踐的中介。在沒有規範的情況下，權力的使用或行動的展開將缺少意義，具有建構作用的規範可以界定任何的一個認同體，當它特別表示某一行為可以造成別人（別國）對此認同體的承認，並且對它做出適當的回應之時，是故結構如無互為主觀的規範與實踐之存在是無意義的。主流派國際關係理論者設定的無政府狀態，對建構主義者而言毫無意義。不只在國家之上沒有任何管制力量造成無政府狀態，就是能力分配的情形，如果沒有規範與實踐的結合，都無法使進行社會交往的。諸國家達到它們在國際體系中實現其意欲、達到其目標。換言之，在國際社會中，或任何交往的情況下，吾人必須瞭解行動者與結構賴以建構的文化、規範、制度、規則和社會實踐是首急之務。

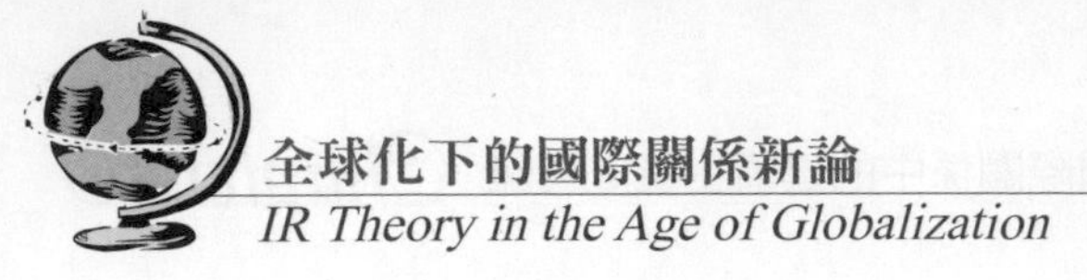

二、無政府狀態乃是想像的共同體

既然無政府狀態也是一種的結構形式，或說它是結構的，它是受到行動者的互動所建構出來的，也是行動者在憑恃著建構的規則和社會實踐下型塑出來的。換言之，「無政府狀態乃是諸國家所製造的」（Anarchy is what states make of it）（Wendt 1992: 391-425）。這個說法主要在指出世界的無政府狀態對於不同的行動者（國家）而言有多層的意義，完全繫之於它們在其共同體（世界體系、區域體系）中互為主觀的理解和彼此交往的社會實踐來加以定奪。假定無政府狀態可以出現多層的理解的話，那麼國際政治可被參與的國家視為或多或少、或淺或深的無政府狀態，學者便可以對世局不同的問題作出各樣的理論解析。

新現實主義者主張各國都在爭取安全與獨立自主，必要時採取自救自助的策略，這種策略成為國家行為的決定因素之所以可能，是由於對無政府狀態持單一的、非多層的理解所造成的。再說，無政府狀態的觀念之所以會延續，是由於在國際政治中的關係與問題場域中，無政府的涵意穿越國界與問題的區域到處竄流，在攻擊武力占有利的世界中，談裁軍或武力控制，顯示無法靠本身的力量來強行推出裁軍協定會造成嚴重的結果。這正是新現實主義對無政府狀態的適時與妥當的看法。可是在另一種情景中，像商貿協約的執行，對談判當事國無法控制商貿的結果，因而可能要付出沉重的代價時，有關國家倒不必為此太過分憂慮，其結果與安那其（無政府）狀態的存在無關痛癢，僅是想像的、而非真實的。這也就是何以建構主義者駁斥新現實主義的無政府觀，不過是杞人憂天而已，不過是想像的共同體而已。

三、世界政治中的認同體與利益

各種認同體不論是在國際政治，還是國內政局中被視為必要之物，乃是有了認同體才能保證其某種程度的可預測性和交往的秩序之存在。國與國之間持久的彼此期待，需要靠互為主觀的認同體的穩定性來保證對方行為之可被預測與相互信賴。沒有認同體的世界乃是渾沌的世界，也是不確定性的世界，更是比無政府狀態更為危險的世界。認同體在一個社會中發揮三種的功能：告訴(1)你與別人(2)你到底是誰，也告訴你(3)別人是誰。在告訴你究竟是誰之同時，認同體強烈地涵蘊（隱示）在你的行動中包含了特殊的利益和偏好（行動可能的取向）以及隨後展開的可能行動。一國對別國的理解，是根據它把認同體加諸別國身上（例如明清代的中國人視日本為倭寇的番邦〔東夷〕）。同時藉由天天的社會實踐來不時塑造其本身的認同體。關鍵性的觀察指出：認同體的製造者、生產者無法控制自己給別人所展示的意義，無法控制別國（人）對你的看法；互為主觀的結構才是你所呈現的意義之最終裁判者。舉個例子，在冷戰期間，南斯拉夫和東歐諸國視蘇聯為俄羅斯，儘管蘇聯極力撇清這種看法（莫斯科強調俄羅斯僅是十五個加盟共和國之一），蘇聯要控制它的認同體卻受到結構上的限制，包括東歐各國對蘇聯的理解（視它為俄羅斯），也包括受其每日的實踐所限制，蓋當時莫斯科與其東歐夥伴的溝通語言是俄語，難怪後者要稱呼前者為俄羅斯。

當建構主義把認同體視為經驗性的問題，有待歷史的脈絡中加以理論性的解釋之際，新現實主義卻視環球政治有的單位（國家）只有一個有意義的認同體，也就是追求自利的國家。建構主義強調這種說法會把國際現勢排除於理論推演之外，而無法掌握國際政治生活的真相，因為對涉及行動者（國家）之性質與定義無法進一步瞭解之緣故。

再說，建構主義與新現實主義都認為國家利益隱含選擇的意味，不過新現實主義者卻視這種利益有其先驗上的存在（例如，美國一向以世界警察自居，把世界和平的維持當作其本身的職責與利益看待）。把利益看做同質化、一體性的事物，唯一的可能只有排除利益是社會實踐的產品（國家間的互動與國際體系運作的結果）之看法。既然利益是認同體的產物，

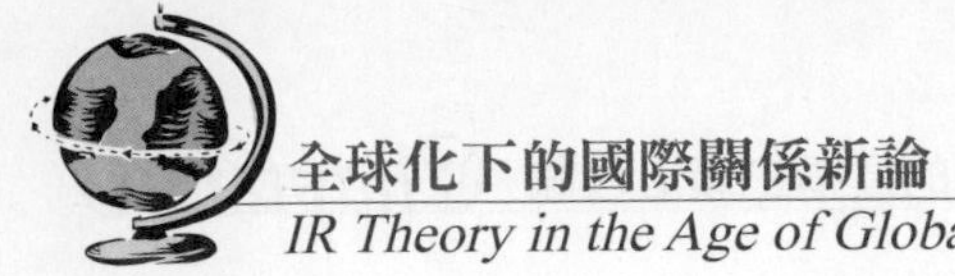

那麼被認同為歐盟成員的利益與單獨認同為德國、法國、義大利等等完全不同。建構主義的說法在指出認同體是多層的、多樣的，德、法可視為世界工商列強，也可以看作歐盟的會員國（儘管是最具強勢的歐盟會員國之二）。

建構主義者既視利益為國際政治之核心，卻分辨重要利益與次要利益，利益之大小，首次，以及有無完全與認同體的社會實踐有關，也與結構（國際體系）的便利或限制有關。

從對認同體和利益的析辨，建構主義認為國家擁有一大堆行動選擇的潛在可能，而非現實主義者所預想的狹窄範圍。其次這些行動選擇並非肆無忌憚地任意付諸落實，而是受到行動者和其相關結構的拘束或限制。換言之，國家擁有更多更大的行動空間，不過行動卻是要受到約束，因為別的行動者在特定歷史脈絡上對認同體、利益、社會實踐的理解，會造成對某一國家的行動產生限制或拘束的作用。

四、實踐的權力

無論是主流派的國際關係理論，還是建構主義的理論，都把權力當成理論的主要元素，不過兩者對權力的看法南轅北轍。譬如美國之捲入越戰，可以從美國一大堆的認同體（列強霸主、帝國主義、南越的同盟者，越共的敵對者等等）身分、角色和引申出來的利益（美國本身的國家利益，阻止共黨勢力的擴張，維持中南半島的穩定，保護吳廷琰政府的「自由民主」等等）來加以解釋。這是建構主義者從行動體、結構、社會實踐加以分析。可是新現實主義研判的起點卻是物質性的權力，例如軍事或經濟，或兩者的權力所衍生的角力，因為這涉及美國在環球政治上的勢力與權威的優先之考量。但建構主義者卻認為物質性的權力固然重要，理念的、論述的權力對世局的瞭解也扮演重要的角色。

雖然有些建構主義者會視知識、理念、文化、意識形態和語言等等的權力對世局的推移不發生作用。在政治生活中權力的地位重要性之無可否認可從韋伯分辨壓制與權威之不同，葛蘭西意識形態的霸權和福科把權力／知識相提並論（洪鎌德 2010b：chap.5；2004e：192-195，544-551；2006：450-491）看出端倪。這些學說都是建構主義的前身與源泉，捨開物質權力不談，我們先觀察一下理念的實踐底論述性之權力。

社會實踐的權力存在於實踐的能力，能夠產生互為主觀的意義，俾建構行動者和其結構。一如前述，美國之干預越戰，被不少國家貼上帝國主義者之標籤，是由於在國境之外採取殺傷力極大的軍事行動。在此情況下，社會實踐不但對行動者之認同體產生再生產、再製造的作用，它也透過社會的實踐再生與複製了互為主觀的社會結構，社會實踐一般在減少處於社會性結構下的共同體中之活動者的不確定性，而增強其預期與信任，期待和確定怎樣的行動會產生怎樣的結果，以及其他人（國）對此行動與結果之反應。

任何行動者採取某些行動，是由於在意義分享的共同體中，大家承認其行動符合正當性，才能夠把行動加以落實。因此實踐的權力乃為在社會結構（共同體）中產生互為主觀的意義之權力。共同體成員的行動之意義，以及其他行動者意義，要靠實踐來加以確認與固定，大家對行動的範圍及其界線有了瞭解。實踐的最終權力表現在再生（複製）與監督互為主觀的新現實、新實在（局勢）之中。在相當的程度之內，社會實踐能夠監督、訓誡和監視其成員之一舉一動，也有權力再度生產（複製）整個共同體，包括國際共同體（世界體系）和在其中找到認同體的社團（國家聯合體，如歐盟、東協等區域性的組織）。

在外交政策的推動下，任何國家的行動都要受主流的社會實踐所約束、或授權，這不限於來自國內或國外的社會實踐。亞希理曾經指出，外交政策的制定與施行（選擇）乃是一種的社會實踐。它或是建構，或是授權國家，在社會上承認的權限之內，進行國內或國外涉及經濟與政治的事務之操作（社會實踐），俾能獲得特定行動者（本國執政者、反對黨派、人民、外國的執政者與人民等等）對其行動之承認。最終，外交政策的實踐仰賴互為主觀的「前例和共同接受的象徵性物質」之存在，俾對某類事件的解釋、辯護取信於人，另外一些解釋或辯護則加以消音，目的在和諧地對「歷史集體的製造」留下的印象與紀錄（Ashley 1988: 53）。

五、世界政治中的改變

建構主義對世界政治的變遷持無從知曉（agnostic）的態度。它把世局的多采多姿與歧異不同加以還原其本相，而指出所有的社會實踐在於保持互為主觀的秩序而已。它比起新現實主義者來，對改變世局更不提供任何的建議。建構主義的真知灼見在於指點無政府（安那其）狀態是諸國家製造的，而非天生如此，非自然生成。換言之，它提供對無政府狀態多種與多層的解釋，而國家的行動並非自助自救一途而已；反之，可有不同選擇的機會。不過這只是對現存國際實在的觀察，或是對實在提出假設的看法。顯然對無政府狀態的不同理解是根植於社會結構之上，而這些結構受到實踐權力的維持，而抗拒突然的改變。建構主義所能為力者只是指出如何，以及在何處改變可能發生而已。

建構主義對權力的看法之一個面向，是視權力可以複製、訓誡和監視國家的行動，以及結構的型塑。一旦這種力量發揮作用，要改變世界就變成很艱難。不過這些互為主觀的結構雖然不易改變，但不意謂不受外界穿刺、攻破。取代原來的另類行動者，或認同體改變的行動者，另類的實踐方式，或物質資源的耗竭、變化都有導致變革的作用。寇克斯對英國霸權的興衰做了分析，指出明確辨析的意識形態之操縱，使大英國協長期掌控宰制世界的權力，但最終也讓渡給後起之秀的美國，成為世界權鬥舞台上的霸主（Cox 1981: 128-130）。歐爾克（R. B. J. Walker）也說出建構主義雖然浮表地把國際關係中的多樣性、歧異性和特殊性標示出來，但對現行主流的結構之替代性、改變性

A book of R. B. J. Walker

之潛能也會呼之欲出（Walker 1987: 76-77）。

建構主義對認同政治看做為對權力的控制的不斷挑戰，這種權力係在社會群體中產生意義所不可或缺者，只要有所歧出、有所不同，便會產生改變的潛能。因此，有異於批評者之說法，認為建構主義主張世界政治的改變相當容易，只要把新現實主義「壞」的結構甩掉。事實上建構主義也肯定結構的權力，只要行動者透過正常的實踐，每日複製這類限制，也有被衝破、改變的可能。由於建構主義聚焦於行動者與結構的關係，因而認為社會改變雖是困難的，但卻也有可能。與此主張相反，新現實主義的立場是認為世上所有國家在意義上都是可以辨認的、認同的，因之，也就否定了對其理論建構可能的改變。

總之，新現實主義和建構主義都有其共同的基本關懷，關心世界政治中結構的角色，也關懷無政府狀態對國家行為的影響，都注意到國家利益的界定，權力的性質和改變的遠景。但是這兩派國際理論卻有基本上的歧異，也就是對上述關懷的對象有不同的看法。與新現實主義相反，建構主義假定諸行動者與眾多的結構彼此相生相剋、互相建構，即便是無政府狀態也有其意義，且是多重、多層的意義；國家利益乃是認同體型塑過程中之一環；權力既是物質上的優勢，也是論述上、言說上的利基。此外，世界政治的改變雖是困難，仍有可能（Hopf 1998: 171-181）。

第五節　理性主義、批判理論和建構主義的對壘與論戰

在1980年代初新自由主義和新現實主義的爭辯（首次大論戰），其實是理性主義範圍內的兄弟鬩牆，都在爭取何者更能善用理性主義中的理性選擇或公共選擇的經濟原則，有效應用於國際合作之上。既然把新自由主義和新現實主義看作是理性主義的內爭，卻引來另一派（批判理論）對理

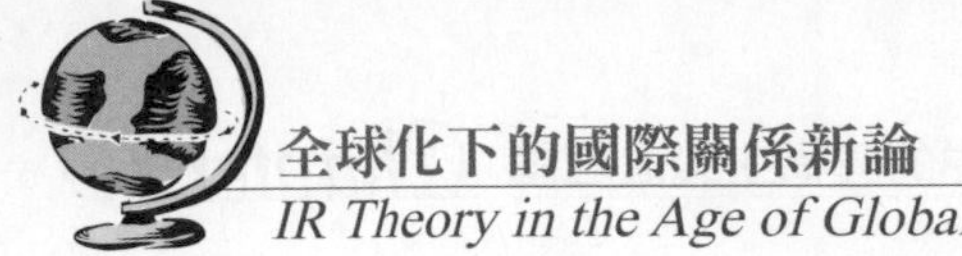

性主義之不滿與抨擊。於是理性主義與批判理論之爭辯，構成了國際關係理論界第二次的大論戰。批判理論在本體論和方法論大大地抨擊了理性主義的理論。

首先，在本體論上的批判理論認為理性主義把國際行動者看成像原子般自私自利的追求者，這些自私自利的行動者（國家、商團、或國家集團）所追求的利益是先驗的，亦即在彼此互動之前就確定的、自認的利益，其所以投入國際的競爭、權力的爭鬥完全是基於策略上的目的。批判理論說，行動者其實是在國際社會活動逐漸塑造的，其利益認同也是國際互動中逐漸形成的，不只行動者及其利益是社會互動的產品，就是國際環境、國際脈絡、國際體系等等的結構何嘗不是社會互動型塑出來的。

其次，在認識論與方法論之上，它們質疑拉克托士（Imre Laktos 1922-1974）新實證主義的科學觀[2]。反之，要求以理解的、瞭悟的方式來理解國際的政治現象，俾把社會生活中無法或較難量化的現象加以捕捉和瞭解。原因是這些現象是互為主觀的觀點下之產物。

最後批判理論在規範方法（而非事實方面），譴責理性主義者強調韋伯的價值祛除、價值中立的研究方法，指出所有的知識都與利益掛鉤，無法達到絕對客觀、中立的目標。因之，鼓勵學者要求明示地揭露國際關係中的宰制與壓迫的結構（Reus-Smit 2001: 209, 214）。

---

[2]拉克托士強調其學說在把柏波爾排誤理論與孔恩革命性的科學結構性的矛盾解開。前者認為一旦有異例、反例的證據出現時，科學家有必要放棄其理論；但孔恩卻認為好的科學家不管這種不同的意見或證據，照樣堅持其發現，直至科學界公認與接受為止。拉克托士認為任何的「理論」都是一連串不同的理論與實驗的技術的次第展現，只要它針對「研究計畫」之「核心」（hard core）打轉即可。研究計畫可分進步的與退步的兩種，前者在於知識成長中增加的新知、發現新現實，後者則無增長，也不會發現新的事實。後來他乾脆稱呼那些對之前未知的現象、無從預測的科學為「偽科學」、「準科學」，像普托勒密的天文學、佛洛伊德的心理分析、蘇維埃的馬克思主義均為偽科學、準科學。拉克托士的方法學被費爾阿本德批評為非科學，而跡近方法論的無政府狀態。這是由於拉克托士把「理性」的標準、邏輯的標準訂得太嚴格之故。

批判理論中不論是現代派或是後現代派，都聯合起來反對主流派的理性主義之理論。不過批判理論中也分裂為後現代主義派與現代主義派，前者遵循福科和德希達的法國思想家之理論，採用「基進的解釋論」；後者則採用法蘭克福學派，特別是哈伯瑪斯的「批判的解釋論」來批評理性主義。基進的解釋論反對持單一的有效標準，把有關經驗或倫理的訴求加以評價、估值。認為理性主義這一作法會把單一標準之外的其他解釋因素或道德價值邊緣化，而造成知識與權力的上下不平、垂直分化。反之，批判的解釋論認為知識是有條件性的、偶發性、隨機發生的（contingent）之本質，包括各種訴求內在的互為主觀性，以及知識同權力的牽連性。是故分辨可以成立或不可成立的知識訴求乃屬必要，大家共識為基礎的倫理原則之建立尤其重要，這才會導致人類最終的解放。對於批評理論上述兩派的分辨，可以視現代派為「起碼的基礎論」，後現代為「反基礎論」（Hoffman 1991: 170）。

儘管批判理論可能有現代派與後現代派之分，但它們都帶有後設理論和準哲學的性格。他們儘管有重構、重建、重新銘刻或重新辨析的種種不同作法，但卻傾其全力來理解理性主義的哲學基礎。固然批判理論在有關國際政治的作品之經驗著作一大堆，但其論述的高調仍屬抽象的理論，針對主流派國際關係理論涉及有效的知識之假設大肆抨擊，當然也批評後者所理解的國際現勢，攻擊理性主義的理論。此外，理論與實踐之間的關係，也是批判理論各派共同的假定，這一假定明顯地表現在「霸權式、優勢式的論述」（hegemonic discourse）之上，這涉及兩點，其一在理性主義與新實證主義的裝扮之下，現實主義者把國際關係中指認何種的知識才算是國際政治合法的、正當的知識；其二，不只在學界壟斷何謂正當知識，更在政界發揮知識與權力的勾結，提供華府外交決策者實踐的理論嚮導，尤其是在冷戰期間。這種作法使理論實踐產生了雙重共生的關係。一在理論的結構上占取了優勢、霸權地位，另一在政策實踐上冷戰策略的理論發揮了指揮的作用。難怪批判理論要大力批判新現實主義和新自由主義形成的理性主義。

正當批判理論大戰理性主義之際，國際關係中第三次的大論戰在冷戰結束之後爆發了。這便是建構主義的崛起，也展開了建構主義一方面對理性主義的抨擊，另一方面也批評了批判理論。前面我們在指出建構主義與理性主之關係時，已指出建構主義和理性主義之差異。在本節中我們卻注意到第三次大論戰另一部分，亦即建構主義對批判理論之批駁與論爭，目的在把批判理論的後設理論推向經驗研究之途上。

在第三次論戰的後果上，吾人看出批判理論對抗建構主義導致論辯的重心有移向理性主義和實證主義恢復的趨勢，也是造成它對實證主義兼行為主義的衝擊。這種論戰的重點改變促成對此辯論不同的解釋。建構主義的誕生遂被視為批判理論的延伸，也是批判理論新時代（冷戰之後）的進一步發展。一如前述，在第三次論戰中，批判理論只注重認知上、方法上和規範性方面對理性主義之批判，而缺乏概念上的營構，也缺乏經驗性的分析。建構主義便把批判理論所忽略的這兩個面向加以補救，特別強調本體論上的議題，概念的架構和批判的社會理論，俾燭照世界政治的多種面向，特別是涉及道德共同體的界限與動力。

第六節　國際關係理論界中建構主義的轉折

「建構主義的轉折」一詞的出現，應當是國際關係批判理論者視建構主義的湧現（Checkel 1998），是在去除批判理論中帶有馬克思主義的精神（人的最終之解放）與放棄文化研究某些核心觀點之後的產物（Jacobsen 2003: 50）。這是批判理論者轉變為建構主義者對科學探索的新看法。例如溫特（Alexander Wendt）就指出「科學的知識方面，互為主觀的看法把利益和認同體當作是行動者互動時內生之物，而非結構外頭所賦予的」（Wendt 1992: 393）。另外一位學者柯拉托契維（Friedrich Kratochwil）

則說：「科學探究立基於某些理論原則之上，這些原則在指導論辯和舉證的分配（證明輕重的衡量）」（Kratochwil 2000: 95）。由此可見建構主義的出現同批判理論的主張有相似，也有不同的地方。

A book of Friedrich Kratochwil

一、改變的力量

自1991年至1998年的七年間，批判理論碰上三種因素的彼此激盪，而產生了「建構主義的轉折」。首先是柯歐亨（Robert Keohane）坦承在探索國際關係中批判理論雖擁有國家行為互為主觀的真知灼見，但對於互為主觀性缺少深入的、經驗分析，亦即欠缺對此理論內容的演繹與解析（Keohane 1989: 174）。柯氏對理性主義與批判理論之局限提出批評，遂引來諸多的反應，而為非理性的研究途徑開闢坦途。不只經驗研究只重可以檢驗的、可以排謬的方法才是正確的途徑，就是國際交往中社會學的互動理論，現象學的詮釋也不該忽視。換言之，過去批評「反思論者」（reflectivist）的主張不適合經驗性的研究，如今遭到柯歐亨有力的反駁，這也造成了「建構主義的轉折」之啟動。

第二個因素為冷戰的驟然結束。蘇東波變天既是逐步的、緩和的局勢更改，也是相對性非暴力的、和平的落幕，對國際關係的理論卻是石破天驚、動搖其根基的頭條學界之變局，它顛覆了主流派，尤其是新現實主義者的理論對霸權的解釋。對於世局這種革命性的轉變，理性主義與現實主義不但事先無法預測，事後也無從理解。更令人有弔詭與諷刺的感受，是冷戰的結束使建構主義者察覺主流派國際關係的理論與國際政治的實踐落差居然那麼大，它暴露新現實主義對霸權的論述之建構性影響並非過去所自誇的、全面性的、整體性的。明顯地，政治實踐的呈現常在權力的論述之外。這種現象迫使懷有批判理論與實踐的假設之可信性與適應度，還造成他們對世局的實質性的分析。

第三個因素是學者代溝的問題。對年輕的學者而言，透過第三次大論戰，他們不再盲目接受批判理論幾近後設理論式的批判，而企圖在概念的營構、理論的發展和實體方面經驗的分析之著墨。於是建構主義的崛起，使他們發覺理論的高地並非新現實主義和新自由主義所壟斷、所盤據的。新的概念架構和理論概觀可以從建構主義來另起爐灶。特別是世界新局勢拋出多種嶄新的題目，諸如安全、政治經濟活動，成為年輕學者爭相研討之標的。對於部分建構主義者雖非自覺地、明示地表明他們對批判理論的傳承與得益，但他們仍把批判理論重新尋找研究方向，而導向概念的發展與經驗的分析之上（Price and Reus-Smit 1998: 264-265）。

二、建構主義的浮現

由於對世界政治看做是國家與國家之間從事社會互動所建構起來。因之，這批1990年初的批判理論年輕學者自稱為建構主義者。他們聚焦於社會活動的本體論之闡釋，並分析這種闡釋對世界政治的影響和衝擊。

這些本體論的主體首先在強調，規範性和理念的結構之重要性，不亞於物質性的結構。這是由於建構主義者認為意義的諸體系，用來界定行動者怎樣對其物質環境做出適當的解釋。例如溫特指出：「物質的資源對人類的行動之所以具有意義，是透過共享的知識，在這種知識中物質資源立基（藏身）於此」（Wendt 1995: 73）。除了物質資源之外，他們也重視理念的因素，因為理念用來界定行動者的認同，而社會認同進一步建構行動者的利益和型塑它們的行動。

建構主義者的第二個主張之議題為認同體建構利益和行動，一如上述。他們認為理解利益如何形成是解開國際現象之謎的鎖匙，這包括美國利益的新界定，導致國際聯合制裁南非的種族隔離政策；以及戈巴契夫的新思維瓦解蘇聯共產黨的一黨專政，導致冷戰的結束。

第三個主張的議題為行動者與結構彼此的相互結構。建構主義者強調規範性和理念性的結構以怎樣的方式來「界定個別行動者的意義與認同體，以及他們所進行的經濟、政治、文化活動之類型」（Boli *et. al.* 1989: 12）。這些結構雖有認知、認同來建構，但其存在和發揮作用的可能性卻繫於行動者有所知曉的實踐。這點大大受到紀登士的「結構兼行動」（Structurational）之影響（洪鎌德 2006：330-340）。後者認為社會結構不過是日常化的論述（言說）實踐與有形（物理）實踐在特定時空架構下長期操作之產物。溫特遂指出：「我們創造與典型化相對性持久的社會結構，藉著它（結構）我們來界定諸認同體和眾多不同的利益」（Wendt 1992: 406）。

就像批判理論有現代主義派與後現代主義派之分別，建構主義也可以分成這兩派。現代主義派的建構理論者傾向於世界政治中主體與客體所受社會語言建構之影響，而後現代主義的建構主義者則聚焦於權力和知識之關係。此外，在有關國際關係的社會規範的研讀，上述兩派也有不同的見解和從歧見中引發的爭論。例如國際爭端解決之道，可否透過國家的磋商與溝通，而建立某種程度上的「道德觀點」（moral point of view），也為學人津津樂道（Kratochwil 1989: 15-16）。與此相反，後現代主義注意到規範與權力的連結，因而質疑哈伯瑪斯所倡說的理想的溝通語言說情境實現可能性，因為哈氏認為此時說服別人信賴的理性成為大家遵守的規範。但這種理想情境與現實世局大相逕庭，是可望而不可即的烏托邦。

要之，現代主義的建構主義者採取兩種主要的形式，其一為「系統的建構主義」；其二為「整體的建構主義」。前者傾向新現實主義的系統論；後者採用包含更廣的觀點，企圖融合國際與國內的現象。國家做為一個法人的認同體，有異於做為國際社會互動中的社會認同體。一旦採用體系觀，則一個國家所受內部人民、群眾、社團怎樣的認同、效忠，都可以擱在一邊不加討論，國際關係只論國家與其他國家，或國際體系的關聯，而不受內政運作的影響，這便是所謂體系論。在不想討論國家認同與社會結構根本改變下，這種靜態的觀察或可被接受。

後現代主義也留意世界政治中的主體與客體所受社會語言和論述之

建構，但它更注目語言、意義和社會權力產生互動之社會條件與歷史更易。這派學者特別關心「如何的問題」，亦即「主流知識建構所仰賴的社會語言條件是如何形成，在當代（國際）生活中如何發揮規訓和表述的『作用』」（George 1994: 156）。從對他國的干預一事，使後現代主義派的建構主義理論找到個案和經驗研究的實例。不過有關國內與國際事務的分野，經濟與政治界限的分辨，國家權力與非政府勢力的分劃，不屬於他們研究的對象，其結果導致把非國家之暴力排除於這批學者研究的範圍之外。要之，後現代主義的建構理論涉及的研究範圍不只有主體（國家認同）、客體（化學武器）、事件（冷戰）、制度（主權）等等，還進一步在解析研究對象時，順便把它們對國際關係的理論與實踐之意涵，做深入的解析（Price and Reus-Smit, *ibid*., 266-270）。

三、建構主義對批判理論的繼續發展

很明顯地，建構主義崛起於國際關係第三次大論戰中對批判理論的批判與補正。另一方面建構主義在應付與批判主流派的理性主義、新現實主義和新自由主義時，也不忘採取經驗性的分析，而與批判理論合作，並擴大批判理論的基礎。換言之，建構主義要建立在本體論的假設之基礎上，也要營構概念的架構和研發方法論的技術，這些工作早便由批判理論者奠基的與開拓的。但在與主流派學說過招中，建構主義知道世上沒有絕對真理的存在，研究者所能達成的是對行動、事件、過程、可被接受的範圍內的相對性真理，亦即權衡證據的輕重做出複雜世界有條件的、部分的解釋。有異於實證主義企圖建立像律則似的主張，建構主義的概括化是隨機的、有條件的（contingent），而非放諸四海而皆準，俟諸百世而不惑的大理論、大敘述。

此外，在對世界政治進行概括化之際，建構主義者也不排除他們向來的看法，而對不同的、可以替代的解釋和詮釋，也加以採納。取代傳統因果關係的「為何」、「什麼原因」，有時也得提出「怎樣」或「如何」

的問法。至於不同變化（variation）與比較的可能性（comparability）之問題，涉及批判理論對實證主義的抨擊，認為後者硬性把自然科學的統計模式移植到人文與社會現象的研究之上，因為統計方法認為只要有足夠的獨立變項便可以視為恆常，而不必顧及依賴變項可能造成的變化。為此原因，批判理論拒絕實證主義否認歷史性和脈絡性的變化之存在，而堅持政治現象是行動者相互的建構。同樣建構主義者在拒斥用統計模式解釋變遷或做出比較時，也不想放棄變遷和比較的概念，特別當變遷和不同的比較常產自歷史的，特殊情境的因緣附會。

在批判理論中林克雷特對於建立規範性的共同體用力最多（參考本書第八章），不過其立論基礎假使不是康德，便是伊里亞斯的學說。因之，有賴建構主義的年輕學人進一步的推動與擴充，後者不只為國際秩序的規範性基礎出力與用心，還以社會學的方法闡釋道德共同體的意涵。此外，建構主義的理論家還為國家主權的正當化基礎之改變做出貢獻。這算是道德共同體的社會學研究之一部分，也是現代世界併入（inclusion 包容）與排出（exclusion 拒斥）的政治之探討。凡被剝奪參與社會與政治生活的合法權利者，不論是國家還是個人、還是民間團體，都是受到道德共同體排除者、排出者。反之，則為共同體的併入者、包容者，合法享受權利與好處的行動者。

建構主義者對於現代世界合法行動之研究可以分成兩組。其一為關心以國家為基礎的行動。由於個人建構主義者一般視國家為行政與制度性的結構，而非行動者，他們遂探討在國內與國際的層次上互為主觀的意義如何界定主權的、領土的單位，以及這些單位的界定如何建構與授權某些行動者，特別是政府去從事國際的活動，形成國際關係與世界政治。第二組的建構主義者則注意非國家的行動，儘管有時不得不把以國家為基礎的活動也一併討論。重點放在國際規範如何授權給非國家的行動者（例如國際特赦組織 International Amnesty）得以展開其活動，這些非國家的行動者一旦獲得授權，有重新界定國際規範的可能，從而對合法的國家資格有所改變，對國家的實踐有所型塑，這涉及的是國際與國內的範圍。譬如對人權規範之研究，國際組織對國家行為與利益的影響，或是非政府而跨越國界的民間社會對禁止地雷設置所扮演的角色等等。

承認行動者是正當的社會或政治代表者是加入道德共同體必要的條件，不過共同體的規範卻決定了社會與政治行動正當性的程度。共同體的承認並不意味著批准行動的絕對自由。公民的行動之合法性與正當性由國內的規範規定，而主權國家的行動之正當性則受到國際社會認可的規範所拘束。隨著全球化腳步的加大，上述國內外領域中正當性的行動之界線愈來愈模糊，而衝擊著以國家為基礎的行動，同樣也衝擊著非國家的團體之行動。建構主義理論者近年的著作在於解釋社會與政治規範如何出現，如何影響政府與個人的行動。涉及的問題有人權、暴力行使對人類與自然的傷害。明顯地建構主義在於照明規範的結構，因為這個結構界定了現代國際社會，而個人與國家之行動則受到國際社會的規範所約束。

至於批判性理論認為學者對國際關係研究的目的，除了理解世界政治的現勢與趨向之外，最重要的還是要去改變世局的走向，這便涉及實踐的問題。實踐的問題便是要找出現存國際結構與流程可供改善、改良之潛勢力。這有賴主流國際秩序有系統的分析與規範性探討的類型之間相關建構的對話，這方面正是建構主義可以大力發展之處。換言之，把建構主義所認為規範性的深思熟慮拿來同經驗性分析所得，有利於改良可能性的深入研討和進一步的對話，俾找出共同體認同與互動的類型，這種類型是包容的、列入的，而非藉暴力的手段可以獲致的國際溝通之結果。

建構主義把行動者與結構加以問題化（變成問題意識），化做有待商榷和砌磋的議題。它探討改變的動力，也尋覓動態的旋律。它進一步質問傳統理論對世界政治的瞭解。在分析問題方面，它採用的是公開而非閉鎖的態度。當成社會理論的建構主義並不蘊涵涉及美好生活的哲學，也不追求政治秩序的本身（穩定、和平、解放）。其背後潛在的本體論和認識論的假定乃為帶有規範趨向的問題，亦即對改變之質疑，質疑規範所涉及的道德性是否併入或排除之問題。這點與批判理論不同調。它對政治生活中具有歷史變動性與隨機條件性的注意，使它研究的結果所獲得的結論非事先命定的（preordained）。例如政治中包含種族認同和文化盲從，是理性主義者未曾留意的，前南斯拉夫的解體與戰亂正是這個顯例，解體與戰亂絕非南國人民所預期的局勢之發展，或是歷史之進步。這就是建構主義者不存任何美好生活的希冀、不預設道德的標準、不牽連哲學或意識形態的立場，而只質問改變可能帶來的結果與效應。

第七節　對建構主義之批評以及其反駁

一般對建構主義的批評是指出無論在經驗上還是在方法論方面，這一學派犯了重大的錯誤，因為它主張「理念性」（ideational）事物，或稱「理念」（ideas）是國際體系中秩序與變動的主要因素。現實世界應當是物質的利益壓倒理念，或是由理念衍生的、規範性、建構的實踐才對，更何況當代社會科學主義還返回觀念論或唯心主義的窠臼中，就引發反對之聲音（Palan 2000: 576-577）。像新型的現實主義與自由主義，對國家利益（特別是國家安全）與環球資本主義的經濟之間的關係，導致自由傾向的建構主義者對世界經濟、對國家行動所產生的建構效力之忽視，因為後者對「物質主義的本體論」與「理性主義的認知論」持排斥的態度之緣故。須知國家的認同是機動的、不時變化的，常隨對環球資本關係的變化，而不斷地被建構起來，只有對這種國家認同持演變的看法，才會看出民族國家在安全上所做的施為與實踐的意義。在自由主義日漸蔓延擴大的今天，新自由經濟秩序的湧現與國家對安全追求的實踐之關聯益形密切。因之，建構主義排斥經濟的物質利益與實證的認識方法是不適

A Book edited by Ronen Palan

當的（Varadarajan 2004: 319, 340-341）

其次，建構主義是反對直覺、反對常識性，在方法論上非常嚴謹的理論學派，但其成員所指出的理論常常南轅北轍，互相矛盾或引發爭議。這原因無他，主要為建構主義者常從不同的社會科學互不相容的理論（例如：象徵互動論、韋根斯坦學說〔部分反象徵互動論〕、韋伯的瞭悟社會所蘊涵的方法論上的個體主義，以及有人反個體主義等等）中找出立論的根源，因之呈現相互衝突、彼此矛盾的理論雜陳。一個明顯的例子是溫特把新實在主義看作是個體主義和物質主義的理論，把它自己的建構主義當成觀念（唯心主義）的、結構主義的，甚至「整體主義」（holistic）的學說，這麼一來對現實主義的批判便喪失其銳厲的氣勢，反而把馬克思主義與後結構主義擱置一邊，把人權和國家的行為簡化為「理念之爭」，由此引申出「規範和法律主宰內政」，以及「自利和壓制似乎統治了國際政治」（Wendt 1999: 2）。這種把規範與利益、法律與壓制兩分化之作法實在不足取，反而造成人們的錯覺，以為他企圖從國際秩序中把物質利益的殘跡一口氣加以掃除（Palan, *ibid*, 578）。

再其次，由於建構主義大力抨擊理性主義，新現實主義和新自由主義對實在的解釋不夠理念化，不夠隨機變遷，不夠重視社會生活的互動、互構，因而遭到主流派的反擊，認為建構主義在營造其烏托邦是空想主義的典型。原因是世局仍舊充滿國家間的武力衝突的無可避免，和國際體系的結構基本上仍籠罩在無政府的氛圍之中。再說國家自助自救的行動，不全是由於無政府狀態促成的。舉個例子，區域防衛組織如北大西洋協約組織（NATO）只是一時的、脆弱的防務機構，其設計在於對共同威脅的平衡機制而已。這種衝突的無可避免性連後現代的建構主義者也得承認，他們承認社會關係中充滿了異化，上下垂直的不平等和宰制的種種無可避免的各種形式之存在，而嘲笑現代性建構主義者靠人際溝通，審議民主可以改變現實，而達成人類最終的解放。

此外，建構主義把對烏托邦思想的批評，與它企圖在無政府狀態國際局勢中建立秩序，以及倡導國際正義，世界和平之主張有關。這種批評事實上也有其道理，原因是建構主義流行之初，幾位學者在討論「好的規範」（例如：人權、敵對種族隔離政策之排除）的產生與演進，以及津津樂道「壞的規範」（暴力使用、脅迫、宰制、稱霸等）如何被「好的規範」（妥協、磋商、公平與和平的衝突解決）所壓倒的實例之上。偏偏前者（壞的規範）都是國際關係經常出現的情況，這使現實主義者、理性主義者抨擊建構主義者是一廂情願者，是空想的烏托邦理想家。

平心而言，建構主義雖然關懷道德共同體建立和規範的進步，而受到從現實邁向烏托邦的攻擊，但這派國際關係新理論也注意性別的軍事在武力衝突中扮演的角色（例如：伊斯蘭婦女扮演自殺炸彈客，或在伊拉克、阿富汗的干預戰爭中，大批婦孺的死傷）之考察，南國內戰中的種族廝殺甚至造成種族滅絕之探究，顯示建構主義遠離烏托邦，而深入現實分析之一斑。再說，在涉及人際交往所建構的規範、認同、文化、理念等方面，在在顯示建構主義並不受樂觀、悲觀或其他哲學觀念、意識形態的左右。

此外，建構主義承諾的本體論是變動中的本體，是受到行動者與結構相互建構下的本體，但批評者卻指摘建構主義者的經驗，研究中對行動、行動體的探討數量還不夠多，也不夠深入。儘管後者強調內政與國際規範性結構對行動者（國家、社團、國際組織等）行動支配的角色。結構主義的理論家強調現存規範，認同和國家進一步將採取的行動之一致性是國際交往起碼的基礎，但對社會互動的行動者之心意、企圖和決策制定沒有細微的觀察和服人的解說，也遭到主流派（特別是決策理論派、公共選擇派等等）之詬病。批評者更指出規範與認同體的眾多龐雜，使行動者在採取行動之前，如何選擇，如何妥協造成難題。換言之，行動者在面對分歧的認同體、利益、規範時，被迫去做有意識的、權衡利害得失之決定，俾採取最適當之行動，這種自我意識和規範適用的選擇性之浮現，暴露建構主義間的歧見。

比理性選擇派有關行動者的行動之研究更為高明的、棋高一著的，

Andrew Phillips

乃是建構主義者不把認同體和利益的行動過程擱置起來，反而視這些流程對國際交往與互動的行動的作用，這是對行動者直接捲入認同體爭端之開放性研究。

由於認同體和規範是屬於理念的因素，也是理念的現象，建構主義者在運用、辨析這些因素和現象時，往往不夠精確，這也引起批評。再說，認同體和規範數目眾多、性質互異，建構主義對國際局勢的解析，常是事後孔明般地找到任何合適的說詞隨意插入、隨機解說，這種作法會使建構主義的研究方法無從歸謬、無法排錯，變成為非科學的臆測之詞。理性主義者更指責建構主義者對理念的因素無法量化，這麼一來，無法量化變項的結果，就無從知悉理念因素在面對其他因素時，如何能夠決定行動者對利益的看法與促成對利益的追求。

對於上面的指摘，建構主義者的反駁是認為規範與認同體固然是各科各門的變項，卻可以從行動者的利益和行動中分開出來。建構主義者對國際社會現象要加以解釋的，不是像理性主義者要找出因果關係來，而是看法與行動之間的相互建構之解釋。因之，它反駁理性主義之抨擊，是由於建構主義和理性主義對本體論與方法論看法分歧之故（Phillips 2005: 121-123）。

第八節　結論與展望

建構主義產自冷戰結束之後，國際關係學界第三次大論戰中批判理論對理性主義的抨擊，以及建構主義對批判主義的不滿。但建構主義主要的論敵仍舊是主流派的實證主義與理性主義，包括理性主義大潮流中的兩種支流：新現實主義和新自由主義。建構主義強調在本體論、方法論上有異於理性主義，也在規範性與實踐方面突出其有別於主流派國際關係理論之處。

建構主義強調的是國際政治互為主觀的性質，其重要的兩大主張為行動者（agents, actors）以及行動者互為主觀在環球社會中之創造物（包括國際通商、摩擦和戰爭）。這些國際互動的創造物主要的是規範與實踐，藉此國際遊戲才得以展開。換言之，在國際關係中行動者賦予情勢發展的「意義」（meaning）是學者要注目之處。例如美國的軍事勢力對加拿大與對古巴截然不同的意義，英國的飛彈與舊蘇聯的飛彈對美國也有截然不同的意義（Wendt 1992）。

建構主義主張在國際政治舞台上，行動者對其本身與環境的認同、利益的界定，大部分受到主流的國內外規範所指引，而在國際交互活動中逐步形成，這是行動者與其結構相激相盪、相輔相成造成的流程與結果。是故建構主義強調國際政治研究中絕對不容對認同體、利益、規範等等理念的因素看做是像原子一樣的齊整與單調，更不能像新現實主義把國際的無政府狀態看成無可改變的、先天的事實，而做為國家必須採取自助自救、自求多福、爭權爭霸的藉口。

在受到批判理論的影響下，建構主義也分成現代主義派與後現代主義派兩種研究的傾向。前者強調國際溝通，透過審議民主的流程促成世界的永久和平與人類最終的解放。後者則強調知識與權力是雙生關係，權力是一種的關係，並非某些可被人們隨便占有之特質，它是在成員互動間建構出來的主從關係。權力會衍生反抗。權力與知識之所以緊密結合在於「對真理的管控」（regimes of truth）。權力關係形成的體系在某一時代決定或認可何者是真、何者是假，每個社會在每個時代都有權威性解釋真理的大權。知識分子對於權威化解釋何為真理，常與道德配合，供其利用。權力關係的體系會產生特定的題目、議題，同時對這些議題、題目產生了特定的知識。主權國家從判死的懲罰性權力，發展到剝奪人身自由的監禁的實踐，到利用教育機關、軍營、醫院等對人心的洗腦、規訓，都是權力的實踐之長時間的演變，也是從身體的控制之權力發展為心理的管訓，再化做生物權力（對廣大群眾生活、生命的管制、治理）到生物政治的演變。

儘管建構主義與理性主義一度劍拔弩張、爭鬥激烈，但近年的發展使雙方避免把認識論的立場絕對化，而逐漸採中庸綜合的和折衷的分析方法，特別是在冷戰結束後所爆發的種族衝突、種族屠殺、基本教義和恐怖主義抬頭之際，無論是建構主義者，還是理性主義者，都努力把難以觸及、不易掌握的概念，諸如社會認同轉化成為經驗分析可以考察的事物，並在方法上協調共用，不只量的計算還是質的論述，都可以透過論述分析、描譜技術，一一把理念、規範和認同體，以及其源頭的行動者之看法，決策過程、引用策略與行動流程，做出可信度較高的學術成果。

走上中庸與折衷的研究法，有助於建構主義與理性主義從敵對、對抗轉化為互補、相容（complementary）的可能發展。但由於國際關係近三十年間三次論戰（還不包括早期理想主義與現實主義的論戰），常是以典範為主的理論之爭。因之，在建構主義的陣營中便分裂為兩派，一派是互補與折衷者，一派是堅決否定傳統的理論，堅稱建構主義是獨立的、嶄新的學說，是向來理性主義的取代者、推翻者。特別是建構主義中的後現代主義派擔心對傳統理性主義的妥協是一種「和解」（rapprochement），它會顛覆了他們對現存建置（業已建立）的抨擊，而現存的、業已建立的國際關係體系正是權力／知識雙生體的化身。在知識的目標（解構批判對抗理性解釋）懸殊之下，沒有去輔助或折衷兩大新舊派別的理論之必要。

有人主張把兩派的優點加以吸收與融匯，使國際關係的研究既重視傳統理性主義的外交政策之理性選擇與決斷，俾達致無政府的狀態下國家的自保自立，甚至霸權的維持；另一方面又把建構主義有關認同、利益規範、文化等理念因素也涵括在國家策略的運用之上。只是部分「死硬派」的建構主義者反對這種「舞台上的角色互補」（stage complementarily），認為它製造的問題多多，原因是策略性的理性和制度性的理性常與行動者的認同體和利益結合在一起，而認同體和利益受到各自文化與歷史發展的建構，而呈現各種各樣不同的價值和意義。

其實建構主義同新自由主義，特別是新自由主義中的制度論的差別並非典範性的後設理論所顯示的歧異，而毋寧為其理論競爭中分別的誇大其詞，以及從行為的合法進入共同體合作不同的解釋方式。原因是建構主義與新自由主義的制度論，都仰賴功能的制度性之有效機制來解釋世局的變化。因之，當建構主義用來解釋變遷與轉型時，其所得之結論與新自由主義制度派所研究的結果並無重大的不同。尤其是國際合作方面所受外來利益的影響，也根源於認同體轉變，這點與建構主義分析與反思的結果非常神似，這是從事國際組織研究的人會比較建構主義與制度論時得到的新觀點（Sterling-Folker 2000: 97）。

蘇東波變天與冷戰的驟然結束及隨之而來的文明衝突、基本教義的崛起、911恐怖活動的高峰，以及反恐戰爭的展開（洪鎌德 2004a：332-389）；國際金融危機（1997）和金融海嘯（2008-2009）的次第爆發，在在導致國際局勢與世界政治的劇變。此外，全球化的趨勢不僅襲捲歐美日先進國家，連同改革開放的中國、越南，和經濟情勢急起直追的俄國、巴西、印度也受到波及，連同貧窮衰弱的第三世界國家也無法脫離全球化的衝擊（Palan 2004）。在這波世界政經文化重大轉變時刻，國際關係的理論也面臨空前的挑戰（Farrell 2002; Varadarajan 2004）。在物質利益的剖析之外，理念因素的政策的影響更成為新理論、新學派聚焦之所在。對這本來有利於建構主義的發展，但卻有幾項因素阻卻建構主義發展為典範性的，取代傳統理論之新思潮。其一，美國學界雖是建構主義的搖籃，但實證主義、經驗主義和科學主義牢牢盤據美國國際政治的校園、論壇、公共論域，以致實證主義之承諾、描述、解釋、預測仍舊是學科教研的核心，便壓倒建構主義詮釋和批判為主的研究方式。

其二，建構主義同現實主義都假定主權國家追求國家利益的重要性，都擺脫不掉西洋自古以來「邏格斯中心主義」的傳統，是引發後現代主義批評的原因。更何況其假定為國際政治乃為物質因素（國家利益、規範、規則）與理念因素（行動者的主觀想法，及其解釋的意義結構）之互動所造成（Dornelles 2002: 11），但這兩種因素能否客觀地加以分析大成問題，至少物質利益方面，主觀的理解大於被建構出來的意義結構。

其三，由於建構主義不像主流派理論立基於自由主義、理性主義、現實主義等哲學的傳統裡，反而以社會上互構的實在和理念的優先為其核心，導致其思想溯源的龐雜與歧異，也導致同一學派中理論的趨向多元紛雜，從而要建立取代傳統理論的典範，轉移成為可望而不可即的夢想。這就是說建構主義有異於新自由主義、新實在主義、馬克思主義等流派對政治哲學欠缺獨樹一幟的特別見解，所造成眾說紛紜、莫衷一是的場景。

其四，建構主義的理論陣營中企圖要從屬、超越或附和國際理論學派的主張爭論激烈，也妨礙這一新學派凝聚共識，建構一個取代傳統理論的典範之努力。雖是如此，吾人大可不必把建構主義這種取代性的一致觀念之缺乏，解釋為知識上的失敗。原因是有異於傳統理論無視歷史、文化、社會等脈絡（context）之不同，而企圖建立一個普世概括化的政治觀。建構主義認為1980年代和1990年代學界為爭取典範的正統而展開的論戰，在二十一世紀開端逐漸為世局的詭譎和學術的多元文化所化解。當代學者在國際關係中逐漸欣賞帶有分析性的中庸、折衷、綜合之研究之重要，特別是應用這種折衷的方法去解開世界政治中經驗事實的謎團。一開始，建構主義就迫使國際關係的學者在理論上更自覺到本體論、認識論和方法論所採取的學術立場。建構主義所強調的規範、文化、認同體、國際互動相互建構的「意義」和理論是國際局勢的決定因素，這種主張強化其學科當成整體之可能性，也豐富建構主義者以及理性主義者的操作，儘管這兩派學者對塑造更高的理論意見不一致，但彼此的切磋、辯駁卻有助於世界事務的進一步理解（Philips, *ibid*., 124-125）。

Chapter 11

後現代主義的國際關係之理論

- 第一節　前　言
- 第二節　尼采所有價值的重估與觀點主義
- 第三節　李歐塔界定「後現代主義」
- 第四節　福科的考古學與系譜學之方法論與「論述」
- 第五節　德希達的解構論與後結構主義
- 第六節　後現代主義的國際政治理論
- 第七節　建構主義和後現代主義之異同
- 第八節　後現代主義的批評與辯解
- 第九節　結　論

第一節 前 言

自1950年以後西方世界便流行「後現代主義」（post-modernism）一詞（儘管這個稱謂遠溯到十九世紀末與二十世紀初的文藝、繪畫、建築用詞之上）。這是後工業社會（後福特主義）與文化全球化，西方知識分子、學術界、文藝工作者和媒體界給予世局發展的情況，特別是帶有實驗性趨勢的導向貼上之標籤。這個標語的內涵及其存在不但引起眾多的爭論，它本身便是一種似是而非、自相矛盾的說詞。它一方面表示現代性、現代化，現代主義業已過時，而由一種新的藝術性與美學觀念所取代；但另一方面卻又強調這種嶄新的觀念、看法、運動，不時要去超越現代性、現代化與現代主義，亦即沒有倚賴現代主義之存在，而加以反對、加以超越，就無法突顯後現代主義的出現與特色。它也指涉後現代性的寬闊的歷史情境，亦即後現代的條件，是現代性逐漸褪失的當代人之生活情況與人間條件，其特徵為意識形態方面、哲學上、文化上、社會方面與科技方面的情況有了重大的改變。對世事與歷史的解釋已無法靠整體的、總體的「大敘述」來表達。

簡單地說，現代性、現代化、現代主義的毛病為誤認天下本質主義（essentialist）的論述之存在。因之，隨著這種誤信、誤解會對知識產生進步的結果之執迷。這些都成為後現代主義抨擊的對象，也是他們要解構、超越之所在。

現代人對這個詞謂的界定，在於指出後現代的條件之出現是世人對現代主義的接受太廣泛，也為時已晚，以致現代主義的前衛（特別是文藝界的先知先覺）的熱望與渴求成為二十世紀振聾啟聵的巨吼。這些思想界、建築界、藝文界的前衛推動近期的文化發展，在其中藉新科技的與新類型觀把人們的經驗加以轉變，從而也把世界的情況與條件加以更改。

在美學方面，自1945年二戰結束後西方文藝家採用空前廣大的、多元化的藝術樣態、技術、科技和大量的指涉、牽連去從事創造、表達，從而對樣式、科技、藝術、表達方式的多樣化和龐雜化有推波助瀾之勢，從而對這些表現方式之用途和權威性大加質疑，而造成其不確定性。由是看出後現代主義常與抗拒權威、秩序連結在一起，它也對表現、敘述、指意等體系有抗爭，而傾向於折衷、反諷、嘲弄、自馆、自嘲（自我指涉）和不確定性（indeterminacy）等反現代性之路途挺進。

捨開文藝、小說、戲劇、會話、音樂、建築等藝文方面的新發展不談，後現代主義在哲學方面則有結構主義、後結構主義、解構主義、女性主義等的理論支撐與發展。在二十世紀的後半葉呈現在思想界的哲學學說主要為去除神秘化、解開魔咒、去魅化、去掉經典化（decanonization）和去中心化。其中就是排除啟蒙運動中強調人的理性和社會的發展兩大口號，而對主體與客體、行動與結構、天然與本質（實有）、中心與邊陲等等概念重加審查與思考。

近年間哈伯瑪斯與李歐塔的爭辯，顯示後現代主義在反對革命的政治之時代中瀰漫的精神之產品，也是前衛影響力量結合進步衝力已告用盡的時代精神之結果。它與現代主義中意識形態的堅強成為重大的對比。1960年代新社會運動蓬勃崛起，不但學潮、工潮、反越戰、反種族歧視、反女性壓迫、反環境破壞在西方社會展開，還因為二戰後早期西方殖民地的紛紛獨立建國，導致第三世界後殖民主義的勃興，都導致反政府、反建制、反權威、反社會、反父權的氣焰高升。就像現代主義中充滿各種各樣不同、衝突、分化的勢力一樣，反現代主義、後現代主義瀰漫了歧異、相反、分裂的主張，它已不只是社會的條件與文化的運動，而且變成了世界的看法（世界觀）。藉著後工業社會日新月異的科技遽變、鋪天蓋地的媒體傳播、日常經驗超越國界的環球化、醫學治療的基因複製之進展和應用，加上去中心概念的科學知識之結構和社會心理之變化，近期思想界和文化界之辯論所致力的不只是藝文與文化現象，而是留心對時代

Frederic Jameson

的看法之典範的重大轉移，詹明信便認為「當現代化的過程完成，而自然將會永久消逝之那一刻間，後現代主義是你我所擁有的一切」（Jameson 1991）。屆時世界將是幻像與同時影像（Simulacra，擬像）浮現、商品拜物教充斥、自戀（「自我感覺良好」）、狂飆、沒有感情的聲色之娛、沒有深度的歷史之感受，而且在文化的表述中，首先想起的就是「北美式的環球格調之樣式」——以美國為效法對象的全球化生活方式——之到處流行。

第二節　尼采所有價值的重估與觀點主義

Friedrich Nietzsche

後現代主義在哲學和社會科學，尤其是國際關係理論的出現雖是二十世紀後半葉學界的盛事，但其思想源頭卻不能不溯及尼采（Friedrich Nietzsche 1844-1900）的超人哲學。這大概是由於其身軀殘障多病，導致他幻想與超人的過招，而過著孤獨自負，甚至「自我神話化」（*Selbstmythologisierung*）的生活。尼采在出版過《從苦樂的精神中悲劇的誕生》（1872）、《不適時的觀察》（1873-1876）、《歡喜的科學》（1886）、《查拉圖斯特拉如是說》（1883, 1892）、《超越善與惡》（1886）、《道德的系譜學》（1887）、《反基督》（1888）等等之後，他自認為其最重要的著作應為其死後從斷簡殘篇、言談、誡訓中，由其妹妹整理而成的《權力的意欲——所有價值的重估》（1906）。

在受到叔本華意志的形而上學與達爾文的弱肉強食、自然淘汰和進化論的影響下，尼采企圖尋找新的人類——超人，目的在把人類已經喪失的、疾病纏身的、對生活敵對的事物加以剷除。在思想上則迎接哲學的虛無主義，來對抗基督教的奴隸性道德學說，以及反對市民階級道德的淪喪，以及抵抗暴民把高貴與高度拉低的庸俗化、沉淪化。

尼采的形而上學主張指出是所有現存的一切，包括人類的認知係追求權力的意志之現象表現，除了現象的形式並無絕對實有（*absolutes Sein*）之存在。而所謂的「實有」（*Sein*）無非是不斷的生成、變化（*Werden*）。不過這種生成、變化並非無終止的新的生成、變化，而是業已成為過去之物的「永恆重返（輪迴）」（*ewige Wiederkehr*）。他說「存在的砂鐘〔兩頭球狀中間小的玻璃瓶中裝上細砂來測量時間的久暫〕要不斷地上下旋轉〔不斷地上下倒轉、反覆使用，來測度時間〕（"*Die ewige Sanduhr des Daseins wird immer wieder umgedreht*"）。他反對人成為隨波逐流中群眾的一分子，反對每個人成為「公共意見下浮表的人樣」（自了漢）而已。

尼采的《道德系譜學》是針對十九世紀末歐洲人思想的渾沌、驚疑、不安之虛無狀態做出回應的。因之，他主張把當時流行的最高價值加以減值，甚至去除其價值。尼采宣布「上帝已死」，因此，上帝的判斷作為宗教訓示的最高價值業已崩盤。不只宗教訓誡和道德倫理的要求已失掉靠山，就是人的知識和政治的實踐也喪失最終的基礎。

在超驗的、普泛的價值衡量標準失效之後，人要認識世界和自身的憑藉只剩下觀點（perspectives）而已，而且不是單一的觀點、視界、看法，而是眾多的觀點、視界、看法。尼采遂說：「只存在透過觀點的看法，只存在透過觀點的『認知』」（Nietzsche 1969, essay III, section 12）。這個說法並非否定有眾多的看法與認知，而是說看法和認知一定要透過觀點才能呈現出來，這便是他的觀點論（perspectivism）。現代的客觀與包含眾多觀點之理念、或理想被尼采的說法所取代，他認為世上存在著多於一種、定於一尊的觀點，每個觀點具體而微地包含相關的價值之特殊組對（包含一組的價值）。

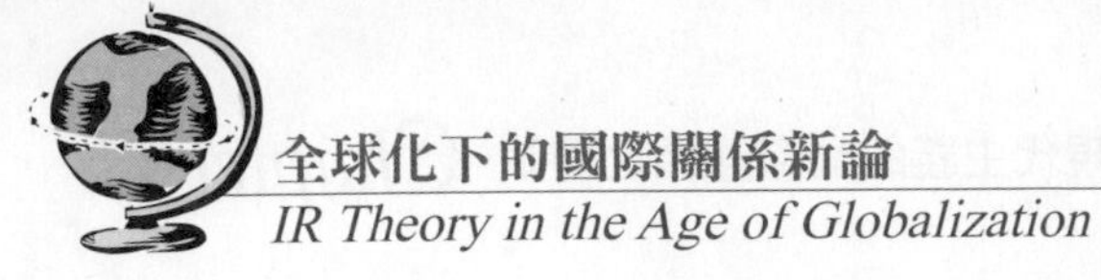

在他的思想裡有關「真實的世界」之理念已被「取消」（Nietzsche 1990: 50-51），剩下來就是種種的觀點，或解釋，或解釋的解釋而已。「真實的世界」是從林林總總的觀點、解釋、敘述裡建構出來。這些觀點、解釋、敘述無一可以同實在的本身相符合，是來自無何有之鄉，非來自上天的示意，更不是鉅細靡遺、可以窮盡描述的。

如果說只能透過觀點才能認知世界，這並不否定認知、或認識、或知識之存在。就像他死後七、八十年出現的後結構主義者一樣，尼采並不否定知識的可能性。他以及其後學者只否認人們可以跳脫觀點，或稱甩掉脈絡（textuality，文本性）而可以擁有知識。同樣地，他們並不採用相對主義來做為客觀主義的另一選擇，做為客觀主義代替品。觀點論並不賦予所有的觀點同樣的權威（可信度）。反之，它僅僅是賦予所有的觀點同樣的權利，可以宣稱其主張之正確。除了各種觀點的並存之外，沒有超越的、更為高等的觀點可以指揮或監控其他的觀點。他們認為沒有阿基米德點來改變地球的運轉，也就是沒有任何制高點可以下達是非對錯的判斷。是故沒有任何一種的觀點可以自稱立於不敗的、無可動搖的基礎之上。既然如此，只有在眾多的觀點相互較力、競逐之下才能看出何者較能接近真實的世界，可以自稱已掌握真理、瞭解真相。要之，宣稱獲致客觀性、宣稱達致窮盡事物的真理相當站不住，無法取信於人的炎炎大言。

必須注意的是尼采的觀點論同他對主體性的批判是緊密地連結在一起。他否認有全知全能、或普世客觀的知識主體之存在，他警告吾人不可相信「危險的古舊的概念之幻想」。這種幻想或虛構是設定一個「純粹、沒有意志、沒有痛苦、沒有時間經歷的認識主體」之存在。在他看來，能知的主體性僅僅是一種文法習慣所產生的虛構而已（Nietzsche 1972: 17）。德文或英文的主詞與述語的分別創造了一種「粗鄙的拜物教」，認為任何的行動之背後存有一個能動的、統一的主體在操縱指揮（Nietzsche 1990: 48）。

這種「粗鄙的拜物教」所造成的麻煩有兩重。其一，它忽視了能知的主體所處的環境、脈絡。須知知識永遠與其處境相連，它永遠標示與植基於一個特別的位置之上。是故一個主體並不單單指明其觀點，而是由其觀點建構而成。一個觀點永遠設定（posits）一個主體。因之，尼采指出知識和主體性基本上是纏繞在一起。知識經常化身在一個特殊的主體之上，同時也設定一個主體。作為觀點的知識經常設定，也定位（positions）一個主體。知識遂存在於現世中之方式連結，而事實上也成為世界的一部分，而非外在於世界，或從世界移開。

其二，文法的習慣導致人們把主體與行動分開，也誤導人們把主體當成原因，它能產生一些效果，包括主體能行動，有其特徵等等在內。這種誤導也造成誤解，誤認為先驗上有一個統一的主體在人類認知和作為之後，在操縱與主導。事實上在作為（doing）、行動之後面並不存在「實有」（being）。任何一個「實有」都是「作為」、「生效」（effecting，產生效果）與「變成」（becoming）所得的幻象，這點與黑格爾辯證思想把「實有」、「存有」（*Sein*）當做「變成」（*Werden*）的看法是一致的（洪鎌德 2009b：32, 70, 96）。因此，依據尼采的看法所謂行動者、作為者的主體性是從其行為與效果建構起來虛構物（fiction）。這個主體並非行動之前業已存在的事物（實有、存有）。同理並非認知者去從事認知，而是認知的動作型塑了認知者。

尼采的學說給後現代主義的啟示，主要是在本體論（實有論）和認識論中打破事物有其本質（essence），有其整體、總體（totality）的說法，也在認識論中進行「去中心化」（decentering）、「去整體化」（detotalization）。換言之，他否認任何的存有會有其本質，任何的觀點可以掌握世界的本質或整體。傳統的思想企圖掌握世界的整體，其實它只是部分參與整體，以管窺天、以蠡測海，透過其特殊的觀點來理解整體的企圖。整體化（totalization）永遠是可望而不可即的境界，這點可從李歐塔「發動戰爭來對抗整體」（wage war on totality）這個口號上得到進一步的證實。李歐塔在尼采觀點論之下，繼續發揮他對「後現代主義」一詞的

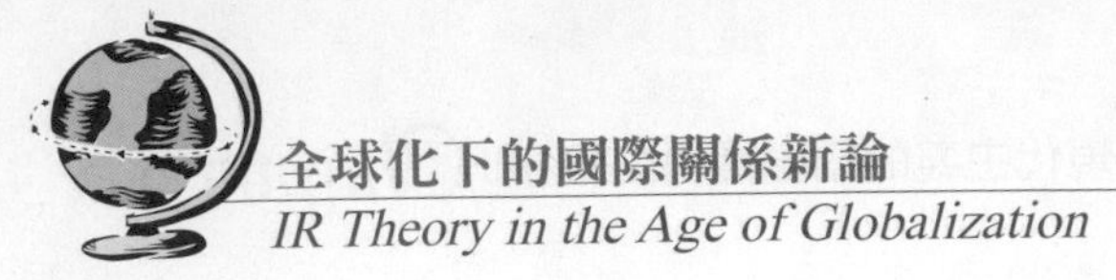

闡釋，因此，我們在下一節談到他對後現代主義的界定。

第三節　李歐塔界定「後現代主義」

李歐塔（Jean-François Lyotard 1924-1998）為後現代主義下達三個不同看法的定義，其一視後現代主義是美學上的模式、或稱美學上的「事件」（event）；其二後現代主義是一種社會的條件，或思想的脈絡、文本（textuality）；其三、後現代主義是敘述（narratives）的危機。現在，我們摘要地加以複述。

一、後現代主義是美學上的模式或「事件」

前面我們提到後現代主義指涉建築、文藝、電影媒體的一個新趨勢，或稱美學上的新運動，這是由於後現代與現代在形態、格調（style）方面呈現了美學上的斷裂之緣故。後者曾經質疑前者對有目的性的時間（歷史）觀（teleological time）與其有亞基米德撼動地球的中心點之空間觀，提出嚴重的質疑。換言之，後現代藝術家、思想家質疑現代人的時間與空間的看法。前者傾向多樣性與歧異性而反對一體性和整體性。在文藝和建築、電影方面主張建構（bricolage）、蒙太奇、嘲諷、挖苦、自反和自我涉及（self-referentiality），同時對現代藝文界的前衛失掉了信心。簡言之，後現代主義在挑明和玩弄結構主義、形式主義和任何種類的正統教條之規則與限制。其作品在於反覆檢討藝術品的隨機性、殊別性、相對性、任意性、不定性、暫時性、歷史性、瞬間性和零碎性。這些後現代作品造成的效果在於顛覆現存美學的參考架構。在超越既存的架構下，後現代藝術品標誌了批判性的、崩裂性的歷史脈動的環節，也就是李歐塔所言的「事件」（Lyotard 1984: 81）。

二、後現代主義為社會與知識的條件

Jean-François Lyotard

一般人對「後現代」一詞的看法大多認為：它指涉了社會條件的新時代階段。在這種意義下，後現代性乃是與過去（近現代）決裂的新社會狀況，也是「新時代」降臨的意思。這是對過去社會的轉型和文化感受的改變。這包括在後福特主義的名義下資訊科技的突顯和資本累積的重組。它無異為「失去組織的資本主義」（Lash and Urry 1987），或稱「晚期的資本主義」（Jameson 1991）。

李歐塔不只把後現代主義當成嶄新的社會條件或美學事件來看待，他還指出這個詞彙涉及新條件之下的「知識的現況」。他說知識已喪失了其傳統的「使用價值」，而是受制於不同的標準，俾分辨何者可稱呼為知識，何者不得如此稱呼（Lyotard 1984: 3-5）。在後現代、後工業時代的資本主義體制中，知識就像其他的商品在社會中流轉，在後現代中出現了「知識的重商化」（mercantilization of knowledge）。人們不再質問「這是真的嗎？這項知識是正確嗎？」而是改問「它有什麼用處？這項知識有用嗎？」。知識儼然變成商品，只問使用價值，不問是否真確。

在後現代的階段處於環球權力與財富分配不均之下，知識被理解為「資訊（情報）的商品」。應用到國際關係之上，李歐塔說：「可被大家所瞭解的是下列事實：民族國家有朝一日會為爭奪資訊的控管而戰，正如同過去為爭奪物質資源和廉價勞動的控制權而戰一般」（*ibid.*）。

三、後現代主義是敘述的危機之呈現

除了把後現代主義指涉美學的樣式和知識以及社會條件之改變以外，

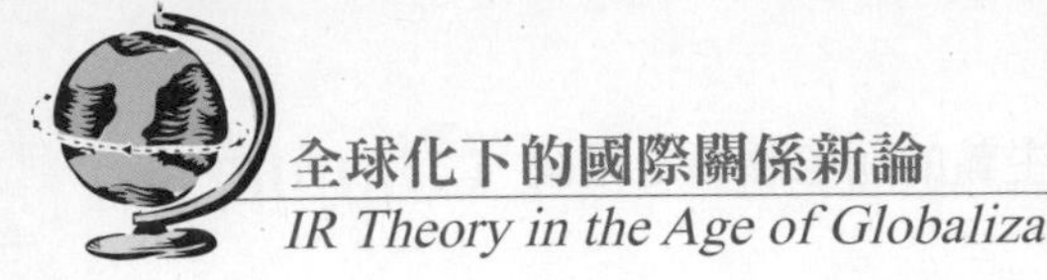

李歐塔還提出虛無主義的文化脈絡及其改變之因由。在此一意義下，後現代主義挑起「敘述的危機」（crisis of narratives）（Lyotard 1984: xxiii）。這也是「對後設敘述無從信任」（incredulity towards metanarratives）。後現代人對「大敘述」（*grands récits*）已喪失信心。這種大而無當的說詞旨在為知識主張的製作與判斷所涉及的規則與過程，加以正當化、合法化，也就是提供知識的主張正當化的基礎。在認知論的層次上，大敘述提供知識以「自我基礎」，在政治層次上則提供「自我斷言」（self-assertion）與「自我制定（立法）」（self-legislation），目的在使主體所做所為獲得正當性。

引用到國際關係的理論上，主導性，或主流的大敘述出現在現實主義和自由主義當中。它們提供民族國家主權的概念和國際無政府狀態，以此來正當化這兩派的國際政治之知識與理論，用以正當化國家在環球無政府狀況下自助自救的正當性，從而使全力的爭霸、領土完整的要求、國家安全的倡導、他國公民權益的排除、本國利益的維護得到解釋與辯護的機會。由是這兩派有關環球政治知識的有效主張，其判準便是有效性還是無用性。與上述現實主義和新自由主義不同的主張為自由的國際主義和批判理論。後者的知識或理論的考察架構為人類普世自由與永久和平的逐步獲致，它挑戰把國家擺在優先的位置上，也反對國家在定義何者為其利益——國家利益——也反對浮表的道德說詞（像正義、公平、人權等等）任由主權國家來宣稱與監督。每一個敘述都包含了認知論與政治實踐的相互通融。因之，自我主張（自我斷言、自我堅持）建基在自我基礎之上，自我基礎也建基在自我獨斷之上。是故，每一個敘述都顯示了在理論上的獨斷與在實踐裡實現的可能之局限。

這些敘述的危機主要表現在對現代性和對西方稱霸的去正當性（delegitimation）。過去敘述現代性、現代化如何使人類享受物質幸福的故事，或是大言炎炎談論「西方與其他」（the West and the rest）的歐美中心主義之神話，面對著嚴酷的批評必須加以修正。當做批判性的論述，後現代主義部分衍生了後殖民主義，從而大肆抨擊歐洲中心主義和白人種族主義。這種批評的聲音為李歐塔「向整體發動戰爭」的解釋提供了場景和舞台，也導致了後現代主義者正視歧異和多元的重要性（Lyotard 1984: xxv）。由是可知後現代主義乃是抗拒道德、文化和政治的總體化之敘述，蓋這類的敘述辯護與正當化西方把其價值、規範強加於別人、別國的身上之不當。

Gilles Deleuze

Felix Guattari

我們不妨把後現代主義看作是對抗整體化的努力，乃是一種思想的方式，反對認識論上與政治上的捕捉（capture），這是德留茲（Gilles Deleuze 1925-1995）與瓜塔利（Felix Guattari 1930-1992）的說法（Deleuze and Guattari 1986）。

第四節　福科的考古學與系譜學之方法論與「論述」

福科（Michel Foucault 1926-1984）無疑是當代最重要的哲學家，更是二十世紀最具影響力的社會理論家。他雖然不認同所謂的後現代主義，但正因為他把權力與知識視為連體嬰，又主張權力以各種不同的形式出現在人際、國際、社會團體裡，且主張權力帶來抵抗，以及當代政治現象的去中心化，去主體化，則其主張與後現代主義實無大分別，把他當作後現代主義的思想與理論大師是無可置疑的（洪鎌德 2000：435-439；2004c：544-562；2006：471-493）。

儘管福科的著作與思想引發文化界、思想界、學術界的重大爭議，但他顛覆傳統對權力與知識和正常與反常的分辨之看法，使他對處於邊緣的

Michel Foucault

人群，包括囚犯、病人、精神病患、同性戀者之處理造成文明與自由國家極大的震撼，不但社會科學界對其學說爭相討論，就是他的理論也大大影響到國際關係中後現代主義的崛起與發展，儘管這種影響出現在其晚期，甚至逝世之後。

由於福科一生喜談「規則」、「權力／知識」、「生物政治」等名詞，因此，把他學說視為哲學、歷史學、人類學、社會學、政治學、文化研究或精神分析都未能適當地表達其一生的學術菁華。反之，其思想可謂為上述各種學科的綜合，而把他的學說視為後現代主義與後結構主義的同義詞是很恰當，儘管他不肯接受這些名銜與歸類。

在他病逝前的一篇文章中，他曾經說：

> 我樂意指出……過去二十年間我著作的目標。它並非在分析權力的現象，也不在仔細導致這種分析的基礎。反之我的目標在創造不同的諸種（分析）模式之歷史，在其中（尤其是我們〔西方〕的文化中），人類被塑造為主體（主題）。我的作品在討論三種客體化的模式，藉此人類被轉變為種種的主體（主題）。（Foucault 1982: 208）

福科所提及三種「客體化的模式」，第一涉及人的科學之分類的任意與轉換跑道的迅速。這是他早年的作品《事物的秩序》、《病院的誕生》和《知識的考古學》所敘述的。有關人類的科學之產生與發展並無一定的邏輯與章法可循，其改變也是學者任意的、隨性的作為。時代的轉變（像法蘭西大革命的爆發）固然反映在科學分類之上，但是誰、是什麼原因造成這種分類的模式，以及其變換之因由卻無從得知。

第二種的模式是涉及「分開（分立、分裂）的實踐」（dividing practices）。這些實踐並非由某些人刻意去分辨、割裂的作為，例如正常人／不正常者的對立、健康者／病人的分別、無辜者／犯人的分辨、正常的性行為／反常的性行為者的對壘。透過經驗性與文獻性的考察，福科認為這類的分辨是任意的、隨便的，並沒有任何科學的、倫理的、宗教的根據。過去認為反常的，在今天一般人會認為是正常的。這種模式的考察在他的《規訓和懲戒》、《瘋狂與文明》，以及前面提起的《病院的誕生》諸書中一一提起。邊沁的圓形監獄中全方位的監視塔之設置，表面上是「人道的」，實質上則是讓受刑的囚犯惶惶不可終日，以為其一言一行在監視者控管之下。這種監控的方式不限於監獄中的獄卒與囚犯之間，也擴大至各種各樣的社會制度與社會實踐（例如學校、工廠、宿舍、幫會等等）之上。

第三種的方式為把自我的諸個人從主體（subjects）轉變成受規訓、受控制的「議題」（turn themselves into a subject），這是他三卷本的《性史》中揭露的。自十八世紀以來歐洲人性事的實踐受到「壓制的假定」所範囿，亦即性事是瞭解自己最好的方法。但在幾個世紀間歐洲人藉由藉由禁止、悔改的告白，或是醫師的診療室，精神分析師的臥榻來一一揭露。由此顯示規訓與宰制的手段迫使人們從身體的處罰，而內化成心靈的自我警惕，從而約束本身的心思與言行。

福科對國際政治的影響並非上述三種「客體化的模式」中引申而來。反之，卻是他所採用的的考古學與系譜學的方法論，以及他使用的「論述」（話語）。考古學涉及他早期對人類科學考究的經驗與歷史性質之描繪。他並不在證明研究對象客體化的真與假，而是考察這種現象如何形成，其形成之條件為何。考古學比起系譜學來較為中立。

後期的福科不再使用考古學，而改用系譜學，也就是仿效尼采「道德的系譜學」，去建構其「知識的系譜學」。系譜學的方法在於發現「真理的訴求（主張、聲稱）」，或「真理的管制」（regimes of truth）如何發揮其作用，達成其目的。原因是某項真理的訴求必然排斥他人對同樣事物不同的看法，亦即另類的真理之訴求的排斥，取代才有其主張存在之可能。

由此系譜學不僅對其他的訴求進行考察，也對從業已建立的、主流的訴求中脫逸出來的其他主張加以探究。

福科上述三種「客體化的模式」，以及其方法論（考古學與系譜學）之析述是建立在其「論述」（discourse）一概念之上。廣義地說，論述指涉語言／字句／文本而言。在《知識考古學》中，福科以特殊的方式界定「論述」。這是說任何說話的動作是一個論述型塑當中一大堆言說的集體當中找出其說話的意義。人們對某一名詞、某一概念做出論述時，並非引用任何可以描述該論述之字眼。對福科而言，要描繪或界定這個詞謂（概念）是靠權力與知識的言說權威來進行的。

雖然上述指出「論述」的語言用法是指涉語言、字句和文本，但福科有其特殊的用法，不直接就作者、或文本而進行「論述」的分析。反之，他在意專門分科、學術分科（fields），例如經濟學、或自然史在某一特定時代的分門別類，這是要靠「知識的方法」之考古學來分類的。後期的福科則把重點擺在論述與社會實踐的關係上。他特重「權力的論述」（discourse of power）。這是指社會客觀與自然的結構中，對某些人優遇，對另外一些人（不肯與其同一看法、同型、隨波逐流，nonconformity）成為懲罰的作法。任何一個時代中諸個人常因主流派的利益考量被客體化為「屬民」、「議題」（subject），其典型的例子，便是把「瘋癲者」隔離在瘋人院，或是癲痫者放逐於窮鄉僻壤，讓其自生自滅。這就是上述第一種客體化模式有關的「分立（分開、分割）的實踐」之推行。

這種從十八世紀的公開凌遲「罪人」，至十九世紀的監獄中囚禁與二十世紀的精神或心理治療，代表論述者在不同時代的應用，由身體折磨轉入心靈剖白，由外頭的刑罰轉為當事人內心的自我規訓。之後則為第二種模式的應用，把科學加以分門別類，使每一學科（subject）成為單獨的，與別種的學科儼然分開的知識，亦即形成科學的論述（scientific discourse），是為學科的客體化與物化。做為主體的諸個人到了第三種模式的客體化時期，為著迎合時代的權力結構之規定，著手創造有意義（符合時代與社會要求）的認同體，使每一個人在不同場合皆有其不同身分之認同。福科所注意的並非歷史事實的陳述或時代精神輪廓的呈現，而是在發現宰制的確實形式背後的真實權力。巴黎1968年的學潮反映了1960年代與1970年代「存在的心理分析」之盛行。在「醫學的注視」（medical gaze）之下，「精神病人」變成了被剝奪主體性的客體。心理分析一時之間成為一種的社會制度，用來執行與貫徹霸權式的合理（hegemonic rationality）的工具。

福科再三強調只有不斷的自我提醒，抬高警覺和艱苦發掘的努力，才能揭露社會中優勢與稱霸的假設、想法、作法，才能理解與控制我們本身論述的權力。

大部分的國際關係學者，像亞希理（Richard Ashley）、康貝爾（David Campbell）、喬治（Jim George）與歐爾克（Rob B. J. Walker）都承認他們受惠於福科的真知灼見。亞希理解構了現實主義和新現實主義，留意「無政府狀態」和「主權」的概念無非是學科的論述所建構的，這種建構的概念雖然不是「壞的」，卻誤導人生、助虐世局，成為「危險」之物。康貝爾則分析「民族國家」如何透過把別人、別族、別國論述上建構為異類的、危險的，而彰顯本國本族的存在必要。喬治則在《環球政治的論述》中提到福科的學說對國際關係這門學問的關聯，以及借由福科的分析突顯現實主義所呈現沉默不言之處或隱晦不談之處的種種缺陷與錯誤（George 1994）。歐爾克則利用福科內外有別的觀念把現實主義的論述作一個分別，也就是國內的主權觀念與國外（際）的無政府狀態。這種內外之別乃是現代主義者自我與他人之關係地域擴大的形狀。

福科對國際關係的影響力，如果不加上解構主義創始人德希達（Jacques Derrida 1930-2005）學說的激盪，其衝擊力不可能這麼大。誠如余爾畢（Jan Selby）的說法：

> 在國際關係中福科的學說被應用到三個各自分別的方式之上：(1)支持批判與解構現實主義的國際理論；(2)分析現代國際政治散漫的論述與實踐；以及(3)發展吾人當代政治秩序的嶄新論述。不過我個人的看法是認為第(1)與第(3)種的應用滋生很多問題。再把福科主要的強調、卓見和關懷緊縮應用於反對國際關係的現實主義方面，不但前後有忽視（盲點）之處，也有誤解的所在……這種說法並沒有否定應用其觀點於現代國際政治論述與實踐所產生有趣與啟示的作用。反之，在論證使用福科的學說於國際與世界政治加以理論化時所遭逢的局限。因此，結論是認為假使福科要能有效應用於國際關係之研讀，那麼，他的真知灼見應當置入於框架中……在其中要認清權力的結構性之範圍、規模（dimension，維度），也要辨識國際的（international）的特殊性質與不可化約性（irreductibility）。（Selby 2007: 325-326）

第五節　德希達的解構論與後結構主義

後現代主義不但超越現代，還企圖把現代的語言文字與典章制度解構，因此，也稱為後結構主義。其主要的理論家為德希達（Jacques Derrida 1930-2004）。解構首先涉及的是語言、文本、哲學思想中西洋人視為天經地義的範疇，或日常接受的觀念的解開、分解、甚至顛覆。德希達論稱西洋的思想都建立在兩分法、兩元對立之上，像在場／缺席；認同／歧異；神話／書寫；唯心／唯物；主體／客體等等之上。應用到國際政治上則為國內／國際；戰爭／和平；強權／弱國之分。

由於亞理士多德的同一律指出認同是事物與其本身同一，不可能有內在矛盾（「是」與「不是」不可能同時並存），不可能有第三者的併入（排除中間律）。因此，凡是在場（presence）者，就不可能同時又是缺

Ferdinand de Saussure

席（absence）者。因此，德希達說人們對世界的感知、理解是藉這兩種二分法來進行的，這種的思想態度既是影響重大，但卻引發很多問題，頗具爭議。

之所以影響重大是這種成雙成對的字眼是在雙元之內，而並非從彼此獨立出來。就因為「缺席」，才會呈現「在場」。換言之，只有藉有異於「在場」的歧異（difference）之「缺席」，才會把「在場」這個認同體（identity）呈現出來。由是看出「認同」與「歧異」是缺一不可。而且在這組對立的字眼內所包含的認同與歧異還有上下位階的垂直不平之評價在內。也就是人們對「在場」持正面的、良好的評價；反之，對「缺席」、「不參與」採取負面的、不佳的評價。

德希達便在藉文字、文本的解析與解構中注意到與探討西洋一般思想會認同重於歧異，在場高於缺席的思考方式之源由。他首先追隨瑞士語言學家索緒爾（Ferdinand de Saussure 1857-1913）研究人們何以在講話和書寫中偏好前者、嫌惡後者，把講話當做人際溝通的主要原生的表達方式，把書寫（行諸圖文之舉動）當成是衍發、引申的樣式，常會把溝通的內容有所修改。但講話雖有人與人當面（係藉電話、資訊）講述，時有補充、辯解的好處，但是礙於時間與空間的限制，也不是隨興而為的溝通方式。它的要求便於講話的雙方必須在場，或相互對話之「相互在場」（co-presence）。

這種強調「在場」的西洋文化，是從「邏格斯中心主義」（logo-criticism）衍生出來的，這可溯源於希臘文邏格斯（*logos*），意涵邏輯性、理性、道、上帝的話等等（Derrida 1998: 3）。根據德希達的說法，「邏格斯主義」與在場的中心關係密切。西洋思想的基礎就是在場的價值，例如在場時的「表現」、「透露」，或「說清楚、講明白」。這個基礎再強調事物最開始的來源和其在場。這也是他所說的「在場之形而上學」（Derrida 1998: 49）。這種說詞的意涵是指「表述」、「用其他方式來代表、表演（representation）」，比起原來的在場而言，是差勁的、低劣的。這便是何以書寫不如講話之好。書寫代表（替）講話，講話代表思想，這造成書寫比人們要溝通的真實想法還有很大的差距。但德希達進一步發現這種溝通的方式、這種思維的方式大有問題。這是圍繞著對事物（存有）的感知、概念化有所偏差之緣故，原因是這種說法與看法顯示可以把在場與缺席一分為二，把認同和差異做一刀切開。事實上在場必須聯想到缺席，天下無絕對的、純粹的在場之存在，因為每一在場的場景會隨時間的變化從現狀變成下一瞬間的未來狀態。

解構常涉及人們對文本的閱讀，居勒（Jonathan Culler 1944- ）替德希達對解構作如下的說明。他說：「把一個論述（discourse）加以解構是顛覆（挖掉其基礎）其背後的哲學，也是顛覆它（論述）所倚賴的對立體所形成的垂直性不平（hierarchy）。目的在指認文本中語言操作所產生的論證基礎，揭穿其關鍵概念、關鍵假設」（Culler 1983: 86）。要之，解構在把西洋人思想中兩元對立的詞謂加以翻轉、加以移位。例如上面所言講話優於書寫的傳統說法，要改變成書寫優於講話、文字優於話語等等。

既然德希達強調：缺席是造成在場必要的因素，吾人如何能夠改變西洋人邏格斯主義為中心的思維結構呢？為此德希達引進一個法文新詞彙 *différance*（延異）。這是把法文 *différer*（歧異）與 *déférer*（延宕）合成的字，含有既相異，又把相異延後展現之意。目的在把「在場」與「缺席」同個相對立的詞彙及其意思得以合併在一起，而同時又可以共存。換言之，「延異」表述事物的認同體，但同時也是其反面的非認同體、他物，可以分辨出來的另一物。它意涵由時間、或暫時的中介，把人們內心意欲所完成之事加以擱置。這表示萬事萬物是在場的、現存的、實有的（「是」），但同時會變成過眼雲煙的「無」、「空」、不實、不存之物。

人物看到「汽車」一個符號，所代表的是一部運輸工具，它有其指涉的意義、或指涉的事物（各種各樣的汽車，或你家使用的賓士，我本來所開的日產小汽車）。這個「汽車」的符號已代表現場你我使用的交通工具，也代表你我見不到、接觸不到，在世界各地正在奔馳或停靠的各類汽車，這就是這個記號（「汽車」）在場與不在場（缺席）的合構之觀念，也就是對立的雙方（在場與缺席）之同時的浮現。是故當真實之物（各種各類在外地的汽車）無法表現給我們親眼看見之時，「我們就要透過記號的改道（detour）來進行」（Derrida 1982: 9）。這時記號成為被延宕的在場（目前不出現在現場，但其後會被我們看見的事物）。是故記號是建立在對現場事物的代表、表述，也是對不在場的同類事物之不同在其後顯現出來，這就是「延異」的意思。是故德希達說：「沒有任何事物是單純地存在（在場）或不存在（缺席）……它們在任何場合都呈現其不同的面貌或痕跡的痕跡而已」（Derrida 1981: 26）。

解構在於注意文本中有所言，以及作者不提起的、沉默的，或加以排除的那部分。也指出在沉默與排除之外，文本中心觀念之所在。解構在於把一個文本同時所說的相互歧異、或矛盾之處指出。它在顛覆任何一個文本從頭至尾一以貫之的邏輯。因之仔細閱讀和嚴肅批判是必要的功夫。德希達平生便是以勤讀、細讀、精讀出名。

德希達認為法律意涵執行的可能性，因之要靠暴力來支撐。他說：「法律是一種暴力，它正當化其本身，也在使用（執行）其本身時得到其正當的名義」（Derrida 1992: 5）。

法律與正義必然捲入表現的與解釋的暴力之環節（moment）中。在法律剛剛產生之際，它還不能成為主宰勢力的工具。反之，「它必須與暴力、權力或破壞力維持某種內在的、複雜的關聯」（Derrida 1992: 13）。因為常常要藉「暴力的動作」（*coup de force*）來為法律建立威信，因此不管是正當的、合理的，還是不正當的、不合理的暴力之使用和解釋，都與法律的出現與執行緊密相隨。任何訴諸法律或正義的要求都會與原始的「暴力的動作」結合。「由於權威的起始，法律地位的奠立基礎在其定義

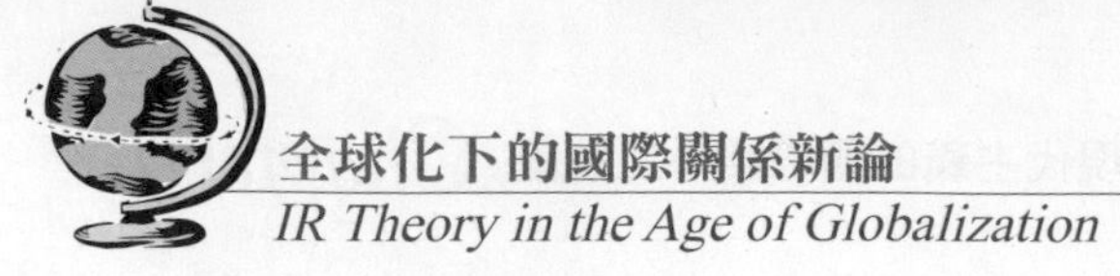

中都是立基於其本身，所以它們（權威與法律）是沒有其他根基的暴力」（Derrida, *ibid*., 14）。

法律與正義（司法）常聯結在一起，但兩者還是有所分別。例如在某一案件中，引用是法條，便歸屬法律的管轄，但未必是正義與否的、公平與否的處理。法律是可被計量的，正義與公平則非引用法條是否正確無誤而已。反之，只有當法條引用失誤，而受到糾正時，才涉及正義與公平的問題。

任何涉及司法、或外交的決斷（decision）都不是一成不變的，有時它遵循的國內法或國際法，有時則考慮到決斷是否公平、符合正義。有擔當、肯負責的政治決斷（政策釐定）是現實政治的要求，但卻也常引發爭議。在決斷與非決斷之間常難拿捏準確，這便是無法決定或無能決定之情況（undecidability）。這種不能決定之情況正是「延異」之翻版。仿照德希達的延異之觀念，康貝爾便討論了國際關係中負責與決斷的問題。南斯拉夫解體後，波士尼亞爆發的內戰造責成歐盟成員對該內戰的干預。這是「外人的職責」（task of outsiders），也就涉及外人干預的行動責任（Campbell 1993; 1998）。

依據德希達的看法，人們只有通過無從決定、不能決定的「瓶頸」（aporia）之際，才有所謂的政治責任與道德責任可言（Derrida 1988: 116）。否則指示機械性的應用規律、律則、原理等等，則談不到決斷。像小布希決定進軍伊拉克，贊成者會指出在推翻一個殘暴的獨裁政權，讓伊拉克人重獲自由。因之，這些贊成干預者便捲入為伊拉克人民獲取自由，而免於受到指責。但在伊拉克展開的軍事行動卻不為參與戰鬥的美軍和軍事行動造成的民眾之死傷負責。因此，要回應別人的求援、求助，這個別人究竟是誰？一旦把資源投注於伊拉克戰事，便無法應用到其他國家、其他民族（遭逢旱澇、災難的賑濟）之上。是故有責任的、負責任的行動並非做好事或做壞事而已。它的意思乃是在困境中拐彎抹角地尋找前進之路而已。

一般人認為知識可以幫助我們立下主意、做出選擇、下達決斷，可是仔細想想這是不可能的，是錯誤的想法。下達決斷所需的知識常是不足的、殘破的、無效的。「任何一個決斷不能靠知識來決定」（Derrida 2002: 229）。不用知識，改用倫理，但德希達的說法是「不但無法保證負責任，倫理一般而言反而鼓動不負責」（Derrida 1995: 61）。這點反駁一般對負責盡職的看法，因為一般人視負責是能夠向公眾解說責任的歸屬，以及能夠遵守規則（像我們經常聽到的官員之說法：「依法行政」）的行為。但對德希達而言負責和沉默不言（避免談起）、單獨性和決斷的瓶頸（阻塞）密切關聯。換言之，任何負責任的動作是單獨的行動，而非與抽象的規律結構相符合、相密契之事。任何理論的和政治的責任存在於「法律同倫理同政治的分離、懸殊不同之上，也是存在於法律理念（人或國家的理念）當其實現的條件之歧異之上」（Derrida 1992: 57）。

決斷與知識屬於不同的層次。我們對別人的求助所做的回應，其決定常不是我們所能控制的。「決定常是別人在我心坎裡，透過我而作的決定，決定超越了我的存有，我的可能性、我的潛能」（Derrida 2006: 103）。

第六節　後現代主義的國際政治理論

後現代師承尼采用榔鎚來敲碎主流派的國際關係理論。它是一種研究途徑，把當代主流的國際政治觀加以顛覆，不認為世界為主權國家組成，不認為這些國家藉國界來區分國內與國外，不認為秩序與混亂（無政府狀態）可以兩分，不認為認同體與歧異截然有別。更重要的後現代挑戰主權是非歷史的質疑、泛宇的超驗的概念。主權和多元對立靠著權力來規定其特徵，究其實不過是宰制與閉鎖的機制，目的在限制政治的實踐。後現代理論家在於打破主流派這種局限、限制，為世界政治的多元多采多姿打開方便之門。

在這些後現代的理論大師中，又以亞希理、歐爾克、康諾理（William Connoly）等人的分析與演繹最為突出。在評估他們的理論之前，先指出後現代怎樣鬆動傳統國際政治研究的錨錠，這涉及研究的實踐之問題。

在後現代對傳統國際關係研究方面之批判，其特色為使用系譜學、解構、國際政治文本分析，或是對普世價值的重估等等方法（也可以說不按牌理出牌的反方法）。這種研究的實踐方式也因研究者眾多而有不同的作法，譬如寇諾理以解構為主，而主張「理論的延後」（theoretical postponism）（Connolly 1991: 13-14, 56）。雖然大家意見紛歧，但後現代主義者都對當前世界政治的想像、映象之性質，對現代主權的危機以及對「抗拒的政治」（politics of resistance）擁有共同的關懷。

Roland Barthes

於是尼采、李歐塔、德希達、巴特（Roland Barthes 1915-1980）、布希亞（Jean Baudrillard 1929-2007）和拉坎（Jacques Lacan 1904-1983）的學說紛紛被引用到國際關係的解讀之上。亦即引用這些後現代主義與後結構主義的前輩之觀點的同時，新一代國際政治理論家如亞希理、歐爾克、康貝爾、戴德連（James Der Derrain）、喬治、沙皮洛（Michael Schapiro）、寇諾理等便開始質疑當代國際關係理論的論述具有規定的功能，從而注意世界政治隨機變化（contingent）的情況。效法後結構主義，他們批評啟蒙運動以來的基本觀念，像人是理性的動物，社會是不停地在進步，兩元對立的意義建構，以及理論與方法的普世假定（洪鎌德 2009a：63-71）。現代是知識追求和知識生產的實踐之時代，其時代精神為把知識應用於型塑社會的實在和製造政治的實在之上，對後現代理論家而言，理論被理解為實踐，誠如亞希理說：「理論並不置身於現代環境生活之外，自認為站在亞基米德的轉捩點之上（足以撼動地球的旋轉）。反之，理論轉化成可以操作的、建立在已知曉的實踐之上」（Ashley 1988: 228）。

歐爾克承認現代主義的批判與後現代主義的觀點有某種程度的延續。不過他仍舊要「挑戰現代性的確認之物，因為這種確認的觀點已淪落為教條的緣故」（Walker 1993: 18）。是故後現代的理論並非從現代性的外頭，而是從其「邊境」（borderlines）、或其「邊緣」（margins）來進行解析（構）與批判。

對現代理論視主權國家的存在，視世界為無政府狀態的看法，後現代予以嚴厲的挑戰與批評。現代性的邊緣或疆界從不確定地劃定下來，而是一再重劃、一再變化的「所在（地域）之政治」（politics of place）。因之，其追求永遠的基地，成為一廂情願。同樣寇諾理認為環球政治「增倍的場地」（multiplying sites），使現代派理論家為主權國家定性和定量（把歷史與領土加以固定）的企圖，會排斥主權統轄之內外的人、物、事等等，它們被排斥於環球事物的研討之外（Connolly 1991: 34）。是故上述後現代理論家所提出的問題是「如何」、「怎樣」，而非像慣常國際理論者所詢問的事實或證據「是什麼？」、「何者？」之類的問題。

亞希理質問：「靠著什麼樣的實踐，歷史的結構如何產生、如何分化、如何變成事物（事物化 reified），如何改變呢？」（Ashley 1987: 409）。歐爾克則指出所謂「後現代的轉折」（post-modern turn）牽涉到「企圖瞭解國際關係的理論如何……在特定的歷史基礎上建構起來，而卻引發這般繁多爭議的主張」（Walker 1993: 18）。

「如何」的問題提出的背後是一股不確定的暗流。也就是對隨機變化的害怕，對失掉意義的世界之恐慌，對沒有真理的標準之擔憂，這些因素使現代主流派把現代性做了主流的建構。近現代教會的失落和朝代的崩解引發了認同體和代表性（表達性）的危機。寇諾理認為在尼采宣布上帝已死之後，人們需要「世俗的再保證」，這便是後期的現代性所牽連的「生死攸關的無意識之現象學」底出現。而在此基礎上發展現代性的種種假設（Conolly 1993: 16）。這種對失落的補償，會把隨機變化的行動加以組織、馴服和懷柔，就像透過理論來過濾種種失望、絕望的情緒。這種絕望的態度被後現代主義者視為「宗教性的態度」，從而導致現代主義者把恐懼轉化為欲望，這是一種把空虛補充的欲望，硬要為普世的判斷設置一個中心，俾為空間、時間和認同體劃上界線，提出限制的種種規定」（Ashley and Walker 1990: 381）。

所謂樹立中心，是首先設定國際關係和環球的條件是無政府狀態，然後具有建構性質的主權國家成為維持秩序和控制變動的中央權威。藉由主權國家之間的爭權奪利來解決泛宇的和特殊（國別）的種種問題。主權國家設置疆界以分辨國內外事務，使國家成為毫無問題，充滿理性的存在與管轄市場之表徵，進一步成為歷史意義自足自滿的建構體。主權國家究其實代表一種政治關係，俾把無法建立秩序，而事實上為混亂的情勢硬行納入秩序之中。靠著國家緊密有效的組織，硬把秩序、規訓壓制在公民身上。這種制度化的正常性與授權形式，迫使主權國家界限內的人民小心翼翼地規劃其生涯，否則有動輒得咎的感受。每個人的認同體是受到宰制模式的塑造，這種模式告訴人們如何去思云言行。

顯然，主權正在減弱當中。它無法把今日世界進行中的零碎化與整合法之各種勢力的交互運作理出一個秩序來。它也無法掌握普世真理的歷史，把歷史當作永恆的結構、確實固定的標準、或各方能夠確認的意義之概念，而這種概念由於時間的加速變化而一再被抹煞掉。後現代的理論家會指出各種壓力，來導致主權概念的不穩定，而主權概念向來便與國家歷史上的發展與政治的變局緊密連結。

歐爾克指稱周遭的變化繁劇，但對變化造成的結果頗難令人理解，時間的加速度變化成為後現代政治的特徵。是故吾人沒有理由再把近現代對主權國家時空建構體當成信以為真，顛撲不破的事實看待（Walker 1993: 14）。

亞希理談到「表述的環球危機」，將國內社會奠基於主權國家，讓主權國家表述（或代表內政，可以合法使用暴力所引發的危機）。近年國際公法上容許私人或非國家的團體可以扮演世界政治的行動者，大大削弱傳統國家主權的觀念。特別何者可以收入（容納），何者可以排出（排斥），使主權國家疆界的確定性、封閉性、隔絕性受到質疑。由是國家主張權力與權威也變成模糊不清的曖昧狀態（Ashley 225）。

寇諾理聲明主權國家之危機在於「隨機變化之環球化」（globalization of contingency）。從後期現代社會對於環境的不安全，對核戰可能爆發的驚悚憂懼，恐怖主義的擔心疑慮，都使人們對以國家為中心的論述採取懷疑的看法（Connolly 1991: 24, 27）。

後現代主義與建構主義相似的所在，為批評主流派的政治學說，尤其是以實證主義為主導的現代性之解析。為此原因，在國際關係理論上，後現代主義與建構主義皆同屬「後實證主義」。同樣對世界政治採取倫理的關懷，而不主張什麼價值中立、純客觀、純科學的研究途徑。與建構主義不同的是後現代主義在涉及其本身不以整體化、總體化的主義自居，也拒絕使用包山包海的「大敘述」、覆蓋（overarching，像拱形那樣廣包）性的理論來解釋環球政治，這點與建構主義相異。同時後現代主義會為世界之改變提供說詞：宰制與排他的實踐之過程，常左右人們的認知與知識（Dornelles 2002: 1-2）。

第七節　建構主義和後現代主義之異同

建構主義可以說是處在後現代主義和實證主義（理性主義、新現實主義、新自由主義）之中間地帶的國際政治新學說（Adler 1997），這是企圖解決科學的客觀主義（實證主義）與反經驗性的相對主義（後現代主義）之困惑（paradox，前後矛盾）的新研究途徑。正如前述建構主義重視的是國際政治互為主觀的性質，而國際活動之遊戲形成大家接受與認可的規範和實踐，也是諸行動者互為建構的產品。是故其研究之重點為行動者對結構——特別是意義結構——的瞭解與解釋。

對於建構主義所注重的國際相互主觀建構的意義結構與實踐活動，後現代主義並不忽視。例如外交政策與嚇阻政策所觸及的「符號」、「象徵」（symbols）過去不為主流派理論家列入考慮、分析的對象，但後現代主義者陸克（Timothy Luke）卻加以關懷，他認為國家安全中符號學（semiotic）的解釋，有助於對嚇阻政策的析讀。在國際政治中存在著符號學、字義學的程序，亦即形成象徵字眼，而讓行動者去感知（perception）和反應（Luke 1989）。這種研究途徑與建構主義者的看法，並無違逆，像建構主義者阿德勒（Emanuel Adler）便指出行動者一旦集體性創造了客體物（例如國家安全，及其威脅），則實在（現實、實相）便因為這些客體物產生的效果（不管是有意造成的效果，還是無意造成的效果），而呈現在行動者的面前，導致行動者必須有所抉擇與採取行動（Adler 1997: 328）。

不過，後現代主義不僅接受建構主義有關互為主觀的實踐和彼此建構的規範和意義結構（亦即流行的、為大家所接受的記號、象徵），它還進一步把這些研究的對象加以解構，其目的在「呈現所有的意義體系是何等的危險、靠不住，常有自我挫敗（自我矛盾）之處，且趨向封閉自足，而不求有效解決問題的毛病」（Dunne 1995: 380）。這點與建構主義對規範與實踐，不加反思、不加解構完全不同。換言之，它把規範與實踐當作靜態的條件看待，這點與主流派新現實主義當作體系的常數或規則來看待，是毫無二致。

傳統的、主流的國際關係對實在的看法，對接近各國政府的實踐之析述，是一種誤導性的客觀主義，其基礎為權力政治，把國家某些行為只視為權力的追逐、保持與擴大，從而使學門政治化，也把世界政治看做政治化的結果。實證主義理論者愈是使用這種修辭學式的爭論，愈使辯論的議題空洞化。這是後現代主義何以斥責他們患了「認識論的憂悒」（epistemological hypochondria）（Halliday 1996: 320）之因由，這無非是對後現代主義批評實證主義犯上「笛卡兒的焦慮症」的回應。

要之，後現代主義主張國際關係的研讀並無任何政治基礎的存在，世局的演變是由於知識與權力互動的結果。後現代主義對新現實主義，甚至建構主義批評的所在，是認為後面這兩種理論離不開「邏格斯中心主義」，像在國際關係的析述中，現實主義與建構主義都認為國家是一種邏輯的建構，也假定國際事務中主權國家是中心論題，這表示建構主義接受了英國學派的知識傳承（Dunne 1995）。後現代主義也指摘建構主義無法擺脫帶有自然科學傾向的社會科學之框架（George 1994）。

由於對權力的效應不夠敏感，建構主義的國際觀不免陷入靜態中。它雖然重視國家為正當性的暴力組織，也把國際關係當作衝突的脈絡，以及視國際戰爭為國際關係主要的戲碼，但它這種以國家為中心的說法對現代國家的起源沒有令人心服的解說，更不必說國家形成一體性，與經驗事實相違背，例如宗教與文化的異質性所構造的非洲國家，大大不同於同質性高的歐洲國家。因掉入「權力政治的權力」，結構主義用西方工業化發達的國家來做為環球國家的假設，其錯誤是很明顯的。

在國際政治中一旦把權力縮小，建構主義有關符號學上的解釋之範圍便很難跨越、很難揚棄。反之，後現代主義則嘗試恢復權力的概念，並重新把此一概念加以型塑。事實上，權力無處不在，其「觸角」（tentacles）到處伸張，令人難以逃避。知識替代權力發揮作用，或彰顯某些事物，或把其他知識消音。德維塔（Richard Devetak）如此說：

> 存在著一種「內在性的規則」，藉此普遍的連貫〔無法再化約為認同體〕存在於解釋的模式與權力的運作之間。它們彼此相輔相成，〔學者之〕職責在於看出權力的運作如何能夠同現代世界廣大的社會與政治網絡相密契、相配合。（Devetak 1996: 182）

所有的知識與系統化的實踐，都是屬於政治的。知識與實踐都帶有價值的成分，尤其與權力的大小分不開。不是建構主義忽視權力便可以獲致價值中立或客觀化的美名。在受到福科的影響下，康貝爾呼籲建立頭尾融貫的環球政治之理論，這種理論要對權力產生敏感，並且理解權力與知識的關係，以及對敘述方面重視文本與文本之間的關聯（intertextual narratives）（Campbell 1996）。對康貝爾而言，理論不僅聚焦政治的互為主觀的特徵之上，也要對權力及其多方效果加以留意。後現代的研究途徑要分析在權力關係之影響下，行動者如何看待彼此，並對別人（國）做出行動，也應該瞭解他們互動的結果對既存權力關係的衝擊。目前國家之間的疆界已隨全球化的步伐逐漸失掉其重要性，取代國界的是規範與實踐，這就是「橫貫（越界）的政治」（transversal politics）。

Mikhail Gorbachev

有異於建構主義對國際政治的改變沒有具體的說詞，後現代主義注意到政治變遷，因為它對行動者及其從事的實踐的起頭關聯，譬如蘇東波變天，是否開始於波蘭、捷克的民心思變，來導致戈巴契夫的「重建」、「改革」（*перестройка*; perestroika），最終使舊蘇聯崩解？換言之，革命爆發前發生了什麼事？為什麼這些破天荒要求變革之事會引發？除了偶然因素之外，是什麼原因造成這些變革、革命、變天成為可能呢？建構主義者會解釋蘇東波變天是由於舊蘇聯「單方面」（unilateral）政治、經濟、軍事的失敗所造成的。但站在後現代主義的解說，則是東歐的動機和舊蘇聯異議分子的反政府活動，以及西方自由民主的理念滲透進入東方集團裡，從而把共產主義優異於資本主義的神話——邏格斯中心主義——打破，而造成俄國與東歐人民世界觀的改變與歧化。這種說詞能解釋初期東歐的抗暴活動，也可以解釋其後蘇聯共黨的沒落和紅色帝國的崩解。

邏格斯中心解構的論述不能單單指出是西方刻意推動的。反之，它是東方集團站在邊緣地帶的社會勢力與外頭輸進來的理念之互動，這些理念靠著國際媒體的大肆傳播而散開出來，而逐漸重構一個嶄新的、屬於歐洲之東方（東歐與俄國）社會的論述。這個嶄新的、主導性的論述開始生根茁壯，接著把權力／知識的關係加以轉型，從而產生的政治體系（權力）

遂仰賴新理念（知識）來支撐。反過來說，這些理念的優越性之持續發揮作用也靠著政治體系的權力運作才有可能。但這兩者（知識與權力）卻無法解釋歷史何以必然發生與演變。後現代主義不把歷史當做具有目的、具有方向的發展紀錄，而是優越的、主導的論述取代另一種被更迭的論述之前後相隨。不過主導的論述之發光發熱只是就特定的權力／知識結合體之表現。因之，即便是今日的東歐與俄國（獨聯體）的新論述當道，它也不會排除其他的論述，以及位於邊緣上的、與主流論述打交道的其他運動（思想、政治、社會、經濟、文化等等的運動）。同時，主流論述因處於經常改變的流轉中，要加以客觀地辨識、指認、證實也無可能。

第八節　後現代主義的批評與辯解

藉著後現代主義的觀點去分析國際政治的學者常被譏笑為「弄濁一池春水」，既無法與同僚同好做溝通，也招惹一大堆的爭議和指責（Osterud 1997）。這是由於這一學派方興未艾，尚未成氣候之故，也是研究者屈指可數的原因。再說，後現代主義的理論過分小心翼翼地去發掘問題、探索現象，也造成學界對其研究成績不斐的錯覺。其實應用後現代哲學於國際關係的考察上，可以糾正現實主義者把非批判的知識應用於特殊目的之錯誤。

此外，後現代主義理論者強調文本性與脈絡性，造成批評者的抨擊。他們批評前者陷身於徹底的虛無主義與相對主義的窠臼中。原因是既否定「大敘述」之必要，而又反對任何一門學問有其根基、或基礎、或有其最高的指導原則之存在，自然無法討論寰宇性、世界範圍裡的大事，而只好強調地方的、特殊的個案、個例，然後強調個案、個例所受時空、文化等等脈絡的影響，甚至制約。這樣的討論國際政治不歸於無本、無根的虛無主義，便是陷身於相對主義的裡頭。不但在本體論上不贊成本質論（essentialism），因而犯著無主體、無認同體之虛無主義，就是方法論上也走上反實證主義與反經驗主義的研究途徑，是故後現代主義也否認客觀的方法之存在，更不必提理論必須排除錯誤、證明為錯誤（falsifying）的方法（Karl Popper的方法論）。

顯然，後現代主義不追求事象的絕對確定性。反之，它主要證明的是絕對主義者知識的訴求（絕對符合真理的知識之主張）是站不住腳的，而且指出這種絕對確定性的追求對國際政治這一學門之傷害。於是批評者控告後現代主義者在鼓吹「認知論的無政府狀態」（Lapid 1989）。

不過指摘後現代主義反經驗主義，犯了虛無主義的毛病，也是言過其實。因為後現代主義所否定的是反對「事實可以為自己說話」之實證看法。所批判的是認為社會科學中蒐集的資訊是一種價值中立，甚至是客觀的說法與作法（Smith 1997: 333），這也就是反對實證主義的主張。

另外，有人指責後現代主義是高度理論的、抽象的國際關係之研讀，有遠離具體的國際實在之研讀。這種過分搞理論（theoreticist），只為理論而理論，不免違背了「實質的分析」（substantive analysis）與「歷史中的具體事實」（concrete in history），「這是學術的內向」（academic introversion），無法給國際關係這門學科「更為嚴謹地討論實在的世界及其外頭的事物」（Halliday 1994: 23）。亦即後現代主義當成一種理論是不夠圓融一貫，當成一種實踐的關係則與國際關係的世界完全脫節，主要在對理論與實踐的關係沒有適當的理解，因為它無從適當地表達「實在的世界」，也不分析行動（agency）的來龍去脈。這是哈利代（Fred Halliday）的批評。

對哈利代這種批評，德維塔加以反駁，認為後現代主義可以提供實質性的理論分析，它也不躲避政治實踐的問題。至於理論與實踐的關係，後現代主義不看做是給定的、既定的，而需要再三思考和檢討的問題。理論不是僅僅拿來與政治實踐作對照，而是要考察理論的本質，理論當成知識與權力之關係。換言之，吾人與「實在的世界」之關係以及吾人對行動的看法一向視為當然、必然、信以為真之假設，但如今卻要藉後現代主義來解構、來反思、來重新檢討。在這一意義下，後現代主義對理論與實踐之關係會打開一扇門、開拓一條路，使我們大步走出去（Devetak 1999: 61-62）。

第九節 結 論

後現代主義代表著一股新的思潮在抗拒本體論與認識論方面的總體化、整體化。為此採用觀點主義來破除總體化的神話。另一方面後現代主義也主張去中心化，在國際關係中解構主權國家的主要之角色。

在《國族的解構》一書中，康貝爾分析波士尼亞的內戰便採用觀點主義，目的在對同一事件，因觀點的差異做出不同的解釋，因而造成差異極大的效果。原因是觀點對「實在的世界」的建構握有關鍵性的作用。觀點不僅是現象實在世界的望遠鏡或顯微鏡，也是構成真實世界的鋼筋水泥或經緯織品（fabric）。它不只是客體物的成分，也是客體物的本身，因為在觀點之外、之前，或敘述之外、之前，並不存在著客體物的緣故。換言之，藉著觀點和敘述，可以建構事件，也可以瞭解事件，這便是「實在的敘述化」（narrativisation of reality）（Campbell 1998: 35）。敘述不僅是再度表述，而是把過去、現在與未來連結為「在場」的說法。

康斯坦提努（Costas Constantinou）的《外交之途》在解構主權國家是國際政治的主角之神話。他所重視的是「存有的理由」（*raison d'être*），而非「國家的理由」（*raison d'état*）。他主要的關懷為理性與實踐，亦即派遣外交代表的想法和外交人員的遣派與接見兩者的原始關聯。他認為其最初的使節交換的作法根植於西方形而上學的思想裡，亦即德希達所謂的「在場之形而上學」。就外交史的理論與實踐加以追溯的話，並非先有國家之存在，才有外交代表的派遣。相反地，事先有派遣的動作（遣派差使），才有遣派者（國家、交戰團體等）之產生。換言之，派遣使節在彰顯國家的「在場」。使節駐紮在外（客卿之）國發揮「在場的代表」之功能（Constantinou 1996: 36）。

與此相似的為韋柏女士（Cynthia Weber）對主權的新詮釋，在其大作《刺激主權》一書中，她指出國家主權的意義屢遭干涉理論與實踐的質疑和抨擊。原因是當做概念和制度的主權，在時間過程中有重大的轉變，因之呈現了不穩定。顯然對干涉的不同看法與作法會影響到「主權」一詞的穩定性。韋柏女士質疑主權國家可以當成基礎性的指涉體。要界定主權的存在，反而要靠其相反的觀念——干涉——才有可能。「要確定某物（主權）之存在必須把其相反的事物（干預）之存在」標明才行（Weber 1995: 27）。由是可知國家要靠包圍它的確認（主權），以及否定它的對立物（干預）來建構起來。干預的論述發揮了「不在現場的功能」（alibi function）。

後現代這種把國家主體加以去除或稱去中心的努力，不代表它無視國家的存在。它只表明不把國家、不把主體當作約定俗成、信以為真的事物看待，它要我們對主體（國家）的建構進一步考察、探討，並認為他（它）為主持國家的政治人物，或國內外活動的結果。

在這種說詞之下，後現代主義主張理論要當做實踐來看待。由於觀點與敘述參與「實在的世界」之建物，理論必須看做是政治的實踐，一種可加以知識化（擁有知識）的實踐（knowledgeable practice）。這就彰顯上述「實在的敘述化」之意義。把理論視同為實踐意涵理論與實踐的合一，哲學與政治的一體。這又可以引申以下三種意涵。其一，並非視理論機械性應用性的工具用在政治情境，亦即理論並非算計或直接應用；其二並不存在純粹或不純粹的政治選擇（options），任何一種選擇都會排除其他的選擇而引發爭論、反抗；其三，在把哲學與政治合一觀察時，對於政治改變的理念，也要重加檢討，特別是反對單一的，連合的主體對某一現存事件的干預。是故改變或革命的主體（無論是無產階級、女性、少數民族、環保團體，及其他的社會運動等）之認同與正當性都要存疑，以免改變或革命成為空洞的口號或教條式的宣揚（Devetak 1999: 71-73）。

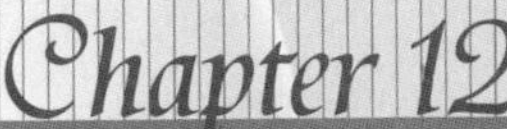

後結構主義和國際關係理論

第一節 前 言

就像批判理論、結構主義、後現代主義一樣，後結構主義在過去三、四十年的發展中，除了陣營內部自我分裂相爭不息之外，就是開頭時針對主流派國際關係理論之不滿與批評，但後期則注意到特殊的問題與議題的實踐應對（practical engagement，實踐從事）方面，而成為環球政治新思潮之一。後結構主義討論的問題、議題包括安全、戰爭、軍事動作、認同、疆界、飢荒、難民、人道干預、外交政策、外交往來、環保、國際制度、國際倫理、後殖民政經、以及衝突解決等等。後結構主義與其視為國際關係的新學派，還不如稱做是環球政治中的新世界觀（*Weltanschauung*）。持這種世界觀的學者，不贊同傳統的對待各國與全球事務所抱持約定俗成的看法，而毋寧加以存疑、不信和挑戰的態度，尤其反對廣包的、高高在上的拱門式的（over-arching）大理論（包括所謂的國家利益、權力平衡、單極或多元的霸權穩定等等之理論）。在放棄大理論的析述之餘，致力於特殊歷史關頭上發生的特別世事的看法、想法與說法。不但世事的細節詳情以特殊觀點來燭照，還進一步考察人們以何種特別的作法、何種社會的實踐來面對與解決其迫切的問題。

即便是把小事件以大理論來加以看待與型塑，這種理論工作被看成社會實踐的一部分。換言之，理論是世局推移的環節，無可能脫離現實、實際、實在，而獨立自存。後結構主義最先的假設，便是認為理論家無法站在世界之外（所謂阿基米德點）來觀察局勢的推移、世事的變遷。無論在自然現象、人文領域、社會科學中所有的觀察所得與理論建構，都是世界的一部分，用以解釋世界，也造成對世界解釋與說明的效果。也就是說所有的理論不可能是價值中立、或稱政治上不偏不倚，蓋理論家不是世事客觀的描繪者、分析者，而是參與者、關係人（Edkins 2007: 88）。

由於後結構主義對自然科學、社會科學和人文學科的種種理論，乃是人們日常生活的常識，都加以質疑、詰問、挑戰，因之，它之不易被瞭解，不易被接受，就成為明顯的事實。是故企圖瞭解後結構主義，必須有意願（即便是臨時起意）去採取這種思維的新方式。這種理解方式所觸及的是「生命、宇宙及其中任何事物」，亦即採取反通常、反直覺、反常理的懷疑態度來看待世界、解釋世界，或改變世界。與後現代主義相似，後結構主義要質疑或挑戰的是現代性的思維模式，包括個人、認同、物質利益、人事變化過程、事件、結構（包括實質世界的結構和意義的結構等等）。這是由於這些彼此無牽連的單位，在現代性的思維中認為是構成世界之因素，促成世事之因由，認為在時間過程中是存在的事實，各擁有其特質或特性，不須加以質疑與否認。於是現代的政治與社會理論在於描繪和分析各項因素結合或分離造成的現象，注意到人與物的互動、行動與結構之間的關聯等等。反之，後結構主義者，並不以各種事物（包括人與物）之關聯為考察的起點，也就是以個人如何累積成社群，社群如何進行實踐去追求其共同目標（或排除別人、別群對此目標之競爭、取得）。反之，認為個人並非在任何時空情況下可以隨便加以界定的，真正存在的，個人雖然在歷史上或地理上特定情況下的產物，捨開時空的指涉點、捨開歷史學與地理的思維，世上無「人」或「個人」存在的意義。把每個有個體性、有特殊性的人當成普遍的人、一般的人群、人類看待，或把每個不同性質的「存有」（being），看成構成世界之單位（人與物）都是傳統與現代思想不適當的聯想與概括化，都為後結構主義者所不取。他們提出看待世事及其組成因素不同於傳統的看法、不同於普通常識的想法。

換言之，應用到國際關係方面，後結構主義企圖藉解構的、解釋的、批判的、心理分析的、系譜學的研究方法與途徑，來檢驗環球政治的實踐（把理論塑造、理論建構當成社會實踐之一環）。在其出現之前一般稱做後現代主義。在研究途徑上則與後基礎主義、後實證主義相並排、相連線，都是對主流派重視實證主義、重理論有其基礎、假設，以及注重科學方法、經驗取向提出嚴重的批判，甚至加以揚棄的主張。不過這種實證主義與基礎主義的批評或揚棄有造成對後結構主義誤會之虞，以為後結構主義者放棄基礎，否定實有之存在。事實上後結構主義只是否認有所謂的基礎本質以及討論原點之存在，而認為基礎與原點都是人們論述（言談、話語）建構出來的東西。原因是後結構主義者不相信有世界之外的阿基米德點可以供研究者來看待世界，可以對世界發生的大小事件做出客觀的分析、正確的判斷，甚至合理的干預。

就字義上來講，後結構主義是建立在結構主義或解構主義之上的理論，再予以發展，同時也是對結構主義的解構與超越（揚棄）。不過後結構主義並非對結構主義的反對與挑戰而已。它主要在挑戰中心化（擁有中心）的結構之概念，而考慮一個無中心、去中心的結構是否可能，但並非把結構的理念完全拋開、完全丟棄。必須澄清的是後結構主義與國際關係中行動與結構的理論（紀登士的結構兼行動〔structuration〕理論）並非一體，而是相關聯。不要誤會後結構主義只站在行動（國家、財團的行動）的一邊，而反對結構（國際社會、制度、規範）的另一邊。與此想法剛好相反，後結構的思維是認為行動與結構是在同一瞬間相互建構的。由於對後結構主義有所誤會，導致傳統的理論者對這個詞彙（謂）（「後結構主義」）的不喜歡，也反對把「後」與「結構主義」合成一詞的過程。更不喜歡在後結構主義的名義之下，結合一群意見、看法、推論完全相異的學者。這是由於國際政治中以後結構主義之名稱而做出彼此不相容，甚至相互衝突的說詞、論證，這表示同中有異、異中有同，都值得吾人注目（Edkins 2009: 681-682）。

後結構主義討論的議題、項目、事項涉及主體性、語言與論述、權力關係與生命政治，超過（excess）與欠缺（lack），也涉及研究方法，以及同其他思潮的異同或分合。詳言如下節。

第二節 主體與主體性

René Descartes

後結構主義所論述的一大堆事項、議題、概念中，最先引人矚目的去中心的主體（de-centered subject）。這個概念正是對笛卡兒「吾思故吾存」（*cogito ergo sum*）的說法之背離。也就是從自我懷疑到自我肯定的哲學之「我」，走向在別人的心鏡上看出來的社會學之「我」。這主體的我乃是從社會與經濟環境中成長變遷的我。換言之，當人誕生之初，由無知、而不知自我，其後隨著家庭的養育、學校的教育和社會的訓育（社會化），而逐漸認識與體會自我之存在。就在天生／培養和自然發展／環境制約對照的脈絡上展開的兩元辯論。究竟自我是社會的產物，還是內涵本質（基因、精神）的天性之表現？至今尚無定論。大體上視兩者或多或少（先天的秉賦與後天的型塑）的互動，把自我製造出來、展示出來。

既然第一步走出笛卡兒的陰影，第二步則邁向「後結構的」主體。它涉及對事先存在的主體性所留下殘餘概念的放棄。這種說法與想法意味著「主體」與「世界」並非完全可以分開、各自獨立的單位。而是它們既然產生「主體」，也產生「世界」。這是透過社會的、文化的，特別是政治實踐所造成的結果。這就是建構主義者津津樂道的說法：主體與社會秩序「相互建構」、或「並構」（co-constitute），兩者中無一事先就存在（先有個人才有社會，還是先有社會才有個人）。在這種說法下，主體並非在社會中誕生。反之，主體產生其本身隸屬於做為全體的一部分之世界，同時也因為世界的存在，主體生產其本身。世界與主體、主體與世界視為同一瞬間產生的。

這些說法常被誤會為對物質實在（實相）之存在持反對的立場，這些聲明或主張其實在指出，物質之外無物存在，或是說在文本之外，不存在任何的東西。主體與主體性之分別在於前者認為有一個核心的主體之物，亦即本質上（essential）、核心（core）中有個主體的存在，這就是主體而言。至於主體性未必有其本質或核心，只是略具這種樣式、規模、指謂，這是涉及主體性質的問題。把主體當成零散的，或認同體多樣性的統合、綰合者（holder），可以說是後結構主義者思維之特徵，亦即認為主體具有各種各樣的立場——主體的諸立場（subject positions）。這種看法的後結構主義者等於保留了實質性主體這個概念，而強調主體不斷改變的立場和性質，亦即主體性，而非主體。可是一旦不把這些不同的認同體、立場繼續「占有」（possess），那就必須放棄有核心主體之存在，放棄有本質性的主體之存在。在這裡可以看出主體與主體性的看法之歧異，會導致採用建構主義的觀點、或是應用後結構主義的看法來討論國際關係。

Sigmund Freud

導致把哲學的主體變成社會學的主體，再轉化成後現代的主體，可以歸因於數股的思潮之激盪，其一為佛洛依德的精神（心理）分析，不認為人類對其思想的控制如同笛卡兒所說的「吾思故吾存」這樣簡單。從其病人的做夢之分析，失言和詼諧笑話的觀察與解析中，佛洛依德發現心靈的結構是多層的，尤其是下（潛）意識的存在與活動，常在人們睡夢、催眠、無意間突然出現。對於這些下意識、潛意識的認識或體會，不是思維過程可以自由進出、隨便把捉的。更何況所謂「自我」（ego），是當人們自我反思、頭腦清楚之際可能想到的部分。除了自我之外，還有潛意識的「本我」（id），更有參與社會與文化薰陶下的「超我」（super-ego）。這證明單單一個我，便要涉及本我、自我與超我三項。

除了心理分析之外，尚有語言的分析，這是引用索緒爾學說的菁華。他展示語言並非事先便已存在的理念，也非透明、或格式之溝通工具。世上事物的命名是隨意的，而非事先大家商量妥善之後才決定的，儘管我們聽到「約定俗成」這種命名之說法。須知各民族、各文化皆有命名之方式與事物的稱謂。是故做為客體之事物，其存在、其稱謂完全歸功於命名的過程。事物的命名其實和「世上諸事物」位置的排序、連貫、關係無涉。

任何事物或個體物並非一開始便準備接受命名，這可以指出同一被命名的標的物，隨著種族、習慣、語言、文化的不同，而呈現各種各樣彼此不相似的名稱，它造成講話者去「看見」其命名之標的物（客體物）。因之，並非人群在「說」語文，而是語文在「說」人群。這就意味凡被說到、想到之物都要靠特別的語言來表達出來，這也是不同種族與文化的人群所看見的世界，有了語言人們才會怎樣看、怎樣想。由索緒爾的語言結構之分析學說，可以理解笛卡兒把思想與個人之存在連結在一起，其背後卻潛存著社會的活動，亦即透過社會活動命名的語文，人們才會思想，有了思想才會肯定自我的存在。可見自我存在的根源固然是思想，但思想卻含有語文的作用，亦即社會作用才能發揮出來的，這表示自我並非單單個人思想，也是涉及與別人溝通中才會浮現的事項、動作、認同體。

第三節　語言與論述

後結構主義所留意的除了主體性重於主體之外，便是強調語文、論述和解釋的重要意義性。索緒爾曾經指出語言對世界建構之重要性，又強調語言中每個字詞的意義所依靠的並非正面的價值，而是在其有所分別，有異於其他的名稱。每個字彙（字詞）的意思並不繫於發聲和所代表（表達）的客體之關係（例外的是miau或mau的發聲與「貓」之關聯），而在於一個字（詞）與另一個字（詞）之不同（例如「貓」與「狗」之不同，「狗」與「豬」之不同）。提到「貓」而覺得其有意義，正因為不提「狗」或「豬」的緣故，亦即因為不舉出另一個詞彙（「豬」、「狗」或

「兔」），才能顯示目前指涉的這個動物的意義（指涉了「貓」）。這個「舉一『反』三」的概念繼續引申，便是福科對「論述」（discourse）一詞的說法。

論述在語言學上是比一個句子範圍更大的表達，主要在研究這個表達方式涉及的語意學、句法、文體等方面語言學的效果，包括句子排列順序對於達意的作用（「這隻貓非常可愛」）。

顯然，論述是從語言、文本產生出來的一大堆概念、句子之組合。它是社會的實踐，有系統地建立出來的思想、溝通，與社會的客體物（objects）。它們獲得某些立場來形成講話、論述的方式，俾社會實在（social reality）的某些面向被人群所想像（例如國家的主權），也供人群加以作為（主權的保衛、爭取），產生特定的影響與作用。換言之，論述不但是抽象思維和溝通的實踐，更能夠產生物質性的效應與結果。社會科學不只在理解社會界，也利用其知識、說詞、論述而參與社會的實踐，以其所見、所想、所寫，來建構了社會界、國際關係、世界政治、環球經濟等等。

福科在《事物的順序》（1966）一書中，使用論述時注意的是文本、作者所涉及的學科，諸如經濟學、自然史等等。他也注意到某一特定時期所流行的習俗觀念（conventions），藉此來把文本和作者的著作做了分類，靠著他知識的考古學來挖掘這些習俗觀念的改變。後期的福科也把其重點放在論述與社會實踐之間的關係之考察上，採用的卻是系譜學的方法。

換言之，福科所覺得有趣的東西，是在某一時期對某種事物有怎樣的說法。他探討在某一時代不同的東西各種說法之間的聯繫。除了指明與說出的事物之外，也會對事情「嵌入」的社會實踐加以說明，這便成為某一時代的「認知體」（*episteme*）。他說不同的認知體之特徵為看待世界不同的角度、不同的說法，也可以說如何把世界納入秩序的看法，把世界錯亂無序的萬事萬物納入一個有秩序、有位階、有規律的系統的意義當中。

至於「理念的歷史」則是對某一概念在歷史中演進做追蹤的工作。對福科而言，知識的考古學是描述當前的歷史（以目前的觀點來解釋過去發生之事象），目的在顯示不同時代對世界採取不同的排序（ordering）方法。但這種方法並非一貫的、相繼的、連續的。反之，是觀念與排序之不連續。

論述並非僅僅限制在書寫、言談、書面紀錄之內，也包括一時代、一學科有關的象徵、符號的系統，以及與此等符號體系牽連的社會實踐。福科對當代社會研究與政治分析最大的貢獻，在於證明知識與主體性、或稱主體之物（subject-hood）緊密連結。特別是懲罰的制度和監獄制度，更說明對受罰者或囚犯的知識和被懲罰者主體怎樣發生關聯。主權者對受罰者和「犯人」怎樣從身體的斬首、凌遲到剝奪其行動的自由，到讓犯罪人內化外頭的監視，成為自我的警惕和規訓。這種懲罰體系涉及懲處的形式，而這種形式產生了一連串規訓的實踐：包括投獄、監禁、繼續監視，蒐集犯人在監言行資料和接受強制服勞、服役的紀錄等等。

在圓形監視塔日夜監控下，囚犯會誤認為其一舉一動、一言一行都被監視者盡收眼底，從而變成驚弓之鳥，由外人的監督轉化成自我規訓。儘管監獄對改造囚犯效力不彰，重犯屢犯經常發生，但畢竟這個囚禁的監獄制度仍舊成為社會繼續存在，發揮監控作用的場所。對福科而言，這個制度何以失敗，並非他要質問的所在。反之，他在詢問「這些制度的功能是什麼？」對此他的回應是，囚犯、或「離經叛道」者、行為偏差者是一群沒有政治聲音的人群，有異於所謂正常人、良民之外，特殊的、有分別的人群。

把福科這種說詞應用到國際政治之上，可以說第三世界的發展是一種失敗的過程，無法產生已宣示的目標，被歸類於環球不發達、經濟成長緩慢的地區與國度（「落後國家」）。這種不發展或遲發展的情勢繼續在運行，俾為業已發展的國家不時伸出援手、進行干涉找到理由與藉口（Escobar 1995）。

第四節　權力關係與生物政治

福科的學說在引發主體和規訓之外的第三股想法，也就是對權力的重新理解。傳統上認為權力為某人、某集團所擁有的優勢、影響力、發號施令的本事。譬如國家與某些個人（統治者、主政者）擁有對別國或別人指使的權力。當權力與權力碰撞時，我們提起權力的對抗或制衡，我們也談及政治權力、經濟權力、軍事權力，甚至文化優勢。但福科卻不把權力當作個人、群體、國家的特別性質，可被人群擁有、操控或拋棄。反之，權力是在人際、群際、國際的關係中產生出來的事物，是故他不言「權力」，而談「權力關係」或「關係的權力」（relational power）。權力並非被中心所操控，而是不同層次的社會互動中，也是在不同的作法之下，產生與散開出來。福科說：「權力運作的本身創造與造成知識的新客體，聚集資訊的新體系」，與此同時「知識不斷地引發權力的效果」（Foucault 1980: 51-52）。

這是福科視權力／知識為一體，而非指權力就是知識。因為他說：「事實上我把它們（權力與知識）的關係之間的問題視為同一物」（Foucault 1986: 43）。這個重點為強調權力與知識的相互性，也就是說知識形式（亦即人的科學）促使規訓成為可能，以及規訓的權力在控制人群的行為，發揮權力影響的作用。換言之，從控制行為、施展權力而蒐集的知識，使權力的施行更為擴大、更為細緻。從而看出知識的累積在增強權力，權力運作在增進新知，彼此進行互補加強的辯證關係（洪鎌德 2006：486）。這裡必須指出並非有權有勢的人便擁有知識，而是指他們的權勢，使他們可以大言不慚地說：什麼是「知識」、什麼是「真理」。同時「知識」、「真理」也型塑他們優勢的地位、型塑其主體性。權力是無處不在的，不只存在於國際之間，更存在人際之處，常以毛細管的方式到處呈現。權力是使用者單方面要求貫徹其意願之機會，因之，有時不惜使用武力、或暴力來使對手屈服。但權力卻也會引起對手的反抗。對福科而言，權力與反抗並非分開，相反地，權力蘊涵抵抗。更何況經過一段時間的沉澱之後，權力是在人（國）際互動的微觀物理學上產生的宰制與反抗之關係（洪鎌德 2006：486-488）。

福科認為在十六與十七世紀初，歐洲各國不再保護老百姓真正的信仰與增進其德行。取代這種宗教與倫理的職責，變成照顧老百姓的物質、生理生活，這包括阻卻疾疫的發生、流行，注重醫療與公衛、展開與推展福利政策。總之，這點有關人的身體之保護所聲稱的生物學政治，隨後政府不只注意百姓生命安全、身體健康，連胎兒的存活、基因、幹細胞的研究、臍帶血銀行的管理，都次第納入主政者的治理目標之內，顯示這四百年來統治的理念，不啻為生物政治學的登峰造極。

福科對這種歷史改變之因由不肯探索、不再使用其早期考古學的方式去考察，他只關心系譜學主要類型的辨識而已，也就是不肯做因果性的解釋。對他而言，西方有治理、正顯示西方文明發展之獨特。對他而言，每個文明不停地從簡單朝複雜發展，是故呈現了社會的專門化、歧異化，也呈現政治控制的集中化、專業化。這或者是由於「複雜是文明的基礎」這一事實的緣故。但在文明走向複雜的階段時，確有一股反更新、反創意的守舊勢力起來反抗。因此人類究竟是喜新、還是惜舊。無法用來解釋西方何以重視政府、熱愛治理。這是否與西方人講究理性有關呢？

福科在1982年討論〈諸個人的政治科技〉一文中指稱：「（當前）政治理論的失敗可能不是由於政治，也不是肇因於理論（的失敗），而是它們（政治與理論）所根植的那類理性」（Foucault 1982: 161）。

在對權力關係仔細地研讀下，福科指出一系列不同的權力運作，這便是何以早期權力者輕易地對反抗者、反叛者加以傷害身體、剝奪生命的殘酷刑罰。而如今主權者則由判死，而改為囚禁異議者，亦即改以判生（但限制其自由）來施展其生物學上的權力。由管理少數人擴大到治理整個國家的國民，便是生物學政治的推行。

第五節　超過或欠缺

後結構主義者除了使用福科有關主體性、論述的實踐、和權力關係的理念之外，還加上第四種的議題，或第四股的想法。這是指超過、過分（excess），以及欠缺、不足（lack）而言。這個議題所要涉獵、或談及的是論述未言明的「實在的」或「神秘的」那部分陳述。譬如國家是怎樣建構的、成立的，以及一旦構成又如何被大家忘記的那些事情。

這種超過或欠缺也可以應用到事物命名之後，無法僅僅反映命名當初的本意，或該物的舉止、行動，因之超過命名之實，或是不符合命名的原意。舉個淺例，我們常稱呼某些人為「政治的活動者」。這些活動者是不是參與選舉的舉動，還是熱烈討論施政者，關心國家大事，還是抒寫政治意見於報紙輿論版，參加名嘴評論現場的叩應？這表示「政治活動者」一詞，不只是關心政治、熱心政治參與的普通人，還有超過這個名稱，以政治為志業、職業的政治人物、政客使用的稱呼，或是關心公共事務，地方福利的人士（還不及於直接參與政治活動，亦即「政治活動者」一詞有所「欠缺」的那些人）。我們甚至還可以把「政治活動者」一詞擴大到到街頭巷議的婆婆媽媽，或聚首喝茶聊天的茶店老人之上。這種後結構主義的想法，可以說同學者們要探討「權威的神秘基礎」有相關之處，也就是在把權威推想到國家的起源、法律訂定之始，法律或國家產生其正當性的源頭之那一剎那、那一刻間（Derrida 1992）。

後結構主義的想法之特徵為它對政治以及「政治的」（the political）之概念探討之方式。它企圖把政治（像選舉、政黨活動與輪替、政府施政、朝野互動、國際參與、國際外交、商貿、文化交流之關係），從更廣包的、範圍更大的「政治的」事物加以分開。後者在於考究是什麼東西構成、或看作含有政治的意義（活動、制度、規範、實踐等等），然後探問政治賴於發生的制度性環境（例如國內或國際之環境）。因為超過，或因為創傷（trauma，像南斯拉夫的解體與內戰爆發導致人民顛沛流離之創傷），而變成政治環節（瞬間、時刻）之出現。可以說政治是在一般被信以為真的架構（例如國家、政府、政黨）與議程（agenda，擬辦、代辦、應辦之事項）之上演展的人、物、地、事。反之，「政治的」則是這些架構或議程不再為人們所取信，甚至遭到質疑所產生的情況。

Chantal Mouffe

像後馬克思主義的代表人之一的穆芙（Chantal Mouffe）便認為「政治的」事物並非僅存在於社會某一制度、或某一範圍內，而是凡有人際交往之外、社會活動之處，便有爭權奪利之所在，也有運用權勢來宰制別人的地方，更有利益衝突的表現，這些都可以歸納為「政治的」事物、事件、現象。這種社會的、經濟的、文化的、政治的衝突都是廣義的政治的衝突、敵我的分辨（洪鎌德 1996：78-79）。尤其是敵我分辨被德國納粹統治時代一位著名的學者施米特（Carl Schmitt 1888-1985）所宣揚（洪鎌德 2004：49）。

換言之，政治的事物、事件、現象，以後結構主義的眼光來看，都是你我身邊不時出現的過程，目的在製造新的秩序，也同時在支解已建立的舊秩序，它是旋生旋滅的現象。像費居森（James Ferguson）對列索托政局的分析，便發現國家發展的實踐常以社會實踐的方式去除其政治化（de-politicize），然後置這些發展議題於政治的範疇之外（Ferguson 1994）。政治的環節、瞬間可以與決策相似、可以相提並論，這是所謂倫理兼政治（ethico-political）的環節、或瞬間，這是由於政治的、或社會的、或經濟的決策、決定、決斷常迫使主政者必須採取行動，不管行動的採取是否得到法律、或規則、或習俗的認可與保證（保證這種行動做得對、做得符合法律與道德的要求）。只有採取行動才算負責、才算盡職，而不論該行動

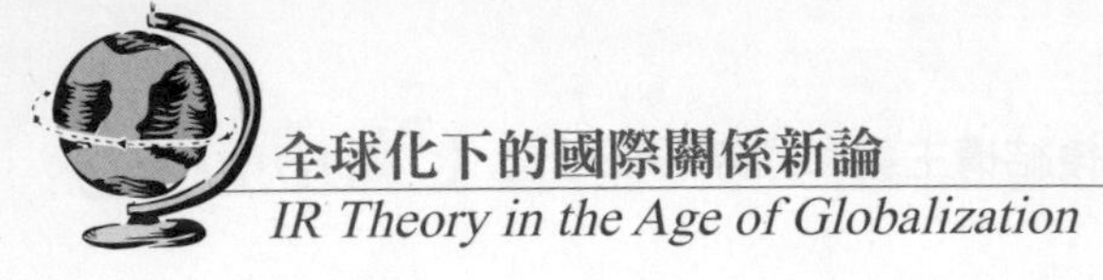

是否遵守法律、規則、習俗、道德、倫理等等的約束與要求。

對德希達而言，遵守法律、規則、習俗之行動是符合規律的科技、技術性的實踐，而非倫理兼政治的行動（Derrida 1992）。

第六節　後結構主義的研究方式

雖然後結構主義對社會和政治現象的考察和處理，不繫於其研究方法之特殊，但它採用系譜學和解構的方式卻也可說是一種研究途徑之特色。有人批評後結構主義者使用的方法充滿神秘的色彩，但在其應用上卻顯示高度的有效性，甚至運用於仔細的經驗分析之上，可以看出對文本的精讀，深度的訪問以及參與的觀察，菁英的訪談，口頭歷史的敘述和檔案的稽查也常被這派學者利用來對社會論述的分析和解讀。此外解構的方法、闡釋的分析、論述的分析和系譜學，也用來把經驗研究所蒐集的資料做進一步的處理。常常把其他學者和政策制定者的政府官員、非政府部門的工作者的著作、想法當成解析的文本來進行考察。

不過吾人不要誤會後結構主義所解析的文本、論述只限於形諸言論和著作的紀錄。原因是他們心目中的「文本」包括社會實踐、客體物、制度、規範、社會運動等等在內，最廣義的文本。主要是這些實踐、運動、制度、事項所產生的意義、功能、權力關係和結構，以及在其中所「嵌入」的種種現象。費居森有關列索托發展的研究便是一個極佳的例子。他考察該非洲國家發展論述的方式產生該國特定的看法，然後立基在這個看法之上所採取的干預強化與擴大官僚的國家權力，同時卻把官僚化過程，去掉政治的色彩，而裝成中立（行政中立）的樣式（Ferguson 1994）。

這類的分析也有可能導致政策的對立、從事、參與，只是它並不是政策的忠告或指導，告訴主政者在何種情況下，應當採取怎樣的作法。反之，這些學術分析在於提醒人們對政策忠告或指導要持懷疑和不信任的態度，因為所謂忠告或建議常常是有害的、是無益的、產生反效果的。總之，後結構主義者避免規範性、指令性的概括化，而鼓勵主政者聚焦於特別情境上的特殊情況與細節。在倫理上他們建議化繁為簡，力求實踐的單純性和可行性。他們所拒斥的是「專家」、「學者」、客觀壟斷的知識，以為這類包山包海的知識提供不偏不倚、普泛應用的行動指導是無效的。所有的知識是置入於權力關係的情境中，也是受到社會與文化背景的左右的觀點、看法、立場。以下再把有關的兩種分析方式：系譜學與解構做一個說明。

一、系譜學

系譜學是福科從尼采那裡傳承下來的概念，但被學界使用的太寬泛而不夠精確。它最先涉及的是一個概念，或一樁實踐的歷史，但福科的用法較為特殊。他引發吾人注意到諸種理念的歷史之成為問題意識的那個特徵。對他而言，所謂的歷史無非「現時現刻的歷史」，它無可避免地受著時間的觀點所左右，當它被書寫為過去的紀錄之際。它所看見的過去，是從現在（這一瞬間）的眼光來看待的以往。把過去書寫（記錄）起來的目的完全是為著現時而建立（建立眼前的目的去書寫過去的種種切切）。福科反對人們對過去的「源頭」之追溯，也就是透過長遠的過去之時代來追蹤理念的「歷史」。這無異以為某些理念在經歷長期的變遷過程中尚能保留其原來的「認同體」，須知對這個認同體的看法在不同時期有不同的看法而已。換言之，他的著作展示不同時期的觀點、看法有重大的歧異。每個時代的世界觀、社會觀、人生觀成為其認知體（*episteme*），每個認知體並不相容，不只是彼此有別的概念在每個時代彼此歧異而不相容，就是人們如何來看待合理的思想、或合適的題目，也每每隨時空的變化而呈現著重大的不同。舉個例子，現時人們可以當做研究的課題，但以前未必如此，將來也未必如此。他說有朝一日「人會被抹煞掉，就像把臉放在海邊的沙堆裡（被海水沖散掉）一樣」（Foucault 1970: 387）。

只有對「真理加以管制」（regime of truth），且是有權有勢者對真理的控制，那麼什麼是合理的、什麼是真的，便找到其根據、找到其標準。這個真理的管制在於強調知識產生效果的機制和習慣。事實上知識與權力連結在一起，由於權力同知識這樣緊密連結，所以他除了強調權力是一種的關係以外，還把權力／知識當成連體嬰來看待。他認為捨開權力而談真理是不可能的。剛好相反，權力的體系必定會產生真理，產生知識，於是真理和知識反過頭來產生權力的效果（Foucault 2000: 131）。他進一步論證，在任何特殊的時期中，何者可以視為「真」，完全取決於社會結構與社會機制，取決於這些制度來指定方法、人員、機構作為宣布「真理」的工具。在當代的世界中，「科學」便扮演這種的角色。科學就是實踐、就是方法，用來被大家接受有生產「真理」的本事（*ibid*., 131）。

至於福科怎樣分辨考古學與系譜學之不同呢？福科後期的著作像《規訓與懲罰》（1977; 1999），把權力關係引進社會實踐當中，使系譜學同權力關係的分析更為緊密連結。系譜學不僅分析某一時期論述在發揮作用，而且也指出論述以何種的方式來產生權力關係。例如在《規訓與懲罰》一書中，他說明囚禁不只把某些「作奸犯科者」與常人隔開成一個與眾不同的人或人群，並且指出這種描述、界定、區別所造成的政治效果。它便利了監控的延伸，也把整個群體孤立起來，便利監督控制和去掉其政治活動的機會（去政治化）。正因為系譜學嘗試去發現與流行的想法相異之方法，它遂要求廣泛的與詳細的歷史研究。他說：「系譜學是灰色的、仔細的、具耐心的紀錄性（之方法）」（Foucault 1998: 369）。以今天的角度來觀察這種對思想家、著作、實踐之考察可能與時不宜、不夠重要。因此系譜學與吾人當代大多數人所選擇的方法大異其趣。它要引申和建立的是社會實踐的功能性，也就是倚賴權力關係和主體性的產生來看出實踐所能夠發揮的作用。

這種系譜學工作的目的在於照明一時一地有關真理的管制，以及加以干預的可能性。嚴謹的、精細的歷史探討會重新發現鬥爭和衝突的歷史事實。它也可能把在地的、邊緣性的知識，重加發掘，也就是過去被主流派、當權派壓制的、排擠的思想抹煞掉，要把抑制下的記憶重新復活。他說：「學者的博學配合在地的記憶，使我們建構鬥爭的歷史性知識，使我們能夠在當前的策略運作下應用這些知識」（Foucault 2003: 8）。這些都是他所謂的「系譜學」。這是有效對抗「權力的效果，因為權力效果正是任何論述的特徵，特別是當論述被視為科學的論述之時」（*ibid*., 9）。顯然，系譜學乃是反權力、反科學的方法。

由於系譜學是一種對抗權力形式的鬥爭，而權力形式又與科學的知識牽連在一起，因此，這種系譜學引發的爭議似乎無從避免。常常在系譜學的斷簡殘篇被挖開之際，它們不久被統一的、科學的論述所包圍、所籠罩，須知這些科學的論述最先是排斥這些斷簡殘篇的。於是這些之前屬於野史逸聞之物又融合進主流的論述中，變成主流派論述的權力／知識之效果。與此相關的危險便是把這些斷簡殘篇所建構的知識──被排除、被臣服的知識──化做另一種替代性的體系，它浮現了系譜學企圖要挑戰、要打敗的「科學」之問題，並未獲解決，反而滋生了惡性循環的現象。

二、解構的方法

解構是一種激（基）進解建、拆散的方式，目的在把穩定的概念和概念上相反之物加以分解拆開。其主旨在於把解開的概念和對立物所產生的效果與代價展示出來，同時也揭露彼此相反相成的名詞中相剋相生的共生、寄生（parasitical）之關係，甚至把它們加以移置、排除（displacement）的企圖。根據德希達的看法，概念上對立之間本身並非中立的、對等的、對稱的、而有上下垂直、尊卑、統轄的不等地位（hierarchical）。也就是兩個對立的名詞之間（例如「在場」與「缺席」）有一個居於較高的位階（例如「在場」），另一個居於較低的位階（例如「缺席」）之狀況。這個居於優越的、優勢的概念被意涵為在場的、適當的、完整的、純粹、或認同的種種性質（例如「主權」的概念），以此來顯示相對概念（例如「無政府狀態」）不在場、不適當、不完整、不純粹，缺乏認同等的負面意思[1]。

解構的方法在指明上述約定俗成或常識性的看法之不正確、之不可靠，因為每一個詞謂（名詞）都已永久地依賴對立的概念得以存在（用「缺席」來突顯「在場」；用「無政府狀態」來表明「主權」）之緣故。事實上一個詞謂所已獲得優勢、特權，其原因主要在駁回（禁止）對另一個失勢、降級的詞謂之「依賴」，目的在把誤認為這兩者依賴、共生的關係打破。

就後結構主義、後現代主義的觀點來觀察任何一組對立的名詞同時，會發現兩者的對立、反對並非千真萬確，十分清楚明瞭。德希達認為這兩個相關名詞對立的關係是一種結構上的寄生關係（parasitism），也是相互依存的關聯，而且早已彼此包含。兩個相對、對立的詞謂或概念之「不同」早已潛存、內在（within）於每個詞謂或概念當中。對立的任何一個名詞（概念）無一是純粹的、自滿的、自足的，可以從對立面切斷的，就像是虛構的、假裝的。這表示任何事物（詞謂或概念）的整體、總體（包括正反面、對立面），不管是概念上的總體，還是社會性的總體，從來未曾現身過、在場過，從來都不曾合適地建立起來。進一步我們得指出世上無一項事物是純粹的展現了穩定性（stability）。指示或多或少穩定化（stabilization）的表現。原因是在這些事象、在其對立面當中存有某種數

[1]德希達自1967年開始推動了解構運動，認為任何文學、哲學的文本都有沒有講明白說清楚的部分，這算是文本的「缺少」、「差距」，而有待「補充」之處。只要揭露文本這些內在的矛盾，讀者可以發現同原作有相當差距的新觀念、新解釋的方式之湧現。這些隱而未發、沒有表達的意思，有時存在作者下意識裡，必須予以揭露、甚至顛覆。在把文本自我出賣、或補充延異的、或線索，可以突顯作者所沒有交代的故事。當新解釋的文本湧現之際，它卻在精緻的、細膩的重讀之下再度被顛覆。解構便是這般不停地建構新文本，又消融新文本，成為持續的辯證性之閱讀。任何著作的意義並非內鎖於語文當中，而是隨語文的變化、運用，而產生新的面目（新的意義）。參考 Derrida 1976.

量或程度的「遊戲」（play）或「取與予」的過程而已。

由此可知，在解開、拆散的普遍模式中，解構所特別關心的是在不穩定性找出那些因素（導致不穩、變化的因素）或是「取與予」的「遊戲的環節與規則」。這些因素無可抹煞地、無法排除地威脅到事物總體性、整體性、完全性、穩定性之存在。無論如何解構的方法仍要說明穩定性（或稱穩定的效果）的問題。就在對解開或解構做出相同的關懷之際，顯示解構的方法與一般熟悉的解釋方式還是有所區別。總而言之，解構所關懷的是對總體、整體的、建構與去除建構、去除定性，不管其涉及的是詞謂、概念、文本、論述理論、結構、建築、集合體或是任何的制度（Devetak 2001: 186-187）。由是看出解構的方法等於是去總體、去整體、去全部（de-totalization）的方法。

第七節　後結構主義在國際關係上的應用

在後結構主義的名目下，多位國際政治理論家討論了安全、戰爭、軍事化、政治經濟學、國際倫理、外交來往、國際制度、外交政策、社會運動、經濟發展、後殖民的政治、衝突解決、移民、難民、公民權，以及其他世界各地的特殊情況、特殊問題等等。

Giorgio Agamben

阿甘卞（Giorgio Agamben 1942-）是跨越人文學科（語言、形而上學、美學、倫理）與社會科學（政治學、社會學、意識型態等）的義大利思想家。在國際關係中他批評了以主權為觀念的認同政治，亦即不以血緣和土地，而以開放的關係來建立社群（共同體）。這是他長期思考道德與語文、主體性的（人身之性質，personhood），以及在建構的秩序中，內生的潛勢力和實有等問題，而企圖把政治與倫理做一個結合

（Agamben 1993）。在分析納粹集中營中的無心而只有「肌肉的人」（*Muselmann*），是一種行屍走肉的活人與死人之混合，這種「裸露的生命」，他稱為「虛脫人」（*homo sacer*）（Agamben 1998）。要之，阿甘卞以後現代主義與後結構主義的方法探討了政治、生命與主權的權利。他提供強力的診斷性思維工具，以批判的、嶄新的方法來討論世界政治的各種議題。

康貝爾（David Campbell 1961-），係以講授文化與政治地理、而跨行至國際關係的研究。他承認把後結構主義的成就吸收到他的國際政治論述中，因為他觀察了行動、權力和現代政治生活中的表達（Campbell 1998b: 216）。他坦承是國際關係理論界的「怪胎」、「異議人士」。因為他遵循著福科與德希達的路徑，尤其是這兩位法國前輩的「解釋分析學」（interpretative analytic）而進行世局（國家、主權、外交政策等）的考察之緣故。

Benedict Anderson

康貝爾的主要著作為《描寫安全：美國的外交政策和認同政治》（1998b）。在該書中他分析美國的外交政策如何受美國人認同的生產與再生產之影響。任何的國家並無本體論上的地位，並非實有之物，而是從其行動中不斷地建構起來，是透過論述的經濟活動（discursive economy）被複製與規定的（*ibid*., 9-10）。任何事物的意義和其認同體都是透過論述、言說、話語規定起來，建構起來。美國人怎樣來「描寫」其國家安全，正是這種論述的發展，也是靠著論述來建構美國人對自己國家的認同。換言之，美國或任何國家都是在不斷的演變過程（process of becoming）中建構與複製出來。正因為如此，美國事實上就是一個「想像共同體」的典例。「想像共同體」本來是安德遜（Benedict Anderson）對族群、社群的稱呼（洪鎌德 2004：277），如今則把美國這個國家看做是「想像共同體」。

所謂的冷戰，固然是舊蘇聯武力的強大與危險性威脅了美國的安全，但卻也是美國政府故意以蘇聯為敵，在分辨本身與外人，製造假想敵之後，所塑造與複製的美國認同政治。至於美軍侵占伊拉克乃是沒有原則的政治，是故有關海灣戰爭乃是以保衛科威特主權的「道德正直」（moral rectitude）為藉口的倫理故事，也是利用伊拉克對科威特主權的破壞，把它打成無道德的、危險的、歧異的外者兼敵人之欺矇世人的騙局（Campbell 1993）。

康貝爾指出現代人對政治、社群（共同體）的理解是設定一個嚴緊的密契，這個密契存在於領土的邊界和民族的想像力之間，社群的規範是從民族國家的主流表述而來，它對多元主義、多元社群的興趣不高。反之，它在強調國家的同質性與排他性。因此，波士尼亞的內亂並非反對社群的規範，而正是所有民族國家企圖融化多元之族群成為一體的想法之延續，在《民族的解構：波士尼亞的暴亂、認同體與正義》（1998a）一書中，他不以為有「前波士尼亞」（在波國成立之前的社群）之存在。反之，它是以「後設波士尼亞」（meta-Bosnia）的面目出現，亦即各種各樣的論述、言說、話語來讓世人誤認有所謂波士尼亞之認同體底存在（Campbell 1998a: iv-xi）。

執教於加拿大的英國學人歐爾克（Robert B. J. Walker 1947- ）也屬於後結構主義與後現代主義的理論健將，他與亞希理（Richard Ashley 1902-1974）等常質疑傳統的國際關係理論的起頭與假設。他們指摘主流派理論假設之設定的條件不當，這些條件無法支撐傳統或主流的理論。

歐爾克撰述的文體顯示他不只對世界究竟發生什麼事，吾人應當怎樣來看待世界。反之，他只描繪別人心思中的世界，以及以怎樣的方式來加以描繪。絕大部分傳統學者在國際關係這個學門中會假定「理論」包含了解釋的或規範性概括化，把在現實世界中行為或行動之類型加以概括化。經驗理論的職責在於決定與歸類這些類型，以及指明在何種條件之下這些行為類型會出現（或不出現）。理論成為思想的工具，幫助吾人去理解

「實在」。理論的用處在反映其解釋的力道，其受評審的標準是概念使用的邏輯上前後一致，運作的論斷經得起經驗的考證，假設得到經驗事實的證實等等。

Zygmunt Bauman

這些理論必備的條件，對歐爾克而言是無法被他接納的。他拒絕柏波爾把「理論」與「實踐」分成兩截的說法。蓋認識論上的問題比本體論上的問題更為優先。歐爾克認為實踐本身已負荷了理論的重擔。國際關係的世界主要是一個概念的世界——充滿意義的世界。在此概念世界中，靠著解釋之制度化過程使行動篩選過，也使行動成為可能。換言之，通過解釋的過程，在現實世界裡一個行動引發另一個行動，構成了國家之間的互動，形成了國際關係。吾人無法直接進入「現實的世界」，除非透過行動者與觀察家的論述建構才能間接去體會觀察世界。應用包曼（Zygmunt Bauman 1925- ）的說法，他分辨現代與後現代是立基於對社會界與其關聯之自然界的理解不同所產生的（Bauman 1987）。現代的假設是認為「秩序」包含某些本體論的原則，這些原則係社會行動聯合的類型之表示，有待人們去發現與解釋，是故這些類型不免要受到操縱與控制。但在後現代的世界中，秩序並非早於行動、實踐而存在。是故秩序不能總在外頭（秩序的外面）來衡量其有效性——秩序發揮的作用。每一個秩序之所以可被理解，而含有意義在於實踐對它的評價，證明其有效。在這種情況下，歐爾克說：「倫理並非（理論性的）原則的倉庫，等候吾人來加以引用。它是不斷進行中歷史的實踐。不要認為國際關係的理論欠缺倫理的原則。反之，它（國際理論）透過倫理的可能實現性之解說早已建立（倫理原則）」（Walker 1991: 129）。

顯然歐爾克的後現代、後結構的研究途徑之特色在於「論述的實踐之途徑」（discursive practices approach）。也就是有異於傳統研究方法把理論當做有用的解釋工具，他強調的是論述的實踐才是對實在的建構的方式。不只行動，就是語文是產生客體和世界（語言世界、現實世界等）的諸體系之一部分。諸個人與諸團體捨開了它們語文的建構之外不具任何的意義。對於語文和論述具建構作用的承認，導致對權力有了激進的看法，這是因為權力內涵於語文的實踐中，在語文的使用裡頭行動者被建構出來，而在特殊的論述中擁有權力來表述其觀點和其心意。

由於國際關係理論中充滿概念和語文的雙重對立（dichotomies），而需要來加以解構。因之，這個學門對他而言極富挑戰性、趣味性。這些兩元對立包括現實主義對抗理想主義（或自由主義）；上下垂直之不平等（hierarchy）對抗國際無政府狀態（anarchy）；倫理對抗國際關係的現實；更重要的是政治操作對抗關係演變等等。雖然不少國際政治的理論強調和催促政治理論（一種涉及進步的論述）與國際關係學（一種涉及人類存活的論述）的整合、融合，歐爾克卻不強調統合，而是密集觀察這兩學門彼此如何為對方建構了可能性的條件。

在其著作《內／外：國際關係學當成政治理論》一書中，歐爾克把國家的主權之概念反覆分析，發現主權概念要加以穿透、揚棄非學者們所深信的那樣容易。他主張國家主權在解決一系列兩元對立方面具有「關鍵性」的作用，這包括現代社會的自我對抗他人；認同體對抗歧異；泛宇（普遍）性對抗特殊（在地）性；統一體對抗分歧性。要之，他指出國家主權的原則展示為法律上抽象的訴求少；反之，作為濃縮的政治實踐多。在當今世界不斷散開的垂直不平結構下日益擴大的自主活動所形成的問題，它（國家主權）特別地成為政治空間之現代解說，目的在解開三項基本性的矛盾。簡言之，它（主權概念）圍繞著以下三項（兩元對立面底矛盾）之關係在打轉，在覓取解決之道：一體性與分歧性（多樣性）；內在的與外在的；（國內與國外）；空間與時間。它所以這樣做主要在於依靠歷史上特定的文明之哲學的、神學的與文化的實踐。這一文明是近現代歐洲複雜的轉型中產生的自主環節需要加以控制（Walker 1993: 154）。

在這些論述的實踐下，西方人享受到國家範圍內公民權的好處，這是把國家當成想像的共同體之緣故。那些在國界之外的人群，我們一律看成「人類」，是自然法褪色的反映產品。在國境內歷史的進步可被感覺到，與此同時國際政治不按牌理出牌的地域分割（分割成五大洲、二百多個大小不等的國家），被視為理所當然，是天然的分劃，而非諸個人可以自由的選擇。在國境之內普世價值的民權可讓國民均享。反之，外來人（包括居住在本國的外人）則被排除於普世價值同享之外。

歐爾克的作品在顛覆許多學者的想法與信任，誤以為國家主權不久便會消逝，不再成為國際關係的建構原則。他當然承認在全球化時代，這個國家主權的論述力量逐漸轉弱當中，但在後現代的今天人們仍舊在尋找解決種種矛盾的方法之際，要言主權概念業已消失，未免嫌早了一點。

歐爾克著作之貢獻認為促成國際關係等產生的條件，成為阻礙它發展的絆腳石，除非它能夠把兩元對立加以解開。此外有關這門學科中對現實主義「適當性」（adequacy）的爭辯，也有不少的限制、盲點，應當首先清除。他很多的努力在於恢復韋伯學說對現實學派傳統的重要性，儘管任何兩位「現實主義者」的觀點都呈現了彼此的相異，甚至相反的觀點。是故不要籠統把他們定位為「現實主義者」。

第八節　後結構主義與國際關係的倫理

近年間國際關係理論界在受到羅爾斯（John Rawls 1921-2002）、拜茲（Charles Beitz）和瓦爾澤（Michael Walzer 1935- ）的影響下，倡說規範性的國際關係理論；另一方面卻受到康貝爾和歐爾克之關懷，而在後結構主義的理論中大談倫理的問題。不過後者的倫理關懷與前者的規範主張卻有相當大的不同。因為康貝爾和歐爾克正企圖解構與顛覆國際倫理的規範之論述與文獻，這是由於他們受德希達哲學薰陶的後結構主義的理論家，因之，多少會質疑倫理的存在，或質疑「在國際關係中何者可以稱得起是倫理的行為？」（Brown 1992）。

Michael Walzer

在後結構主義顛覆了理性主義兼實證主義所依賴的哲學性現實主義之後，這些傳統主流派的假設之具有政治性的性格（知識與權力的孿生關係）已被後結構主義者揭露出來。亦即實在懷有政治的性格，或是視為當然，不容懷疑的概念也具有政治的性格。應用到國際關係方面，就意涵為國際關係的倫理建構乃是一個區塊，一個不把道德明顯表達的地方，最多只是把道德與政治有條件地、歷史性的做一個結合之處（Walker 1993）。

後結構主義者質疑擁有主權的主體（個人、國家、財團等），因而也質疑道德的主體之存在，這種主體是否獨立自主，是否在交往之前便已存在（前社會 pre-social 之存在），尤其為後結構主義者所懷疑、所挑戰。只因吾人依賴與別人的不同（德希達所謂的「延異」*différence*）[2]，才能顯示主體性以及自我的感覺。吾人與別人向來便內在地緊緊綁在一起變成一個「責任的倫理」（ethic of responsibility）。因此，無人可以隨便地說：「這是別人的事與我無關」（George 1995: 210）

布朗（Chris Brown）在《國際關係理論：新的規範過程》（1992）一書中指出，國際關係理論有規範性的研究之出現，這是由於大同的（cosmopolitan）與社群的（communitarian）兩種途徑較力的結果。前者以康德的個人與泛宇的人類。後者則為反啟蒙運動，特別是受浪漫主義的影響（受盧梭、賀爾德、黑格爾、穆勒的影響）。這兩派的爭辯在強調：

[2] 延異一字在法文是既「相異」又「延後」兩字合成的新字，由德希達所倡說，這是指「能指」（signifier）和「所指」（signified），字與概念之間並不存著直接的一對一之關係。索緒爾認為講話比文字更能呈現說話者與聽話者的原意（而非作品與讀者之間的溝通）。德希達不同意這種說法。事實上所有的語文，不管是講話還是書寫，都有語文構成的基本（最少程度）的單位（例如alphabet中之任何一個字母a, b, c,....等）之不同的組成，俾造成語文中不同的字、詞之呈現。德希達批評索緒爾不懂「延異」的道理是西方邏格斯中心主義的典例，應予以解構。

作為全人類的一分子，以及作為社群（國家）一分子（公民）的我們，怎樣來看到責任的問題（Robinson 1999: 73）。這便是普遍主義（人類全體）與特殊主義（國民）之爭，也投射到國際關係的倫理之爭辯的上面。

布朗應用這種爭辯的架構，而指出規範性國際關係理論之三個主要議題：國家的自主、分配的正義和武力的效用（Brown 1992: 103）。進一步他質問國家可否按其設計而擁有權利、求取自主、實現正義和不惜動用武力？由於規範性的國家關係限縮在以大同或以社群兩種觀點來正當化國家（特殊）的行動，於是國際關係中的倫理便被型塑為藉現存道德的思想來解決政治的問題。這種看法與歐爾克對國際關係中的倫理之描寫相符合，因為歐氏認為是政治問題與倫理原則主義滋生了國家主權，特別是透過國家主權一原則，而造成了倫理潛藏在政治問題中。假使政治與倫理是分開，則倫理可以看成為政治的指導，可以指引政治的操作。事實並非如此，涉及國際事務時，利益與價值的衝突比比皆是，是故倫理要應用到國際紛爭變為不可能。歐爾克遂說現代性的增長無從幫助人們去解決彼此競爭的價值，這正是現代性左支右絀的困惑。

第九節　結　論

後結構主義是對現代約定俗成的語言、文本、事物的結構之質疑與解析，在很大程度上與後現代主義十分相似，尤其是處理國際關係的議題時，採用了後現代主義的系譜學和解構方法。這些方法或來自於尼采的哲學，或來自於索緒爾的語言結構學說，或來自於佛洛依德的心理分析，加上福科權力 / 知識的雙生學說，德希達反對「大敘述」，要求去總體、去兩元對立的假象，都豐富了後結構主義的內涵。

應用到國際關係的考察與分析之上，有阿甘卞對政治、生命與主權的權利之檢討，以批判性、嶄新性的方法討論世界政治的議題。康貝爾則分析美國外交政策、海灣戰爭和波士尼亞內戰，從而強調把對方妖魔化的認同政治，導致美國霸權的興衰。歐爾克質疑傳統國際關係主流派的假設，而強調理論不但具解釋功能，也有規範性的實踐作用。他採用了「論述的實踐途徑」來解構國際關係理論中概念與語文的雙重對立（國際尊卑強弱的上下不平等秩序對抗無政府狀態）以及把國界內外之分別加以抨擊，都在彰顯後結構主義盛行下的當代世界政治與環球經濟，必須以新的觀點、新的角度來探討。

後結構主義同當代國際關係領域中的理論關係密切，像女性主義便常引用後結構主義的分析、解構等方法來評論世局，建構女性獨特的世界觀、政治觀。當然，以「性別」（gender）為主軸，而強調女性的「特質」（essence），常不免陷於「本質主義」的狹隘框架，而遭後現代與後結構主義者之批評。反過頭來說，女性主義者對後現代與後結構主義者在性別的觀察角度上都存有盲點，也會指出和有所反駁。明顯的例子為阿甘卞的作品中，對婦女常被排斥於政治門檻之外，也不提女性主義的理論，他對這點遭受排除表示不滿。

至於後結構主義理論傳統中一般對對種族和族群中心主義之關係不加釐清。福科被指摘為無視法蘭西獨尊（跡近鴨霸）的思想模式，其理論便是在法國文化帝國主義的境遇中發展出來的。這些想法、評論逐漸融入當代國際關係理論當中。在強國採取干預政策，而全球又逐漸受科技、資訊和知識經濟的滲透、進侵之際，新型的帝國主義和後殖民主義到處肆虐，亟需國際關係理論者的矚目與參與。

不少後結構主義的作品強烈地從馬克思主義（後馬）的理念中尋覓新觀點的來源，從而與後馬克思主義掛鉤（洪鎌德 1996：45-47，59-67，69-119）。不只後馬的政治觀（例如：穆芙）影響到後結構主義，就是西馬（西方馬克思主義）中葛蘭西的文化霸權說，也構成後結構主義有關意識形態與日常語文的分析之上。基本上，後結構主義者無意把國際關係中物質的與理念的因素，以抽象的方式強行分開，因為這兩者都是社會建構的產品，例外者為德留斯和瓜塔利之看法（Deleuze and Guattari 1983）。這表示後結構主義無意忽視經濟因素，或把經濟活動化約為人類的貪婪、野心等抽象的緣由（動機），但卻指出經濟因素的重要性之程度，主要依靠言說（論述）的實踐和權力的關係之操作而呈現出來（Edkins 1999; 2005: 688-689）。

要之，國際關係中的後結構主義之研究途徑，所討論的議題，包括主體性、主體、語義、知識與權力的孿生關係，權力關係與政治之分析，以及敏感的、說不出的過分與隱而不顯的欠缺等等意涵。後結構主義與當代其他國際關係的理論都有瓜葛糾結，涉及的有女性主義、建構主義、批判理論、後馬克思主義、後殖民主義等。在後結構主義這一研究途徑之下，不少理論家不肯掛名後結構或後現代主義，其原因為這一主義尚未形成單一、前後連貫的理論，因為他們本身就不喜歡被貼上這一標籤。不少屬於這一派思潮的學者或在學院之外致力解構、批判的工作，或其著作的形式與傳統學者的作法、寫法不同，大多數屬於後結構主義的學者常採用跨學科、跨學門的知識，像哲學、社會學、地理學、人類學、文學批評、電影與藝術的評論等等。艾德金女士（Jenny Edkins）強調後結構主義尚非是一套「理論」，而是一種研究途徑。此一途徑在表述對國際關係加以理論化之時，後者的存活性（viability），價值和倫理政治（ethico-political）的意涵之批判究竟是什麼？後結構主義並非當前彼此競爭激烈的國際關係中的世界觀之一，而是如何「看待世界」（viewing the world）的研究計畫之批評與分析而已（Edkins 2007: 97-98）。

Chapter 13

後殖民主義與國際關係學說

第一節 前 言

傳統的國際關係之學說所關懷主要是工商業發達，軍事強大的列強之間的外交、商貿、利害衝突為主旨，偶爾討論列強對發展中第三世界國家的賑濟、援助、投資、借貸，乃至出兵干預的事件，可以說是站在過去帝國主義者、殖民主義者的本位來觀察世局、理解現勢。後殖民主義的崛起則是在早期遭受帝國主義者與殖民主義者母國壓迫與剝削下，政治上擺脫殖民體制而走上獨立自主以後的新興國家所展開的窮國與富國，弱國與強國之間的對抗之國際政治新思潮，新途徑。這些研讀不只有第三世界學術與思想陣營的菁英之表述，也有西方具反思與批判精神的學者之支援。它是說詞分歧、繁雜、多面向的「南北關係」（其特色為宰制與抵抗，有別於冷戰時代的「東西敵對」）之描繪與評析。隨著馬克思主義、帝國主義、殖民主義、國際政治經濟學、批判理論、建構主義等之後而興起的嶄新研究途徑。其目的在為人數占全球四分之三，處於世界邊緣地帶的窮國人民爭取發言的機會，而指出南北的貧富是地球村一體的兩面，而未發展、遲發展的國家正是已發展（發展超過）的國家殖民、剝削與宰制的犧牲品，這是西方爭霸的後遺症。

後殖民主義最早出現的形式為文藝批判和文化研究，當然也牽涉到民俗學、人種學、文化人類學、社會人類學的析論（洪鎌德 2009a：195-210; 2009b：219-240）。在涉及國際關係的學說方面，則有批判理論、建構主義、後結構主義、後現代主義，以及馬派的國際政治經濟學對傳統國際政治學忽視第三世界的抨擊，為了矯正傳統主流派國際關係諸理論（實證主義、理性主義、新現實主義和新自由主義等等）之偏頗，研究的對象逐漸從第一世界、第二世界（「蘇東波變天」以後，只剩下中國、北韓〔朝鮮〕、越、寮、柬、古巴等稱是服膺馬列主義的意識形態的第二世界之社會主義國家的陣營），而轉向第三世界正在發展，或發展較為遲緩之國家。後殖民主義的理論家借用了福科權力／知識雙生的系譜學，來抨擊與解構歐美中心主義籠罩下的世界秩序。

第二節　後殖民主義理論的先驅——薩依德的「東方主義」

Edward Said

把權力／知識孿生體應用到後殖民主義的研讀之開山鼻祖，無疑地是出生在巴勒斯坦而執教於美國哥倫比亞大學的薩依德（Edward Said 1935-2003）。他強調「在世說」（worldliness），主張每一作品都是深植於其所處社會權力關係網上的定點。一篇文章、一本作品是在社會、政治、文化脈絡上所產生的作者與其理念之綜合體。由於他本身所遭受的以阿戰爭之迫害，特別是巴勒斯坦人的流離失所，使他挺身為巴勒斯坦人的建國而奮鬥，成為接受西方教育的菁英，又能以被殖民、被迫害的流放者之身分來闡釋西方偏袒以色列，醜化阿拉伯人的媒體文化，亦即文化表述的政治之批判，來貫穿過去與現存在之荒謬。在他後來要理解現世權力的運作，遂先行檢討長時期中宰制和反抗的政治，特別是要回顧過去西方殖民東方的歷史。

在西方媒體表述裡，阿拉伯被誤導為以色列和西方存在的絆腳石、攪亂者。巴勒斯坦被看作是不宜居住的沙漠，其人民到處遊蕩，對土地的主張缺乏堅固的基礎。就在這種對西方人有關阿拉伯人文化表述的分析上，他建立了著名的，也就是主要著作的《東方主義》。東方（中東、近東）在西方人的心目中，占有重要的一席地位，不只是地理上接近歐陸，更是傳統上歐洲最古老的極大與極富之殖民地，也是歐洲人自我中心之外最大的「他者」（the Other）。東方還被用來定義歐洲人的理念、人格、經驗、意象等等。事實上，東方不只是歐洲想像之物，更是「歐洲物質文化與（一般）文化密不可分的一部分」（Said 1995: 1-2）。

東方主義是西方學術界、政界、文化界、新聞界，以及俗民的普遍概念，其使用有三種意涵。其一，學術用以指涉從事東方學研究的學者、著作、看法之名稱；其二，是一種思想的樣態（style），這一樣態立基於區隔「東方」（Orient）與「西方」（Occident）的對比與不同之上；其三，自從十八世紀後半葉以來用以討論東方的社團機構。東方主義便涵括這三層彼此相關的字義，而以第三層意涵最為重要，因為它使西方宰制東方合理化與正當化。

依據薩依德的看法，東方主義不限於一個世界觀，不限於一群學者的思維與考察，或限於某一時期、某一學科的研究主題而已，而是「一種特殊的論述」，不只是歐洲人幾代人人思考的對象，還成為啟蒙運動後特別的課題。在此對象與課題中，形成一個規則的體系，亦即建立一種論述，界定其疆界，討論何者為「東方」，何者非「東方」，對東方住民該有怎樣的看法。「東方人（遂被視）不曾為，現在也不是能夠思想與行動的自由之主體」（*ibid.*, 3）。此一論述的權力不存在於認識一個事先業已存在的地理單位，而是由於靠著英、法等歐洲人的想像建構這個論述（比概念還大的思言云為之敘述）。這個「想像的地理學」不只在本質上有異於「西方」（Occident），而且還要靠經驗上、感受上、討論上來區別東方與西方之不同。

Napoleon, Louis Bonaparte

東方學之所以湧現與發達，剛好同西方帝國主義、領土擴充、海外拓殖的高峰期之十九世紀初相搭配。這門新學問並非客觀中立的文化或學術研究、新知識的出現，而是歐洲征服、宰制與爭霸的政治活動之一環。它是當時歐洲強國擴張的證明與合理化，反而是造成列強的外侵的思想與心態之嚮導。例如拿破崙1798年征服埃及，正是一個強勢文化吸併弱勢文化的典例（*ibid*., 42）。這原因無他，正因為拿破崙有意地利用東方學者的知識，亦即後者的著作之文本、理念，而非埃及本身的經驗實在，作為征服與治理埃及之用，從而為歐洲霸權國家利用學者的專精（expertise），達成殖民的企圖（*ibid*., 80）。其方式為讓法國軍隊的指揮官與士兵嚴守伊斯蘭戒律，偽裝尊重與親近阿拉伯的信仰與生活方式。甚至以歌頌古埃及的文明來突顯十八世紀末與十九世紀初埃及的落後與野蠻，而便利法軍的長驅直入。在御用學人編輯的二十三卷《埃及之描繪》（*Description de l'Égypte*）浩繁著作中，拿破崙利用西方的權力與知識把埃及團團包圍、全面吞噬（*ibid*., 86）。

薩依德除了上述利用福科的權力／知識與論述的概念之外，他還利用葛蘭西對民間（市民、公民、文明）社會與政治社會之分別，指出民間社會中某種型式的文化之操作是導致市民社會有異於政治社會（政府、國家）之因由。這種文化的優勢、領導就成為所謂的「霸權」（*ibid*., 7）。歐洲文化（歐洲人的「我們」以對抗非歐洲）的「優越」、「優勢」和「霸權」結合歐洲人對東方的理念，給予東方主義一詞彙力量與持久的生命，這是文化領域與帝國權力難分難捨的原因。

文化與帝國主義的掛鉤成為薩依德後期著作《文化與帝國主義》（1993）的內容。在分析英國文學時，他把文化產品與政治權力掛鉤，同時他也分析知識分子在流亡中，在文化與政治關係中的角色。像珍・奧斯汀的小說《曼士斐爾德公園》中所描述世界地理的分劃反映了濃厚的政治色彩，以及有關殖民統治的問題。奧斯汀描繪曼士費爾德公園的園內寧靜和英國人的誠懇作風之同時，也突顯殖民社會生產力的恢復和有節制、有秩序、有規訓之重要性。這是十九世紀初英國奴隸買賣的政治活動同英國內政的安詳的關聯之小說，顯示文學、文藝、文化同政治相互建構的作用。

薩依德的著作不但在探討過去帝國主義者與殖民地官民之互動，或是政治與文化如何相互建構、權力與知識怎樣結合，還把帝國主義和殖民主義的過去還原為今日的國際體系的風貌。特別是美國樂於穿戴英國與法國卸下來褪色的帝國主義與殖民主義的軍裝，當上世界維安的警察角色，更顯得死灰復燃的可怕。儘管美國人有異於英國人與法國人對「東方」的看法，但東方主義的遺產還繼續型塑美國人對阿拉伯人的看法，對伊斯蘭的看法，更影響了美國的中東政策的制定與執行。

《東方主義》最後的部分在討論美國人怎樣看待阿拉伯人，是否僅僅把後者看成「騎在駱駝上的游牧民族」，還是「無能力的化身和易於被擊敗者」。自1973年石油危機發生以來，阿拉伯人成為民眾口頭禪上或大眾論述中具有威脅性的人民（Said 1995: 285）。一向被視為沒有歷史的民族（唯一的阿拉伯史為東方研究專家所代撰、所配置的）之阿拉伯人，如今成為珍貴能源的擁有者，卻足以威脅到業已發展的西方強國。把阿拉伯人譏笑為「奴隸的販賣者、駱駝的驅趕者、貨幣金錢的轉手（換錢）者、一襲鮮豔的浪人、陰謀分子、卑賤小人」（*ibid*., 286-287），已變成好萊塢片商描繪的電影中之阿拉伯人。書本上所描繪的阿拉伯人更是聖戰士暴力分子、恐怖分子、伊斯蘭文化被視為反對西方文化、否定西方文明價值的文化。在此情況下「東方」、或近東、中東變成了「令人懼怕的，而必須加以控制的事物」（*ibid*., 301）。

薩依德在《東方主義》一書的開頭雖然同意也採用福科對權力的解析，卻也提出相當的保留態度。對他而言，把權力強調為包山包海的人際、群際、國際關係所形成的世界觀，容易陷入權力運作的迷障，而不知反抗。知識分子在被主流的論述結構所泛層決定下，應有能力暴露和挑戰現存各種權力關係，而為抵抗、反抗舖好道路。在東方主義之外，向東方（中東、近東、北非）的人提供真實的知識，亦即揭穿傳統東方問題專家的論述是建立在政治的企圖之上，需要加以廓清、移置。是故「世俗的批評」（secular criticism）應取代專家、學者艱澀難懂的術語，採用通俗易懂、業餘者和大眾的多樣興趣，脫離任何主義、信條、神學，而進行反思性的批評，儘管這種批評有時缺乏其確定性，而有曖昧不清的老毛病，他仍舊歡迎為批判留下充足的空間。正因為知識分子常處於「流亡」的境域，其發揮世俗的批評之可能性更大。流亡僅僅是喪失家園，更是思想上超越家鄉或國度，而不受效忠連結（affiliation）之束縛，而產生批評現存文化的勇氣，也挑戰現存社會與政治秩序（Varadarajan 2009: 302-304）。

第三節　符蘭克的倚賴理論

與後殖民主義關聯密切的是殖民母國、帝國的政經社文之發展，以及殖民地和從殖民地變成獨立的新興國家之未發展、之落後。另一方面也是從殖民地變成獨立自主的新興國家對舊殖民母國之「倚賴」。是故發展理論、倚賴理論紛紛在國際關係理論中先後湧現。其開始人物先有巴藍（Paul Baran 1926- ），史維齊（Paul Sweezy 1910-2004）的抨擊新殖民主義與新帝國主義，而提出倚賴理論來。倚賴理論是指第三世界所以貧窮落後，不僅是由於欠缺國家與經濟發展之菁英分子，或由於人民的愚昧無知、政府的貪污無能等表面現象造成，卻是根植於西方工業國家與新興國家歷史糾結之上。況且第三世界諸國的問題，不只是態度、心理因素、或文化的問題，而根本上是經濟結構的問題。這一理論指出新興國家無法推行獨立自主、自我維持、永續經營的經濟發展，是過度倚賴或牽絆到工業化資本主義的「推動」之緣故。造成新興國家這種倚賴性格乃是其經濟，特別是其外貿結構有以致之。它們大部分是原產品的輸出國，原產品的價格卻受世界市場波動所左右。新興國家的經濟未能多樣化、歧異化、多角化，本國有限的市場未能充分發展。反之，菁英分子自國外輸入昂貴的奢侈品，這不是一般貧困大眾有能力購買享用的。在投資方面，它們卻仰賴西方工業先進或國際金融機構的融資貸款，而這些輸入的資本又非第三世界國家之政府所能控制與有效應用。要之，新興國家仰賴外國的商務、資本、產品、人才、技術。又因負債過鉅，造成償債無力的商貿、金融、國際支付之危機。

巴藍首先在《成長的政治經濟學》（1957）一書中提出他經濟依賴理論，他說西歐、北美先進國家在經濟發展上獨占鰲頭，並非機遇、偶然之事，而是歐美的進步與第三世界的貧困落後。造成工業國家的富裕進步，可以歸結為三個原因：其一、被殖民過的新興國家農業的重加結構，造成自給自足的糧食生產轉變成（可換取現金的）農產品之大量輸出國外。其二，新興國家前身為殖民地，但殖民的財富卻被當年殖民母國榨取，在資源耗竭之外，財富流入殖民母國。其三、帝國主義的統治，破壞殖民地本土製造業，殖民母國的工商產品輸往殖民地，其結果殖民母國經濟發達、人民富裕；反之，殖民地工人遭剝削、民生艱困。

André Gunder Frank

1960年代初期，一批馬克思主義激進者開始為倚賴理論、發展理論提供新的面貌，符蘭克（André Gunder Frank 1929-2005）是其中的翹楚。他為德國的移民，出身芝加哥大學，但介入拉美經濟的研究，曾在智利和巴西進行實地考察。他不認為拉美本土經濟的落後，是由於殘餘的封建勢力（特別是拉美的大地主）對抗進步的資產階級所造成的；不認為拉美的經濟是封建的農業和現代性的工商業兩元的的並立；他也反對西方發展社會學的擴散（diffusion）論。後者主張新興國家低度開發是一種原始的狀態（傳統主義），可藉西方資本主義的入侵，擴散資本的效用。但發展理論與擴散論有其相通相輔的作用。兩者都誤認落後國家正處於前資本主義時期，因之，落後國家的發展、進步，仰賴先進資本主義國家的開化、入侵和擴散。

至於拉美任何國家或其國家不同的地區之間有部分發展較高，有部分發展較低，可以把殖民母國與衛星國家之間的互動（metropolitan-satellite interaction）的模式，應用到一國的範圍之內，也就是說發展較高的部分對低發展部分的壓榨、剝削造成的發展不均之現象。換言之，為瞭解當前拉美落後貧窮的原因，有必要回溯其早期的歷史根源。這是種因於殖民母國和其衛星（殖民地）的關係之上。其原因大約有五：其一、國家的發展受到其衛星、附庸地位的限制。其二、衛星國體驗其經濟發展最高的時候，正是它與殖民母國關係最鬆緩、最非緊密之時刻。其三、今天最不發達的地區，正是當年與殖民母國掛鉤最緊密之處。其四、有能力回應世界市場工商業需求（而非反映國內消費的需求）多半在衛星國（地區）設立，因為原料與勞工便宜之緣故。其五，曾經是封建主義下盛行的經濟制度（拉美礦、林、漁業及其地主農民之關係），隨著衛星國併入世界性的經濟、金融與貿易體系，而告衰微——封建制度之衰微。是故為了瞭解「低度發展」的意義，有必要理解它是資本主義的擴張的附帶現象。與現代化的想法相反，資本主義並非貧窮落後的萬靈丹，而毋寧是其毒藥、病灶。符蘭克認為資本不是從殖民母國走向殖民地衛星國、附庸國；剛好相反，是從後者轉移至前者。殖民母國在剝削窮國，而非援助窮國，或援助未發展的國家（Frank 1967, 1975）。

既然符蘭克駁斥封建主義說、經濟兩元論、社會擴散說，那麼他所謂的倚賴理論立論的基礎是什麼？首先他接受巴藍「實際的經濟剩餘」和「潛在的經濟剩餘」兩詞的說法，來說明第三世界的經濟剩餘被殖民母國榨取乾淨並吸回其母國。符蘭克認為壓榨與剝削是雙重的過程：第一過程為外國的企業組織將第三世界可用以再投資的剩餘榨取乾淨吸回母國。第二個過程為拉美國家的社會階級，便利了國內人民非理性和浪費性濫用剩餘資源。此外，第三世界集中於生產和輸出特定原料（原產品）的邊陲移向核心國家。加之，核心國家對邊陲國家原料價格所壟斷與控制，以及向第三世界輸出的昂貴產品，也造成拉美貧窮落後的主因。

符蘭克的倚賴理論提供有關帝國主義破壞發展中國家的赤裸裸事實，而指出第三世界人民的貧窮落後並非該地脫離資本主義活動的緣故。剛好相反，認為正是由於這些經濟活動被資本主義統合，才會導致低度開發，造成貧窮（洪鎌德 1995：173-175）。

在1970年代符蘭克重新修正、增補他有關資本主義的世界體系產生

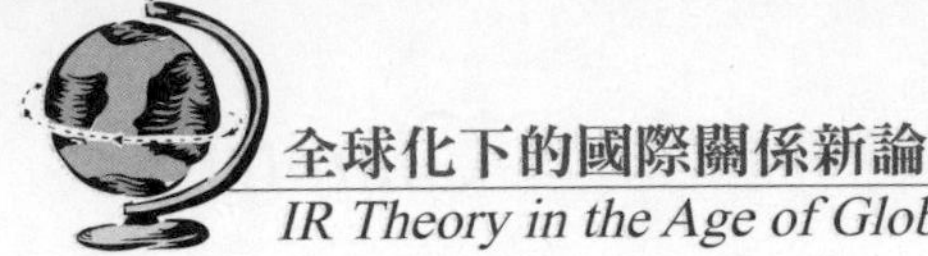

了第三世界的低度發展，這可從他1978年出版的兩本著作中看出，其一為《倚賴的累積與低度發展》，以及《世界的累積1492-1789》。他對世界資本累積分成幾個不同的時期，首先是重商主義（1500-1770），然後是工業資本主義（1770-1870），再次為帝國主義（1870-1930）。他綜合性地指出世界資本主義體系，有次第擴充與暫時停滯（stagnation）、「長期循環」（long cycles）的存在。歐洲從重商主義進入工業化的階段（大約在1770年左右），是商業大放異彩的時期。這是由於殖民地的爭相掠奪、符合奴隸買賣帶來的財富。這分成兩個商務三角的中心。歐洲（特別是英國）成為大西洋與東方交往的樞紐。是故工業革命並非歐洲單一的現象，而是牽涉到殖民地貴重的金屬與原料的輸往歐洲幾個國家（英、法、比利時、荷蘭等），造成一種資金當成資本，而便利手工業資本主義和工業資本主義的誕生。在其後兩百年間，在三角貿易中的資本累積地位決定哪些國家成為邁向發展，哪些國家淪為低度發展的國度（Frank 1978a, 1978b）。

在繼續分析世界資主義的擴張之近十多年間，符蘭克一方面對知識界影響政治實踐抱悲觀態度，但他認為「發展」不等於經濟成長，而是經濟、社會、科技多樣性成長的過程，目的在改善與增進人群的福利。另一方面人群的福利並非指物質財貨的消費能力，也包括經社活動對環境造成的衝擊，以及人群的回應之道。他曾經頌揚過卡斯特羅與毛澤東經濟改革和社會主義。但認為社會主義只限於數個特別的國家，也失掉人群求取最終解放的目的與意義。過去把社會當成傳統與現代的兩元看法為他所不取。但今日的世界仍有兩元對立的現象，也就是某些部門（sectors）和地區（regions）已融入世界市場的經濟體系，另外與此區隔的是受世界市場體系所排斥、或被邊緣化的某些（生產）部門與地區。這已無法從地理上的空間分布之不同而加以區隔，因為這條劃分線已跨越國界，連「已發展」的國度內也存著這種的區分、隔離（Frank 1980, 1998）。

就像當代不少激（基）進的革命家一樣，符蘭克看見「現存社會主義國家」（朝鮮、古巴）與世界市場脫鉤，則革命的潛勢力只有在環球資本主義體系中湧現的新社會運動（包括女性主義、環保生態運動），或可在有限的目標或特定的議題聯合廣大反對霸權的力量，而影響世局的進展。他認為新社會運動是在環球的層次上對參與的民主，以及文明的民主之追求（Griffths, Roach and Solomon 2009: 171-178）。

第四節　後殖民主義理論的論域

後殖民主義的分析在於聲稱對當代國際關係的理解，必須事先對南北多層的、不同的權力關係，有仔細的解說，這種解說觸及的是殖民的過去，以及後殖民的現代。為此後殖民的理論鼓勵學者重新聚焦，不採用傳統的研究方式只注意到國家、軍事或外交來往（活動）。反之，應當改變考察的對象，亦即重視人群、認同體和反抗、抵抗的重要意義。

是故後殖民主義不是傳統學術名詞之下的世界觀，更反對使用「主義」、或意識形態的角度來歸類這些理論，因為把後殖民理論當成後殖民主義乃是一種「虛假的」（bogus）的說法（Spivak 1999）。後殖民主義不算是思想的學派，它不算是一套一致、統一的思想，而是內容複雜、分歧、多重、難以概括化、定於一尊的學派。其出現與發展更難歸於某一學門或學科。像1970年末與1980年代初它屬於大英國協研究的範圍，之前或屬人類學、民俗學、地理、政治或文化研讀的部門，之後成為文學批判與文化研究，現在則與國際關係連結。

在涉及南北關係的研究上，它一度被視為政治經濟學中世界體系理論、倚賴理論、中心或邊陲的發展理論之一環。在後殖民有關國際關係的研究途徑中，此派對傳統國際政治只重視列強的權鬥、國家主權的維護和權力平衡的論述深表不滿。傳統國際關係最早出現在歐洲，後來成為美國學術界的寵兒，其關懷者為有權勢的列強之互動，與對世界貧窮國家的干預，只提供強勢的世界觀給西方執政者與人民，而不曾關懷貧國的政府與人民的艱苦窮困。動輒以全球的觀點，以國家為中心的看法，以軍事、外交的活動為焦點的主流派世界政治之學說，可以說與後殖民關注南半球貧窮與邊緣化人民的掙扎求存成為絕大的對比。後者所重視的是在地的、地方的、特殊的、不同處境上的經驗。當然後殖民理論家也關心認同、混種、純（本）真以及文化的問題，特別是（退職、備役的）殖民者與已獨立的殖民地之間的關係。要之，指出西方人對早期殖民地和如今的新興國家的觀點始終是西方中心主義的看法，從而揭露西方強權認識論的基礎。這種看法和觀點反過頭來成為型塑世局，對當代世界情勢的定義。故為了改變世界一定要把這種看法、說法——論述的表達——徹底砸碎，才能讓世人理解改變世界之可能與必要。

從上面的敘述不難理解後殖民主義與很多「後實證主義者」（如後現代主義、後結構主義、建構主義、批判理論的主張者）有很多共通和相似的立場和說法。不過要把後殖民溶解為上述後實證主義的各種理論中，不免會傷害到它的原創性、多樣性和多層次的鼓舞力源。是故後實證主義的思想來源，與後現代主義以及後結構主義相似，都是法國的大思想家福科、德希達、拉崗，比起其他「後……主義」來，後殖民主義會堅稱他們對附屬之物（the subaltern），對被邊緣化（the marginalization）之人民的特別關懷，使它有別於其他以「後」字開端的「主義」（Appiah 1997; Paolini 1999; Young 2001）。在這方面我們看出後殖民主義與馬克思主義，與西馬批判理論，與葛蘭西使用的「附屬的」、「另類的」（the subaltern）一詞之廣泛使用有密切的關聯。

由於受馬派方法激發的方法論與理論注重綜合的、折衷的、兼容並蓄的作法（eclecticism）的影響，後殖民主義綜合了傳統的物質主義與主體效果的矚目，以及壓迫（宰制）的微觀政治等等，而型塑其理論脈絡。後殖民主義不欲把第三世界女性的悲慘命運搬上論壇，是怕它引發了西方婦女當成已解放的榜樣之反效果。但後殖民的女性主義者要引起人們注意第三世界婦女的處境，也承認團結的必要，以及聯合西方與東方、北方與南方的婦女進行性別歧視掃除與解放的政治鬥爭。

Frantz Fanon

此外，引發後殖民研究的思想嚮導，有反殖民主義的第三世界知識分子之菁英如法農（Fanon, Frantz 1925-1961）、勉米（Albert Memmi 1920-）、卡布拉爾（Amilcar Cabral 1924-1973）、戚薩列（Amilé Césaire 1913-2008）和印度獨立元勳甘地（Mahatma Gandhi 1869-1948），這些作家或政治人物在爭取國家從殖民母國的暴政脫離出來、解放出來的獨立鬥爭中，寫下殖民政權暴力的壓迫，以及揭發這種殖民暴政對殖民地人民文化、認同體的傷害，以及殖民地人民的抵抗、反抗。這些著名的學者、作家、政治人物常常展現殖民政權的自我矛盾，以及殖民權力的膨脹囂張，矛盾產生於傳授基督教的福音變成了白人負擔與「文明化的過程」，企圖把未開化的第三世界人民灌輸西方的文明，結果暴力統治與傳播福音成為一大矛盾。戚薩列聳人聽聞的宣告：「歐洲無法自保」所表示的是歐洲人對殖民地的殘酷壓迫，剛好顛覆了這個舊大陸信誓旦旦的自由、平等與博愛的價值，而這些今日視為普世價值之物是歐洲人津津樂道、堅持的信條與表述的原則（Césaire 1972: 9）。這些早期反抗殖民統治的聲音表明與殖民主義連結的權力的關係與結構是生命悠久，至今尚未因為殖民體制的消失而煙消雲散。

後殖民的理論在某些方面與印度歷史學會有關「附屬性」、「另類性」（the subaltern）小組的研究結果可以前後呼應。這個附屬性的研究在於反殖民的、反霸權的觀點係以在地的、印度人的觀點來重建印度歷史的原貌。它的出發點是認為殖民政府所撰寫的殖民地歷史是站在執政者、權勢者的立場所做的過去紀錄。附屬與另類的歷史則是以被殖民、被迫害者的觀點提出另類的歷史描述與分析，其重點被視為殖民者的反抗、經驗、感受之寫照（Guha 1997; Prakash 1990）。

承認後殖民主義的知識界先驅作品之多采多姿，有利於我們對現時後現代理論內容之豐富，以及觀點之歧異有所理解，也會避免有些學者所批評的後殖民理論又是西方學門的翻版。這種批評是指後殖民理論的撰述者，為流落在西方的第三世界菁英（像薩依德、符蘭克，以及下面要介紹的史匹娃珂等人）。他們為了要保有其在西方學術界的地位，其所陳述者涉及富裕者與受教育者多於窮困者與處於邊緣的人群。於是有人指稱後殖民主義的產生是指第三世界遺留在第一世界的學界之秀異分子，其關懷的是「後殖民性格」（postcoloniality），「這種性格可視為環球資本主義知識分子之條件」（Dirlik 1994: 56）。雖然幾位著名的後現代理論家像史匹娃珂（Gayatri Chakravorty Spivak 1942- ）、巴巴（Homi Bhabha 1949- ）執教英美大學，吾人不可視為後現代主義為西方式的學科，而忽視他們的著作所受前殖民地的思想家、政治家的影響。更何況以地理疆界來劃分或歸類後殖民理論者，失掉這一派思想要彼此（南與北、東與西）對話與相互建構的存心。是故有必要先檢討「後殖民」的「後」字之意義，才能為後殖民主義在學術上、實踐上定性與定位。

第五節　「後殖民主義」之「後」的意思

無論是後現代主義、後結構主義，還是後殖民主義這個名詞之前的前綴語「後」字，都表示時間序列中居於後者、後面、後期的意思。但「後」也有超過、超越、貫穿的意味。不過現代主義、結構主義和殖民主義再加上前綴詞「後」字也引起混亂、困惑和曖昧不清的效果，而引起學人對「後」字的爭辯。批評者認為後殖民主義的「後」表示是殖民主義的結束，也就是壓迫和剝削的終結。這樣似乎表示後殖民主義只注意殖民者的特權、殖民的經驗，則後殖民的研究便要倚靠殖民與其後兩段時期的對立與區別，來大做文章。如此討論後殖民，其出發點仍舊是歐洲中心主義的政治態度之延續，殖民地的人民彷彿成為「沒有歷史的民族」（Wolf 1982）。是故後殖民主義的「後」字，不當視為時間長流中的分界點，而是不同歷史觀的標誌。儘管「後」字標明殖民主義時代的結束，以及當地人民當家作主的開始，但這個「後」字不可意涵「帝國主義結束之後」。原因是殖民主義與帝國主義是雙生體，也是從孿生關係轉為各自發展的兩種不同的體制，尤其是在世界資本主義的擴充下，帝國主義政經的霸權，並不隨殖民主義的表面上消失而減緩其運作（Young 2001）。是故史匹娃珂遂不加思索的說：「我們活在後殖民主義，但卻是新殖民化（neocolonized）世界中」（Spivak 1990: 166）。這表示舊殖民主義換成新殖民主義。巴巴也指出後殖民性是「一個有益的提醒，提醒吾人在『新』世界秩序和多國的分工中，韌力堅強的『新殖民關係』還在持續發展」（Bhabha 1994: 6）。事實上這個「後」字有貫穿時間先後和兩元（殖民與非殖民）思考的用意，而掌握任何歷史時期中的延續性與複雜性。後殖民主義乃是「把語文中開端與結束來加以穿越避免的動作」（Prakash 1996: 188）。

如此來說，殖民時代的種種經驗、制度、實踐是擁有特殊的地位，成為瞭解當代國際關係不可或缺的重要部分。在1930年代殖民地或擺脫殖民的地域，居然占地球表面五分之四的面積（Loomba 1996），而殖民主義型塑了對殖民者與被殖民者改變性的遭逢與際遇。殖民者努力在加強其殖民統治和維持殖民壓迫的方法上有所操控與改變，同時也被迫給予殖民地人民對付統治的回應之道，包括論述思想、文化的型塑與變更。譬如殖民地人民也開始重視「民族國家」的範圍和民族主義的論述，把這些概念、論述引進反抗殖民、謀取本地獨立自主的抗爭活動當中（Chatterjee 1986）。西方帝國主義在入侵世界每一角落之後，強迫殖民地人民採用其生活之處，包括強行灌輸世界資本主義的經濟模式，這種資本主義的社經體制在結束殖民統治之後仍舊留下來。是故殖民統治成為世界秩序的重新安排留下不可抹滅的傷痕，以致後殖民的理論者發現，要恢復後殖民地原

Achille Mbembe

始的舊觀，恢復不受異族統治的土著文化，成為不可能的任務，他們甚至警告恢復舊觀是無望的惆悵、失落的緬懷（Spivak 1988: 211-313）。這意味殖民統治雖告終結，但在殖民地留下的卻是混合的、混種的文化與時序。

後殖民主義者研討的主題，在於留神政、經、社、文等方面雙方（殖民者與被殖民者）之間的延續、流動、關聯。至於南北之間的建構性關係，以及彼此之間產生、改變的方式，都成為後殖民理論思考之所在。從這個角度、這個觀點出發，那麼一般通用的「西方」、「東方」、「非洲」等名詞，一定要從相關、相對的詞彙中才能加以定義、加以解釋（以「東方」、「近東」界定「西方」、「歐洲」）。在殖民時代「文明」一詞在於區別「野蠻」，這種對照、對立的名詞建構關係，至今還殘留、還通行。是故穆本貝（Achille Mbembe 1957- ）說：「非洲一詞如今還是建構為一堆譬喻，使西方人用來描述其（非洲的）起源、發展、自我意象，然後把這些想像之物融合為指涉者（能指），用來堅稱這是它（所指）的認同體」（Mbembe 2001: 2）。亦即非洲這個認同體完全是西方人創造建構出來的想像（例如把非洲認同為「黑暗大陸」，或一個文化完全相似、民族同一的大陸等等）。這就表示非洲也好，東方也好，都是與西方互動和對話中產生出來的名詞、或概念。

第六節　後殖民的議題：認同、混合和本真

在後殖民的理論中，認同是一個關鍵名詞，也是一個主要的議題，它與權力緊密連結，因為權力通過各種關係與技術產生主體和認同。認同體和主體是受到殖民經驗深重影響與型塑。殖民主義不斷地表現在實踐、哲

學和文化多層次的上面，以致原來的認同體多少混雜外來政權與殖民者的性格、特徵。追根究柢，殖民主義是一種心態，「是意識和需要之物，必須在（受殖民）的人心上把它擊敗」（Nandy 1983: 63）。殖民主義對心理學上和文化方面的衝擊並不亞於政治上、法制上、經濟上的影響，這成為後殖民理論分析的重點。如果後殖民的人民心裡還有一個自我的話，那麼殖民權力的延續與存活力之強勢與長命，也值得吾人注意。當前述法農（1986）、勉米（1990）與戚薩列（1972）的作品大力抨擊殖民權力對殖民地文化的暴力衝擊，因而摧毀當地人的自尊自信之際，當代後殖民理論家也指出，當地人不受污染、不受摧殘的原始文化與本真性格，已隨殖民統治而蕩然無存。殖民的厄運造成人民的自卑感（Fanon 1986）。不過這並非指出恢復古代文化的本真便是好事，混合揉雜便是壞事（Abrahmsen 2007: 117）。

認同體與文化無可避免地與過去殖民的歷史糾纏在一起，也在過去的殖民歷程中拐彎抹角地尋找發展的途徑，而步步為營。在殖民者與被殖民者之間建立的關係中，混雜、混同是雙方接觸的必然結果。以致法農慨嘆地說：「既然並無所謂的尼格羅的（純種）黑人之存在，那麼自然無白人可言」（Fanon 1986: 231）。根據他的說法：白人對自己的看法，把自己當做有道德的、合理性的合文明的人看待，需要一項對照的意象、映像，那就是尼格羅（黑）人的野蠻的與不文明的形象。這時混種人、雜種人，跨越皮膚與面貌的黑、白，鼻孔的大小，嘴唇的厚薄可以派上用場，這是把殖民者與被殖民雙方的對立打破的契機。亦即消融黑人與白人、本身與外者之間的對立。巴巴也指出黑白混種證實了殖民統治企圖宰制全體、全部的失敗，這表示被殖民的殖民地並未徹底的同化，迄未與殖民者一模一樣，而有混雜的現象之產生（Bhabha 1994）。當薩依德談「東方主義」時，似乎有點渲染歐洲或西方製造「東方」的能力（Said 1979）。可是依巴巴的看法，一旦涉及混雜、雜種時，則表示被殖民的人民並非殖民統治被動的犧牲品，其認同體完全受到殖民者單方面的敘述與操控。混雜的文化與社會實踐，突顯被統治者與殖民者之關係「雖然很相似，但絕非完全相似」，這點顯示被殖民者的行動及其抵抗宰制的能力，還是存在的、未被消滅的。

由此看來混雜乃是反抗和顛覆潛在的場域，因為它撕裂了自我與別人相對的區別。儘管殖民權威（官署）的行使需要把黑人當作低劣的、不文明的人群，而把白人當作高尚的、文明的、進步的族群看待時，混雜卻把這種分別的、區隔的承認完全排除，從而使殖民統治所仰賴的兩大族群不同的界線模糊掉。做為主人的那種本事、能力，表象雖是不斷地聲明、主張、宣示，但卻永遠沒有達到完全的、完整的地步，且是不斷地跌跌停停，難以取信被殖民的人民。這裡頭便埋下混雜、模仿的威脅，造成殖民論述的曖昧不清、舉棋不定，而有干擾、甚至顛覆殖民權威的潛在勢力。由於混種是黑白不分的中間地帶，會產生新的存有事物，來動搖、甚至顛覆殖民統治的權威。這樣的解釋具有當代的重要關聯、重要作用，因為在衡量一個地方全球化程度的大小時，混雜變成了量表。是故混雜也可以稱為洋涇濱式的混合語言，像非洲講法語地區的黑人，他們的法語並非道地法國人所講的語言，而混雜到當地土人的語言，我們不妨稱為「混語化」（creolization）。這種混雜土話與法語的混用語是一種充滿創意的求取適應之道，也是把西方文化象徵與實踐加以採用、解釋和轉型的努力。這表示南方的人民在面對北方有力的文明衝擊之下，並非單純地扮演接受者、犧牲者的角色而已。

與此相關的議題，還包括後結構主義陣營裡頭的爭議，也就是主張混雜、同化的一方，與保留殖民地住民原本文化、本土化的他方。前者歡呼混雜的新認同體，後者則捍衛原住民的本土文化與認同，因為這是邊緣化的人民在面對強勢征服者、統治者如何自保、如何代代傳承、香火不絕的存亡問題。在政治實踐上，被邊緣化的人民如何應付強勢的外來統治者，以求整個民族得以繼續存活的問題。在此一觀點下，混合、同化是對返璞歸真、尋回傳統、發現泉源的策略之否決、之放棄。在這種情況下，薩依德反對強調尼格羅（黑人）的特質，認為這樣做，反而讓殖民政權兩元思考復活，增強上下垂直的、不平等，並且助長種族排他思考與作為，甚至引向種族清除、種族滅絕的極端行為。是故薩依德反對迷戀本族過去的歷史光榮、過度崇敬「非洲主義」（Africaness），而渲染本族之認同，後殖民主義重視「混雜」可以目為對本質主義、排除性的論述的否認與警告。

但另一批人士卻擔心對「本真」（authenticity）的信念與堅持的放棄，不但對殖民地人民沒有助力，反而顛覆了反對與反抗的可能性（Paoloni 1999）。當反抗殖民的鬥爭在強調殖民地與殖民母國傳統與國族的認同截然有別，因之，在從事政治與文化鬥爭，爭取獨立自主之際，有必要強調本族的特質、認同，是故宣揚殖民地的本真、原始和根源，應該對反抗、反對運動有加分的作用。西藏（圖博）抗暴與獨立運動，對分散至世界各角落（特別是印度）的藏人而言，雖感受被征服、被漢人統治之痛苦，以及復國和建國之路萬分艱困，但安南德（D. Anand）卻指出，對流亡海外之藏人無法建立起一個獨立自主的民族國家的失敗，卻是他們不該低頭接受的命運，「是他們沒有能力去享受的奢侈品」（Anand 2004: 211）。把一個團結的、本質的西藏認同體當成一種理論和論述是不容藏人隨便拋棄的，一旦拋棄建國與復國的理想，以及其背後西藏的本真之認同體，則反抗中國的殖民統治的有效訴求與行動將被腐蝕一空，藏人的流亡、犧牲都要化為烏有。

對於後殖民的理論家，談到其分析方式如何與批判和實際行動有關聯時，有關混雜、本真認同的問題便一一浮現。胡珂絲（B. Hooks）談到非裔美國人（African-American）時便說出「當你得到一個認同體時，要去掉它相當容易」。儘管本質主義有其缺陷，也相當危險，但她說：「當很多被征服的（被殖民）的群眾第一次發聲（而認同其本身）之際，這是歷史的瞬間與環節，讓他（她）們感受做為『主體』（之驕傲），可是後現代主義卻批評了『主體』之非真實（因係建構而來，而建構隨時都會隨時空、情境而改變）。這點吾人要警惕、要懷疑」（Hooks 1993: 425）。

胡珂絲雖然進行了批判性的反思，她也知道要重返具有本質性的認同體與文化的論述是大不容易。對本質主義的批評提供給黑人多重認同體肯定的可能性，但這樣做卻會挑戰了下述的典範，該典型的表達是「單面向（維度）地強調（黑人）之黑色反而增強了白人的優勢」（*ibid.*, 425）。解決這種困惑的辦法便是要訴諸「經驗的權威」，亦即所謂「經驗的法則」。取代黑色本質的意（影、形）像為流亡與鬥爭的日常經驗下，黑人如何來型塑他（她）們的認同體，這個認同體不管是本真的、是混雜的，都是大家熟知能詳經驗的一部分，這才是對抗白人優越、傲慢、自以為是的有效利器（*ibid.*, 426）。

這種混合的認同體本真的原始形貌之孰重孰輕的困惑，也在史匹娃珂的著作中顯示出來。談到她所提「策略上的本質主義」，與上述胡珂絲看法接近的部分。也就是說史匹娃珂認為殖民地人民懷有某些「策略性的本質主義」認同，其原先的本質，贊成本來面貌的認同，是有利於向宗主國、殖民官署抵抗之用，不過也得承認世上並沒有純粹的認同體之存在。應用到西藏方面，人們要承認集體認同要求是一種建構出來的性格，俾向北京政府進行策略與戰術的抗爭中能夠發揮作用（Anand 2004）。

後殖民主義對混雜性的注目和對認同是具有建構性格的說法，在於提出警惕，在地的聲音一旦提出和聽得到，並沒有製造其本身為一種暴力的形式，也不在把新的少數族群和附屬、另類的族群的聲音壓制下去，使其消音。它是承認地方性的認同體並非窮舉的，同時訴諸特定的認同體可能本身包含危險、狹隘的觀點。因之，主張更為寬容、更為廣包、更為多元的世界觀乃為必要。原因是多元觀點可以壓迫的認同要求減少到最低的程度。引用薩依德的看法，所有認同體具有流動和變遷的性格，有助於「發現世界並非受到好戰（衝突）的本質所建構而成的」（Said 1993: 277）。

第七節 史匹娃珂與後殖民主義的理論

史匹娃珂女士1942年出生在孟加拉的加爾各達城，後來留學美國康乃爾大學，主修英國文學，以愛爾蘭詩人葉慈（William Butler Yeats 1865-1939）的詩作做為博士論文之主題，後執教於哥倫比亞大學。除了文學之外，她研究的範圍還包括馬克思主義、女性主義、解構學說、後結構主義、後殖民主義與全球化等課題，為「附屬（另類）研究群體」（the Subaltern Studies Group）創辦者之一員。做為後殖民主義的批評家與女性主義者，她對國際關係學門的影響重大。

她主要的著作為《後殖民理性的批判：走向喪失現在的歷史》（1997）。在此一著作中她討論了身處多元文化主義下移民的角色，包括新殖民世界中的認同體與文化。在其早期的訪談、演講錄中也觸及被征服的庶民、附屬者、另類者的辛酸、感受，這便是她的言論與訪問集《附屬者能夠發聲嗎？》（1988）的主旨。

像德希達一樣，史匹娃珂認為西方的想法，是受到索緒爾、羅蘭・巴特、列維・史陀對語文結構的影響，語文所表述的世界並非西方知識穩定的客體。相反地，西方哲學的發展係受到十九世紀英國帝國主義的擴張與二十世紀美國外交政策制定之影響，本身非中立、客觀的。史女士的解構在於反對資本主義，不認為認同體一開始便含有本質的概念。須知西方的思想在正當化歐洲的殖民主義和新殖民主義。所有西方的文本所形成的修辭學之結構都在合理化帝國主義的制度。

對史女士而言，國際關係理論中並不在爭論何者是客觀與合理，而是強調表述（representation）的問題。為了讓南半球人民有發聲的機會，她不再注目國家或主權的析論，更反對向來學者斤斤計較邊界、領土內外發生之事，而留意到不討論、不提及、被排除、被消音的敘述。她不只把解構從倫理領域帶回政治領域，甚至擴充到經濟關係、政治關係之上。一個人要對自己優勢、特權地位的出現加以研究，尤其注意其形成的過程。因之，不恃特權而驕，反而要虛心去理解別人，引發別人對你的回應，把你的「特權當成你的失落去解讀、解學（去除學習）」（unlearning one's privilege as one's loss）。

911事件爆發後國際關係理論有了戲劇性、重大的變化，向來以國家為中心的國際關係理論一時之間被徹底砸碎。尤其是此一事件不只涉及文明的衝突，更是南北貧富對抗的顯例。事實上自二十一世紀開頭至今這十年間成為環球政治與世界經濟的課題，還有認同的衝突、超國族主義（transnationalism），以及流亡與散落的政治（diaspora politics，例如1970年代與1980年代香港新亞書院幾位反共的華人知識菁英所主張的「中華文化花果飄零」的說法）都應加以細心檢討。

這些議題由史女士牽連到環球規模的階級、性別和種族的問題分析之上。特別是近十至二十年間環球問題日趨重要。她勸學者從環球化研讀移師到後殖民主義的評析，因為從後殖民的觀點移向殖民母國多元文化的考察，才是處理問題的正確途徑（Spivak 2002: 127）。

對史匹娃珂而言，歐洲中心主義和泛宇主義是後殖民主義者要抨擊之處，另一方面把「第三世界」當成是同類的國家與民族之集合體也應加糾正。這些包括激進的西方批評家在內，都是企圖把歐洲當成法律、政經和意識形態的主體來看待，而忘記任何主體都是歷史發展的後果。換言之，傳統的國際關係學者對民族國家誤認為同質性的世界政治之行動者（主角），而忽略國情的不同、各國之間的「延異」，都是統一重於分歧的偏見所造成的錯誤。

再把全球社會關係當成問題來處理時，後殖民主義者引導人們注視種族的偏見，這種種族假設是西方學者在描繪第三世界時潛藏在其學術論述的深層結構與下意識裡。第三世界國家的貧窮、戰亂、緩慢發展被主流派國際關係學者當成對西方秩序的威脅。其實躋身世界先進的工業國家（G8

八國集團）並非崇尚理性、講求人道的文明國家；反之，都有破壞世界法律和使用暴力的紀錄。美國的反恐戰爭正是帝國主義干預他國的脫罪藉口，這是傳播文明福音的極端化作為。她說：

> 我在這裡所說的不是指有意圖的合理性之選擇。我正在說這是想像中產生的「理性」，就像「共和國戰鬥進行曲」的樂隊不斷在吹奏這一曲目一樣，也像非洲裔美國人在進行不協調（catachrestic）[1]「戰爭」宣言的序曲一樣。（Spivak 2004: 91）

當成「不協調」的戰爭，是指恐怖活動的結果掉進恐怖主義的深淵，在這裡反恐「戰爭」成為合法的、正當化的暴力，成為「維持和平所不可缺的舉措」，這就造成戰爭與和平是彼此可互換的名詞，儘管在這裡戰爭變成行動體（主體），而和平保留為客體（目的體）。史女士認為文化（包括文字）的想像力影響了吾人的推理，因為想像力就根植於兩元思考之上。這裡認為士兵不畏死乃為勇士，恐怖分子不畏死反而變成了懦夫。這種被接納的雙元想法是正統國際關係理論遭受批判之因由。用後殖民解構的方法去把一些重要概念（例如「不協調」，catachresis），變成對世界政治的一般解釋之挑戰，特別是所謂的反恐戰爭，是再妥當不過之事。全球化的經濟教本中、或資本的教本中，其理念無非在為政治利益或經濟利益服務，科學的客觀性、中立性完全是騙人的幌子。整個世界的表述和描繪，完全是站在第一世界特殊的地緣政治的角度，以及排除第三世界邊緣者之立場所做的敘述與析評。

Hélène Cixous

史匹娃珂特感興趣之處與關懷的所在，為南半球

[1]Catachresis一詞係用來描寫一個團體中內在分化很厲害的成員，像婦女、工人，和被殖民的人民。這是德希達對意見紛歧、利害不一致，彼此仇視者的團體、群落之稱呼。

不幸的婦女被排除於國際關係的探討之外。她的女性主義受到法國女權哲學家與運動家（Luce Irigary、Hélène Cixous、Julia Kristeva）等之影響至深。她相信女性的認同體是社會建構出來的事物，靠著強勢的社會制度硬行塑造出來。他批評西方女性主義太關心「自我」，而沒有同時承認「別人」之存在。對她而言，「我是誰？」固然重要。「她是誰？我該如何稱呼她？」。這種對別的女性之注意與尊重也非常重要，才能讓第三世界的婦女成為主體，成為一個可以溝通與關懷的對象。

固然「附屬」、「另類」為葛蘭西所首先倡用，但形成為研究群體的主題則是1982年史女士與Renajit Guha的鼓吹。印度歷史學會所致力的附屬研究（the Subaltern Studies）就是在對社會邊緣人的研究，尤其是印度貧苦的勞工與農民的活動史之考察。是故這一學派的印度史學家嘗試從社會低層的農工大眾來敘述印度獨立運動的歷史（不再以社會菁英與上層階級的眼光來討論印度獨立史）。此一研究群的貢獻乃為指出民族主義和殖民主義都捲入印度的資本主義統治的制度化過程。

在1990年代附屬（另類）的研究逐漸受到後結構主義的影響。這是史匹娃珂與Guha於1988年合編《附屬的研究選刊》（*Selected Subaltern Studies*）之結果。史女士的〈解構歷史科學〉（Deconstructing Historiography）為該刊之發展拍板定調，遂引進後殖民主義的研究學門之內。該文強調附屬的研究不可少掉性別的考察。就在此文中史女士首次提到「策略性的本質主義」，因為附屬研究所碰觸的主要是意識的問題，以及以本質主義者的立場來看待意識、處理意識。後來她從這個本質主義的字眼退卻下來，因為本質主義容易與認同主義掛鉤。策略性的本質主義可以成為特殊脈絡進行改革、鬥爭的策略，但無法提供長期的結束壓迫與排除剝削之政治解決。

在印度獨立史上當成家庭、丈夫的附屬之婦女，被排除於正史的敘述之外。史女士的倫理目標在使身為附屬者的婦女有機會被提到、聽到。原因是被提到、被聽到，附屬者才會覺醒，才會知道改變其附屬者身分的重要。但只有聽，而不懂講都不是談話動作的整全，所以有必要創造聽與講的基本設施，要創造這種有利於附屬者聽與講的條件，就要知識菁英負起宣導鼓吹的職責。要之，社會菁英的知識分子應當努力、防阻附屬者、另類者身分之建構。後殖民主義的知識分子要協助身陷附屬地位的婦女去掉其只權充女性的身分，要不斷使後者放棄其所歸屬於次等公民之心態，甚至學習去批判後殖民主義的論述。

由是可知史女士的女性主義是解構殖民者與被殖民者之分裂（區分），強調性別議題在後殖民主義的概念運作中容易被忽視、省略。這個議題不限於印度獨立運動中的女性，也擴大至全球的婦女。是故把附屬者的問題列入批判性的國際關係理論中，是史女士對後殖民主義學說的重大貢獻，因為嶄新的、批判性的國際關係理論一定要關懷全球、種族、性別和後殖民的關係。

要之，史女士強調附屬者發聲、講話之重要性，會造成國際關係學中對權力、反抗、知識、記憶和歷史之重新思考。把解構當成一種方法學，俾從倫理的範圍移往全球經濟與政治的關係，等於把傳統馬派的概念再度概念化、活用化與實踐化。她更挑戰學界的食古不化，已經明知社會大眾的看法，卻偏重男性的看法，而罔顧婦女的觀點。她的真知灼見創造了在地的條件的全球性意識，用以破解世界各地對婦女壓迫的結構。史女士早期的理念引發思想界、學術界、文化界對全球化、民族主義、認同政治、解構、後殖民主義，以及國際關係中的性別之討論。她近期的說法則為針對美國反恐戰爭之師出無名、缺乏正當性之批評，頗能引發有良知的各界人士之傾聽與支持（Kinnvall 2009: 317-318）。

第八節　後殖民主義與反抗

在後殖民主義的理論當中，一個經常出現的議題為反抗、抵抗。只能

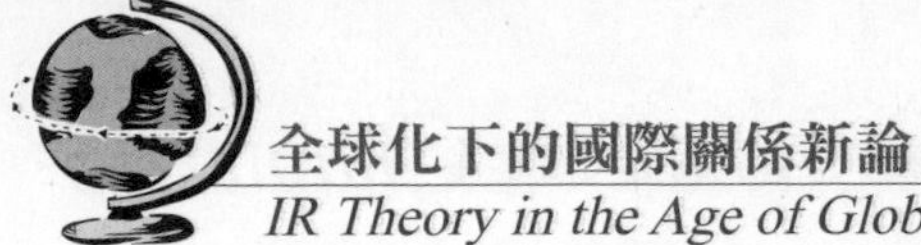

參一腳、或混同殖民地政權之作為，在某一程度內可以視為殖民地屬民對殖民政權私密性、親密關係的反抗。因為參一腳、混同含有創造力與適應力，使附屬者、邊陲者得以迎戰統治者、權力者之淫威。這表示殖民的遭遇乃至今日南北的對抗，不能單方面從宰制的立場去解析。後殖民的理論家之目標是在替附屬者、邊緣者發聲，並促使他們的身影與聲音被世界看得到、聽得到。是故站在被殖民者的一邊來揭露殖民制度之殘暴、之違反理性，成為後殖民理論付諸實踐的行動綱目。

在這一方面我們看出後殖民主義與印度「附屬研究群體」以廣大印度低下階層或婦女的立場來撰述印度的歷史，特別是印度近百年來的獨立運動史，有其共同與共通之處，就是對早期殖民政權的反抗、抵抗。這種對外來政權[2]的反抗與抵抗不限於社會菁英、知識分子，更包括絕大多數的農工、婦女、下層階級（印度的教階，casters）等「附屬的」（the subaltern）人群。把附屬者的行動和反抗推向歷史的前台，造成殖民統治的描繪更為細膩精緻，而又多采多姿，這表示附屬者並非帝國權力伸張下的犧牲品而已（Guha 1997）。

對於過去被殖民政權視為附屬者、統治對象的下層人群、或社會與政治的邊緣人、失聲者、消音者之重新發現和重新詮釋，不只在還原殖民史中複雜的政治、歷史和文化之原貌，更是一種反抗或抵抗的動作，更是對主流派史學或國際關係的顛覆，目的在把統治集團及其御用學人的論述加以修正、駁斥和揚棄。

這裡看出薩依德的《東方主義》隱含的深意。他企圖突顯權力與知識的微妙關係，而挑戰西方主流派對西方與東方兩元對立的思考模式。一俟殖民帝國向其本國子民報告侵占他國的「史實」之後，薩依德用講述西方人民不熟悉、不知曉的另一個「故事」（歷史和故事在義大利文都是用

[2]國民政府占領台灣，不只是流亡政府，還是一個喪失母國領土的少數族群統治絕大多數本土族群的殖民政府、流亡政府。其殘酷的鎮壓和迫害是典型的白色恐怖。

*storia*一詞），而予以駁斥和挑戰。重新詮釋和重新敘述的同一瞬間，不只是要呈現真實的面向，更為一種的抗議、抵抗、反抗之動作，也從中並為「賦權」（empower）取得正當性、合法性、合理性。換言之，有效的抵抗和覓取「實有」（being）與「行動」（acting）的另類替代方法之可能性，原因是我們對世界的瞭解與作為需要概念性的空間，而此一概念性的空間尤其需要重新調整。

以福科對權力／知識的雙生關係之理解，使我們明白後現代殖民主義的權力觀和知識觀是福科式的。換言之，對後殖民理論家而言，權力是無處不在、微細管出現在人際、群際、國際等關係裡。權力是不斷複製、不斷生產的。這種權力觀造成後現代對反抗、對抵抗的分析。在解釋混合與曖昧時，後現代理論家有關反抗、抵抗的分析要比傳統國際關係理論正面對抗、直接反對（被殖民者／殖民者；黑／白對立）的說詞更為精微、更為細緻。很明顯地傳統理論強調宰制與反抗的兩元思考，導致視反抗是對現存秩序的反對、挑戰，這未免太理想化、理念化。反之，後殖民主義對反抗的看法，是認為在一個權力結構中被殖民者對殖民當局一面挑戰其權威，另一面也支持其統合、融化的努力（Mbembe 2001）。被統治的民族鬥爭、獨立訴求正可以轉譯為後殖民主義解釋方式的顯例。民族獨立的需求與訴求，是有效引用西方論述來對抗帝國主義、殖民主義，同時對民族國家體系之肯定，使後殖民主義者重劃世界地圖的努力，保障了殖民地轉型為獨立國家之可能。換言之，把民族國家之出現，建立置入於後韋斯特發利亞民族國家合構的國際體系中，完全順應西方政治發展的時代潮流。這是以子之矛攻子之盾之實例。

接受福科的真知灼見，權力透過微細管的過程與關係到處流竄，因此要瞭解權力，必須從基礎向上伸展，由下而上地追蹤。為此緣故，後殖民對反抗的考察是檢驗一般殖民地廣大民眾的日常行為，而不是像傳統國際關係理論只注意叛亂、革命、武力、鬥爭、大規模的政治反對運動。殖民地的附屬者（非社會菁英）即便是在極端的高壓之下，仍發現有各種各樣的抵抗方式，去避免殖民者的權力行使。這包括嘲諷、取笑、揶揄等手段。在後殖民的非洲穆本貝（Mbembe）指出，一般民眾如何靠對執政黨的口號、謠言、卡通等的改寫和改繪[3]來宣揚反抗、抵抗的精神，來使「國家喪失其（正當性統治的）勢力」（Mbembe 2001）。這就表示統治並非全面的、總體的，而被統治的附屬者（一般暴民）永遠有他或她的行動主體。後殖民主義者如同後現代主義者一樣否認有放諸四海而皆準、俟諸百世而不惑的普世真理之存在。是故用在地的、及時的、小型的鬥爭，來對抗殖民政權的宰制是有效的反抗表現。

此外，後現代殖民主義者也對抗爭的標的物採取與主流派的國際關係理論不同的作法。只有奪取政權（國家權力）和生產資料是不足的。原因是後殖民的研究計畫、行動綱領涉及的範圍不只是物質的、文化的、認識論、心理學方面的事項。原因是宰制與不平等的政治和經濟之改變，同時要在認識論與心理學的層面產生並行，而挖掉其下意識的深沉效應。這便是南迪所說的話。他說：「殖民主義的本質首先是意識之事，這有賴在人的心靈中最終把它打敗擊碎」（Nandy 1983: 63）。

對後殖民理論的批評者常指出，只談心靈的反抗與解放無濟於事，只把注意力擺在論述或認知體的權力之上，反而對南北貧富的不均和國際政治結構性的不平等缺乏注意。批評者繼續指出，後殖民主義的表達與論述對窮苦者、邊緣者之日常鬥爭毫無關聯，這不過是象牙塔中的學究的空思妄想（Dirlik 1994; Williams 1992）。批評者甚至提出疑問，質疑後殖民主義對跨國資本怎樣搾取窮國，債務危機如何處理，為何西方國家的商貿採取保護主義？有能力嘲笑權力，改寫歷史固然在彰示附屬者，邊緣人有其行動與主體性，但這些嘲笑，這些重敘對國內與國際資源的重新分配毫無作用。因之，貧窮者繼續貧窮、邊緣者繼續在邊緣上殘喘，這證明後殖民

---

[3]例如台灣國民黨流亡政府統治下（白色恐怖的威嚴體制下），柏楊對「大力水手」漫畫的引申——父與子獨留孤島之上，還要像古中國皇位的傳承而去發表「告全國同胞書」——就是反抗的表示。

的敘述只流於空洞的吶喊與無助的嘆息。

雖然，對後殖民理論這樣全面的否定是有欠公允，須知它主要的職責在批判，而且是站在政治社群之外，對業已建立的政治與社會秩序——殖民體制——的批評。正如法農所言：「請把我變成一個好問、善問的人」（Fanon 1986: 232），後殖民理論家便是打破砂鍋問到底，凡事必問、究詰殖民統治之所做所為。就後殖民的觀點而言，任何種類有效的反抗需要同時打散（亂）又轉變（轉型）吾人的認知與論述的天地。聚焦於表述、表達就是一種把真理和理性加以說清楚、講明白的方法。靠著這種方法，常識也好、專家之所言所行也好，得以成立，得以植基。靠著這種揭露的方法，社會與政治實在的潮流之隨機性、應變性（contingency）才會顯現出來。因此，後殖民的理論家並非遠離小百姓和群眾的象牙塔之哲人。剛好相反，當前社會與政治秩序的維持與再生（複製）完全依賴這些知識與論述的實踐。因之，後殖民主義對世局的批判可以產生了社會、經濟與政治條件轉變的可能性，儘管有時他們的批評與相關的政策沒有直接的關聯。

值得注意的是後殖民理論家近年間對於當代的政治、外交、商貿等問題有更深入的解析與探察。這也說明為何後殖民的論述從英美文學、文學批評、文化研讀的文學系所轉到政治、國關的系所。這也是回應薩依德所說的「採取立場正是政治的必然（須）」（Krishna 1993; 389）。近期出版的後殖民文學，處理了亞洲金融危機、兒童勞工和性交易，就駁斥了對後殖民象牙塔的空想家之指摘（Chowdhry & Nair 2004）。

此外，但恩（K. C. Dunn）對剛果內戰的始末，以及西方人不同的論述所做的早晚意（形）象之歧異，可知今天稱為剛果民主共和國（DRC 為 Democratic Republic of Congo 之簡稱）的前身札爾（Zaire）和法國殖民時代的剛果（Congo），常是西洋人筆下與口中的「混亂的」、「野蠻的」國度。這種論述與意象型塑了西方人對剛果的政策，造成這個國家內戰不休，死亡十萬人的悲劇，可見對「剛果的想像」是啟開Congo/Zaire/DRC的認識之門所不可或缺的鎖匙（Dunn 2003）。

令人欣慰的是後殖民的理論逐漸應用於當代政、經、社、文各領域的問題之解剖上。在相當程度上，後殖民主義開始於在回應一個挑戰，這個挑戰是指理論的政治走向、政治新理論，其重點「在於政治的，而非（早前）文化的批判」（Scott 1999: 19）。這並不表示後殖民的觀點在放棄過去殖民時代的追究，也非放棄表述的權力，以為在單一的旗幟之下可以匯聚成理論的大河，來發揮抵抗與反抗的精神。但後殖民理論本身的百花齊放、異質並存，正是這一學派的特色。隨著學者逐漸轉向當代的各種問題與不同批判，則其政治力道最終會浮現的。

第九節　結　論

我們可以指出後殖民的理論是國際關係學門中新加入的流派，在有限的幾年內一些理論家在分析方法之下批判了傳統的看法，而做出有關當代國際政治瞭解的重要貢獻。特別是後殖民的研究途徑，讓南半球貧窮國家的人民之聲音為世人更為聽到。它暴露以西方為中心的分析模式之缺陷與瑕疵。在批評以國家為主軸的傳統國際關係之理論中，後殖民的觀察強調南北相互依賴的關聯，以及南北雙方互相結構造成的關係之必要性與重要性。為達此目標，後殖民理論者在國關中擴大對話，包括第三世界曾經被排除的那些觀點，論述、主張。這些觀點、論述、主張「在環球的聲音中大聲叫喊，特別是在流動不居、變化無常的（國關）學科中處處可聞」（Rosenau 1993; xv）

雖是如此，後殖民理論在國際關係理論中仍停留在邊緣地帶，做為意見紛雜、批判性大於建設性的觀點，後殖民理論在質疑主流派的解釋，而且聚焦於毫無權力的弱者。因此，它無法發揮其影響力，去超過那些關心現實利益和核心國家之動作、互動、稱霸。後殖民理論關心文化、認同和權力複雜的類型、權力與知識的關聯，使它比不上主流派討論列強之政治、經濟與軍事之強勢。不過平心而論，這個新學派對日漸環球化、混同、彼此互相倚賴的世界，各國拉開的不平等之差距，給予另類的解析、批評和詮釋，其卓見偉論也值得肯定與讚賞。是故後殖民主義對國際關係的理論不只是批判與挑戰、解構與釋疑，還對當代世界秩序具有挑戰與轉型的雄心壯志（Abrahmsen 2007; 119-122）。在一定的程度內這項觀點與實踐正體會馬克思所言：「向來的哲學家對世界有種種不同的解釋、關鍵之處卻在改變它（世界）」（FSII：4；CW5：5，8；洪鎌德 2010：372）。這裡的「哲學家」正是指後殖民主義注重理論與實踐合一的理論家。

賓拉登不算是一位反殖民主義或後殖民主義的戰鬥者，卻是反對過去（舊）蘇聯與現代美（英）國為主的帝國主義之反抗領袖。隨著美國陷身於阿富汗反恐戰爭的泥淖，自2011年初開始的北非（突尼西亞、埃及、利比亞）反獨裁、反暴政的群眾民主化、自由化、社會平等公義抗暴運動的爆發與蔓延，北非與中東（特別是約旦、敘利亞、巴林、沙烏地阿拉伯、伊朗等地人民的覺醒）變局牽動地中海南岸與東岸，以及波斯灣局勢的大轉變。整個世局與美國霸權地位的重大衝擊，使國關情勢又邁入一個新紀元，也開啟了嶄新、驚悚和不確定的新年代。

診療南半球人民的腹脹。（資料來源：Drawing by Riddell, from *The Economist*, September 3, 1994）

蓋達組織的恐怖活動。（資料來源：Toronto Globe and Mail）

Chapter 14

結論：國關理論未來發展的趨勢

- 第一節　前　言
- 第二節　世界觀、實證主義和國關理論
- 第三節　國關理論與社會科學的哲學之關聯
- 第四節　國關學說與政治理論——邁向國際的政治理論
- 第五節　去掉國關學說的歐洲中心主義——解脫殖民主義與帝國主義的魔咒
- 第六節　非西方國關理論何以不出現？
- 第七節　亞洲對國關理論的貢獻
- 第八節　結　論

第一節 前 言

由於國際關係、世界政治、環球經濟向來為現實主義所主宰、所控制，而現實主義又強調事實，而把國際的實在解釋為現象的事實呈現，故非採觀察、實驗的自然科學方法，亦即實證主義的研究途徑，無法掌握世局演變的因由、過程與發展趨勢。換言之，現實主義是實證主義的化身。當二十世紀初葉社會科學（包括國關理論）崛起時，便是採用實證主義做為它們認識論上的基礎，它們不但盡量向自然科學（堅硬的科學）之方法論看齊，還把社會科學（軟性的科學）看成為知識統一、齊一的構成部分——科學的統一運動（Smith 1996: 11-44）。

實證主義的關鍵特徵為倚賴經驗的有效證實（validation），或是證明假設的錯誤，而採取排謬的方式（falsification），來做為科學探索正當化、合法化的標準。在這種情況下，知識只能從反覆出現，呈現在規則性的觀察裡，靠觀察（必要時實驗）得來。社會科學界之大量採用實證主義，以及國關學界一度廣泛地接受現實主義之意識形態，導致這兩者（社會科學與國關理論）深刻的懷疑，亦即懷疑在社會學界與國關理論界的考察，有採用倫理學、規範性理論和相關（政治、社會、經濟）指示之必要（Frost 1996）。

之所以產生這種嚴重的懷疑立場，是由於實證主義堅持對事實與價值兩分化（兩元）的看法，以及知識只能從觀察現象得來，否則便非真的、科學的知識，而為主觀的、審思的、思辨的看法。殊不知社會科學的知識不只在觀察真假，而更涉及人造的世界價值與意義。換言之，人文與社會世界的知識，除了科學的真理，也涉及文學藝術的美麗、人群生活的善惡，甚至是宗教的神聖等重要的意義所在，這卻被實證主義者視為與科學追求真理的要求不牟（Brown 1992: 82-106）。

但國關學界近年來（自1980年代初以來）的發展，顯示學者們對社會科學（國關當然是社會科學界的一個部門、一個分支）遂逐漸凝聚共識，認為社會科學建構在價值與規範的基礎之上，原因是現象的考察離不開觀察者的立場、世界觀與職業倫理的先決條件，而把觀察加以系統化、詮釋化，不能沒有理論的導引、不能不靠哲學思維的指示。任何學派理論之爭辯都脫離不了本體（實有）論、認識論、方法論，甚至實踐分析（praxeology）的根本爭議，原因是採用任何的方法都無法避免使用理論，此即「科學方法的理論涵蘊（負擔）」（the theory-laden of scientific method）。是故規範、價值、理想無法與事實的解釋作一刀切，這也成為人文學科與社會科學有異於自然（物理、生命）科學之處。把事實排除規範之外，把事實看成為存在於人的主觀，或互為主觀之外的客觀存在是後實證主義時代——我們所處的時代——無法認可與無法接受的說詞，因為事實本身不會指認、辨識，更遑論解釋（Smith 1996: 20）。

靠對事實的指認、辨識、理解、處理、評價、應用，顯示單靠實證主義者所言的觀察（甚至實驗）是不夠的。換言之，你要指認某項現象是「事實」，便涉及你對現象分類的概念化（看法，conception），包括這項「事實」在世界當中所占的地位以及其本質、實有（這就是它的本體論、實有論），以及人們如何去認識這個「事實」的方式（觀察它的方法論、認識論），這時候要使用理論（從本體論、實有論、認識論、方法論衍伸出來具體性指引、嚮導）。是故解釋「事實」的理論本身不是事實性，而是規範性與評價性（Frost 1998）。

因之，過去三十年間，國關理論界對這門學問日增的自我反思、自我批評，也是導致第三次大論戰（繼1930年代以來現實主義與理想主義之爭辯和1960年代傳統理論與行為主義〔科學方法〕之爭論，接著是1980年代開始的實證主義與後實證主義的辯爭）的展開[1]。利用世界觀、利用語

[1] 除了這三次以外，還有第四次論戰，詳情參考第三節以下。

文的轉折來理解世界、解釋其變遷，甚至預測其走勢，似乎是當前國關理論界致力之所在。

此外，何以國關理論成為西方歐美政治學界、社會學界、人文思想界突出的學門，甚至被視為學術界、思想界、社會界的寵兒，成為主流的顯示？這與英美的霸權承續有無關係？與它成為二十世紀「美國的政治學」有無關係？與歐美資本主義的膨脹擴展有無關係？是不是可以解釋霸權實力的精神反映？何以只存在著西方式的國關理論，而非西方（特別是中國、印度、日本、韓國、中東、非洲、拉美、俄國）的國關理論有無存在？其樣態如何？是否為西方國關理論的翻版？附庸？驥尾？這些問題的解答也是探索國關理論未來發展的走向與趨勢所不可或缺的一環，值得我們加以留意及之。這點我們稍後還要論及。

第二節　世界觀、實證主義和國關理論

世界觀是一種「框架」（frame），是一種前人的行動所累積、沉澱的社會結構，它對研究者設限，因為隨著研究者的出生、成長、受教與其後生涯的展開，早已滲透進入其心靈、精神中，型塑了他（她）們的人格。既然學者擁有世界觀，甚至擁有世界觀深化、組織化、理論化的意識形態（洪鎌德 2004a：2-17）之後，那麼他（她）們對世界政治的特殊解釋，會賦予其合理化的理由。做為世界觀意識形態的框架，在於把人們看到的世界現象（世界的圖像）做了對象與範圍的限制——框架為圖像定位與設限。這種定位與設限的涵義為除了框架之內的某物成為觀察者聚焦的所在，其餘框架外的東西皆不加以考慮，甚至視而不見。國關中的世界觀和意識形態也處於相同的情況下，亦即所觀察的事物隨著學者所處的時空背景、知識境遇的旨趣，和表述的目的所範囿。由於世界觀與意識形態的影響，學者要論述的觀點、概念、理論中，便潛藏了其價值觀、規範、想

法、倫理訴求。例如那些視國關為權力的競爭、為暴力的循環之理論者，便會把世事的變遷，世局的改變看成係自然界那樣的反覆演化；反之，對世界政府的出現，大同世界的締造不是當成遙遠的美夢，便是烏托邦的空想。甚至對人類倫理的進步視若無睹（Crawford 2002）。

劉曉波

世界觀不但框架與限制研究的國際大勢對象（權力、國家利益、和戰、安全等等）連國關中的行動者是誰（國家、國際組織、財閥、非政府機構、諸個人等等）也在爭論之列。例如現實主義幾乎把國際政治的行動者之角色只推給擁有主權的國家，其他的行動者只看成配角，或邊緣性的角色。由於現實主義者賦予國家這樣強硬的地位、優勢、權力，以致其他國關的參與者地位的獲取完全端視國家的態度，從而對倫理的可能性予以重大的限制。在這種認識論與本體論之下，國家要發展其倫理的可能性（例如人道干涉），也由它本身決定，別的單位（例如國際組織、人道團體）的呼籲，可以用「干涉內政」的藉口予以排斥、拒絕。美國聯合英、澳等國進侵伊拉克〔2003〕）和中國拒絕歐美諸國與人權組織要求，釋放被囚禁的人權鬥士，諾貝爾和平獎得主劉曉波，便是顯例。

既然國關理論是被世界觀與意識形態所框架、所限囿，那麼國關中的實在（世局的實象）和倫理應用可能性也被「設限的」、「設局的」（framed），亦即遭受沒有必要的限制。在此情況下，國際政治理論的主張者看清了世界觀與意識形態對國關主題和方法之限囿，自然會理解何以這門誇稱富有科學精神與面貌的學門，把倫理、規範理論和政治哲學排斥於門外，或加以邊緣化之緣由。反實證主義者、反現實主義者在指摘傳統的理論立基於評價與規範的假設之外以及之後，會為這門學問重新注入政治理論（特別是政治哲學）的活水，盼未來的國關理論引用更多的政治理論，以及社會科學來使這個學門可以促進大同的理想，支撐世界的和平和

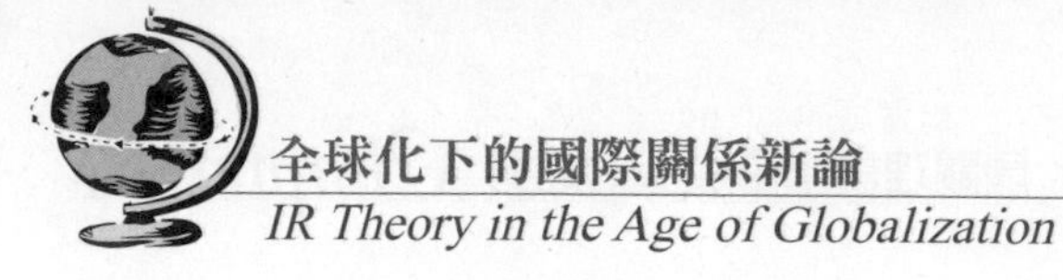

落實全球的公平。

究竟國際政治理論的主要議題是眾多的，還是單一的，也會引起學者的爭辯。不過不管問題是眾多還是單一，卻有一個基本的、經常的、中心的問題亟待學者來解決，那就是普遍主義（普世的概念）與特殊主義（地方的具體情況）如何求其平衡或找出適當的關係之問題（Brown 2002: 76）。普遍主義提供給我們一般原則、律則、規範等等，可供各種情況之下應用，也可以蓋過所有突發意外之非常事例。與此相反，特殊主義卻在指出非常、偶發特殊情形的殊別特徵，而需要加以分別，而非一般通常的處理。換言之，普遍主義提供我們概觀、綜括性的說詞，而特殊主義則必須採取個案的研究途徑。是故通案處理與個案觀察之間的緊張、爭執是國際政治理論具有創意活力之所在。

如以韋斯特發里亞條約簽訂（1648）之後歐洲所形成的國家體系為例，我們會發現這個造成近現代民族國家既擁有領土、人民（所謂的領土國家）以及政府、主權（所謂的主權國家），是承認在普世（泛宇）的體系中，其成員的國家擁有特殊自主的最高權力（主權對外的同等，但對內的最高）。這就是在國家疆域的內部，政治共同體的責任自我負擔，藉由疆界保護國家的自主與獨立，這是每國的個別主義、特殊主義得到承認與保障的開端，因為它的主權得到普世的承認與尊重之故。

可是在這過去三百六十年的近現代歷史中，韋斯特發里亞體系所提供的主權架構，只是國家最起碼的特徵之一。在過去五十年當中確有另外一個普世主義的要求在發酵和茁壯，這就是視人權的保障、鼓勵、促進是一種普世價值的落實，從而對二十世紀末與二十一世紀初的國關及其理論產生重大的改變與深遠的意義（Dunne and Wheeler 1999）。普世的人權主張是衝著國家主權而來，洶洶湧現的浪潮，只有極權國家如中國、北韓、伊朗等國才會負隅頑抗，排斥這種外來的要求。須知人權的主張是新的普世價值的要求，國家要伸張其主權只要在人權的架構裡展開才符合政治的正當性。這代表國關裡國家的權力重大的轉移，從國家的手頭轉向諸個人、諸公民的手裡。這個轉移也影響國際政治議題中眾多議題。例如不只討論人權問題，也涉及難民、賑濟、救援、貧窮掃除、人道干涉、文化認同、文化多元等等的問題。這顯明是對向來國家可以獨斷獨行的限制。是故在對待個別人類（不限於本國公民，也包括他國公民）的權利方面，我們可以分別尊重人權的文明國家與踐踏人權的野蠻國家。中國今日的經濟崛起是其文明發達的一面，但對異議分子的監禁、迫害，對西藏（圖博）與新疆（維吾爾少數民族）非漢人的歧視、規範和差別待遇，卻是嚴重違反其簽署的聯合國人權保護公約。

在涉及人道干預中如何拿捏普遍主義與特殊主義之間的槓桿，求取其平衡，也是國關學界近年研討的焦點之一。這裡涉及的人道、人的本性、人的文雅、人的文明，其標準如何都是值得商榷的所在。至於干預是否得當、是否妥切，如何在干預的過程中，被干預國的自主之被尊重與採取干預的國家之行動的正當性之間取得平衡，也是爭論之所在。須知人道主義、人本思想、人文精神都產生自歐洲（洪鎌德 2009a：73-88），是歐洲文明的構成部分，但殖民主義、帝國主義、種族主義同樣產自歐洲，是歐洲中心主義的一環。在這種情況下，人之文明與文雅，充滿人道精神是慈善的表現方式。由是人道關懷、人道干預不是基於公義或平等的主張，而是志願者良知的表現，甚至實現其本身利益的華麗裝飾而已。因為人道、文雅、文明、慈善都是歐洲人或基督徒呈現的外表。由是可知韋斯特發里亞條約的體系不只落實在歐洲，甚至推行至全球，成為今日的世界體系，世界範圍內的國家體系。這種歐洲式的人道主義，或稱基督教式人道主義對歐美之外的人類之旨趣，在於後者與歐洲的倫理和宗教搭上關係（曾經是「白人負擔」下，接受上帝福音的那些人群）。

討論國際公平、正義是二戰結束後國關理論發展中空前的突破與大躍進，其關鍵點為人權議題與制度的冒出。其里程碑為聯合國1948年通過的《世界人權宣言》。這份宣言與其後陸續出現的機關和機制集體性地提供國際社群、共同體一個社會人嚮往激勵倫理憲章，為諸國家與諸個人行

李光耀

馬哈迪

為提供普世的準則，也為其後國際的合作埋下基石（Langlois 2001）。

世界人權宣言為世界各國所接受（所支持）。這固然是普世的道德價值之受到全人類的承認，但與人權問題相關聯的是其他政治規範與理想都多少是擁有主權的國家，基於其傳統文化與習俗的考慮而有不同的標準與期待，這便是1990年代初由新加坡領導人李光耀為主與當年馬來西亞首相馬哈迪為副的「亞洲價值」之說詞。它們甚至自認其帶有父權式、家長式的民主制度，更適合東南亞這些從西方殖民母國獨立出來，而一度面臨共產主義赤化的危險之新興國家所採用形成的威權式政制。

國際關係當成一門本身存在（*sui generis*）的學問為時不久（大約是在一戰，特別二戰結束才在英、美、澳、加蓬勃發展之學科）。其開始之際學習自然科學的方法採實證主義和實驗主義這嚴分事實與價值的研究方法，並且與傳統的學問割斷，亦即把歷史、哲學、法律、經濟、甚至外交活動（diplomacy）推出學問的牆外。此時實證主義以現實主義的面目出現，在其認知論指引之下，推銷現實主義的世界觀，也讓國關在整個二十世紀寂寞地行其孤獨的道路。國關的支持者與批評者一同指出：這個學門排斥了倫理、規範性理論，以及政治哲學，因為它只對世界局勢的現實面進行分析，而排除其應然面、理想面。原因是國際局勢是強權之間的稱霸，這是弱肉強食的自然狀態，是世界陷於安那其、無中央政府的必然結果。

但在二十世紀進入終境的最後十至二十年間，國關學界面對無預警的冷戰驟然結束，巨無霸紅色帝國的解體，導致國關理論者孤芳自賞的失落。特別是向來視為科學式的、客觀性的觀察世局演變之利器的現實主義，其預測本事之薄弱，其解釋能力之差勁，至此完全暴露無遺。實證主義的認識論做為國關理論的主導思想已被徹底推翻。新一代的學者在反實證主義的運動下，重新拾回倫理學、規範性理論和政治哲學。於是國關理論逐漸發展為國際政治理論、防阻學者的自信自滿，而沉浸於「現狀」（*status quo*）的提問與解答。

第三節　國關理論與社會科學的哲學之關聯

隨著1980年代中期社會科學界在討論「後設理論」（meta-theory）之後，國關界也進入第四期大爭辯，那就是國關理論和社會科學的哲學之關聯。原因是所有國關理論或多或少都隱含形而上學、本體論、認識論、方法論和實踐學的預設立場，這些涉及世界觀點、意識形態之理論背後的勢力，有必要用社會科學的哲學之析辨來加以揭露、指認、辨析和評判。

涉及到國關理論的研究之前，首先便要質問國關究竟是科學還是藝術？理論或是實踐？這又涉及，什麼是科學？什麼是藝術？什麼是理論？什麼是實踐？諸多問題。在這四大問題中最具關鍵的當然是什麼是科學？國關理論能夠被稱為科學嗎？由於自從國關領域成為一門學科（大約在二十世紀初）以來，現實主義和其支撐力量的實證主義便主宰了近一個世紀的發展，這也就是說一開始國關的研究便強調是科學的研究，則無論其內容（題目、事件、人員、地域、時間）與方法（觀察、檢驗、分析、驗證、預測等）的選擇，其研究的目標與旨趣便定義為「科學的」，其目的在發現世局發展情況的知識，俾予以導引和控制（實踐的旨趣）。

在實證主義與現實主義主導之下，國關理論者幾乎有意或無意接受科學主義、經驗主義的說詞在進行世局的觀察和評析，是故實證主義成為這個學門指涉的基本引導。但在近年社會科學的哲學界中，普遍指出實證主義的缺陷，則國關學界沒有必要重蹈覆轍，尤其不要誤信科學就是發現事實，就是割斷價值。科學的實踐與理想的追求表面上是兩碼事，但在國關新理論的發展中卻不要一刀切開，這才符合馬克思所言：實踐是批判（事實發現與缺失糾正）與革命（把事實情況轉化為理想的境界）的合致、是離不開理論的行動（洪鎌德 2010a：323-325）。

本次的國關理論爭辯發生在兩次世界大戰之間（有人則特指二戰結束之後）也就是現實主義對抗理想主義，其爭論之焦點為國際機構（如國聯，以及其後之聯合國）的角色、功能以及戰爭起因。理想主義者強調人類愛好理性，足以控制國關的流程，俾建立安全機制。為此國關在英國威爾斯的亞伯里斯威（Aberystwyth）大學設立了全球第一個國關學系，企圖利用知識的蒐集、整理發展為涉及世局演變的科學。故理想主義者的科學觀為知識的產生。可是卡爾（E. H. Carr 1892-1982）與莫根陶（Hans Morgenthau 1904-1980）卻攻擊理想主義把「應然」與「實然」混淆，科學在對國際現象的因果關係加以觀察是實然面的觀察與分析，而非應然面的道德、倫理、規範等等理想。其實卡爾和莫根陶雖擁抱自然科學的因果律（假設權力鬥爭基於人性），但不時也懷疑國關自然科學可以使用之「客觀的律則」來加以解釋。要之，他們只是擁抱「科學的幼稚看法」而已（Wight 2007: 17）。

第二個國關辯論涉及方法學的問題，這是由於1960年代末，美國行為科學的崛起，於是辛格（David Singer 1925-2009）和卡普蘭（Morton Kaplan 1921- ）企圖把行為科學的方法論引進國關研究裡頭，而引發與傳統研究方法（重歷史的追蹤與瞭悟的詮釋）之爭執。這便是實證主義的行為研究崛起，而受各方矚目之際。實證主義認為科學的知識從可以觀察得到的資訊之蒐集中湧現。只要資料蒐集齊全，可以從中看出其發展趨勢和形成的類型（patterns），而有助於理論的型塑（theoretical formulation），甚至律則的型塑（formulation of laws）。

過度看重可以觀察到的資訊並予以測量分析，會造成行為學者對傳統的經驗與觀察主義者的研究方法之尖銳批判，認為後者使用的概念，例如權力、權力平衡、國家利益欠缺衡量與指認的標準。行為主義者遂執迷於資料的累集、計算和量化，以及指認的標準。以為這便是科學知識的進步，也是人類控制世局的開端。對於種盲目的蒐集資料，而又無力掌握世局演變的大勢，使英國學派理論家布爾（Hedley Bull 1932-1985）大為光火，認為這是對科學過度嚴峻（austere）的看法。亦即把科學概念當成因果、計量、數字的窄化。連莫根陶都認為執迷於資料的蒐集與分析固然重要，系統的敘述同樣也是科學的表現。

1970年代末與1980年代有關典範轉移或典範之間的辯論，可謂國關理論界的三次大爭辯。此時參與辯論者大體接受實證主義對科學的看法。一般反對實證主義者也不懷疑資料蒐集、數字操弄、統計分析、模型建造、假設檢驗有何重大的缺失，只是這些行為主義的信念已開始沖淡。取而代之的是科學觀察的性質，以及理論選擇的問題，亦即在眾多競爭與排斥（contending and contesting）的諸理論間，它們可以融通之處（commensurability）在哪裡？這當然是孔恩科學典範提出（1960）之後引發社會學界與國關界的新課題。科學革命並非產自知識的累積，而是新的理論可以挑戰舊的理論，比起舊理論更能夠周延地解釋現象。

在國關領域中孔恩的學說強調某一時期、某一地方成為主流的典範獨占鰲頭，其餘的學說則圍繞著這個主宰理論而逐漸匯合、併流（converge）。1970年代國關中遂有三種典範在相爭，這是指現實主義、馬克思主義和多元主義這三種而言。這三種典範並無可以比較、融通之所在。學者要選擇何種典範為主要者，端賴美學上的直觀 、個人的口味、或「暴民的心理學」（Laktos 1970: 178）。

雖然在國關界第三次的大論戰中，不再牽涉到科學定性的爭執，但社會科學的哲學卻在其中扮演明顯的角色（洪鎌德 2003：1-36）。此時柏波爾的排謬學說固然受到學界的推崇，但拉克托斯（Imre Laktos 1922-1974）所言研究計畫（scientific research programe）也被廣泛的應用。

第四次的大辯論開始於1980年代，有人卻把前面典範間的辯論跳躍

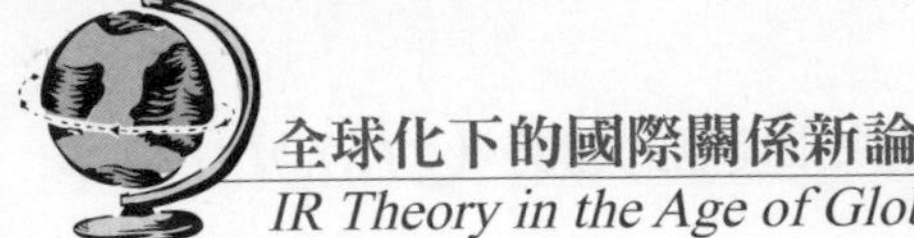

過，而稱這是第三次大辯論，因此第三與第四次的辯論不無渾沌不清之毛病（Wight 2007: 19）。這一次的爭辯聚焦於國關發展史上有關科學的議題。有人稱第四次爭辯為解釋對抗描繪；或後實證主義對抗實證主義、或反思主義對抗理性主義。

解釋與瞭悟兩詞出自韋伯的 *erkläien* 與 *verstehen*。這兩者的對抗也可以說是科學的方法與瞭悟（詮釋）方法的爭衡。前者模仿自然科學求取現象的因果關係、發展規律，後者則重視行動者對其行動所持的理由、信念、意義。主張瞭悟的人會指出，一個現象的社會意義、語言、信念是社會存在建構的重要成分（本體論上來觀察）。這部分的主張顯示自然科學研究者並沒有否認其重要性，只是在經驗的考察尚無法藉自然科學的方法來加以掌握、指認、標出。如此所得之知識會流於猜測、思辨、迷信之中。反之，瞭悟派人士不認為在先驗上承擔這樣死板的、狹窄的科學概念，而應當把研究者與被研究對象（國際關係行動者）之信念、理想、意義先搞清楚。

這次涉及實證主義與後（超）實證主義的論戰，也可以說是把實證主義者本體論的看法簡化為認識論與方法論所引起的。另一方面也是數量的研究法與質量（性質）的研究法之不同，以及哪樣更有效更重要之爭論。實證主義因為主張數量的衡量、計算因而採用經驗主義的認識論，這造成實證主義與經驗主義常常混為一談，頗難分割。這種說法導致實證主義者與經驗主義者堅持真正的科學是建立在「事實」之上，而事實的取得來自人們五官的覺知（perception），因為只有經驗事實才能加以證實，或否證。是故實證主義的科學觀可以簡化為以下幾點假設：第一、科學是建立在系統性觀察之上，因此嚴謹的方法是追求知識的正途。第二、在蒐集大量的資料、訊息之後，可以從中發現反覆出現的規則。這是普遍律則的指標。對實證主義者而言，可以被觀察的行為所呈現有規則類型，有助於對事物因果關係的發現。第三、因為強調觀察的重要性，實證主義對無法看得到，認知得到的「實在」遂不感興趣——靈魂、不朽、神明、至善等等——他們不願談及，更不予採信。他們的信條是「實有是可被覺知」（*esse est percipe*）。事物存在或不存在，端看能不能被我們五感所覺知（Hollis 1996）。

但自從1960年代以來，實證主義對社會解釋已經歷了重大的修正。在國關理論中實證主義中後行為主義者（軟的實證主義）所扮演的角色仍舊重大。他們（King, Keohane, and Verba 1994）企圖建立歸納的邏輯，俾應用於量化與質化的分析之上。換言之，讓質化研究也能夠稱得起、或算是科學。

與實證主義站在對立面的有反實證主義、超實證主義、後實證主義，它們也從大堆的不同的知識傳統來豐富其內容，但其目標卻是批評實證主義的科學觀太狹窄、太獨斷、太鴨霸。值得注意的是後實證主義不但批評實證主義的科學觀，也拒絕詮釋學有關國際現象之解釋。後實證主義者重視反思性、互為主觀性、女性主義對待世界的認識論、後殖民主義者和社會邊緣人對周遭的感受。是故模仿拉克托斯取代向來的理論或取徑之說法，改為重視「研究計畫」（research programme）。

為此國關理論界在處理世界政治與環球經濟時，或採用贊成「科學」的方法，或採取「反對科學」的途徑（反思的理性分析、直覺）。社會科學的哲學採取跨越或超越「科學」之論爭，而把以科學的現實主義、實在主義（scientific realism）來取代。基本上，科學的實在（現實）主義是認為社會科學的研究無法把科學的方法簡化、歸結為幾條清晰明白的議題、綱要、規則，這是由於每項研究的對象之範圍有其特定操作的探究程序之緣故（Bhaskar 1978, 1979）。

對科學的實在主義者而言，不只社會科學與自然科學有別，還因為各學科之間並無可共融互通，而必須採取和研究對象相關的觀察途徑。是故科學的知識系統（知識體系）並非其產生的方式（mode of generation），而是其內容。一個知識體系之所以是科學，並非實證主義者概括經驗性的「事實」來建構出來的觀察過程，而是藉無法得知的單位與過程探究，而嘗試把這些「事實」做出解釋的努力。是故科學知識是超越表象而建構與觀察之結果，其追求有時呈現相反的結論。社會科學牽連到複雜微妙的社會客體，也產生了我們觀察的類型（patterns）。是故在無法瞭解社會客體的本質之下，我們必須小心翼翼把社會體「概念化」。概念化是複雜的過程，這是由行動者與知識客體相互之間辯證互動的產品，這就是一般所謂的「社會實在」（social reality）。在這種現實下，現實主義者對方法學採相對主義的看法，反對把知識當成定於一尊、僵硬、保守教條的說法。也就是要不斷接受批判、反思的挑戰。在方法論上既反對實證主義的量化，也反對詮釋學質化的研究途徑，而主張方法學的多元主義。這是由於世界在本體論上是複雜的、不易操作的。

溫特（Alexander Wendt）企圖為自然科學與社會科學的不同尋找一個中間路線（*via media*），亦即在理性主義與反思主義之間找到一個中間地帶，儘管其努力被批評為變型的實證主義。與此不同的方法論為批判的實在論（critical realism），其代表人物為帕托摩基（H. Patomoki）與魏愛特（Colin Wight），見其文章（Patomoki and Wight）國關理論出現了科學的現實主義和批判的現實主義之方法論可以為國關理論的爭辯，或稱形而上理論之爭辯提供新的途徑，俾超越解釋與瞭悟的對立，理性主義與反思主義的區隔，甚至因果分析和非因果掌握的敵對，從而使國關一學科擺脫第四次論戰，而向前邁進（Kurki and Wight 2007 23-25）。

第四節　國關學說與政治理論——邁向國際的政治理論

國關學說本來隸屬於政治學（politics）、或政治科學（political science）的範圍，政治學包括政治哲學（政治思想）、政治理論、政治人類學、政治社會學、政治心理學、政治經濟學、政治教育學、比較政府、公共行政、文化政策、國際關係理論、世界政治等等。因此在嚴格的意義下，國際關係的理論是廣義的政治科學（political science[s]）的一個分支（洪鎌德 1977：11）。理論是政治思想和政治哲學系統化、組織化的理念和思想體系。政治思想和政治哲學在探討人們如何在一個集體的社群中和政治制度下經營和樂的群居生活，其含有應然面、理想面可從古希臘、古中國的哲學家之言行上看出來。只因其後政治理論沾染了實證主義的色彩，強調自然科學的方法是探討社會生活，求取社會知識的唯一途徑，遂只談現實面、事實面，而硬行把價值從事實當中分開來。其實，廣義的政治理論，也應討論什麼樣的政治共同體與其制度，才是人群理想的、嚮往的社會或國家？在人群中應當怎樣對待他人才算公平、合理？應用到國關方面，如何對待邊界之內外的人群才符合平等、公義？大同世界有無建立的必要與可能？總之，這方面以從事實、實在的觀察進入應然、規範、理想的境界。是故把國關理論從實證主義和現實主義解出來之後，要進一步發展「國際的政治理論」（International Political Theory，簡稱IPT）才對（Brown 2007: 35）。

國際政治理論是過去二、三十年才出現的名詞與科目名稱。其所以遲遲才出現一方面是受到國關理論中現實主義宰制學術界的影響，另一方面也是由於國關理論為英美學界的傳統，它受到社會契約論思想的左右，而為英美國際霸權的詮釋。莫根陶把國際關係視為權力的競取，而權力又為實現國家利益之手段，枉顧道義、公平、理想等方面，也視政治哲學為多餘、政治理論為累贅。這就是國關與政治理論脫鉤的因由。

社會契約論是主張「我們如何存活於政治社群與政治制度」這個問題，可以用統治者與被統治者之間的契約（洛克）、或政治公民如何推出統治者（霍布士）、或如何建立法律體系（羅爾士）來加以解答。這麼一來現實主義和社契論便把國關理論從政治理論逸脫出來，或者說是排斥了政治理論。

及至二十世紀杪，以國家為中心的現實主義與社契論受到嚴重的挑戰，攻擊者的新理論為相互倚賴論、超越國界的關係論（transnationalism）和其後盛行的全球化理論。把國關理論只看成國與國之間、政府與政府之間的關係之解析易陷入困境，即便是認為國家間的關係視衝突、戰爭、和平的反覆之說法，也站不住腳。就以政治理論的角度來評論羅爾士的正義論，也發現他強調各種社群是自足的、封閉的假設面臨檢驗，需要重新思考。原因是只在某一社群中，或是社會中討論不公平的減縮，而忽視學者對社群之間，世界範圍內的諸國家間不平等怎樣消除，會使正義問題失落其普世的價值。

Terry Nardin

參與國際政治理論爭辯與營構的學者有Brian Barry（1998）、Charles Beitz（2000）、Andrew Linklater（1990, 1998, 2007）、Terry Nardin（1983）以及Thomas Pogge（2002）等英語地區的理論家。不過國際政治理論的開端並不限於二十世紀末與二十一世紀初的當代思想家，其實我們還可以溯及康德世界的公民與永久和平的主張。康德雖然是在社會契約論的傳統之下討論國家法權（*Recht*, right）的問題，卻也涉及一國之內外諸個人的民權。黑格爾不同意社契論，但對人群集體生活的發展上，賦予國家特別重要的角色（由諸個人、家庭、社會而走向國家是主觀精神、經由客觀精神發展為絕對精神之最高境界）。馬克思無階級、無剝削、無異化的社群觀（洪鎌德 2010a：157-16；216-218；227-229；244-247；344-345）更是超越國界的全球共同體之主張，這些都成為當代國際政治理論嚴肅以對，熱烈討論的主題。

古典的或是經典的理論家之著述，至今仍可提供我們對國際的、國關的現象之理解，固然有其特定的脈絡與作者的心意，有待我們以解構的方式，去對照文本（text）與脈絡（context），但在林林總總的歷史事件分析背後，我們發現數個組對，對瞭解國際現象——穿越國界、國與國之間、甚至全球範圍裡所發生的事故以及情勢的變遷——有多少的幫助，把這些組對加以探討成為當代國際政治之政治理論底主題：內在／外在；普遍／特殊；體系／社會（Brown 200-7:37）。

無論古希臘的城邦，還是歐洲中世紀的帝國，還是韋斯特發里亞條約簽訂後的民族國家——國家、政治的安排都會區分內在者（本國人）與外在者（他國人、蠻貊之邦民）。現代國家分別本國公民，或其成年者的公民，以對待外國人、外國居民、外邦人。在種種分辨的法律、規章（國籍法、移民法）之下，像英國人還要分辨聯合王國的子民，大英帝國的成員分子，歐洲聯盟的成員國公民，這些在英國官員的心目中大體上看成自己的人、內地的人。除此之外諸國人則視為外部人、外邦人、異國者。是故內外人之分類，端視一國主政者，依其疆界內頒布的管理律例來分等級。古代希臘人重視關係，而非出生地點作為其為希臘人，還是蠻貊之邦的野蠻人，例如馬塞頓人要加上出征作為代價才稱為希臘人，雅典人則以其遠祖之身分而變成希臘人，中古時代的歐洲以信仰基督舊教（天主教）而被看作內部人，俾分辨出他們與異教徒（pagans）、猶太人、默罕默德（回教）信徒等等。

不過這種內外人之分別卻隨著全球化而逐漸喪失其意義，這主要是外來者、異邦人加以改變的努力所造成的結果。特別當代才擁有特殊才藝、資本者所獲得之優遇（例如運動明星、運動健將，常被拼贏爭勝的國家收買為國家級的運動選手，其國籍是可以隨時改變、隨時取得。當然也可以隨時拋棄。再說財大氣粗的資本家、企業家更是各國政府爭相聘請羅致的上賓。則由外人一下子轉為內人易如反掌）。反之，異議分子、特立獨行之徒有被國家驅逐出境、流亡異域之悲。雖想翻牆回國，也困難重重。早期流亡海外的台灣菁英被阻擋國門之前。近年來中國異議分子如吾爾開希要前往中國「投案」，入獄服刑，居然在港、澳叩關失敗。中國當局悍然拒絕他入境。這豈非把內人當外人、當敵人、當國家之敵看待？

除了內外之分，國際政治理論也涉及特殊與普遍的，亦即特別主義

（particularism）與普世主義（universalism）之區別。前者指涉個別國家、或區域、或地方的本土特色之發揚，包括地區的傳統、習俗、文化、自我認同的維護，也就是重視個別的，特殊的利益之照顧。特殊主義還課予國家或政體各種義務（保護人民的安全、協調鄰國的分歧、減少國際的衝突、促進國際的合作等等）；後者（普遍主義）則是把義務擴大至超越國家、區域的組織，換言之也是全球性的組織（例如聯合國及其所屬各種機構）。普世主義牽涉到在超越個別國家、區域的物質與精神之外，如何建立普遍的、全球的普世價值和理想，諸如全球性的人權與民權之推進，有效治理的政經實踐、伸張公平人道的國際法律、容納與融合各種民族的政制（例如戰爭要符合正義、政教分離、審議的民主、寬容的宗教精神）進一步促成大同思想、世界公民與永久和平之理想的實現。

第三個（內／外、殊別／普遍之外）對立事物為體系／社會。這是由於1648年歐洲各國訂立韋斯特發里亞條約，結束三十年宗教戰爭以來所形成的政教分離。天主教的教皇權力無法再左右各國君主，而呈現的主權兼領土國家所組成的體系。易言之，沒有羅馬天主教教皇的干預或排難解紛，各國之內發生的衝突只能靠每個國家以相等主權之尊進行捍衛本身的安全，甚至擴張本身的權勢，必要時與別國結盟。於是韋斯特發里亞條約的國際體系之秩序（Westphalian Order）形成。最先只限於歐陸與英國，後來擴充至整個世界，這三百六十年來世界的政治安排與秩序，便是靠各國自力救濟，或列強在國際安那其狀態下所維持的權力平衡。其間列強的劍拔弩張、以鄰為壑、競取殖民地與勢力範圍，使世界其餘大片土地淪為歐洲（以及後來的美國）之殖民地或附庸國。在這種體系下行為的規範依稀存在，但不具強制性。每項涉外的行動由國家決斷，其所憑藉者為「後果之邏輯」（後果決定是非對錯、正義與否）。這種強權邏輯便取代中世紀以基督（天主）教的普世主義（聖奧古斯丁與聖多瑪・阿奎那斯）、而成為殊別主義的作為。但韋斯特發里亞秩序在過去三個半世紀中雖有演變、各國之間的戰爭也頻傳，但它並沒有崩潰，也沒有發展成一個帝國

（神聖羅馬帝國只是一個空殼，既非「神聖」，更非「帝國」，且在十九世紀初便告崩盤）。因之，國際公法的奠基者（格老秀斯、普芬朵夫、瓦特爾、歐爾福、瓦斯奎、阿爾涂秀斯等）、社契論者、功利論者、馬克思主義者，以及歷史家、外交人員卻相信國際體系表面之存在。只是這個體系最終變成了主權平等、領土固有（但也隨時在膨脹擴張）的諸民族國家合構的「國際社會」。國際社會的成員國在承認和尊重某些國際公法與共同的作為（實踐）、包括外交活動、主權平等和互不干涉之存在，儘管國際公法、主權平等、互不干預的原則也常遭（修正主義國家的）破壞。這些社會的（而非真正體系的）規範之存在，建構在國家正當性（國家存在的理由）之上。就因為有這個承認（承認國際規範與外交實踐），加上國家主權的堅持，使國關行為有別於國內行為，有別於其他行動者（諸個人、國際機構、財團、非政府組織等等）的行為。

康德對國際社會是有所批評和期待，批評的是國與國之間的戰爭無法制止，甚或阻卻戰爭非常艱鉅；期待的是世界永久和平有朝一日可以落實。這個永久和平共包含三點：其一，所有國家都擁有共和的憲法，為民主憲政的國家；其二，所有的國家必須同意放棄戰爭當成求取本身好處的手段；其三，所有的國家支持人群禮讓的權利，因為這種禮讓包容的精神是大同思想的落實。一旦國際和社會擁有像政權形態（regimes-type）的機制進行外交政策之決斷，展示對外決策的行為，加上授與同樣一致的意識形態之共和憲法，則長期乃至永久的和平才可望維持。換言之，國際社會仍需具權威性的機構之存在，才不會像法蘭西大革命後社會的紊亂，白色恐怖的抬頭（這種革命帶來的暴亂後來受到保守主義開端人物柏爾克〔Edmund Burke 1729-1797〕的抨擊）。

黑格爾認為現代國家的權威建立在有能力創造一個真正的社群。原因是國家為超越家庭（以愛惜、溫暖為核心）與市民社會（追求自利、滿足人群口腹之慾，導致人人相互競爭，彼此敵視的場域），而往前與向上發展之人群組合。良好的、美好的群居生活立基於憲政國家能夠把人群整合在一起，讓他們以平等的公民之身分參與公共的事務、享受共同的福祉。在國際戰爭無可避免之下，保護市民社會不受戰爭的連累，是國家的職責。

康德與黑格爾對現代國際政治理論影響重大。前者倡導大同思想（cosmopolitanism）。後者主張在社群主義（communitarianism），這兩派的對立與爭辯為其後國關理論的核心。不過國際社會的概念基本上是歐洲人的想法、提法。將國際社會譬喻為「超級國家」（*civitas maximum* 最大的文明體）或「一個偉大的共和」（one great republic）是歐洲近代思想家、法學家、歷史學者的傑作。須知十九世紀奧托曼帝國屢遭排斥於「大共和」或「超級國家」之外，直到克里米亞戰爭爆發，1856年後才有改變。這表示國際社會（韋斯特發里亞條約的國家體系）雖是歐洲的觀念產品，但如何擴大至歐洲以外，成為全球的國家體系，則是一項尚未明確的事體。唯一可以說是隨著歐洲勢力（殖民和帝國主義）的展開，歐洲的文明成為舉世發展的標準，歐洲人硬是把這個標準橫加在世上其他地區與國度之上。自由主義的大師約翰・司徒華・穆勒甚至認為非干預的規範無法應用到文明不發達的印度與愛爾蘭之上，因為這兩個國度沒有法制與財產保護的制度之緣故。其實涉及國關理論出現了科學的現實主義之方法論，藉著這個方法論可以為國關理論的爭辯或稱形而上的理論之爭辯提供新的途徑，俾超越解釋與瞭悟的對立，並化除理性主義與反思主義的區隔，甚至降低因果分析和非因果掌握的敵對，從而使國關這一學科超越第四次論戰，而向前邁進。

第五節　去掉國關學說的歐洲中心主義——解脫殖民主義與帝國主義的魔咒

法國人類學家杜波瓦（W. E. Burghardt du Bois 1868-1963）在1946年

便指出各國的教育並不在教授年輕學子認識必要的真理，而是有關部分的真理（真理的面向）而已。而這一部分正是統治者所允許，所樂意讓年輕人知道的部分（Du Bois 1996: 24）。不只對歷史、對世界、對歐洲人文明化其餘世界，一向掌握霸權的歐洲人要為其本國以及殖民地人民灌輸這種歐洲種族與文化優越論的思想，就是企圖掌握世界客觀事實的國關理論，也成為歐美思想、學術、文化為中心的知識體系。原因很簡單，傳統的國關理論最關懷的所在為大國、列強追求權力，而引發的衝突與戰爭，特別是在全球經濟中為了爭取資源與利益，而衍生出的強凌弱、眾暴寡的天演論。就這門學科而言，無論其教學和研究的書文、提出的觀念、學說也是以歐、美、澳、加人士占據絕大的比例，確為西方霸權思想的表現，絕非危言聳聽。

Edmund Burke

W. E. Burghardt Du Bois

這些教科書、文章、談話、學誌最明顯的缺失為不在場。一如以杜波瓦的說詞來加以說明的話，便是缺乏對殖民根源與脈絡的覺識、反思。須知這學門的講座在英國亞伯里斯威大學成立的1919年，正是西方帝國主義發展到巔峰，而世界其餘大片土地落入歐、美殖民政權統治之下。殖民主義者此時滿腦袋裝的是對殖民地的人民、土地、歷史帶有強烈的意識形態（譬如替殖民地「現代化」、「文明化」）和種族主義（歐美白皮膚勝過所有殖民有色人種）。當時歐美人士對人類之分門別類，列入統屬高低的階梯（hierarchy）之層次裡，是非常普遍的現象，薩依德（Edward Said 1935-2003）便指出當時一般歐美白人的心目中。殖民地的降服的種族（subjected races，屬民）應受歐美人所統治，而統治者有權擴充其地盤、領域來執行其（文明化）的任務（Said 1995: 30）。

一個學門號稱「國際」關係，但這「國際」僅僅是列強之間，或列強對殖民地（及其變成新興獨立的國家）之間所要呈現的關係，不難推知它是在帝國主義的高峰下所產生的思想產物。帝國主義的特徵是關係、教條以及排除（排除弱勢者、邊緣人）之實踐，帝國主義對泛宇的、普世的承認是對立的、敵視的。是故瞭解國關產生的歷史及其背景是非常重要的。這點與人類學之產生自殖民主義有異曲同工的類似情形，但人類學卻不斷在反思、在脫胎、在換骨，企圖甩掉其殖民的枷鎖。偏偏國關學科最近的爭辯尚未談到曾被殖民過的人民如何在上個世紀掙脫殖民鎖鏈，追求政治解放的這段史實。這種重大的歷史過程僅被國關學界以「國際社會的膨脹擴大」一語帶過。

不只國關議題不肯就世界史、殖民史、帝國主義史做其內容（主權、利益、權力、安全、體系等等）之脈絡加以澄清，尤其是其成為學科歷史背景和發展的追蹤，還動輒引用古希臘歷史學家（涂西地德）至啟蒙運動時代的大哲學家（康德、黑格爾、馬克思等）之學說，卻不提奴役、販賣奴隸、殖民、掠奪、滅族等暴力行為長達幾個世紀之久的血淚紀錄。這些殘酷的史實固然無法簡化為過去人類悲劇，也無從靠忘記、省略、不提，而讓其贖罪、淨化。但國關不能靠這些抽象化的說詞，來把其學說的陳述與歐洲帝國主義做一刀切。因為如果這樣做表示國關界欠缺反省的能力，也會造成這個學門停滯不前，不再發展。

自從一戰結束至今超過九十年間，國關學界對這門學科本身興緻勃勃，但對圍繞吾人的世局變化則興趣缺缺，尤其對這門學問的議題之關注也嫌太狹窄，因為它只反映了西方的歷史，也注重了有權力的國家之利益。顯然向來的國關係植根於韋斯特發里亞條約簽訂後的歐洲國家體系，是故國關變成了「韋斯特發里亞的常識」（Grovogui 2002: 315）。

但對過去三百六十年來，大部分世界對國關的形成之定義結構和歷史經驗，卻是殖民主義與帝國主義。比起歐洲內部的發展而言，帝國主義長期的歷史，包括它經濟的、政治的、歷史的、文化的和法律的面向、範圍、天地（dimensions）對當前國際體系的型塑要重要得多。顯然，國際體系、國際法的基礎，來源與形式都成為帝國主義的衍生物。甚至國與國之間的權力大小，資源分配的不平均，國家地位的高低，所有的關於國家當代之結構、關係、文化、語文，無一不涉及殖民地母國與殖民地之間的關係。要之，帝國主義與殖民主義無法從當今國際體系與世界秩序中分開出來。

可是國關卻無法從其帝國主義的基礎與現代國際關係的結構跳脫出來，但卻對此特殊的關係默不做聲。是故「國際社會的膨脹與擴大」便是歐洲國家體系、主權、民主、法律、權利，從歐洲擴散至全世界的範圍。但不要忘記歐洲人留給世界其他各地人民的遺產，包括專制、竊取、種族主義、屠殺與種族滅絕。對多數其餘世界人民而言，這個歐洲遺產，傳統是負面（侵略、凌虐、剽竊）多於正面（民主、現代化、文明化）。

基於對傳統國關理論欠缺學科的自我意識、自我批判，則倡導把國關學門去除殖民主義的色彩（decolonizing IR），並非在增添後殖民主義對國關理論的批判與修正。原因是後殖民主義的理論常陷於兩元對立的窠臼中，不是大談世界政治經濟中貧富的懸殊、南北的對抗，便是採用馬派歷史唯物主義來抨擊資本主義的世界體系，以及第三世界的依賴理論。此外與政經和唯物史觀站在對立的兩元思考，便是後結構主義有關權力／認同／文化／知識的變化，以及後現代的其他課題。為此，所謂國關理論的去殖民化，並非在發展新的後殖民理論，而是採取更廣闊的、更深刻的批判，來批判整個國關學門，批判其潛在設準（假設）、思考與分析方式，以及此種學科的意識、態度，其目的在為國關現象尋找更合適、更周延的解釋，這樣才能使社會的探究從歐洲中心主義中解放出來，而以「世界的觀點」來研讀國際關係（Trouillot 1995: 107）。

為了要克服國關理論中所受歐洲中心主義、殖民主義與帝國主義的羈絆，必須面對主流派國關學說中內容上（實質上）、方法上與政治上的扭曲，並大力重建非歐洲的，全世界各個地區涉及全球建構之歷史，以及全球性國際關係之真實情況（Jones 2006: 12）。

第六節　非西方國關理論何以不出現？

正如上節所提，國關理論開始於國關論述的專業性的出現、學術分立、制度（國關講座）建立，是二十世紀初第一次世界大戰後的產物。但有關國際關係的理念卻產自歐洲古代希臘的城邦、互動，與其後古羅馬帝國政治版圖擴大，帝國行政與法律制度的建立與展開。最重要者莫過於十七世紀中葉以後歐洲所形成的國家體系。隨著這個體系為歐洲與英國的接受，也隨著各個民族國家對內的統一和對外的擴張，與伴隨殖民主義與帝國主義的次第展開，全球性的國家體系從歐洲擴大至北美、拉美、大洋洲（澳、紐）、非洲、亞洲，於是形成了所謂後韋斯特發里亞的現代國家體系與國際社會。

接近半個世紀前英國學者魏艾特（Martin Wight）質問何以國關理論比起政治理論來，只是一大堆「散開的、沒有系統的、無法為外行人進入（理解）」的學說，不像政治理論成為人群追求美好生活的「經驗性的地圖之描繪，在（人群）正常關係與可以計算出來的範圍內形成了之行動體系」（Wight 1966: 20），那麼四十多年後的今天，我們也可以模仿地提出何以非西方國關理論至今尚未出現？它一但出現會與西洋為主宰、主體的國關理論有何不同？

很明顯地，西洋的國關理論就像政治理論一般，也在追求人類美好的生活，像民主式的和平、相互依賴和統合，工業化的井然有序，物質生活水平的提升。這些「正常的關係與可以算計的後果」大部分出現在西方，或受西方影響重大的國度（如日本、拉美A、B、C三強、舊蘇聯、新加坡等等）。反之，革命、戰亂、貧窮、分裂、社會階級革命卻出現在非西方的國家，後者不在爭取繁榮，而只爭取生活的機會。不過非西方國關理論不存在，或勉強出現，並不能夠從非西方國家充滿衝突的安那其（無政府）狀態一個原因來加以解釋。其原因毋寧為複雜的、分歧的、不易探索的。固然西方與非西方（不只「東方」而已）都在不斷改變與轉型中，但造成非西方國關理論之闕如、短少，緩步崛起原因極多。這不是非西方人民僅求溫飽、苟存，而西方國勢、文明昌盛的對立所引起的。這與理念性（ideational）與知覺性（perceptual）的勢力有關。這些勢力導致西方的稱霸、種族中心主義和排除他者的政治（politics of exclusion）之猖獗。要解釋非西方國關理論不在場的理由，不只在西方國家裡尋找，也要在非西方國家中尋覓，更要在兩者（西方與非西方）的互動中去加以揭出、說明。只有藉國關的「社會學」考察，指出西方與東方權力與財富的懸殊，才能明瞭非西方國關理論缺少的因由。

藉由寇克斯（Robert Cox）的名言「理論永遠是為某些人、為某些目的」而塑造、而成立（Cox 1986: 207），我們可以知道國關理論以中立姿態出現，企圖對世局、現勢做出客觀的的分析，但理論家卻把他的世界觀藉理論陳述出來（例如現實主義、英國學派的多元主義），或是主張世界應當怎樣來看待，怎樣來理解（自由主義、馬克思主義、批判理論、英國學派中的團結主義者）。在寇克斯的心目中，自由主義，特別是經濟的自由主義是替資產階級和資本發聲。現實主義和英國學派的多元主義則為現實的列強維持其在環球社會上的優勢而說話。雖然上述三種學派（自由主義、現實主義、多元主義）自稱為普世、泛宇來解釋世局，但它們都是站在西方的立場上來發音的，而企圖衛護這些列強的權力、繁榮和勢力。至於馬派的理論、批判理論、女性主義、後殖民主義、後現代主義等等卻在替那些被排除於主流關懷之外的人群（工人、婦女、少數族群、第三世界的人民）講幾句公道話，而盼望這些理論可以讓邊緣者得以改變與改善。依寇克斯的觀點、亞洲人對國關理論能夠表述他們的利益表示歡迎，但中國與日本卻對自由主義與現實主義無法安然接受。中國在「和平崛起」之際，盡量避免被視為現狀的挑戰者、威脅者。日本則不但接受「正常的」列強。把它當做「商貿大國」或「文明強國」又與現實主義的期待相互矛盾。東南亞國協（ASEAN）拋開現實的、自由的和英國學派之邏輯、否定它們之間的關係或秩序是受到列強的提供、安排。南韓與印度大體說可以符合現實主義的模型，但兩國無一知道其在國際社會上的定位為何。不管如何，國關理論對現實、實在的塑造建構有一定的作用，在此情況下亞洲國家對國關與世界政治的遊戲規則也無法置身事外。是故要改善目前的國關理論，首要是從外頭，而非只從裡面來挑戰西方的國關理論（Acharya and Buzan 2010: 1-3）。

至於非西方國關理論不出現或不發達之原因，便要在西方獨霸與盛氣凌人方面去觀察，這大概可以歸納乘以下五點（*ibid*, 16-22）。

一、西方國關理論找到理解國關的正確路程

數學、物理學、化學都號稱跨越國度與文化，為普世所接受的自然科學。在這方面西方國關理論企圖模仿，這是受到實證主義與科學主義的影響。在盡力追求「科學」的崇高地位之際，主流派的西方國關理論未免過度採用理論選擇的觀點，目的在觀察權力政治、軍事策略與經濟膨脹的動機，這些都會涉及認同、榮譽、傳統等可能性之探討。這方面的研究所得（真知灼見）值得讚賞。之所以對這些議題在國關理論中大力探討，也是根源於西方的特殊歷史。不過只以西方歷史，而非全球各地的歷史，做為理論觀點的來源未免嫌太狹窄、偏頗。須知更多更廣的視野來自整個地球的歷史與各族的文化。

正如上述理論是為某些人（主政者、財勢擁有者）、某些目的（保權、擴權、財富增大等等）而設立的。是故權力平衡、優勢地位造成的穩定、民主方式的和平，單極稱霸的理論或可以幫助與增進理論者與實踐家所支持、所期待的世界之建構、維持、綿延。因此西方國關理論符合西方列強稱霸的歷史與實在（現實）！而又藉西方先進的科學、技術，來提高理論的科學性、應用性，這也就導致非西方國關理論無從提起，就是提起也無法與西方理論並駕齊驅的理由。

二、西方國關理論取得霸權的優勢地位

上面指出西方國關理論掌握優勢，並不代表它已找到邁向真理的大道或捷徑。反而在說明隨著西方過去四、五個世紀稱霸全球，故對此霸業興起、發展和現狀的解釋，成為西方國關理論一支獨秀的原因，不管其解釋是正確，還是錯誤，還是偏差。這是西方帝國主義與權勢者，成功地把他們對世界的看法硬行橫加在非西方人的頭腦與心靈中，讓後者在言行上默默承受、不敢反抗。在後殖民時代、新興獨立的國家及其人民仍舊接受早期的殖民母國所留下的典章制度，以及思維方式，誤認國際關係便是弱肉強食的自然演進，世界是安那其無政府的狀態。脫離殖民地身分的新興國家之代價為本地菁英全盤接受西化，也全部吸收政治經濟實踐的理念，包括西方的主權、憲政、領土和民族主義的觀念。至於部分接受的制度，像民主、人權和市場經濟，也紛紛在第三世界國家中次第落實與展開。但西方中比較強調的不干涉主義之學說，卻在非西方國家中頻頻遭到應用，可以說在西方逐漸式微的不干涉原則，卻在第三世界慢慢散開。

假使西方國關理論的稱霸是由於它是正確的話，那麼非西方學界對此少有貢獻。但假使前者之耀武揚威是建立在西方船堅砲利之上，那麼有必要讓非西方發聲予以抗衡。尤其是西方的帝國主義不只橫掃和壓蓋早前殖民主義的思想和知識，進一步塗改殖民主義本土的歷史與文化，迫使後者以西方的框架來瞭解本土的傳統與特徵。特別是對西方霸權意識之警覺，有助於本土擺脫西方思路的陷阱。

三、非西方的國關理論曾經存在過，只是隱晦不彰

非西方的國關理論確實曾經出現過，也存在過，但由於語文翻譯的困難，無法進入西方知識的論壇，成為舉世矚目和爭辯中心。如果是由於語言和文化的不同，而造成非西方國關理論不為西方世界所知，這點比較

容易理解，不過非西方的語言或文化也造成其鄰國、近邦的隔閡。例如中文的著作，日本人、韓國人、越南人偶或可以接觸與理解，而印度人、中東人則完全無法知悉。即使像歐洲印歐語系的各國語文那麼接近，德法有關國關的討論，便很難與英語地區相關議題的爭論連結在一起（Friedrich 2004）。再說非西方理論家所討論的多半是在地的、區域性的特殊、具體的問題，比較不具廣泛的、抽象、整體、一般的理論問題，自然引不起廣大讀者的注目。

造成非西方作品不獲西方主流派國關學者的青睞，其中一個重大的原因為不符合西方自我中心論述的規格，這是由於西方學者每每以其經驗出發，而自認其文化模式的優越，這點不少西方學者也曾經不客氣地指出（Waever 1998, Tickner and Waever 2009）。再加上母語非英語文系統之民族要藉英文來表述其思想，困難度很高，其作品為西方學報、專刊、書商接受排印之可能性不高，都是非西方國關理論的作品隱晦不彰的原因之一。

四、本土的條件不利於國關理論的出現

本土的條件包括歷史的、文化的、政治的、制度的等等，對國關理論涉及外國、列強或世界性範圍的議題，不但沒有大力鼓勵，有時反而壓抑、掣肘。由於國關學系與理論的建立是在第一世界大戰結束之後，人們對戰爭的殘暴、破壞驚悸猶存。國關理論是產生自怎樣來防止列強大戰，解決國際衝突，與恢復和平與秩序的學問。其開始正是取向於對戰爭的恐懼（常大於戰敗的恐懼）之問題。從這些恐懼中產生了對戰爭與和平瞭解的需要，這就導致國關研究的制度化。必須指出的是，這個爆發在歐陸的第一次世界大戰，對西方是首次重大的創傷。由此史無前例的創傷來催促國關研究的產生。對大部分的亞洲人而言，第二次世界大戰造成的傷害何嘗不是史無前例的恐怖經驗！假使說歷史的創傷是國關理論的催生婆，則西洋人的殖民統治，以及殖民解放何嘗不是亞洲人發展其國關理論的催化劑？

不過比較東西文化的歧異，我們不難發現西方人比起東方人來，在處

理重大歷史事件上擅於使用抽象的概念來加以掌握、應對。我們甚至可以大約推論西方人擅於提出理論來處理事情。反之，其餘非西方人集中注意到本土、地域的事情，少動用泛宇、普世的理論來綜括事象。換言之，非西方人面臨生活緊迫的、壓力重大的地方事故，若不迅速地加以解決，則難以繼續存活，當然沒有餘暇、剩餘的精力去沉思事情的來龍去脈，只要能速戰速決、趕快、短暫解決燃眉之急的事情便於願已足。這便是文化與優勢（霸權）的關聯。占有優勢的西方人常常好整以暇，把研究的對象擺在廣闊的、大型的脈絡或體系之上來細加考察。居於弱勢、談不到任何霸權的非西方人則培養解除道德責任和喪失信心的近利與短視的文化，從而企圖大事化小事、小事化無事，把問題簡化，甚至空乏化、虛無化。

除了文化邏輯之外，政治因素也常使非西方人發展其獨特的國關理論。在西方愈講究民主的國度，國關理論發展得愈為充分、愈為深入。反之，民主發展較差（如西班牙、葡萄牙、義大利）對國關理論的廣化與深化努力不夠。至於西方獨裁或集權的政府（像納粹第三帝國、史達林統治下的舊蘇聯）統治下，不容知識分子對外交政策之原則有置喙的餘地，同時大力控制人民關心世局（國關的結構），自然造成民間的國關理論走入地下，而不敢批評與抵制政府之國際行為。

非西方的學界不像西方的學界獲得政府、民間、財團的奧援，展開國關純理論（而非僅是經驗性）的研究。是故國關無法制度化（設立大學相關科系、研究所，或校外研究性的機構，大量培植對國際情勢、世界政治和環球經濟深覺興趣又具潛力的青年學者與學生），也是非西方學界的通病，自然無法形成對非西方理論式的國關理論之深入研發。

五、西方大陣仗地發展國關研究，非西方只有緊密跟隨，企圖追平（且不談迎頭趕上或後來居上）

這個解釋是頗有道理，只要假以時日，相關國家與政府又肯撥出資源、費用，則發展非西方世界的國關理論，並非癡人說夢。只要有資源可資使用，研發在地性的、本土性的國關理論應尚有實現的可能，則西方與非西方理論的鴻溝有望填平。但這種說法也會招來抗議，那就是認為非西方世界，特別是第三世界現代化之路、發展之路完全走西方世界的老路。既然連工業化、城市化、世俗化、現代化、全球化都照抄西方的步數與行程，則非西方的科學發展，特別是國關理論的發展，豈不要在西方學界的陰影籠罩下亦步亦趨、東施效顰？

以上五點的解釋彼此並非相互排斥，而很大程度上有重複、交叉、重疊的地方，亦即相輔相成的所在，例如西方學術的稱霸，加上在地與本地的不肯大力推動國關的研究，再加上另立新說之困難，都會造成非西方在發展國觀理論方面的阻礙重重與進步遲緩。

第七節　亞洲對國關理論的貢獻

非西方的思想家、哲學家或政治領導人以及在野的菁英，偶爾對世界大勢、國際政治，或國與國之間的關係發表他（她）們的卓見，雖然比起近現代西方學者有系統、有組織、有條理的學說似乎差了一大距離，但其特殊的，具有在地色彩的說法，卻鼓舞當地人爭自由、爭獨立，甚至對抗西方數百年來的殖民、稱霸和帝國主義的蠻橫。這些非西方的主張，特別顯示在亞洲近一百年來反抗西方的侵略，謀求民族的解放之上。除亞洲之外，近年間出現在非洲、拉美（特別是拉美馬克思主義派、左翼革命家的言行，像解放神學，雖是針對當地土豪劣紳、暴虐地主階級、腐敗的政府首領與官員，但也以倡導拉美擺脫美國式的霸權和搾取、剝削，而有扣緊的〔cogent〕國關的意涵）的反殖民主義、反帝國主義之國關與政經學說、依賴理論，這些也值得吾人矚目。

在非西方的國度，尤其是亞洲地區已有關國關的說詞，可以大約分為四種類型加以解釋，他們的說詞還談不上首尾連貫、舉證歷歷，又經過細心檢證的硬理論。因此稱他們的說法與主張為「軟理論」（Acharya and Buzun 2010: 10-16）。

第一，與西方國關理論引經據典，把涉及外交、國關之學說推溯到古希臘涂西地德、中古的馬基亞維利、近世的霍布士、康德、黑格爾、馬克思等先行者，亞洲的哲人如孔、孟、孫子、考提利亞（印度謀略家）之著作被重加詮釋，而指出它們涉及國關方面的說法與談論（Sharma 2001）。企圖從這些古人的敘述中找因果關係的律則頗為不易，也比較少有（Modelski 1964; Hui 2003）。這些古代亞洲哲人的著作之特色為對內政和外交，本國政治同他國關係的欠缺儼然地釐清與區隔。此外，把這些經典的古代亞洲思想家的學說重加詮釋，很少不對其政治狀況加以扣緊描述。舉一個實例，1980年代與1990年代初新加坡李光耀再三強調的亞洲價值，正是四條小龍經濟奇蹟喧騰一時的說詞，也是對抗西方輿論與媒體指摘李氏王朝家族政治之際的辯詞，這個亞洲價值的觀念不只盛行於新加坡，也在東南亞各國（特別是馬來西亞）鼓吹一段時期，目的在彰顯東方以家族、以近鄰為主的社群主義，目的在對抗西方以個人的自由，福利為中心的個人自由主義。這不只是亞洲人的人生觀、世界觀、也代表亞洲人（東亞人）對國際秩序的看法。是對西方「民主和平」的自由主義信條之挑戰。在印度古代的韋達（Vedas〔存在於西方前1500年至西元前500年期間的印度語文與文化〕）之理念，被借屍還魂做為印度應當建立核子武器的藉口（Karnad 2002）。如果可以把孔夫子的儒學傳統，或是古印度的韋達理念搬上檯面，那是與某些國家（印度、四條小龍以及其後經濟勢力崛起的中國）權力、財富的抬升、累積有關（例如北京新設立的孔子和平獎，以對抗諾貝爾和平獎）。至於亞洲其他弱小國家便沒有拿祖先的說詞來亮相。

第二，現代亞洲重要領袖或菁英有關國關的主張，這包括毛澤東、尼赫魯、翁山淑姬、霍西・李察爾和蘇卡諾等人。他們所提供的並非區域或

Aung San Suu Kyi

Jose Rizal

世界的秩序之理論，而是這些秩序如何形成「原則性的理念」（principled ideas）。毛澤東一度提到「三個世界論」，主張把當年共產主義或社會主義所形成的第二世界聯合第三世界的國家，來對抗第一世界的美、歐、日、澳、加等資本主義的第一世界，亦即把他在國內戰爭時所採用鄉村包圍城市的戰略，擴大應用到國際之上。尼赫魯則在1950年代中期，聯合南斯拉夫的狄托、埃及的納瑟和印尼的蘇哈托倡導不結盟運動，企圖在東西冷戰中擺出中立的態度，不與資本主義陣營或共產主義陣營的任何一方建立軍事同盟的關係。除倡導不結盟外交政策之外，尼赫魯又倡說非排斥的區域主義（non-exclusionary regionalism），反對模仿歐洲權力平衡式的軍事結盟。翁山淑姬所提供的是接近自由派的國際主義觀點之國關理念，強調國與國間相互依賴和多邊主義，而反對孤立主義，原因是緬甸軍人政府既不肯與國際合作，又自陷於孤立狀態（鎖國心態）（Aung San 1974; Silverstein 1972）。至於蘇卡諾除了鼓吹不結盟的政策之外，1960年代他又宣傳建立新國際秩序的必要，要讓「舊建立之勢力」（OLDEFOS）與新興的勢力（NEFOS）來作平衡的發展。這麼一來他在印尼民族主義的聲勢可望高漲，他在不結盟與第三世界的國家中的領導地位得以長保（Legge 1984）。

有異於西方國關的實踐者之學說介紹，亞洲政治領袖思想的分析主要來自他們傳記的作者或分析的專家。亦即前者是國關理論家的評析，後者則流於記者、傳記家的描述，能否把這些亞洲領袖真正的國關理念有系統的呈現，不無商榷的餘地。

其中尼赫魯的外交想法較為突出，他不只是一位政治人物，更是一位策略家、戰略家，他的外交政策對亞洲其餘謀求建國，或已立國的民族主

Rabindranath Tagore

義者影響重大。他甚至還與西方國關理論家如李普曼（Walter Lippmann 1889-1974）與史排克曼（Nicholas Spykman）交鋒過，例如指責李普曼的二戰戰後國際秩序建立在任何一強國的庇護下之結盟，也批評了史排克曼認為政治家要實現正義、公平與容忍，不可與權力目標之追求混為一談。這也同翁山淑姬之父翁山將軍（戰後緬甸首任總統）拒絕與強權結盟的主張完全一致。要之，尼赫魯有關現實主義者對戰後世界問題的解決方式，忽視西方勢力的衰退，以及無視新興國家的民族主義的崛起，與自由自主的要求之不當。一旦忽視這種趨勢，則現實主義乃是「幻想的以及與現實脫節而變成與（西方）多數人民的理想主義」無大分別的主張（Nehru 2003: 539）。亞州民族主義者有些共通的想法，值得吾人矚目：其一，民族主義與國際主義無相互衝突，相反地有些民族主義者反而反省與批評民族主義，認為把民族主義視為構成國際關係的唯一基礎之不對，中國孫文的說法和印度泰戈爾的評論（Tagore 2004）就是顯例。都是企圖鼓動國際的輿論來達到民族的解放。這種公開的、開放的民族主義同歐洲排外的、閉鎖的民族主義是不同調的。翁山將軍甚至不認為民族主義、區域主義和國際主義之間有何矛盾和衝突。他甚至認為區域的合作可以補償緬甸在防衛與經濟上的弱勢（Aung San 1946）。其二，這些亞洲領袖有意擺脫空想（烏托邦）主義與理想主義的窠臼。譬如泰戈爾批評日本的民族主義有貼標籤與附驥尾之嫌（Tagore 2002: 50）。翁山淑姬則自稱為國際主義者，但非從堅實的地球漂流到不見蹤影的國際主義者（Aung San 1974）。尼赫魯在亞非的萬隆會議（1955）上嘲笑土耳其提議的區域聯盟來對抗共產主義的威脅並非「現實主義的世界現勢」之評估；反之，他本身才是採取「現實的觀點」，因為這是和平主義者的立場。不贊成區域結盟接受垂死的西方殖民主義的餘孽，用來對抗共產主義的威脅，亦即他自有應付舊蘇聯與中國之辦法，而不要讓亞非新興國家本身再陷入對

Muthiah Alagappa

Jerry C. Y. Liu

立、分裂、爭執中（Nehru 1995）。要之，他努力地防止亞非各國把萬隆會議重陷入西方理想主義與現實主義的激辯中。

第三、除了古典的、現代的政治領袖主張之外，非西方學者對國家之間與國際的關係也有專業性的論文與專書的出版。這是應用西方業已發展、建立的國關理論來檢討其本國、在地的、區域的國關問題，這包括印度的A. P. Rana、Kanti Bajpai，韓國的Chung-In Mun，馬來西亞的Muthia Alagapa，日本的豬口孝（Inoguchi Takashi）和菅波英美（Suganami Hidemi），中國的張永全（現職教於紐西蘭2010）、秦亞青（2010）、宋新寧（2009）、黃曉明（2009）；華裔學者劉俊裕（Jerry C. Y. Liu 2009）、陳智宏（Gerald Chan 2009）等等。上述這些學者因為受到西方教育，滯留在西方相當久（特別是Stephen Chang 2009與K. C. Tan 2000, 2004）。因之，他們的國關理論或多或少沾染西方的色彩，雖偶爾也談其祖國或原鄉的國關主張，仍未離開以西方眼界看東方的問題，其能否代表亞洲的觀點或本土的說法受到質疑。儘管如此 Muthiah Alagapa 卻指出「亞洲有富饒的土壤可以爭辯、檢驗與發展這些（國關）概念以及爭勝的理論，而對抗種族中心的偏見」（Alagapa 1998）。這種說詞會不會使西方理論主宰地位消失？會不會只提供西方國關學界證實其概念與理論的「資料」、「原料」（Shea 1997: A12-A13）呢？

第四種的作品研究亞洲事件和經驗，進一步發展概念，俾當作國際關係一般性類型之分析工具。這是把亞洲各國之關係納入世界政治體系中，而與世界其他做比較的方式。這包括安德遜（Benedict Anderson）倡言的「想像共同體」（Anderson 1983），以及司谷特（James C. Scott）的「每日抵抗的形式」（Scott 1985; Mittelman 2000）。這些學說不但影響比較政治，也造成國關理論重大衝擊（Alder 1994）。這類作品主要在亞洲的脈絡、環境中找出事件的流程，俾對世界其他地區類似事件的解釋，包括費正清的「中國式世界秩序觀」（Fairbank 1968）、杭亭頓的「孔子的世界體系」（Huntington 1996）、康氏（Kang）所提「上下統屬不等之結構」（hierarchy）。這些作品雖不一定協助國關學者理解其他區域的國關情勢，卻有助於捕捉歐洲的特殊類型和經驗，而幫忙亞洲與西方國關樣式之比較。另一個新崛起的研究趨勢為觀察地區的經濟、商貿、文化、科技的整合，以區域組織的制度來討論其特殊整合的方式，例如「亞細安（東南亞國協組織）之道」（the ASEAN Way）。多邊協商是國關實踐的主題，但各地的多邊談判之決策卻每隨地區（例如歐盟、北美自由貿易區、亞細安多邊磋商機制）而不同，是故第四類的作品強調多邊主義與區域主義之特色對國關理論之影響（Johnston 2003）。

上述四種亞洲的政治人物與學者（包括西方的學者）的貢獻，充其量可能被視為駱仁奧（James Rosenau）「前理論」，也就是國關行動者、行為類型的概括化、概念化，還談不到具體的、嚴格的、美國式的國關理論的程度。但這個前理論發展為真正的理論卻不是不可能的發展趨勢，這是吾人樂觀其成之開端（Acharya and Buzun 2010: 10-15）。

第八節　結　論

國際關係做為一門社會科學的分支，並正式在大學設立科系和講座，是1919年第一次世界大戰結束後出現在英國學界的盛事。其原因為檢討人類各國之間發生戰爭的因由，以及求取和平的途徑。當然國關理念的成形則為歐洲十七世紀中葉經歷三十年宗教戰爭後，民族國家興起所造成的威斯特發里亞國家體系。隨著國家主權觀念的抬頭、國際公法的興起，企圖

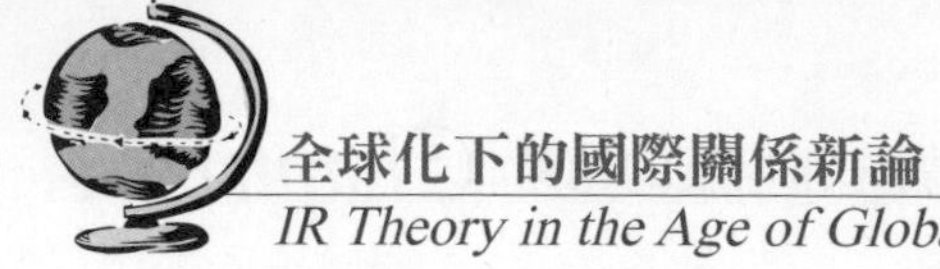

把主權國家的行為與區域，乃至世界的秩序有所約束，有所規範，才使康德世界公民和永久和平的理想變成為有異於資本主義的散播、市場經濟的擴張，殖民主義和帝國主義的崛起之抗議聲浪。雖有第一次世界大戰後美國總統威爾遜民族自決與世界性政府（國聯）之倡議；美國學界對這種充滿理想主義色彩的國際聯合，多所批評的態度，以致出現了英國學者卡爾等現實主義者與大同理想主張者之間的爭辯，這便是國關理論出現在歐洲、擴散到北美所產生的理論擴張和爭辯頻繁的開始。

第二次世界大戰，美國取代英國成為獨霸全球的超強，但二戰結束後卻出現了東西陣營的對抗，於是為期接近半世紀的冷戰開始。國關理論、政經學說、世界政治、環球經濟學遂從歐陸、英倫，而橫渡大西洋，成為北美的顯學。這時在1960年代現實主義結合實證主義大談科學方法，國關學界也變成傳統理論與行為學說的對決。及至1980年代對理性主義、自由主義、實證主義和現實主義不滿的國關學界開始發展批判理論、建構主義、後結構主義、後現代主義、女性主義以及後殖民主義，情勢才告改變。及至1990年代隨著冷戰的結束，現實主義的退潮，國關理論界的爭論已進入「修辭學的轉折」，討論理論如何轉型為實踐，何種理論更具說服力，更能為各國外交操盤者所接受，更能把理論轉化為行動。綜合近半個世紀以來國關理論不能自外於社會科學的發展，應當在社會科學中除了接受政治學中的政治哲學、比較政治的主導外，更應該吸收地理學（是故有地緣政治國關理論）、經濟學（是故有國際政治經濟學）、心理學（有關決策者的人格構成、運作動機、接受壓力與抗壓的程度、民族性格等等）、人類學（東南亞各國種族混同、後殖民時代殖民地人民的混雜、同化和本族認同等等）、社會學（歷史社會學派不只反對現實主義重連貫之偏頗，而主張世事不斷變遷，必須在時間軸上注重歷史的變遷，在空間軸上注重不同社會的歧異）。此外人文科學中的哲學、倫理學、文化研究、語言分析都是採用人文學科的卓見，俾燭照複雜多變的國際情勢之遷移和變動。

除了採用社會科學與人文學科業已建立知識體系之外，未來國關發展的趨勢更要回歸政治科學的懷抱。政治哲學、政治思想和政治理論向來便與國關理論密切關聯，因之，國關的理論無異為國際的政治理論，它開始於古典的政治與歷史哲學，而為當代各種政治學說所矚目，其中內外之分，普世與本土之別和體系與社會（社群）的對立，成為應用政治科學到國關研讀之上，為當代學者最為苦心焦慮，謀求解決之主題。在此情況之下，謀求南北對抗或差距之縮小，世界公平的落實，全球化與在地化的平衡等等，也成為未來國關理論發展的大趨勢。

由於國關理論產自西方的稱霸，以及非西方發展的遲緩。故之，整部國關理論史幾乎是西方學術、思想、文化的霸權紀錄。如何使非西方，特別亞洲的國關學界急起直追，自創當地、地方、本土的新理論，而足以與西方業已發展的學說並駕齊驅，應當是亞洲，乃至非洲、拉美、大洋洲學人的職責。另一方面主宰學界一百年以上的西方國關理論家，也應反思和瞭悟，去掉西風壓倒東風的優越感，大力認識世界其餘地區的情勢，才能謀求人類共同文明的進步，也才能朝大同世界邁出實際一步。

世界末日的戰亂。

上帝保佑我們繼續大量的消耗世界的資源。

References

參考書目

皮耶・布爾迪厄（Bourdieu, Pierre 卜地峨）著，孫智綺譯

2003　《以火攻火：催生一個歐洲社會運動》。台北：麥田。

包宗和（主編）

2011　《國際關係理論》。台北：五南。

杜震華

2005　《世界經濟導論》。台北：台大國發所。

洪丁福

2006　《國際政治新論》。台北：群英。

洪鎌德

1977　《世界政治新論》。台北：牧童。

1995　《新馬克思主義和現代社會科學》。台北：森大，第二版。

1996　《跨世紀的馬克思主義》。台北：月旦。

1997a　《馬克思》。台北：東大。

1997b　《馬克思社會學說之析評》。台北：揚智，第二版。

1998a　《21世紀社會學》。台北：揚智。

1998b　《社會學說與政治理論——當代尖端思想之介紹》。台北：揚智。

1999　《當代政治經濟學》。台北：揚智。

2000　《人的解放——21世紀馬克思學說新探》。台北：揚智。

2003　〈導言：當代社會科學的哲學〉，《哲學與文化》，第354期，頁1-36.

2004a　《當代主義》。台北：揚智。

2004b　《西方馬克思主義》。台北：揚智。

2004c　《法律社會學》。台北：揚智，二版。

2006　《當代政治社會學》。台北：五南。

2007a　《從唯心到唯物——黑格爾哲學對馬克思主義的衝擊》。台北：人本自然。

2007b　《黑格爾哲學的當代詮釋》。台北：人本自然。

2009a　《人本主義與人文學科》。台北：五南。

2009b　《當代社會科學導論》。台北：五南。

2010a　《馬克思的思想之生成與演變——略談對運動哲學的啟示》。台北：五南。

2010b　《西方馬克思主義之興衰》。台北：揚智。

2010c 〈國際關係中的批判理論〉，《台灣國際研究季刊》，6卷3期，頁1-30.

洪鎌德（主編）

2003 《社會科學的哲學專題》，《哲學與文化》，第35期。新莊：輔仁大學。

洪鎌德、廖育信

2009 〈經典的政治經濟學之「經濟人」模型及其意涵〉，《台灣國際研究季刊》，第5卷，第2期，夏季號，頁57-78.

倪世雄，包宗和校定

2006 《當代國際關係理論》。台北：五南，初版三刷，2003年初版一刷。

孫治本

2001 《全球化與民族國家——挑戰與回應》。台北：巨流。

曹俊漢

2009 《全球化與全球治理：理論發展的建構與詮釋》。台北：韋伯文化。

黃森楠、夏珍陶、陳志尚（主編）

1990 《人學辭典》。北京：中國國際廣播出版社。

Abrahmsen, Rita

2007 "Postcolonialism," in: (ed.) M. Griffiths, *op. cit*. pp.111-122.

Acharya, Amitav and Barry Buzun

2010 *Non-Western International Relations Theory: Perspectives on and beyond Asia*, London and New York: Routledge.

Adler, Emanuel

1994 "Imagined (Security) Communities," Paper Delivered at the 1994 Annual Meeting of the American Science Association, New York, Hilton, 1-4 Sept. 1994.

1997 "Seizing the Middle Ground: Constructivism in World Politics," *European Journal of International Relation*, 3 (3): 319-363.

2002 "Constructivism and International Relations," in: (eds.) Walter Carlsnaes, Thomas Risse-Kappen and Beth A. Simmons, *Handbook of International Relations*, London: SAGE, pp.95-118.

Adorno, Theodor W.

1973 *Negative Dialectics*, New York and London: Routledge & Kegan Paul.

Agamben, Giorgio

1990 *The Coming Community*, (trans.) Michael Hardt, Minneapolis, MN: University of Minnesota.

1998 *Hommo Sacer: Sovereign Power and Bare Life*, (trans.) Daniel Heller-Rouzen, Standford, CA: Stanford University Press.

Alagapa, Muthiah (ed.)

1998 *Asian Security Practice: Material and Ideational Perspectives*, Stanford, CA: Stanford University Press.

Ammore, Louise *et. al.*

2000 "Paths to a Historized International Political Economy", *Review of International Political Economy*, 7(1): 53-71.

Anand, D.

2004 "A Story to be Told: IR, Postcolonialism and the Discourse of Tibetan (Trans)National Identity," in: (eds.) Geeta Chowdhry and Sheila Nair, *Power, Postcolonialism and International Relations*, London: Routledge.

Andermah, Sonya, Terry Lovell, and Carol Wolkowitz

1997 *A Concise Glossary of Feminist Theory*, New York: Arnold.

Anderson, Benedict

1983 *Imagined Communities: Reflection on the Origin and Spread of Nationalism*, London: Verso.

Angell, Norman

1913 *The Great Illusion*, London: William Heinemann.

Appiah, Kwame Anthony

1991 "Out of Africa: Topology of Nativism," in (ed.) Dominick LaCapra, *The Bounds of Race: Perspectives of Hegemony and Resistance*, Ithaca, NY: Cornell University Press, pp.134-163.

1990 "Is the 'Post' in Post-colonial the 'Post' in Postmodern ?" in (ed.) Anne MacIntock, *et. al.*, *Dangerous Liaisons: Gender, Nation and Postcolonial*

Perspectives, Minneapolis, MN: Minnesota University Press.

Ashley, Richard K.

1981 "Political Realism and Human Interests," *International Studies Quarterly*, 25(2): 204-236.

1986 "The Revolutionary of Neorealism," in: (ed.) R. Keohane, *Neorealism and Its Critics*, New York: Columbia University Press, pp.253-300.

1987 "Geopolitics of Geopolitical Place: Toward a Critical Social Theory of International Politics", *Alternatives*, 12(4): 403-434.

1988 "Foreign Policy as Political Performance," *International Studies Notes*, pp.48-71.

1988 "Untying the Sovereign State: A Double Reading of the Anarchy Problematique," *Millennium*, 17(2): 227-262.

Ashley, Richard K. and Robert B. J. Walker

1990 "Reading Dissidence/ Writing the Discipline: Crisis and the Question of Sovereignty in International Studies," *International Studies Quarterly*, 34(3): 367-416.

1990 *Speaking the Language of Exile: Dissidence in International Studies*, Special Issue of *International Studies Quarterly*, 34(3): 259-417.

Aung San

1946 "Problem for Burma's Freedom," Presidential Address delivered to the First Congress of AFPFL, 20. 1. 1946. 引自Acharya & Buzan 2010: 23.

Aung San Su Kyi

1974 *Burma's Challenge*, Myanmar: South Okklapa.

Baldwin, D. (ed.)

1993 *Neorealism and Neoliberalism: The Contemporary Debate*, New York: Columbia University Press.

Baran, Paul

1957 *The Political Economy of Growth*, New York: Monthly Review Press.

Barbierie, Katherine

2002 *The Liberal Illusions: Does Trade Promote Peace?* Ann Arbor, MI: University of Michigan Press.

Barlett, Katharine T.

1999 "Cracking Foundations as Feminist Method," *American University Journal of Gender, Social Policy, and the Law*, 8: 31-50.

Barnett, Anthony, David Held and Casper Henderson (eds.)

2005 *Debating Globalization*, Cambridge: Polity Press.

Barry, Brain

1998 "International Society from a Cosmopolitan Perspective," in: (eds.) David Mapel and Terry R. Nardin, *International Society*, Princeton, NJ: Princeton University Press.

Bauman, Zygmunt

1987 *Legislators and Interpreters: On Modernity, Postmodernity and Intellectuals*, Ithaca, NY: Cornell University Press.

Beer, Francis A. and Robert Hariman (eds.)

1996 *Post-Realism: The Rhetorical Turn in International Relations*, East Lansing, MI: Michigan University Press.

Beitz, Charles

2000 *Political Theory and International Relations*, Princeton, NJ: Princeton University Press. 2nd ed. 1st ed. 1979.

Bellamy, Alex J.

2007 "The English School," in: (ed.) M. Griffiths . *op. cit*. pp.75-87.

Besters, Hans

1986 "Neoliberalismus," (hrsg) Roland Vaubel und Hans D. Barbier, *Handbuch der Marktwirtschaft*, Hamburg: Neske, S.107-122.

Bhabha, K. Hommi

1994 *The Location of Culture*, New York: Routledge.

Bhaskar, Roy

1978 *A Realist Theory of Science*, Hassocks: Harvester Press.

1979 *The Possibility of Naturalism: A Philosophical Critique of Human Science*, Atlantic High Lands, NJ: Humanities Press.

Boli, John, John Meyer, and George Thomas

1989 "Ontology and Rationalization in the Western Cultural Account," in (eds.) George M. Thomas, John W. Meyer, Francisco O. Ramirez, and John Boli, *Institutional Structure: Constituting State, Society and the Individual*, London: Sage, pp.10-25.

Börzel, Tanja A.

1999 "Towards Convergence in Europe? Institutional Adaptation to Europeanization in Germany and Spain," *Journal of Common Market Studies*, 37(4): 573-596.

Bottomore, Tom

1984 *The Frankfurt School*, Manchester: Ellis Horwood.

Brechter, Michael and Frank P. Harvey (eds.)

2002 *Millennial Reflections on International Studies*, Ann Arbor, MI: The University of Michigan Press.

Brewer, Anthony

1990 *Marxist Theories of Imperialism: A Critical Survey*, London: Routledge.

Brock-Utne, Birgit

1985 *Educating for Peace: A Feminist Perspective*. New York: Pergamon.

Brown, Chris

1992 *International Relations Theory: New Normative Approaches*, New York: Columbia University Press.

2002 *Sovereignty, Right and Justice*, Cambridge: Polity.

2007 "International Relations as Political Theory," in: (eds.) Tim Dunneet. *et. al*., pp. 34-51.

Burchill, Scott, Richard Devetak and Jack Donnelly

2001 *Theories of International Relations*, Houndmills, Basingstoke, Hampshire: Palgrave.

Butterfield, Herbert

1949 *Christianity and History*, London: G. Bell and Sons.

1953 *Christianity, Diplomacy, and War*, London: Epworth Press.

1966 “The Balance of Power,” in: (eds.) Herbert Butterfield, Martin Wight and Hedley Bull, *Diplomatic Investigations*, Cambridge, MA: Harvard University Press, pp.132-148.

Cahill, Lisa Sowle

1980 “Towards a Christian Theory of Human Rights,” *Journal of Religious Ethics*, 9: 272-290.

Campbell, David

1992 *Writing Security: United States Foreign Policy and the Politics of Identity*, Manchester: Manchester University Press.

1993 *Politics Without Principle: Sovereignty, Ethics, and the Narratives of the Gulf War*, Boulder, CO: Lynne Rienner Publishers.

1996 “Political Prosaics, Transversal, and the Anachical World”, in (eds.) Michael Shapiro, and Hayward Alker *Challenging Boundaries*, Minneapolis, MN: University of Minnesota Press, pp.7-31.

1998a *National Deconstruction: Violence, Identity, and Justice in Bosnia*, Minneapolis , MN: University of Minnesota Press.

1998b *Writing Security: United States Foreign Policy and the Politics of Identity*, Minneapolis, MN: University of Minnesota Press, revised edition.

Caprioli, Mary

2004 “Feminist IR Theory and Quantitative Methodology: A Critical Analysis,” *International Studies Review*, 6: 253-269.

Caprioli, Mary and Mark A. Boyer

2001 “Gender, Violence, and International Crisis,” *Journal of Conflict Resolution*, 45: 505-518.

Carpenter, R. Charlie

2003 “Stirring Gender into Mainstream: Constructivism, Feminism, and the Uses of IR Theory,” *International Studies Review*, 5: 297-302.

Carr, Edward Hallett

1946 *The Twenty Year's Crisis 1919-1939, An Introduction to the Study of International Relations*, New York: St. Martin's Press.

Cerny, Philip G.

2005 "Neoliberalism," in: (ed.) Martin Griffiths, *Encyclopedia of IR and Global Politics*, London and New York: Routledge, pp.581-590.

Césaire, Aimé

1972 *Discourse on Colonialism*, New York: Monthly Review Press.

Chan, Gerald

2000 "Power and Responsibility in China's International Relations," in: A. Linklater (ed.), *op cit*, Vol. IV: 125-138.

Chan, Stephen and Cerwyn Moore (eds.)

2009 *Approaches to International Relations*, Los Angeles *et. al.*: SAGE.

Charlesworth, Hillary

1999 "Feminist Methods in International Law," *American Journal of International Law*, 93(2): 379-394.

Chase-Dunn, Christopher

1981 "Interstate System and Capitalist World-Economy: One Logic or Two?" *International Studies Quarterly*, 25: 19-42.

Chatterjee, Partha

1986 *Nationalist Thought and the Colonial World*, London: Zed Books.

Checkel, Jeffrey T.

1998 "The Constructivist Turn in International Theory," *World Politics*, 50(2): 324-348.

1999 "Social Construction and Integration," *Journal of European Public Policy*, 6(4): 545-560.

Chowdhry, Geeta and Sheila Nair (eds.)

2004 *Power, Postcolonialism and International Relations*, London: Routledge.

Cochran, Molly

1996 "International Ethics as Pragmatic Critique: Confronting the Epistemological Impasse of the Cosmopolitan/Communitarian Debate," PhD. Dissertation, University of London.

Cohen, Benjamin

1973 *The Question of Imperialism*, New York: Basic Books.

Connolly, William E.

1991 *Identity / Difference: Democratic Negations of Political Paradox*, Ithaca, NY: Cornell University Press.

Constantinou, Costas

1996 *On the Way to Diplomacy*, Minneapolis, MN: University of Minnesota Press.

Conybeare, John

1984 "Public Goods, Prisoner's Dilemma, and the International Political Economy", *International Studies Quarterly* 28(1): 5-12.

Copeland, Dale E.

2001 *The Origins of Major War*, Ithaca, NY: Cornell University Press.

Cowles, Maria Green, James Caporaso, and Thomas Risse (eds.)

2001 *Transforming Europe: Europeanization and Domestic Change*, Ithaca, NY: Cornell University Press.

Cox, Robert W.

1981 "Social Forces, States, and World Orders: Beyond International Relations," *Millennium*, 10(2): 126-155.

1983 "Gramsci, Hegemony, and International Relations: An Essay in Method," *Millennium*, 12(2): 162-175.

1986 "Social Forces, States and World Orders: Beyond International Relations Theory," in: (ed.) Robert Keohane, *Neorealism and Its Critics*, New York: Columbia University Press, pp. 205-254.

1992 "Towards a Post-Hegemonic Conceptualization of World Order: Reflection on the Relevance of Ibn Khaldun," in: Czempel, E-O. and J. Rosenau (eds.), *Governance without Government*, Cambridge: Cambridge University Press, pp. 132-159.

1999 "Civil Society at the Turn of Millennium: Prospects for an Alternative World Order," *Review of International Studies*, 25(1): 3-28.

Crane, George T. and Abla Amawi (eds.)

1997 *The Theoretical Evolution of International Political Economy: A Reader*, New York: Oxford University Press.

Crawford, Nata C.

2002 *Argument and Change in World Politics: Ethics, Decolonization and Humanitarian Intervention*, Cambridge: Cambridge University Press.

Culler, J.

1983 *On Deconstruction, Theory and Criticism after Structuralism*, London: Routledge and Kegan Paul.

D'Amico, Francine

2006 "Critical Feminism: Deconstructing Gender, Nationalism, and War," in: (ed.) J. Sterling-Folker. *op. cit.*, pp. 268-281.

Deleuze, Gilles and Felix Guattari

1983 *Anti-Oedipus: Capitalism and Schizophrenia*, (trans.) Robert Harley, Mark Seem, and Helen R. Lane, London: Athlone Press.

1986 *Nomadology: The War Machine*, (trans.) B. Massumi, New York: Semiotext(e).

Der Derian, James

1989 "The Boundaries of Knowledge and Power in International Relations." in (eds.) James Der Derian, and Michael J. Shapiro, *International / Intertextual Relations: Postmodern Readings of World Polities*, Lexington, Mass.: Lexington Books.

1992 *Antidiplomacy: Spies, Terror, Speed, and War*, Oxford: Blackwell.

2009 *Critical Practices in International Theory: Selected Essays*, London and New York: Routledge.

Der Derian, James and Michael J. O. Shapiro (eds.)

1989 *International/Intertextual Relations: Postmodern Readings of World Politics*, Lexington, MA: Lexington Books.

Derrida, Jacques

1976 *On Grammatology*, (trans.) Gayatri Chakravorty Spivak, Baltimore: John Hopkins University.

1981 *Positions*, (trans.) Alan Bass, Chicago: Chicago University Press.

1982 *Margins of Philosophy*, (trans.) Alan Bass, Chicago: Chicago University Press.

1988 *Limited Inc*., Evanston: Northwestern University Press.

1992 "Force of Law: The 'Mythical Foundation of Authority' ," (trans.) Mary Quaintance, in (eds.) Drucilla Cornell, Michael Rosenfeld, and David Gray Carlson, *Deconstruction and the Possibility of Justice*, New York: Routledge, pp. 3-67.

1995 *The Gift of Death*, (trans.), Elizabeth Rottenberg, Stanford, CA: Stanford University Press.

1998 *Of Grammatology*, (trans.) Gayatri Spivak, Baltimore: The Johns Hopkins University Press, 1st ed.1974.

2002 *Negotiation, Intervention and Interviews 1971-2001*, (trans.) Elizabeth Rottenberg, Stanford, CA: Stanford University Press.

2006 *Deconstruction Engaged: The Sydney Seminars*,(eds.) Paul Patton and Theory Smith, Sydney: Power Publication.

Devetak, Richard

1996 "Postmodernism", in: (eds.) Scott Burchill, and Andrew Linklater, *Theories of International Relations*, London: Macmillan, 2001, 2nd ed., Houndmills: Palgrave, pp. 181-208.

1999 "Theories, Practices and Postmodernism in International Relations", *Cambridge Review of International Affairs*, 12(2): 61-76.

2001 "Critical Theory," in: (eds.) S. Burchill *et. al*., *op. cit.* pp.155-180.

2001 "Postmodernism," in (eds.) S. Burchill*et. al*., *op. cit.* pp. 181-208.

Diani, Mario

1996 "Linking Mobilization Frames and Political Opportunities: Insights from Regional Populism in Italy," *American Sociological Review*, 61(6): 1053-1069.

DiCicco, Jonathan M. and Jack S. Levy

1999 "Power Shifts and Problem Shifts: The Evolution of the Power Transition Research Program," *Journal of Conflict Resolution*, 43: 675-704.

2003 "The Power Transition Research Program: a Laktosian Analysis," in: (eds.)

Colin Elman and Miriam F. Elman, *Progress in International Relations Theory: Appraising the Field*, Cambridge, MA: MIT Press.

Dietz-Utne, Mary

1985 "Citizenship with a Feminist Face: The Problem with Maternal Thinking," *Political Theory*, 13: 19-35.

Dirlik, Arif

1994 "The Postcolonial Aura: Third World Criticism in the Age of Global Criticism," *Critical Inquiry*, 20: 228-256.

Donnelly, Jack

1999 "The Social Construction of International Human Rights," in: (eds.) Tim Dunne and Nicholas J. Wheller, *Human Rights in Global Politics*, Cambridge: Cambridge University Press.

2000 *Realism and International Relations*, Cambridge: Cambridge University Press.

Dornelles, Filipe Krause

1981/2002 "Postmodernism and IR: From Disparate Critiques to a Coherent Theory of Global Politics," *Global Politics*. Retrieved in World Wide Web on 8 Nov 2010, http://www.globalpolitics.net, pp.1-18.

Dougherty, James E. and Robert L. Pfalzgraff Jr.

2001 *Contending Theories of International Relations: A Comprehensive Survey*, New York *et al.*: Longman, 5th ed.

Doyle, M.

1983 "Kant, Liberal Legacy, and Foreign Affairs," *Philosophy and Public Affairs*, 12(3/4): 323-353.

1986 "Liberalism and World Politics," *American Political Science Review* 80(4): 1151-1159.

Du Bois, W. E. Burghardt

1946 *The World and Africa: An Inquiry into the Part Which Africa Has Played in World History*, New York: International Publishes, reprinted 1996

Duncan, W. Raymond, Barbara Jancar-Webster, and Bob Switky

2006 *World Politics in the 21st Century*, New York *et. al.*: Pearson & Longman.

Dunn, Kevin C.

2003 *Imaging the Congo*, London: Palgrave.

Dunne, Tim and Nicholas J. Wheeler (eds.)

1999 *Human Rights and Global Politics*, Cambridge: Cambridge University Press.

Dunne, Timothy

1995 "The Social Construction of International Society", *European Journal of International Relations*, 1(3): 367-389.

Dunne, Tim, Milja Kurki and Steve Smith (eds.)

2007 *International Theories: Discipline and Diversity*, Oxford: Oxford University Press.

Edkins, Jenny

1999 *Post-structuralism and International Relations*, Boulder, CO: Lynne Rienner.

2007 "Post-structuralism," in: (ed.) Martin Griffths, *International Theory for the Twenty First Century*, London and New York: Routledge, pp. 88-98.

2009 "Poststructuralism," in: (eds.) Martin Griffths, *et. al.*, *Fifty Key Thinkers in International Relations*, London and New York: Routledge, 2nd ed., pp.681-689.

Elam, Diane and Robyn Wiegman

1995 *Feminism Beside Itself*, London: Routledge.

Elman, Colin

2007 "Realism", in: (ed.) Martin Griffths, *International Relations Theory for the Twenty-First Century: an Introduction*, London and New York: Routledge, pp.11-21.

Elshtain, Jean B.

1992 "Sovereignty, Identity, Sacrifice," in: (ed.) V. Spike Peterson, *Gendered States: (Re)Vision of International Theories*, Boulder, CO: Lynne Rienner.

1994 *Women and War*, Chicago: Chicago University Press.

1997 "Feminist Inquiry and International Relations," in (eds.) Michael W. Dogle and G. John Ikenberry, *New Thinking in International Relations Theory*, Boulder CO: Westview.

Elster, Jon (ed.)

1992 "Arguing and Bargaining in the Federal Convention and Assemblée Constitutions," in: (eds.) Raino Malnes and Arild Underdal, *Rationality and Institutions, Essays in Honor of Knut Midgaard*, Oslo: Univerites-Forlaget, pp.13-50.

Enloe, Cynthia

1990 *Bananas, Beaches and Bases: Making Feminist Sense of International Politics*, Berkeley, CA: University of California Press; London: Pandora.

1993 *The Morning After: Sexual Politics at the End of the Cold War*, Berkeley, CA: University of California Press.

2004 *The Curious Feminist: Searching for Women in a New Age of Empire*, Berkeley, CA: University of California Press.

2007 "Feminism," in: (ed.) M. Griffiths, *op. cit.* pp.99-110.

Erhard, Ludwig und Karl Hohmann

1988 *Gedanken aus Fünfjahrzehnten: Reden und Schriften*, Bonn: ECON-Verlag.

Escobar, Arturo

1995 *Encountering Development: The Making and Unmaking of the Third World*, Princeton University Press.

Evans, Peter B.

1993 *Dependent Development: The Alliance of Multinational, State and Local Capital in Brazil*, Princeton, NJ: Princeton University Press.

Fairbank, John K. (ed.)

1968 *The Chinese World Order*, Harvard, MA: Harvard University Press.

Falk, Richard

1999 *Predatory Globalization: a Critique*, Cambridge: Polity Press.

Fanon, Frantz

1986 *Black Skin, White Masks*, London: Pluto Press.

Farrell, Theo

2002 "Constructivist Security Studies: Portrait of a Research Program," *International Studies*, 4(1): 49-72.

Featherstone, Kevin and Claudio M. Radaelli (eds.)

2003 *The Politics of Europeanization*, Oxford: Oxford University Press.

Ferguson, James

1994 *The Anti-Politics Machine*, Minneapolis, MN: University of Minnesota.

Fierke, Karin

1998 *Changing Games, Changing Strategies: Critical Investigations in Security*, Manchester: Manchester University Press.

Finnemore, Martha

1996 *National Interest in International Society*, Ithaca: Cornell University Press.

Fischer, F.

2003 "Public Policy as Narrative Stories, Frames, and Metanarratives," in: F. Fischer (ed.), *Reframing Public Policy*, New York and London: Oxford University Press, pp.161-179.

Foucault, Michel

1970 *The Order of Things: An Archaeology of the Human Sciences*, London: Tavistock.

1980 *Power/ Knowledge: Selected Interviews and Other Writings*, Brighton: Harvest.

1982 "The Subject and Power," in: (eds.) Hebert Dreyfus L. and Paul Rabinow, *Michel Foucault: Beyond Structuralism and Hermeneutics*, Brighton: Harvest Wheatsheaf.

1986 *Politics, Philosophy, Culture: Interviews and Other Writings (1977-1984)*, (ed.) L. D. Kritzman, Oxford: Blackwell.

1994 *The Birth of the Clinic: An Archaeology of Medical Perception*, New York: Vintage.

1998 "Nietzsche, Genealogy, History," in: (ed.) P. Rabinow, *Essential Works of Foucault, 1954-1984, Aesthetics, Methods, and Epistemology* (Vol. Two), New York: The New Press.

1999 *Discipline and Punish: The Birth of the Prison*, (trans.) Alan Sheridan, London: Penguin, 1st ed. 1977.

2000 *Power: Essential Works of Foucault 1954-1984*, New York: The New Press.

2003 *Society Must be Defended: Lectures at the College de France 1975-1976*, London: Allen Lane.

Frank, André Gunder

1967 *Capitalism and Underdevelopment in Latin America: Historical Studies of Chile and Brazil*, New York: Monthly Review Press.

1970 "The Development of Underdevelopment," in: (ed.) Robert L. Rhodes, *Imperialism and Underdevelopment: A Reader*, New York: Monthly Review Press.

1975 *On Capitalist Underdevelopment*, New York: Oxford University Press.

1978a *World Accumulation, 1492-1789*, New York: Monthly Review Press.

1978b *Dependent Accumulation and Underdevelopment*, New York: Monthly Review Press.

1980 *Crisis in the World Economy*, London: Heinemann.

1998 *ReOrient: Global Economy in the Asian Age*, Berkeley, CA: University of California Press.

Frieden, Jeffry A. & David A. Lake (eds.)

1999 *International Political Economy*, Boston & New York: Bedford/ St. Martins.

Freund, C. and V. Rittberger

2001 "Utilitarian-Liberal Foreign Policy," in: (eds.) C. Freund and V. Rittberger, *German Foreign Policy since Unification: Theories and Case Studies*, Manchester: Manchester University Press, pp.68-104.

Friedrich, Jorg

2004 *European Approaches to International Relations Theory*, London: Routledge.

Frost, Mervyn

1996a *Ethics in International Theory: A Constitutive Theory*, Cambridge: Cambridge University Press.

1996b "A Turn Not Taken: Ethics in IR at the Millennium," *Review of International Studies*, Special Issue, 24: 199-132

Fukuyama, Francis

1998 "Women and the Evolution of World Politics," *Foreign Affairs* 77(5): 24-40.

Garst, Daniel

1989 "Thucydides and Neorealism," *International Studies Quarterly* 33: 3-27.

George, Jim

1994 *Discourse of Global Politics: A Critical (Re)Introduction to International Relations*, Boulder, CO: Lynne Rienner.

1995 "Realist Ethics, International Relations, and Post-modernism: Thinking Beyond the Egoism-Anarchy Thematic," *Millennium: Journal of International Studies*, 24(2): 195: 224.

Gerken, Lüder

2000 *Walter Euken und Sein Werk: Rückblick auf den Vordenker der sozialen Marktwirtschaft*, Tübingen: Mohr Siebeck.

Giddens, Anthony

1984 *The Constitution of Society: Outline of the Theory of Structuration*, Cambridge: Polity.

Gill, Stephen and David Low

1988 *The Global Political Economy: Perspectives, Problems, and Policies*, Baltimore: John Hopkins University Press.

Gilligan, Carol

1982 *In a Different Voice: Psychological Theory and Women's Development*, Cambridge, MA: Harvard University Press.

Gilpin, Robert

1975 *U.S. and the Multinational Corporation*, New York: Basic Books.

1981 *War and Change in World Politics*, Cambridge: Cambridge University Press.

1984 "The Richness of the Tradition of Political Realism," *International Organization*, 38(2): 291-314.

1987 *The Political Economy of International Relations*, Princeton, NJ: Princeton University Press.

2001 *Global Political Economy: Understanding the International Economic Order*, Princeton, NJ: Princeton University Press.

Glaser, Charles L.

1994/95 "Realists as Optimists Cooperation as Self-Help," *International Security*, 19(3): 180-198.

Goddard, C. Roe, John T. Passé-Smith, and John C. Conklin (eds.)

1996 *International Political Economy: State-Market Relations in the Changing Global Order*, Boulder, CO. Lynne Rienner

Gouldner, Alvin

1980 *Two Marxisms: Contradictions and Anomalies in the Development of Theory*, New York: The Seabury Press.

Gourevitch, Peter

1978 "The Second Image Reversed: The International Sources of Domestic Politics," *International Organization*, 32(4): 881-912.

Grant, Rebecca and Kathleen Newland

1991 *Gender and International Relations*, London: Open University Press and Bloomington: Indiana University Press.

Griffiths, Martin (ed.)

2007 *International Relations Theory for the Twenty-First Century*, London and New York: Routledge.

Griffiths, Martin, Steven C. Roach, and M. Scott Soloman (eds.)

2009 *Fifty Key Thinkers in International Relations*, London and New York: Routledge, 2nd ed.

Grovogui, Siba N'Zatioula

2002 "Regimes of Sovereignty: International Morality and the African Condition," *European Journal of International Relations*, 8(3): 315-318.

Guha, Ranajit

1997 *Dominance without Hegemony*, Cambridge, MA: Harvard University Press.

Haas, Ernst B.

1953 "The Balance of Power: Prescription, Concept or Propaganda?" *World Politics*, 5(2): 442-477.

Haas, Peter M.

1992 "Knowledge, Power and International Policy-Coordination," *International Organization* 46(I) Special Issue, pp. 1-390.

Habermas, Jürgen

1968 *Erkenntnisse und Interesse*, Frankfurt a. M.: Suhrkamp.

1984 *The Theory of Communicative Action*, (trans.)T. McCarthy., Boston: Beacon Press.

1984, 1987 *Theory of Communicative Action*, vol.1 and 2, Boston: Beacon.

1996 *Between Facts and Norms*, Cambridge MA: MIT Press.

1997 "Kant's Idea of Perpetual Peace, with the Benefit of Two Hundred Years," in: (eds.) James Bohman and Matthias Lutz-Bachmann, *Perpetual Peace: Essays on Kant's Cosmopolitan Ideal*, London: MIT Press.

2001 "Constitutional Democracy: A Paradoxical Union of Contradictory Principle," *Political Theory*, 29: 766-781.

2006 *The Divided West*, London: Polity.

Halliday, Fred

1994 *Rethinking International Relations*, London: Macmillan.

1996 "The Future of International Relations: Fears and Hope," in (eds.): Steve Smith, *et. al. International Theory: Positivism and Beyond*, Cambridge: Cambridge University Press.

Harnish, Sebastian and Hanns Maull (eds.)

2000 *Germany as a Civilian Power? The Foreign Policy of the Berlin Republic*, Manchester: Manchester University Press.

Haslam, Jonathan

2002 *No Virtue like Necessity*, New Haven, CT: Yale University Press.

Held, David

1995 *Democracy and the Global Order*, Cambridge: Polity.

2004 *Global Covenant*, Cambridge: Polity.

Hempel, Carl

1966 *Philosophy of Natural Science*, Englewood Cliffs, NJ: Prentice-Hall.

1974 "Reason and Covering Laws in Historical Explanation," in: (ed.) Patrick

Gardiner, *The Philosophy of History*, Oxford: Oxford University Press.

Herz, John H.

1950 "Idealist Internationalism and the Security Dilemma," *World Politics*, 2: 157-180.

Hobbes, Thomas

1986 *Leviathan*, (ed.) Crawford B. Macpherson, Harmondsworth: Penguin.

Hoffman, Mark

1987 "Critical Theory and the Inter-Paradigm Debate," *Millennium*, 16(2): 231-249.

1991 "Restructuring, Reconstruction, Reinscription, Rearticulation: Four Voices in Critical International Theories", *Millennium*, 20(2): 169-185.

Hollis, Martin

1996 "The Last Post ?" in: (eds.) Steve Smith, Ken Booth, and Marysia Zalewski, *International Theory: Positivism and Beyond*, Cambridge: Cambridge University Press, pp. 301-308.

Holsti, Kalevi J.

2001 "Along the Road of International Theory in the Next Millennium: Four Travelogues," in: (eds.) Robert M. A. Crawford and Darryl S. L. Jarvis, *International Relations: Still an American Science?* New York: New York State University Press.

Hooks, Bell

1993 "Postmodern Blackness," in: (eds.) Patrick William and Laura Chrisman, *Colonial Discourse and Post-Colonial Theory*, London: Harvester Wheatsheaf.

Hooper, Charotte

2001 *Manly States: Masculinities, International Relations and Gender Politics*, New York: Columbia University Press.

Hopf, Ted

1998 "The Promise of Constructivism in International Relations Theory," *International Security*, 23(1): 171-200.

Huang Xiaoming

2009 "The Invisible Hand: Modern Studies of International Relations in Japan, China, and Korea," A. Linklater (ed.), *op. cit*, Vol. IV, pp.154-185.

Hülsman, Jörg Guido

2007 *Mises: The Last Knight of Liberalism*, Vienna: Ludwig von Mises Institute.

Hui, Victoria Tin-bor

2003 "Toward a Dynamic Theory of International Politics: Insights from Comparing Ancient China and Modern Europe," *International Organization*, 58(1): 175-205.

Huntington, Samuel P.

1996 *The Clash of Civilizations and the Remaking of World Order*, New York: Simon and Schuster.

Hutchings, Kimberly

1999 *International Political Theory*, London: Thousand Oaks and New Delhi: SAGE Publishers.

Jacobsen, Robert

2003 "Dueling Constructivisms: A Post Modern on the Ideas Debate in Mainstream IR/IPE," *Review of International Studies*, 29: 39-60.

Jameson, Frederic

1991 *Postmodernism, or the Logic of Late-Capitalism*, London: Verso.

Jervis, Robert

2002 "Theories of War in an Era of Leading-Power Peace: Presidential Address," *American Political Science Review*, 96: 1-14.

Johnston Alastair Jain

2003 "Socialization in International Institutions: The ASEAN Way and International Relations Theory," in: (eds.) G. John Ikenberry and Michel Mastunduno, *International Relations Theory and the Asia Pacific*, Columbia, NY: Columbia University Press.

Jones, Branwen Gruffydd (ed.)

2006 *Decolonizing International Relations*, London, Boulder *et. al*., Rowman and

Littlefield Publishers.

Kang, David

2003 "Getting Asia Wrong: The Need for New Analytical Frameworks," *International Security*, 27(4): 57-85.

Kant, Immanuel

1795 *Zum ewigen Frieden: Ein philosophicher Entwurf*, Königberg.

1983 *Perpetual Peace and Order: Essays on Politics, History, and Morals*, (ed.) T. Humphrey, Indianapolis, IN: Hackett Publishing.

Karnad, Bhrar

2002 *Nuclear Weapons and Indian Security: The Realist Foundations of Stratcgy*, New Delhi: Macmillan.

Katzenstein, P.

2003 "Same War, Different Views: Germany, Japan and Counterterrorism," *International Organization*, 57(4): 731-760.

Keck, M., and K. Sikkink

1998 *Activists beyond Borders: Advocacy Networks in International Politics*, Ithaca, NY: Cornell University Press.

Kennan, George F.

1951 *American Diplomacy 1900-1950*, New York: New American Library.

Keohane, Robert O.

1989 *International Institutions and State Power: Essays in International Relations*, Boulder, CO: Westview Press.

Keohane, Robert O. and Joseph S. Nye

1977 *Power and Interdependence: World Politics in Transaction*, Boston: Little, Brown.

Keohane, Robert O. and Joseph S. Nye (eds.)

1971 *Transnational Relations and World Politics*, Cambridge: Harvard University Press.

Keohane, Robert O. and Lisa Martin

2003 "Institution Theory as a Research Program," in: (eds.) Colin Elman and

Miriam F. Elman, *Progress in International Relation Theory: Appraising the Field*, Cambridge, MA: MIT Press.

Keynes, Maynard John

1919 *The Economic Consequence of Peace*, New York: Bibliobazaar.

Kiely, Ray

2005 *The Clash of Globalizations: Neo-Liberalism, The Third Way and Anti-Globalization*, Leiden and Boston.

Kinnvall, Catarina

2009 "Gayatri Chakravorty Spivak," in: Jenny Edkins and Nick Vaugham-Williams (eds.), *Critical Theorists and International Relations*, London and New York: Routledge, pp. 317-329.

Kindermann, Gottfried-Karl

1985 *The Munich School of Neorealism in International Politics*, unpublished manuscript, University of Munich.

Kindermann, Gottfried-Karl *et. al.*

1991 *Grundelemente der Weltpolitik*, Munich: Piper.

King, G., Robert O. Keohane, and S. Verba

1994 *Designing Social Inquiry: Scientific Inference in Qualitative*, Princeton NJ: Princeton University Press.

Kinsella, Helen

2003 "For a Careful Reading: The Conservatism of Gender Construction," *International Studies Quarterly*, 5(2): 294-297.

Kissinger, Henry A.

1975 "A New National Partnership," Department of State Bulletin, 72:109 (17.2.1975) 引自O. Keohane and Joseph S. Nye, Power and *Interdependence: World Politics in Transaction*, Boston: Little, Brown, p.3.

Kodré, Petra, and Henrike Müller

2003 "Shifting Policy Frame: EU Equal Treatment Norms and Domestic Discourse in Germany," in: Ulrike Liebert (ed.), *Gendering Emancipation*, Brussels: P. L.-E.-Peter Lang, pp.83-116.

Krasner, Stephen D.

1976 "State Power and the Structure of International System," *World Politics*, 28(3): 317-47.

Kratochwil, Friedrich

1989 *Norms, Rules, and Decisions: On the Conditions of Practical and Legal Reasoning in International Relations and Domestic Affairs*, Cambridge: Cambridge University Press.

2000 "Constructing a New Orthodoxy? Wendt's Social Theory of International Politics and the Constructivist Challenge," *Millennium: Journal of International Studies*, 29: 73-101.

Krishna, Sankaran

1993 "The Importance of Being Ironic: A Postcolonial View on Critical International Relations Theory," *Alternatives*, 18: 385-417.

Kurki, Milja and Colin Wight

2007 "International Relations and Social Science," in: Dunne *et al*. (eds.), pp.13-33

Labs, Eric. J.

1997 "Beyond Victory: Offensive Realism and the Expansion of War Aims," *Security Studies*, 6: 1-49

Lake, David

1988 *Power, Protection, and Free Trade*, Ithaca NY: Cornell University Press.

1992 "Powerful Pacifists: Democratic States and Wars," *American Political Science Review*, 20(1): 24-37.

1993 "Leadership, Hegemony, and the International Economy", *International Studies Quarterly*, 37(4): 459-489.

Laktos, Imre

1970 "Falsification and the Methodology of Scientific Research Programme," in: (eds.) I. Laktos, and A. Musgrave, *Criticism and Growth of Knowledge*, London: Cambridge University Press.

Langlois, Anthony J.

2001 *The Politics of Justice and Human Rights: Southeast Asia and Universalist*

Theory, Cambridge: Cambridge University Press.

2007 "World and International Political Theory," in (ed.) M. Griffiths, *op.cit.*, pp.146-159.

Lapid, Yosef

1989 "The Third Debate: On the Prospects of International Theory in a Postpositivist Era," *International Studies Quarterly*, 33: 235-254.

Lash, S. and J. Urry

1987 *The End of Organized Capitalism*, Cambridge: Polity.

Lebow, Richard Ned

2007 "Classical Realism," in: (eds.) Tim Dunne, Mija Kurki, and Steve Smith, *International Relations Theories*, Oxford: Oxford University Press.

Legge, John David

1984 *Sukarno: A Political Biography*, London: Allen and Unwin.

Lenin, Vladimir I.

1939 *Imperialism: The Highest Stage of Capitalism*, New York: International Publishers.

Lijphart, Arend

1974 "The Structure of the Theoretical Revolution in International Theory," *International Studies Quarterly*, 18: 41-74.

Linklater, Andrew

1990a *Beyond Realism and Marxism: Critical Theory and International Relations*, London: Macmillan: New York: St. Martin Press.

1990b *Men and Citizens in the Theory of International Relations*, London: Macmillan, 2nd ed.

1998 *The Transformation of Political Community: Ethnical Foundations of the Post-Westphalian Era*, Cambridge: Polity Press.

2005 "Discourse Ethics and the Civilizing Process," *Review of International Studies*, 3: 141-154.

2007 *Critical Theory and World Politics: Citizenship, Sovereignty, and Humanity*, New York: Routledge.

Linklater, Andrew (ed.)

2000 *International Relations: Critical Concepts in Political Science*, London and New York: Routledge, I-V volumes.

Linklater, A and H. Suganami (eds.)

2006 *The English School of International Relations; A Contemporary Reassessment*, Cambridge: Cambridge University Press.

Liu, Jerry C. Y.

2000 "Unity vis-à-us Diversity: The Cultural Logics behind Chinese and European Cultural Policies through Macro History," in: (ed.) A. Linklater, *op. cit*, pp.186-212.

Llyod, Christopher

1993 *The Structure of History*, Oxford: Blackwell.

Locher, Birgit and Elisabeth Prügl

2001 "Feminism and Constructivism: Worlds Apart or Sharing the Middle Ground?" *International Studies Quarterly*, 45(1): 111-130.

Loomba, Ania

1996 *Colonialism / Postcolonialism*, London: Routledge.

Luke, Timothy

1989 "What's Wrong with Deterrence? A Semiotic Interpretation of National Security Policy", in: (eds.) James Der Derian, and Michael Shapiro, *International / Intertexual Relations: Postmodern Readings of World* Politics, New York: Lexington Books.

Lyotard, Jean-François

1984 *The Postmodern Condition: A Report on Knowledge*, (trans.) Geoff Bennington and Brian Massumi, Minneapolis: University of Minnesota Press.

MacMillan, John

2007 "Liberal Internationalism," in: (ed.) M. Griffiths, *op. cit.*, pp.21-34.

Mansfield, Edward D., and Jack Snyder

2002 "Domestic Transitions, Institutional Strength, and War," *International*

Organization, 56(2): 297-337.

Marshall, Monty and Donna Ramsey

1999 "Gender Empowerment and the Willingness of States to Use Force," Retrieved 29 October, 2010, from the World Wide Web: http://www.systemicpeace.org/CSPpaper2.pdf

Martin, Lisa

2000 *Democratic Commitments*, Princeton, NJ: Princeton University Press.

2005 "Neoliberalism," in: (eds.) Tim Dunne *et. al., op. cit.*, pp.110-126.

Marx, Karl

1981 *Frühe Schriften* (簡稱*FS*), 2Bände, (hrsg.) Hans-Joachim Lieber und Peter Furth, Darmstadt: Wissenschaftliche Buchgemeinschaft.

Marx, Karl and Friedrich Engels

1955 *Selected Correspondence* (簡稱*SC*), Moscow: Progress Publishers, 1st ed. 1842.

1973 *Selected Works* (簡稱*SW*), 共三卷（1, 2, 3）, Moscow: Progress Publishers.

1976 *Collected Works* (簡稱*CW*), Moscow: Progress Publishers.

1979 *Collected Works* (簡稱 *CW*), vol.11, Moscow: Progress Publishers.

2003 *Gesamtausgabe*, (hrsg.) von der Internationalen Marx-Engels-Stiftung, Amsterdam. Bd. 20, *Werke, Artikel, Entwürfe*, September 1864 bis September 1867. Unter Mitw. von Yvonne Becker. Berlin: Akademie-Verlag.

Mastanduno, Michael, David A. Lake, and G. John Ikenberry

1989 "Toward a Realist Theory of State Actions" *International Studies Quarterly*, 19(3): 460-471.

Mbembe, Achille

2001 *On the Postcolony*, Berkeley, CA: University of California Press.

Mead, Walter Russell

2001 *Special Providence: American Foreign Policy and How it Changed the World*, New York: Knopf.

Mearsheimer, John A.

1990 "Back to the Future: Instability in Europe after the Cold War," *International Security,* 15(1): 5-56.

2001 *The Tragedy of Great Power Politics*, New York: W.W. Norton.

2007 "Structural Realism," in: (eds.) Tim Dunne *et. al., op. cit*., pp.71-88.

Meijer, Gerrit

1987 "The History of Neoliberalism: A General View and Development in Several Countries," *Rivista Internationale di Scienze Economiche e Commerciali*, 34: 577-591.

Memmi, Albert

1990 *The Colonizer and the Colonized*, London: Earthscan Publishers.

Mertus, Julie

2006 "Liberal Feminism: Local Narratives in a Gendered Context," in: (ed.) J. Sterling-Folker, *op. cit., pp.252-267.*

Midgeley, C.

1993 "Anti-Slavery and Feminism in Nineteenth Century Britain," *Gender and History*, 5: 475-488.

Milner, Helen

1997 *Interests, Institutions and Information*, Princeton, NJ: Princeton University Press.

2002 "Reflections on the Field of International Economy", in: (eds.) Michael Brechter, and Frank P. Harvey, *Millennial Reflections on International Studies*, Ann Arbor, MI: The University of Michigan Press, pp.623-635.

Milner, Helen V., and Robert O. Keohane (eds.)

1996 *Internationalization and Domestic Politics*, Cambridge: Cambridge University Press.

Mittelman, James H.

2000 *The Globalization Syndrome: Transformation and Resistance*, Princeton, NJ: Princeton University Press.

Modelski, George

1964 "Foreign Policy and International System in the Ancient Hindu World," *American Politics Science Review*, 58(3): 549-560.

Moravcsik, Andrew

1997 "Taking Preferences Seriously: A Liberal Theory of International Politics," *International Organization*, 51(4): 513-553.

Morgan, Clifton T., and Sally Howard Campbell

1991 "Domestic Structure, Decisional Constraints, and War: So Why Kant Democracies Fight?" *Journal of Conflict Resolution*, 35(2): 187-211.

Morgenthau, Hans

1946 *Scientific Man verses Power Politics*, Chicago: Chicago University Press.

1947 *Scientific Man verses Power Politics*, London: Latimer Press.

1948 *Politics among Nations: The Struggle for Power and Peace*, New York: Alfred A. Knopf, 1st ed., 1954; 2nd ed., 1985; 6th ed., 2001; 7th ed.. 2003.

1951 *In Defense of the National Interests: A Critical Examination of American Foreign Policy*, New York: Alfred A. Knopf.

1952a "Another 'Great Debate': The National Interests of the Unites States," *American Political Science Review*, 46: 961-988.

1952b "What is the National Interest of the United States?" *The Annals* 282: 1-7.

1954 *Politics among Nations: The Struggle for Power and Peace*, New York: Alfred A. Knopf, 2nd ed.

1958 *Decline of Domestic Politics*, Chicago, IL: University of Chicago Press.

1960 *The Purpose of American Politics*, New York: Alfred A. Knopf.

1962a *Politics in the Twentieth Century*, vol.1: *The Decline of Democratic Politics*, Chicago: Chicago University Press.

1962b *Politics in the Twentieth Century*, vol.2: *The Impasse of American Foreign Policy*, Chicago: Chicago University Press.

1970 *Truth and Politics: Essays of the Decade, 1960-1970*, New York: Praeger.

1972 *Politics among Nations: The Struggle for Power and Peace*, New York: Alfred A. Knopf, 5th ed.

1979 *Human Rights and Foreign Policy*, New York: Council on Religion and International Affairs.

Moser, Caroline

1991 "Gender Planning in the Third World: Meeting Practical and Strategic Gender Needs," in: (eds.) Rebecca Grant and Kathleen Newland, *Gender and International Relations*, Indianapolis, IN: Indiana University Press.

Mosley, Layna

2005 "Embedded Liberalism," in (ed.) Martin Grifffths, *Encyclopedia of International Relations and Global Politics*, London and New York: Routledge, pp.197-206.

Müller, H.

2002 "Antinomien der demokratischen Friedens," *Politische Vierteljahrerschrift*, 43(1): 46-81.

Nandy, Ashis

1983 *The Intimate Enemy*, Delhi: Oxford University Press.

Nardin, Terry

1983 *Laws, Morality, and the Relations of Nations*, Princeton, NJ: Princeton University Press.

Nehru, Jawaharlal

2003 *The Discovery of India*, New Delhi: Oxford University Press.

Neufeld, Mark, A.

1995 *The Restructuring of International Relations Theory*, New York: Cambridge University Press.

Nicholson, Harold

1939 *Diplomacy*, London: Oxford University Press.

Niebuhr, Reinhold

1932 *Moral Man and Immoral Society: A Study in Ethics and Politics*, New York: Charles Scribner's Sons.

Nietzsche, Friedrich

1969 *On the Genealogy of Morals and Ecce Homo*, (trans.) Walter Kaufmann & Reginald John Hollingdale, New York: Vintage Books.

1972 *Beyond Good and Evil*, (trans.) Reginald John Hollingdale,

Harmondsworth: Penguin.

1990 *Twilight of the Idols/ The Anti-Christ*, (trans.) Reginald John Hollingdale, Harmondsworth: Penguin.

Nussbaum, Martha C.

1997 "Kant and Cosmopolitanism," in: (eds.) James Bohman and Matthias. Lutzbachmann, *Perpetual Peace: Essays on Kant's Cosmopolitan Ideal*, Boston, MA: Massachusetts Institute of Technology, pp.25-57.

Nussbaum, M. and J. Glover (eds.)

1995 *Women, Culture and Development: A Study of Human Capabilities*, Oxford: Oxford University Press.

Oatley, Thomas

2010 *International Political Economy*, New York: Longman/Pearson.

Orford, Anne

1996 "The Politics of Collective Security," *Michigan Journal of International Law*, 17(2): 373-409.

Organski, A. F. K.

1968 *World Politics*, New York: Knopf, 2nd ed.

Osterud, Oyvind

1997 "Forces on Postmodernism: A Rejoinder," *Journal of Peace Research*, 34(3): 337-338.

Owen, John M.

1996 "How Liberalism Produces Democratic Peace," in: Michael Edward Brown, Sean M. Lynn-Jones, Steven E. Miller (eds.), *Debating the Democratic Peace*, Cambridge, MA: MIT Press.

Palan, Ronen

2000 "A World of Their Making: An Evaluation of the Constructivist Critique in International Relations," *Review of International Studies*, 26(4): 575-598

2004 "Constructivism and Globalisation: From Units to Encounters in International Affairs," *Cambridge Review of International Affairs*, 17(1): 11-23.

Paolini, Albert J.

1999 *Navigating Modernity: Postcolonialism, Identity and International Relations*, Boulder, CO: Lynne Rienner.

Pateman, Carole

1986 "Introduction," in Carole Pateman and Elizabeth Grass, *Feminist Challenges: Social and Political Thought*, Sydney: Allen and Unwin.

Patomaki, Heikki and Colin Wight

2000 "After Postpositivism? Theory and Practice in International Relations," *International Studies Quarterly*, 44(2): 213-237.

Payne, Rodger A.

2001 "Persuasion, Frames, and Norm Construction," *European Journal of International Relations*, 7(1): 37-61.

Perttman, Ralph

1996 *Understanding International Political Economy*, Boulder, CO: Lynne Rienner.

Peters, Julie and Andrea Wolper (eds.)

1995 *Women's Right: Human Right: International Feminist Perspectives*, London: Routledge.

Peterson, V. Spike

1990 "Whose Rights?" *Alternatives: Social Transformation and Humane Governance*, 15(3): 303-344.

2002 "On the Cut(ting) Edge," in: (eds.) Frank, P. Harvey and Michael Brecher, *Critical Perspectives in International Studies*, Ann Arbor, MI: University of Michigan Press.

Peterson, V. Spike (ed.)

1990 *Gendered States: (Re)Visions of International Relations Theory*, Bolder, CO: Lynne Rienner.

Peterson, V. Spike and Anne Sisson Runyan

1993 *Global Gender Issues*, Boulder, CO: Westview, 2nd ed., 1999.

Pettman, Jan Jindy

1996 *Worlding Women: A Feminist International Politics*, New York: Routledge.

Phillips, Andrew

2005 "Constructivism," in: (ed.) Griffiths, Martin, *Encyclopedia of International Relations and Global Politics*, London and New York: Routledge, pp.115-126.

Pogge, Thomas

2002 *World Poverty and Human Rights*, Cambridge: Polity.

Prakash, Gyan

1990 "Writing Post-Orientalist Histories of the Third World," *Comparative Studies in Society and History*, 32: 383-408.

Price, Richard and Christian Reus-Smit

1998 "Dangerous Liaisons? Critical International Theory and Constructivism," *European Journal of International Relations*, 4(3): 259-294.

Puttnam, R.

1988 "Diplomacy and Domestic Politics: The Logic of Two-level Games," *International Organization*, 42(2): 427-460.

Qin, Yaqing

2010 "Why Is There No Chinese International Theory?" in: (eds.) Acharya and Buzan, *op cit*, pp.26-50.

Rasler, Karen A. and William R. Thompson

2001 "Malign Autocracies and Major Power Warfare: Evil, Tragedy, and International Relations Theory," *Security Studies*, 10: 46-79.

Ray, James Lee

1995 *Democracy and International Conflict: an Evaluation of the Democratic Peace*, Columbia, SC: University of South Carolina Press.

Reus-Smit, Christian

2001 "Constructivism," in: (eds.) Scott Burchill *et. al.*, *Theories of International Relations*, Basingstoke: Palgrave, pp.209-231.

Ricks, Thomas E.

2006 *Fiasco: The American Military Adventure in Iraq*, New York: Penguin.

Rieger, Elmar and Stephan Leibfried

2003 *Limits to Globalization: Welfare States and World Economy*, Cambridge: Polity.

Risse, Thomas

2002 "Transnational Actors and World Politics," (eds.) Carlsnaros *et. al. Handbook of International Relations*, London: SAGE, pp.255-274.

2003a "Beyond Iraq: The Crisis of the Transatlantic Security Community," *Die Fieieden-Warte*, 78(2-3): 173-193.

2003b "Konstruktivismus, Rationalismus und die Theorie Internationaler Beziehungen--Warum empirisch nichts so heiss gegessen wird, wie es theoretisch gekocht wurde," in: (hrsg.) Gunther Hellmann, Klaus Dieter Wolf und Michael Zürn, *Forschungsstand und Perspektiven der internationalen Beziehungen in Deutschland*, Baden-Baden: Nomos Verlaggesellschaft, S.99-132.

Risse-Kappen, Thomas

1995 "Democratic Peace-Warlike Democracies? A Social Constructivist Interpretation of the Liberal Argument," *European Journal of International Relations*, 1(4): 489-515.

Risse-Kappen, Thomas (ed.)

1995 *Bringing Transnational Relations Back In : Non-State Actions, Domestic Structures, and International Relations*, Cambridge : Cambridge University Press.

Robinson, Fiona

1999 *Globalizing Care: Ethics, Feminist Theory and International Relations*, Boulder, CO and Oxford: Westview Press.

Rosenau, James N. (ed.)

1993 *Global Voices: Dialogues in International Relations*, Boulder, Co: Westview Press.

Rosenberg, Justin

1994 *Empire of Civic Society*, London: Verso.

Rosercrance, Richard N.

1966 "Bipolarity, Multipolarity, and the Future," *Journal of Conflict Resolution*, 10: 314-327.

Ruddik, Sara

1990 *Maternal Thinking: Toward a Politics of Peace*, London: Women's Press.

Rüstow, Alexander und Walter Horch (hrsg.)

1963 *Reden und Antwort: 21 Reden und viele Diskussionbeiträge aus den Jahren 1932 bis 1963*, Dresden.

Rupert, Mark

2007 "Marxism and Critical Theory," in: (eds.) Tim Dunne *et. al., op. cit.*, pp. 148-165.

Russett, Bruce

1993 *Grasping to Democratic Peace*, Princeton, NJ: Princeton University Press.

Russett, Bruce and John R. O'Neal

2001 *Triangulating Peace: Democracy, Interdependence and International Organization*, New York: Norton.

Said, Edward

1979 *Orientalism*, London: Penguin, 2nd. ed., 1995.

1993 *Culture and Imperialism*, Boulder, CO: Westview Press.

1995 "Secular Interpretation, the Geographical Element and the Methodology of Imperialism," in: (ed.) Gyan Prakash, *After Colonialism: Imperial Histories and Postcolonial Displacements*, Princeton, NJ: NJ: Princeton University Press.

Scharpf, Fritz W. and Vivien A. Schmidt (eds.)

2000 *Welfare and Work in Open Economy*, 2 vols., Oxford: Oxford University Press.

Schlesinger, Arthur M.

1974 *The Imperial Presidency*, London: Andre Deutsch.

Schmitt, Richard

1997 *Introduction to Marx and Engels: A Critical Reconstruction*, Boulder CO: Westview, 2nd ed.

Schuman, Frederick Lewis

1941 *International Politics: The Western State Systems in Transition*, New York: McGraw Hill, 3rd ed., 1st ed., 1933.

Schwarzenberger, Georg

1941 *Power Politics: An Introduction to the Study of International Relations and Post-War Planning*, London: J. Cape.

Schweller, Randall R.

1993 "Tripolarity and the Second World War," *International Studies Quarterly*, 37: 73-103.

1994 "Bandwagoning for Profit: Bringing the Revisionist State Back In," *International Security*, 19: 72-107.

1996 "Neoliberalism's Status Quo Bias: What Security Dilemma?" *Security Studies*, 5: 90:121.

1998 *Deadly Imbalances: Tripolarity and Hitler's Strategy of World Conquest*, New York: Columbia University Press.

2006 *Unanswered Threats: Political Constraints on Balance of Power*, Princeton, NJ: Princeton University Press.

Scott, David

1999 *Refashioning Futures: Criticism after Postcoloniality*, Princeton, NJ: Princeton University Press.

Scott, James C.

1985 *Weapons of the Weak: Everyday Form of Peasant Resistance*, Princeton, NJ: Princeton University Press.

Seabury, Paul (ed.)

1965 *Balance of Power*, San Francisco: Chandler.

Selby, Jan

2007 "Engaging Foucault: Discourse, Liberal Governance and the Limits of Foucaultian IR", *International Relations*, 21: 324-345.

Sharma Ram Sharan

2001 *Aspects of Political Ideas and Institutions in Ancient India*, New Delhi: Motilal Banarasidass.

Shea, Christopher

1997 "Political Scientists Clash Over Value of Area Studies," *Chronicle of Higher Education*, 10. Jan. 1997, A12-A13.

Silverstein, Joseph

1972 *The Political Legacy of Aung San*, Ithaca, NY: Southeast Asian Program Cornell University.

Slaughter, Anne-Marie and Steven R. Ratner

1999 "The Method is the Message," *American Journal of International Law*, 93: 410-424.

Smith, Michael Joseph

1986 *Realist Thought from Weber to Kissinger*, Baton Rouge: Louisiana University Press.

Smith, Steve

1995 "The Self-Image of a Discipline: A Genealogy of International Theory," in: (eds.) Ken Boots and Steve Smith, *International Relations Theory Today*, Cambridge: Polity, pp. 1-37.

1996 "Positivism and Beyond," in: (eds.) Steve Smith, Ken Booth and Marysia Zalewski, *International Theory: Positivism and Beyond*, Cambridge: Cambridge University Press, pp. 11-46.

1997 "Epistemology, Postmodernism and International Relations Theory: A Reply to Osterud", *Journal of Peace Research*, 34(3): 330-336.

Song Xinning

2009 "Building International Relations Theory with Chinese Characteristics," in: (ed.) Andrew Linklater, *op cit*, Vol. IV: 139-193.

Spirtas, Michael

1996 "A House Divided: Tragedy and Evil in Realist Theory," in: (ed.) Benjamin Frankel, *Realism: Restatements and Renewals*, London: Frank Cass.

Spivak, Gayatri Chakravorty

1988 "Can the Subaltern Speak ? " in (eds.) Cary Nelson and Lawrence Grossberg, *Marxism and the Interpretation of Culture*, Basingstoke : Macmillan.

1990 "The Political Economy of Women as Seen by a Literary Critic," in (ed,) Elizabeth Weed, *Coming to Terms*, London : Routledge.

1999 *A Critique of Postcolonial Reason: Towards a History of Vanishing Present*, Cambridge, MA: Harvard University Press.

2002 "The Origins Development, and Possible Decline of the Modern State," *Annual Review of Political Science*, 5: 127-149.

2004 "Terror: A Speech After 9/11," *Boundary*, 31(2): 82-111.

Stearns, Jill

2003 "Engaging from the Margins: Feminist Encounters with the 'Mainstream' of International Relations," *British Journal of Politics and International Relations*, 5: 428-454.

Stearns, Jill and Lloyd Pettiford

2005 *Introduction to International Relations: Perspectives and Themes*, Harlow: Pearson, 2nd ed.

Stein, Arthur

1984 "The Hegmon's Dilemma," *International Organization*, 38(2): 355-386.

Sterling-Folker, Jennifer

2000 "Competing Paradigms or Birds of a Feather? Constructivism and Neoliberal Institutionalism Compared," *International Studies Quarterly*, 44: 97-119.

2006 *Making Sense of International Relations*, Boulder, CO and London: Lynne Rienner.

Stigler, George

1961 "The Economics of Information," *Journal of Political Fconomy*, 69 (3): 213-225.

1975 *The Citizen and the State: Essays on Regulation*, Chicago: University of Chicago Press.

1982 *The Economist As Preacher*, Chicago : University of Chicago Press.

Strange, Susan

1971 *Sterling and British Policy*, London: Oxford University Press.

1994 "Wake Up Krasner, the World has Changed", *Review of International Political Economy*, 1(2): 209-219.

Strassler, Robert B. (ed.)

1996 *The Landmark Thucydides: A Comprehensive Guide to the Peloponnesian War*, New York: The Free Press.

Surel, Yves

2000 "The Role of Cognitive and Normative Frames in Policy Making," *Journal of European Public Policy*, 7(4): 455-512.

Sylvester, Christine

1994 *Feminist Theory and International Relations in a Postmodern Era*, Cambridge: Cambridge University Press.

Tagore, Rabindranath

2004 *Nationalism*, New Dehli: Rupa & Co.

Tan, Kok-Chor

2000 *Toleration, Diversity and Global Justice*, Princeton, NJ: Princeton University Press.

2004 *Justice without Borders*, Cambridge: Cambridge University Press.

Taylor, Charles

1971 "Interpretation and the Science of Man," *Review of Metaphysics* 25: 3-51.

Tessler, Mark and Ina Warriner

1997 "Gender, Feminism, and Attitudes toward International Conflict," *World Politics*, 49: 250-281

Tessler, Mark, Jodi Nachtwey, and Audra Grant

1999 "Further Tests of the Women and Peace Hypothesis: Evidence from Cross-National Survey Research in the Middle East," *International Studies Quarterly*, 43: 519-531.

Thomas, Holli

2005 "Cosmopolitanism," in: (ed.) Martin Griffiths, *Encyclopedia of International*

Relations and Global Politics, London and New York: Routledge, pp .139-141.

Tickner, Arlene B. and Ole Waever (eds.)

2009 *International Relations Scholarship Around the World*, New York: Routledge

Tickner, J. Ann

1991 "Hans Morgenthau's Principle of Political Realism: a Feminist Refutation," in: (eds.) Rebecca Grant and Kathleen Newland, *Gender and International Relations*, Milton Keynes: Open University Press.

1992 *Gender in International Relations: Feminist Perspectives on Achieving Global Security*, New York: Columbia University Press.

1996 "International Relations: Post-Positivist and Feminist Perspectives," in: (eds.) R. E. Goodin and H.-D. Klinggemann, *A New Handbook of Political Science*, Oxford: Oxford University Press.

1997 "You Just Don't Understand: Troubled Engagement between Feminists and IR Theories," *International Studies Quarterly*, 41: 611-632.

2001 *Gendering World Politics: Issues and Approaches in the Post Cold War Era*, New York: Columbia University Press.

Tooze, Roger

1984 "Perspectives and Theory," in: (ed.) Susan Strange, *Paths to International Political Economy*, London: Allen and Unwin, pp.1-22.

Trouillot, Michel-Ralph

1995 *Silencing the Past: Power and Production of History*. Boston: Beacon Press.

True, Jacqui

2001 "Feminism," in: (eds.) Scott Burchill and Andrew Linklater, *Theories of International Theory*, Houndmills: Palgrave, pp.231-275.

Van Evera, S.

1999 *Cases of War: The Structure of Power and the Roots of War*, Ithaca, NY: Cornell University Press

Varadarajan, Latha

2004 "Constructivism, Identity and Neoliberalism (In)Security," *British*

International Studies, 30: 319-341.

2009 "Edward Said," in: (eds.) Jenny Edkins and Nick Vaughan-Williams, *Critical Theorists and International Relations*, London and New York: Routledge, pp.292-304.

Vasquez, John A.

1983 *The Power of Power Politics: A Critique*, New Brunswick, NJ: Rutgers University Press.

1997 "The Realist Paradigm and Degenerative versus Progressive Research Programs: An Appraisal of Neotraditional Research on Waltz's Balancing Proposition," *American Political Science Review*, 97: 899-912.

Vincent, R. J.

1986 *Human Rights and International Relations*, Cambridge: Cambridge University Press.

Viner, Jacob

1948 "Power versus Plenty as Objectives of Foreign Policy in the Seventeenth and Eighteenth Centuries," *World Politics*, 1:1-29.

1968 "Mercantilist Thought," in: (ed.) David Sills, *International Encyclopedia of the Social Sciences*, New York: the Macmilland and Free Press, vol. 4, pp. 435-443.

Viotti, Paul R. and Mark V. Kauppi

1999 *International Relations Theory: Realism, Pluralism, Globalism, and Beyond*, Boston: Allyn and Bacon, 3rd ed.

Von Clausewitz, Carl

1976 *On War*, (ed. and trans.) Michael Howard and Peter Paret, Princeton, NJ: Princeton University Press.

Waever, Ole

1996 "The Rise and Fall of the Later-Paradigm Debate," in: (eds.) Steve Smith, Ken Booth and Marysia Zalewski, *International Theory: Positivism and Beyond*, Cambridge: Cambridge University Press.

1998 "The Sociology of Not So International Discipline: American and European Developments in International Relations," *International Organization*, 52(4): 687-727.

Walker, Robert B. J.

1987 "Realism, Chance and International Political Theory", *International Studies Quarterly*, 31(1): 65-86.

1991 "Ethics, Modernity and the Theory of International Relations," in: (eds.) Richard L. Higgott, and James L. Richardson, *International Relations: Global and Australian Perspective on an Evolving Discipline*, Canberra: Australian University Press.

1992 "Gender and Critique in the Theory of International Relations," in: (ed.) V. Spike Peterson, *Gendered Studies: Feminist (Re)Introduction of International Relations Theory*, Boulder, CO: Lynne Rienner, pp.179-225.

1993 *Inside/Outside: International Relations as Political Theory*, Cambridge: Cambridge University Press.

Wallerstein, Immanuel

1972 "The Rise and Future Demise of the World Capitalist System: Concepts for Comparative Analysis," *Comparative Studies in Society and History*, 16: 387-415.

1974 *The Modern World System I: Capitalist Agriculture and the Origins of the European World Economy in the Sixteenth Century*, New York: Academic Press.

1980 *The Modern World System II: Mercantilism and the Consolidation of the European World-Economy 1600-1750*, New York: Academic Press.

1991 *Geopolitics and Geoculture: Essays on the Changing World-System*, Cambridge: Cambridge University Press.

Waltz, Kenneth Neal.

1979 *Theory of International Politics*, London: McGraw-Hill; New York: Random House; Reading, MA: Addison-Wesley.

1984 "The Origins of War in Neorealist Theory," in: (eds.), Robert L. Rotberg and Theodore K. Rabb, *The Origins and Prevention of Major Wars*, Cambridge: Cambridge University Press, pp.39-52.

1987 *The Origins of Alliance*, Ithaca, NY: Cornell University Press.

1988 "Testing Theories of Alliance Formation: The Case of Southeast Asia," *International Organization*, 42: 275-316.

1991 "Alliance Formation in Southeast Asia: Balancing and Bandwagoning in Cold War Competition," in: (eds.) Robert Jervis and Jack Snyders, *Dominoes and Bandwagons*, New York: Oxford University Press.

1992 "Alliance Threats, and US Grand Strategy: a Reply to Kaufman and Labs," *Security Studies*, 1: 448-482.

1993 "The Emerging Structure of International Politics," *International Survey*, 18: 44-79.

1996 "International Politics is not Foreign Policy," *Security Studies*, 6: 54-57.

2000 "Containing Rouges and Renegades: Coalition Strategy and Counter Proliferation," in: (ed.) Victor A. Utgoff, *The Coming Crisis: Nuclear Proliferation, US Interests and World Order*, Cambridge: Cambridge University Press.

Weber, Cynthia

1995 *Stimulating Sovereignty: Intervention, the State and Symbolic Exchange*, Cambridge: Cambridge University Press.

Weisskopf, Thomas E.

1970 "Capitalism, Underdevelopment, and the Future of the Poor Countries," in: (ed.) David Mermelstein, *Economics: Mainstream Readings and Radical Critique*, New York: Random House, 2nd ed.

Wendt, Alexander

1987 "The Agent-Structure Problems in International Relations," *International Organization*, 4(13): 335-370.

1992 "Anarchy is What States Make of It: The Social Construction of Power Politics," *International Organization*, 46(2): 391-425.

1995 "Constructing International Politics", *International Security*, 20(1): 71-81.

1999 *Social Theory of International Politics*, Cambridge and New York: Cambridge University Press.

Wight, Martin

1966 "Why is there no International Theory?" in (eds.) Herbert Butterfield and Martin Wight, *Diplomatic Investigations: Essays in the Theory of International Politics*, London: Allen and Unwin, pp. 17-34.

1977 *System of States*, in (ed.) Hedley Bull, Leicester: Leicester University Press.

1978 *Power Politics*, in (ed.) Hedley Bull and Carsten Holbraad, Leicester: Leicester University Press.

1994 *International Theory: The Three Traditions*, (eds.) Gabriele Wight and Brian Porter, London: Leicester University Press, 2nd ed.

1999 *International Theory : The Three Traditions,* Leichster : Leichster University Press ,1st ed. 1991.

Williams, Adebayo.

1996 "The Postcolonial Flaneur and Other Fellow Travelers: Conceits for a Narrative of Redemption," *Third World Quarterly*, 18: 821-841.

Wohlforth, William

1994/1995 "Realism and the End of the Cold War," *International Security*, 19: 91-129.

Wolf, Eric

1982 *Europe and the People without History*, Berkeley, CA, University of California Press.

Wolfers, Arnold

1959 "The Actors in International Politics," in: (ed.) William T, Fox, *Theoretical Concepts of International Relations*, Notre Dame, IN: Notre Dame University Press, pp.83-106.

Woodward, Bob

2004 *Plan of Attack*, New York: Simon and Schuster.

Wyn Jones, Richard (ed.)

2001 *Critical Theory and World Politics*, Boulder, CO & London: Lynne Rienner.

Young, Robert

2001 *Postcolonialism: An Historical Introduction*, Oxford: Basil Blackwell.

Youngs, Gillian

2004 "Feminist International Relations: A Contradiction in Terms? Or: Why Women and Gender are Essential to Understanding the World 'We' Live In," *International Affairs*, 80(1): 75-87.

<u>Zacher, Mark W., and Richard A. Matthews</u>

1995 "Liberal International Theory: Common Threads, Divergent Threads," in: (ed.) Charles W. Kegley Jr., *Controversies in International Relations Theory: Realism and Neoliberal Challenge*, New York: St. Martin's Press.

<u>Zalewski, Marysia</u>

2003 " 'Women's Trouble' Again in IR," *International Studies Review*, 5(2): 291-294.

<u>Zinn, Karl Georg</u>

1992 *Soziale Marktwirtschaft: Idee, Entwircklung und Politik der bundesdentschen Wirtschaftsordnung*, Mannheim: BI-Taschenbuch Verlag.

<u>Zweynett, Joachim</u>

2007 "Die Entstehung ordnungpolitischer Paradigmen—theoriegeschchtliche Betrachtungen," *Freiburger Diskussionspapiere zur Ordnungökonomik*, ISSN 1427-1510.

Index

引得

人名引得

A

B

C

D

E

F

G

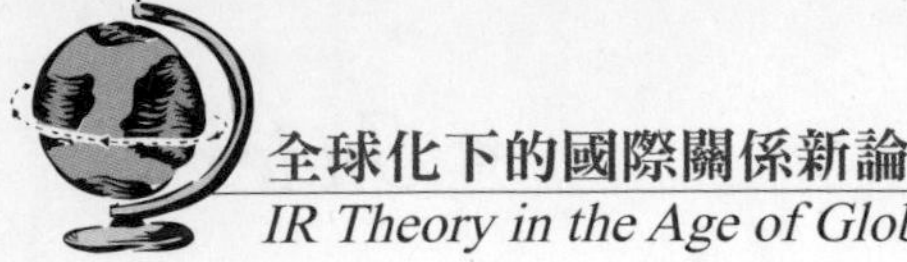

H

I

J

K

L

M

N

O

P

Q

R

S

T

V

W

Y

Z

事物引得

巴貝爾塔——世界種族與語文分歧的癥結（*The Tower of Babel*〔1563〕, by Pieter Bruegel〔c. 1525-69〕）。

IR Theory in the Age of Globalization

by Hung Liente, *dr. rer. pol.*

Contents

國家圖書館出版品預行編目資料

全球化下的國際關係新論／洪鎌德著. -- 初版. -- 新北市：揚智文化, 2011.05
面；　公分. --（社會叢書）

ISBN 978-957-818-996-6（平裝）

1.國際關係理論 2.全球化

578.01　　　　100006375

社會叢書

全球化下的國際關係新論

作　　者／洪鎌德
出 版 者／揚智文化事業股份有限公司
發 行 人／葉忠賢
總 編 輯／閻富萍
地　　址／新北市深坑區北深路三段 260 號 8 樓
電　　話／(02)8662-6826
傳　　真／(02)2664-7633
網　　址／http://www.ycrc.com.tw
E-mail ／service@ycrc.com.tw
印　　刷／鼎易彩色印刷股份有限公司
ISBN ／978-957-818-996-6
初版一刷／2011 年 5 月
定　　價／新台幣 600 元